PwC-Studien zum Unternehmens- und Internationalen Steuerrecht

Band 13

Reihe herausgegeben von

Klaus Dieter Drüen, Ludwig Maximilian University of Munich, München, Deutschland

Dietmar Gosch, Christian-Albrecht-Universität zu Kiel, Vorsitzender Richter am Bundesfinanzhof a.D., Hamburg, Deutschland

Arne Schnitger, PricewaterhouseCoopers GmbH, Berlin, Deutschland

Unternehmenssteuerrecht und Internationales Steuerrecht befinden sich in einem steten Wandel. Neue Probleme und Fragestellungen beschäftigen die Praxis, Rechtsfragen erfordern Entscheidungen der Rechtsprechung. Die vorliegende Reihe hat zum Ziel, einen Beitrag zur (rechts-)wissenschaftlichen Diskussion auf diesem Gebiet zu leisten. In ihr werden von den Herausgebern ausgesuchte Dissertationen, Habilitationsschriften und sonstige wissenschaftliche Arbeiten zum Unternehmens- und Internationalen Steuerrecht veröffentlicht.

Reihe herausgegeben von:

Prof. Dr. Klaus Dieter Drüen
Ludwig-Maximilians-Universität
München

Dr. Arne Schnitger
PricewaterhouseCoopers GmbH
Berlin/Hamburg

Prof. Dr. Dietmar Gosch
Vorsitzender Richter
am Bundesfinanzhof a.D.
Christian-Albrecht-Universität zu Kiel
Hamburg

Nicolas Steinmeister

Die Mindestbesteuerung multinationaler Konzerne

Zur Vereinbarkeit der GloBE-Regeln mit höherrangigem Recht und Doppelbesteuerungsabkommen aus deutscher Perspektive

Nicolas Steinmeister
Frankfurt am Main
Hessen, Deutschland

Erster Berichterstatter: Prof. Dr. Joachim Englisch
Zweiter Berichterstatter: Prof. Dr. Christian Jahndorf
Dekanin: Prof. Dr. Petra Pohlmann
Tag der mündlichen Prüfung: 16. Mai 2023
D 6
Zugl.: Münster (Westf.), Univ., Diss. der Rechtswissenschaftlichen Fakultät, 2023

ISSN 2570-432X   ISSN 2570-4338 (electronic)
PwC-Studien zum Unternehmens- und Internationalen Steuerrecht
ISBN 978-3-658-44058-9   ISBN 978-3-658-44059-6 (eBook)
https://doi.org/10.1007/978-3-658-44059-6

Die Deutsche Nationalbibliothek verzeichnet diese Publikation in der Deutschen Nationalbiblio-grafie; detaillierte bibliografische Daten sind im Internet über http://dnb.d-nb.de abrufbar.

© Der/die Herausgeber bzw. der/die Autor(en) 2024. Dieses Buch ist eine Open-Access-Publikation.

Open Access Dieses Buch wird unter der Creative Commons Namensnennung 4.0 International Lizenz (http://creativecommons.org/licenses/by/4.0/deed.de) veröffentlicht, welche die Nutzung, Vervielfältigung, Bearbeitung, Verbreitung und Wiedergabe in jeglichem Medium und Format erlaubt, sofern Sie den/die ursprünglichen Autor(en) und die Quelle ordnungsgemäß nennen, einen Link zur Creative Commons Lizenz beifügen und angeben, ob Änderungen vorgenommen wurden.
Die in diesem Buch enthaltenen Bilder und sonstiges Drittmaterial unterliegen ebenfalls der genannten Creative Commons Lizenz, sofern sich aus der Abbildungslegende nichts anderes ergibt. Sofern das betreffende Material nicht unter der genannten Creative Commons Lizenz steht und die betreffende Handlung nicht nach gesetzlichen Vorschriften erlaubt ist, ist für die oben aufgeführten Weiterverwendungen des Materials die Einwilligung des jeweiligen Rechteinhabers einzuholen.
Die Wiedergabe von allgemein beschreibenden Bezeichnungen, Marken, Unternehmensnamen etc. in diesem Werk bedeutet nicht, dass diese frei durch jedermann benutzt werden dürfen. Die Berechtigung zur Benutzung unterliegt, auch ohne gesonderten Hinweis hierzu, den Regeln des Markenrechts. Die Rechte des jeweiligen Zeicheninhabers sind zu beachten.
Der Verlag, die Autoren und die Herausgeber gehen davon aus, dass die Angaben und Informationen in diesem Werk zum Zeitpunkt der Veröffentlichung vollständig und korrekt sind. Weder der Verlag noch die Autoren oder die Herausgeber übernehmen, ausdrücklich oder implizit, Gewähr für den Inhalt des Werkes, etwaige Fehler oder Äußerungen. Der Verlag bleibt im Hinblick auf geografische Zuordnungen und Gebietsbezeichnungen in veröffentlichten Karten und Institutionsadressen neutral.

Planung/Lektorat: Carina Reibold
Springer Gabler ist ein Imprint der eingetragenen Gesellschaft Springer Fachmedien Wiesbaden GmbH und ist ein Teil von Springer Nature.
Die Anschrift der Gesellschaft ist: Abraham-Lincoln-Str. 46, 65189 Wiesbaden, Germany

Das Papier dieses Produkts ist recyclebar.

Geleitwort

Die Besteuerung von Unternehmen ist Spiegel der wirtschaftlichen Realität und globaler Verflechtungen. Mit zunehmender Globalisierung ist die Besteuerung von Unternehmen keine innerstaatliche Angelegenheit mehr und lässt sich ohne Berücksichtigung der europäischen und internationalen Bezüge nicht mehr verstehen, umsetzen und hinterfragen. Dieser seit einigen Jahren unbestreitbare Befund, welcher Auslöser für unsere Studien zum Unternehmens- und Internationalen Steuerrechts war, hat sich in den letzten Jahren noch verstärkt.

Die Schriftenreihe setzt sich daher zum Ziel, die vielfältigen Aspekte der Besteuerung von Unternehmen insbesondere im internationalen Kontext zu beleuchten. Denn die Herausgeber haben die Hoffnung nicht aufgegeben, dass die qualitätsvolle wissenschaftliche Vertiefung steuerlicher Fragen langfristig der Rechtsentwicklung und damit auch der Rechtsstaatlichkeit im Steuerrecht zu Gute kommt. Nicht minder ist es unser Anliegen, das Bewusstsein hierfür gerade auch bei der nachwachsenden Generation zu wecken oder zu bestärken. Angesichts der üblichen Klagen über den (un-)systematischen Zustand des Steuerrechts tut das in besonderem Maße not.

In diesem Sinne bieten die „Studien" nicht nur, aber in besonderem Maße jungen Steuerwissenschaftlern die Möglichkeit, ihre wissenschaftlichen Arbeiten einem breiteren Publikum vorzustellen. Sie sollen als Forum für überdurchschnittliche Dissertationen, Habilitationsschriften und vergleichbare Monografien dienen, welche sich mit dem Unternehmens- und dem Internationalen Steuerrecht beschäftigen.

Nahezu zehn Jahre nach Begründung der Schriftenreihe ist es aus Sicht des Verlags und der Herausgeber aber geboten, dem digitalen Fortschritt in der rechtswissenschaftlichen Arbeit Rechnung zu tragen. Daher erscheinen die Bände zwar auch zukünftig wie gewohnt als Buch in Druckausgabe. Alternativ kann die interessierte Öffentlichkeit laufend neu erscheinende Bände aber auch im Rahmen eines kostenfreien Abos elektronisch per Mail beziehen. Hierzu ist lediglich die Hinterlegung der Kontaktdaten unter https://www.pwc.de/de/newsletter/schriften reihe.html erforderlich. Wir hoffen, dass dadurch die veröffentlichten Arbeiten noch weitere Verbreitung finden.

PwC fühlt sich als Prüfungs- und Beratungsunternehmen den genannten Zielen ebenso wie der Förderung junger Talente auf ihrem praktischen oder wissenschaftlichen Weg in die steuerlichen Berufe verpflichtet. Daher übernimmt PwC die Kosten der Drucklegung.

Über die Aufnahme von Arbeiten in die Schriftenreihe entscheiden die Herausgeber.

Sie erbitten Bewerbungen jeweils bis Ende Mai und November an STEUERSCHRIFTEN@de.pwc.com oder
PricewaterhouseCoopers AG
Wirtschaftsprüfungsgesellschaft
Herrn Prof. Dr. Arne Schnitger
Lise-Meitner-Straße 1
10589 Berlin

Wir hoffen, dass die in der Schriftenreihe erscheinenden Arbeiten Denkanstöße geben und zu einer weiteren Befruchtung der wissenschaftlichen Diskussion im Unternehmens- und Internationalen Steuerrecht beitragen werden.

12. November 2023
    Prof. Dr. Klaus Dieter Drüen
    München, Deutschland

    Prof. Dr. Dietmar Gosch
    Hamburg, Deutschland

    Prof. Dr. Arne Schnitger
    Berlin, Deutschland

Vorwort

Die vorliegende Arbeit wurde im Sommersemester 2023 von der Rechtswissenschaftlichen Fakultät der Westfälischen Wilhelms-Universität Münster als Dissertation angenommen. Berücksichtigt werden konnten hierbei Rechtsprechung und Literatur bis Mai 2022. Die auf diesen Zeitpunkt folgenden Entwicklungen und deren Auswirkung auf die in dieser Arbeit gefundenen Ergebnisse werden in einem Nachwort am Ende des Buches kurz dargestellt.

Ich möchte an dieser Stelle den Personen meinen Dank aussprechen, welche mein Promotionsvorhaben auf unterschiedliche Art und Weise begleitet, bereichert und unterstützt haben. Zunächst gebührt mein Dank meinem Doktorvater Prof. Dr. Joachim Englisch, welcher mich bereits im Studium für das Steuerrecht begeistern konnte, mich auf das Thema dieser Arbeit aufmerksam machte und mir bei der Erarbeitung dieses Werks stets mit einem offenen Ohr als Ansprechpartner zur Seite stand. Auch danke ich Prof. Dr. Christian Jahndorf für die Erstellung des Zweitgutachtens.

Des Weiteren danke ich den Herausgebern Prof. Dr. Dietmar Gosch, Prof. Dr. Klaus Dieter Drüen und Prof. Dr. Arne Schnitger für die Aufnahme in diese renommierte Schriftenreihe sowie PricewaterhouseCoopers für die großzügige Übernahme der Druckkosten. Es freut mich sehr, dass meine Arbeit hierdurch zudem als Open-Access-Publikation erscheinen kann.

Danken möchte ich ebenfalls dem Frankfurter Steuerrechtsteam der Kanzlei Linklaters unter Andreas Schaflitzl und Dr. Christian Hundeshagen für die spannende und lehrreiche Zeit, die ich dort über nahezu die gesamte Dauer der Dissertationserstellung als Wissenschaftlicher Mitarbeiter verbringen durfte.

Nicht zuletzt möchte ich auch all meinen Freunden und Wegbegleitern meinen großen Dank aussprechen, insbesondere Maximilian Wurm, Sébastien Nicolay, Laura Hofmann und Lucas Stahl, mit denen ich während dieses Promotionsvorhabens in Frankfurt so viele schöne Momente verbringen durfte. Dr. Dietmar Ricke gebührt mein Dank für die Übernahme eines Großteils des Lektorats.

Mein ganz besonderer Dank gilt zudem meiner Freundin Theresa Ricke für die große Unterstützung und Nachsicht in den vergangenen Jahren.

Schließlich danke ich meiner Familie und insbesondere meinen Eltern Ralf und Stefanie Steinmeister für die unbedingte Liebe und stete Unterstützung in allen Lebenslagen. Ihnen ist diese Arbeit gewidmet.

Frankfurt a. M.   Nicolas Steinmeister
Oktober 2023

Inhaltsverzeichnis

1	**Einführung**	1
1.1	Untersuchungsgegenstand und Stand der Forschung	3
1.2	Gang der Untersuchung	6
2	**Historische Entwicklung der Mindeststeuerinitiative**	9
2.1	Das BEPS-Projekt und seine Vorgeschichte	9
2.2	Die ungelösten Herausforderungen für die Besteuerung der digitalen Wirtschaft	11
2.3	Ausweitung auf ein Konzept der Mindestbesteuerung	12
2.4	Aktueller Stand der Entwicklungen	17
3	**Sinn und Zweck der Mindestbesteuerung**	21
3.1	Primärziele der Mindeststeuerinitiative	21
3.2	Zur Legitimität der Primärziele	22
	3.2.1 Begrenzung des internationalen Steuerwettbewerbs	23
	3.2.1.1 Begriff	23
	3.2.1.2 Chancen und Risiken des Steuerwettbewerbs	24
	3.2.1.3 Entwicklung des internationalen Steuerwettbewerbs	27
	3.2.1.4 Schädlicher Steuerwettbewerb	30
	3.2.1.5 Zusammenfassung	33
	3.2.2 Verbleibende BEPS-Risiken	33
	3.2.3 Vermeidung nationaler Alleingänge und eines Besteuerungschaos	38
3.3	Ergebnis	40

4 Vorstellung der Mindeststeuerregeln ... 43
4.1 Überblick ... 43
4.2 Die GloBE-Regeln ... 43
4.2.1 Persönlicher Anwendungsbereich ... 45
4.2.2 Feststellung der Niedrigbesteuerung durch Berechnung des effektiven Steuersatzes ... 48
4.2.2.1 Ermittlung der GloBE-Einkünfte ... 49
4.2.2.1.1 Handelsrechtliches Jahresergebnis als Ausgangsposition ... 49
4.2.2.1.2 Vornahme verschiedener Korrekturen ... 50
4.2.2.2 Angepasste zu berücksichtigende Steuern ... 52
4.2.3 Ermittlung der Top-up Tax ... 56
4.2.3.1 Staatenbezogene Top-up Tax ... 56
4.2.3.1.1 Top-up-Tax-Prozentsatz ... 56
4.2.3.1.2 Übergewinn und Substanzausnahme ... 56
4.2.3.1.3 Zusätzliche Top-up Tax ... 58
4.2.3.1.4 Inländische Top-up Tax ... 59
4.2.3.2 Konzerneinheitenbezogene Top-up Tax ... 59
4.2.3.3 De-minimis-Ausnahme bei geringfügigen Umsätzen und Gewinnen ... 59
4.2.3.4 Safe Harbours ... 60
4.2.3.5 Minority-Owned Constituent Entities ... 61
4.2.4 Erhebung der Top-up Tax ... 62
4.2.4.1 Income Inclusion Rule und Switch-over Rule ... 62
4.2.4.1.1 Income Inclusion Rule ... 62
4.2.4.1.2 Switch-over Rule ... 64
4.2.4.2 Undertaxed Payments Rule ... 65
4.2.5 Steuerverfahren ... 68
4.2.6 Übergangsregelungen ... 70
4.3 Subject to Tax Rule ... 70

5 Vereinbarkeit mit dem Grundgesetz ... 73
5.1 Verfassungsrechtlicher Prüfungsumfang ... 73
5.2 Einordnung der GloBE-Regeln in das steuerliche Kompetenzgefüge ... 74

	5.2.1	Die deutsche Finanzverfassung (im engeren Sinne)	74
	5.2.2	Gesetzgebungszuständigkeit	75
		5.2.2.1 Keine ausschließliche Gesetzgebungskompetenz des Bundes	76
		5.2.2.2 Konkurrierende Gesetzgebungskompetenz des Bundes	77
		5.2.2.3 Einordnung der GloBE-Regeln in die durch Typusbegriffe bestimmten Steuerarten des Art. 106 GG	77
	5.2.3	Ertragszuständigkeit	80
	5.2.4	Verwaltungszuständigkeit	80
	5.2.5	Zwischenergebnis	80
5.3	Vereinbarkeit mit Art. 3 Abs. 1 GG		81
	5.3.1	Leitlinien steuerlicher Gerechtigkeit	83
		5.3.1.1 Das Leistungsfähigkeitsprinzip	83
		5.3.1.2 Das Folgerichtigkeitsgebot	84
	5.3.2	Relevante gesetzgeberische Grundentscheidungen	85
		5.3.2.1 Das objektive Nettoprinzip	85
		5.3.2.1.1 Inhalt	85
		5.3.2.1.2 Verfassungsrechtliche Anknüpfung	86
		5.3.2.2 Das Trennungsprinzip	87
	5.3.3	Verstöße gegen Art. 3 Abs. 1 GG durch die GloBE-Regeln	90
		5.3.3.1 Durchbrechung des Trennungsprinzips durch Income Inclusion Rule	91
		5.3.3.2 Das Problem der „Sippenhaft" aufgrund des Jurisdictional Blending	92
		5.3.3.3 Ungleichbehandlung durch Switch-over Rule	94
		5.3.3.4 Verstoß gegen das objektive Nettoprinzip durch Undertaxed Payments Rule als Betriebsausgabenabzugsbeschränkung	95
		5.3.3.5 Zwischenergebnis	96
	5.3.4	Rechtfertigung der Verstöße gegen den allgemeinen Gleichheitssatz	97
		5.3.4.1 Kein Systemwechsel	97
		5.3.4.2 Anforderungen an die Rechtfertigung	99

　　　　　　5.3.4.2.1　Willkürverbot oder Neue
　　　　　　　　　　　Formel? 99
　　　　　　5.3.4.2.2　Bislang anerkannte besondere
　　　　　　　　　　　sachliche Gründe 102
　　　　5.3.4.3　Anwendung dieser Rechtfertigungsgründe
　　　　　　　　auf die festgestellten
　　　　　　　　Ungleichbehandlungen durch IIR
　　　　　　　　und UTPR im konkreten Fall 110
　　　　　　5.3.4.3.1　Außerfiskalische Förderungs-
　　　　　　　　　　　und Lenkungszwecke 110
　　　　　　5.3.4.3.2　Vereinfachungs- und
　　　　　　　　　　　Typisierungszwecke 112
　　　　　　5.3.4.3.3　Zwecke der Missbrauchsabwehr 113
　　　　　　5.3.4.3.4　Zwischenergebnis
　　　　　　　　　　　nach Berücksichtigung
　　　　　　　　　　　der herkömmlichen
　　　　　　　　　　　Rechtfertigungsgründe des
　　　　　　　　　　　BVerfG 122
　　　　5.3.4.4　Zur Möglichkeit eines neuen
　　　　　　　　Rechtfertigungsgrundes 122
　　　　　　5.3.4.4.1　Begrenzung des internationalen
　　　　　　　　　　　Steuerwettbewerbs auf
　　　　　　　　　　　ein faires Mindestmaß im
　　　　　　　　　　　Rahmen eines internationalen
　　　　　　　　　　　Konsensprozesses als legitimer
　　　　　　　　　　　Zweck 123
　　　　　　5.3.4.4.2　Verhältnismäßigkeit 127
　　　　5.3.4.5　Rechtfertigung der Ungleichbehandlung
　　　　　　　　durch die SOR 134
　　　　5.3.4.6　Zwischenergebnis 135
　5.4　Möglicher Treaty Override nicht verfassungswidrig 135
　5.5　Ergebnis der verfassungsrechtlichen Untersuchung 136

6　Vereinbarkeit mit EU-Recht 139
　6.1　Vereinbarkeit mit den Grundfreiheiten 140
　　6.1.1　Anwendbarkeit der Grundfreiheiten 141
　　　6.1.1.1　Darstellung der einzelnen Grundfreiheiten 142
　　　　6.1.1.1.1　Niederlassungsfreiheit 142
　　　　6.1.1.1.2　Dienstleistungsfreiheit 143

			6.1.1.1.3	Kapitalverkehrsfreiheit	144
	6.1.1.2	Einordnung der Mindeststeuerregelungen			145
		6.1.1.2.1	Income Inclusion Rule		147
		6.1.1.2.2	Switch-over Rule		149
		6.1.1.2.3	Undertaxed Payments Rule		149
	6.1.1.3	Zwischenergebnis			152
6.1.2	Beeinträchtigung der einschlägigen Grundfreiheiten				152
	6.1.2.1	Begrenzung der GloBE-Regeln auf grenzüberschreitende bzw. ausländische Sachverhalte			155
		6.1.2.1.1	Income Inclusion Rule		156
		6.1.2.1.2	Switch-over Rule		158
		6.1.2.1.3	Undertaxed Payments Rule		160
	6.1.2.2	Ausweitung der Regelungen auf das Inland			163
		6.1.2.2.1	Zum Prüfungsmaßstab: Quantitative oder qualitative Prüfung?		165
		6.1.2.2.2	Anwendung dieser Prüfungsmaßstäbe auf die GloBE-Regeln		168
	6.1.2.3	Diskriminierung durch Umsatzschwelle?			173
	6.1.2.4	Zwischenergebnis			174
6.1.3	Rechtfertigung				174
	6.1.3.1	Geschriebene Rechtfertigungsgründe			175
	6.1.3.2	Ungeschriebene Rechtfertigungsgründe			176
		6.1.3.2.1	Kohärenz des Steuersystems		178
		6.1.3.2.2	Wirksamkeit der steuerlichen Überwachung und Effizenz der Steuerbeitreibung		179
		6.1.3.2.3	Missbrauchsbekämpfung		181
		6.1.3.2.4	Wahrung einer ausgewogenen Aufteilung der Besteuerungsbefugnis zwischen den Mitgliedstaaten		188
		6.1.3.2.5	Zwischenergebnis nach Berücksichtigung der herkömmlichen Rechtfertigungsgründe des EuGH		191

    6.1.3.2.6 Zur Möglichkeit eines neuen
         Rechtfertigungsgrundes 192
  6.1.4 Zwischenergebnis 201
6.2 Allgemeines Diskriminierungsverbot und allgemeines
   Freizügigkeitsrecht nicht einschlägig 202
6.3 Keine Verletzung der Unionsgrundrechte 202
6.4 Verstoß gegen das Beihilfeverbot? 205
  6.4.1 Überblick 205
  6.4.2 Gewährung aus staatlichen Mitteln und auf
      staatliche Veranlassung hin 206
  6.4.3 Gewährung eines selektiven Vorteils 207
      6.4.3.1 Vorteil 207
      6.4.3.2 Selektivität 208
  6.4.4 Zwischenergebnis 214
6.5 Zur Vereinbarkeit mit ausgewählten Richtlinien 215
  6.5.1 Mutter-Tochter-Richtlinie 215
      6.5.1.1 Regelungsinhalt 215
      6.5.1.2 Verhältnis zu GloBE 216
  6.5.2 Zins- und Lizenzrichtlinie 218
      6.5.2.1 Regelungsinhalt 218
      6.5.2.2 Verhältnis zu GloBE 219
  6.5.3 Anti-Steuervermeidungsrichtlinie 220
      6.5.3.1 Regelungsinhalt 220
      6.5.3.2 Verhältnis zu GloBE 221
  6.5.4 Zwischenergebnis 222
6.6 Ergebnis der unionsrechtlichen Untersuchung 222

7 Vereinbarkeit mit deutschen Doppelbesteuerungsabkommen 225
7.1 Grundlagen des Doppelbesteuerungsrechts 225
  7.1.1 DBA als völkerrechtliche Verträge 226
  7.1.2 Internationale Musterabkommen und die deutsche
      Verhandlungsgrundlage 227
  7.1.3 Allgemeiner Aufbau von
      Doppelbesteuerungsabkommen 228
7.2 Überprüfung der GloBE-Regeln 230
  7.2.1 Grundsätzliche Bewertung durch den Blueprint 230
  7.2.2 GloBE-Regeln im Geltungsbereich der DBA 231
  7.2.3 Vereinbarkeit der IIR mit DBA 232

	7.2.3.1	Bisherige Beurteilung durch den Blueprint und die Literatur	233
	7.2.3.2	Übertragbarkeit auf deutsche DBA	235
		7.2.3.2.1 Keine Saving Clause	235
		7.2.3.2.2 Dennoch kein Konflikt?	235
		7.2.3.2.3 Konfliktlösung zumindest über Art. 28 Abs. 1 DE-VG	237
	7.2.3.3	Zwischenergebnis	238
7.2.4	Switch-over Rule		238
7.2.5	Regelungskollision der UTPR als Abzugsbeschränkung mit Art. 9 Abs. 1 und Art. 7 Abs. 2 DE-VG		240
	7.2.5.1	Bisherige Einordnung durch Blueprint und Literatur	240
	7.2.5.2	Einordnung aus deutscher Perspektive	242
7.2.6	Regelungskollision der UTPR mit Verteilungsnormen gemäß Art. 7 Abs. 1 Satz 1, Art. 11 Abs. 1 und Art. 12 Abs. 1 DE-VG		244
7.2.7	Verstoß der UTPR gegen Art. 23 DE-VG		245
	7.2.7.1	Art. 23 Abs. 3 DE-VG	245
	7.2.7.2	Art. 23 Abs. 4 DE-VG	246
		7.2.7.2.1 Bisherige Einordnung durch Blueprint und Literatur	247
		7.2.7.2.2 Einordnung aus deutscher Perspektive	248
7.3	Ergebnis der DBA-rechtlichen Untersuchung		252

8 Zusammenfassung der Ergebnisse 253
8.1 Zur Vereinbarkeit der GloBE-Regeln mit dem Grundgesetz 253
8.2 Zur Vereinbarkeit der GloBE-Regeln mit Unionsrecht 254
8.3 Zur Vereinbarkeit der GloBE-Regeln mit deutschen Doppelbesteuerungsabkommen 256

Nachwort 257

Quellenverzeichnis 261

Abkürzungsverzeichnis

a. A.	anderer Ansicht
a. F.	alte Fassung
ABl.	Amtsblatt
Abs.	Absatz
AEUV	Vertrag über die Arbeitsweise der Europäischen Union
AG	Aktiengesellschaft
AK Wien	Kammer für Arbeiter und Angestellte für Wien
AO	Abgabenordnung
AöR	Archiv des öffentlichen Rechts (Zeitschrift)
APA	Advance Pricing Agreements
Art.	Artikel
AStG	Außensteuergesetz
ATAD	Anti Tax Avoidance Directive
ATR	Advance Tax Rulings
Aufl.	Auflage
BB	Betriebs Berater (Zeitschrift)
Bd.	Band
BDI	Bundesverband der Deutschen Industrie
BEAT	Base Erosion and Anti-Abuse Tax
Begr.	Begründer
BEPS	Base Erosion and Profit Shifting
BFH	Bundesfinanzhof
BGBl.	Bundesgesetzblatt
BIT	Bulletin for International Taxation (Zeitschrift)
BMF	Bundesministerium der Finanzen
BSG	Bundessozialgericht

bspw.	beispielsweise
BStBl.	Bundessteuerblatt
Buchst.	Buchstabe
BVerfG	Bundesverfassungsgericht
BVerfGE	Entscheidungen des Bundesverfassungsgerichts
bzw.	beziehungsweise
ca.	circa
CbCR	Country-by-Country Reporting
CFC	Controlled Foreign Company
CMLR	Common Market Law Review (Zeitschrift)
COVID-19	Coronavirus Disease 2019
d. h.	das heißt
DB	Der Betrieb (Zeitschrift)
DBA	Doppelbesteuerungsabkommen
DEMPE	Development, Enhancement, Maintenance, Protection, Exploitation
DE-VG	Deutsche Verhandlungsgrundlage für Doppelbesteuerungen im Bereich der Steuern vom Einkommen und Vermögen
DK	Der Konzern (Zeitschrift)
DStJG	Deutsche Steuerjuristische Gesellschaft
DStR	Deutsches Steuerrecht (Zeitschrift)
DStZ	Deutsche Steuer-Zeitung (Zeitschrift)
EATR	Effective Average Tax Rate
EBIT	European Business Initiative on Taxation
EL	Ergänzungslieferung
EStG	Einkommensteuergesetz
et al.	et alia, et alii
ETR	Effective Tax Rate
EU	Europäische Union
EuG	Gericht der Europäischen Union
EuGH	Europäischer Gerichtshof
EuR	Europarecht (Zeitschrift)
EUV	Vertrag über die Europäische Union
EuZW	Europäische Zeitschrift für Wirtschaftsrecht (Zeitschrift)
EWR	Europäischer Wirtschaftsraum
EWS	Europäisches Wirtschafts- und Steuerrecht (Zeitschrift)
exkl.	exklusive
f., ff.	folgende
FG	Finanzgericht

FR	FinanzRundschau (Zeitschrift)
FS	Festschrift
FuE	Forschung und Entwicklung
G20	Gruppe der Zwanzig
G7	Gruppe der Sieben
GAAP	General Accepted Accounting Principles
GAFA	Google, Apple, Facebook, Amazon
GDV	Gesamtverband der Deutschen Versicherungswirtschaft
gem.	gemäß
GewStG	Gewerbesteuergesetz
GG	Grundgesetz
ggf.	gegebenenfalls
GILTI	Global Intangible Low-Taxed Income
GloBE	Global Anti-Base Erosion (Proposal)
GmbH	Gesellschaft mit beschränkter Haftung
GmbHR	GmbH-Rundschau (Zeitschrift)
GRC	Charta der Grundrechte der Europäischen Union
grds.	grundsätzlich
HB	Handelsbilanz
HGB	Handelsgesetzbuch
Hrsg.	Herausgeber
i. H. v.	in Höhe von
i. R. d.	im Rahmen des/der
i. R. v.	im Rahmen von
i. S. d.	im Sinne des/der
i. S. v.	im Sinne von
i. V. m.	in Verbindung mit
IAS	International Accounting Standards
IBFD	International Bureau of Fiscal Documentation
IDW	Institut der Wirtschaftsprüfer
IF	OECD Inclusive Framework on BEPS
IFRS	International Financial Reporting Standards
IIR	Income Inclusion Rule
IMF	Internationaler Währungsfonds
inkl.	inklusive
insb.	insbesondere
IPE	Intermediate Parent Entity
ISR	Internationale SteuerRundschau (Zeitschrift)
IStR	Internationales Steuerrecht (Zeitschrift)

IStR-LB	IStR-Länderbericht
ITAXS	International Tax Studies
IWB	Internationale Wirtschaftsbriefe (Zeitschrift)
iwd	Institut der deutschen Wirtschaft
JöR	Jahrbuch des öffentlichen Rechts der Gegenwart
JV	Joint Venture
JZ	JuristenZeitung (Zeitschrift)
KG	Kommanditgesellschaft
KMU	Kleine und mittlere Unternehmen
KÖSDI	Kölner Steuerdialog (Zeitschrift)
KStG	Körperschaftsteuergesetz
Lief.	Lieferung
m. w. N.	mit weiteren Nachweisen
Mio.	Millionen
MLI	Multilaterales Instrument
Mrd.	Milliarden
MTRL	Mutter-Tochter-Richtlinie
No.	Number
Nr.	Nummer
OECD	Organisation für wirtschaftliche Zusammenarbeit und Entwicklung
OECD-MA	DBA-Musterabkommen der OECD
OECD-MK	DBA-Musterkommentar der OECD
OHG	Offene Handelsgesellschaft
POPE	Partially-Owned Parent Entity
ReWir	Recklinghäuser Beiträge zu Recht und Wirtschaft
RIW	Recht der Internationalen Wirtschaft (Zeitschrift)
Rn.	Randnummer
Rs.	Rechtssache
RW	Rechtswissenschaft (Zeitschrift)
s. a.	siehe auch
s. o.	siehe oben
S.	Seite
s.	siehe
sog.	sogenannte
SOR	Switch-over Rule
SSRN	Social Science Research Network
StAbwG	Steueroasen-Abwehrgesetz
StB	Der Steuerberater (Zeitschrift)

STTR	Subject to Tax Rule
StuW	Steuern und Wirtschaft (Zeitschrift)
SWI	Steuer & Wirtschaft International (Zeitschrift)
TNI	Tax Notes International (Zeitschrift)
u. a.	unter anderem, und andere
Ubg	Die Unternehmensbesteuerung (Zeitschrift)
UK	United Kingdom
UN	United Nations
UN-MA	DBA-Musterabkommen der UN
UPE	Ultimate Parent Entity (Konzernobergesellschaft)
UPTR	Undertaxed Payments Rule
US, USA	United States of America
USD	US-Dollar
v.	vom
vgl.	vergleiche
WSI	Wirtschafts- und Sozialwissenschaftliches Institut (Zeitschrift)
WTJ	World Tax Journal (Zeitschrift)
WÜRV	Wiener Übereinkommen über das Recht der Völkerverträge
z. B.	zum Beispiel
ZLRL	Zins- und Lizenzrichtlinie

Einführung 1

Nach etwa drei Jahren intensiver Arbeit von OECD und einer Gemeinschaft aus mittlerweile 141 Staaten, dem sog. "OECD/G20 Inclusive Framework on BEPS" („Inclusive Framework", kurz „IF")[1], sind die Regeln zur effektiven Mindestbesteuerung[2] großer multinationaler Konzerne, der sog. Säule 2 („Pillar 2"),[3] in ihrem grundlegenden Design erarbeitet und am 8. Oktober 2021 Teil einer politischen Einigung von 137 Staaten geworden, die trotz noch ausstehender Feinarbeiten bereits die Umsetzungsphase für die teilnehmenden Staaten eingeläutet hat.[4] Die Hauptregeln der Mindeststeuer (sog. GloBE-Regeln[5]) sehen allgemein gesprochen vor, dass ein Staat einen großen multinationalen Konzern nachbesteuern darf, wenn dieser in einem anderen Land einen effektiven Steuersatz von weniger als 15 % ausweist. Am 20. Dezember 2021 sind durch die OECD sog.

---

[1] Unter den Mitgliedern des IF befinden sich auch Steuerhoheitsgebiete, die nicht als unabhängige Staaten im eigentlichen Sinne zu verstehen sind (z. B. Anguilla, Jersey oder Guernsey). Diese sind im Folgenden dennoch mitgemeint, wenn von Staaten oder Ländern gesprochen wird.

[2] Diese ist nicht zu verwechseln mit der Mindestbesteuerung nach § 10d Abs. 2 EStG.

[3] Bei dem Begriff Säule bzw. „Pillar" handelt es sich wohl um eine Metapher, nach der Säule 1 und Säule 2 die tragenden Elemente der neuen Architektur des Internationalen Steuerrechts bilden sollen, vgl. *Pinkernell/Ditz*, ISR 2020, 1 (15).

[4] OECD (2021), Statement on a Two-Pillar Solution to Address the Tax Challenges Arising from the Digitalisation of the Economy v. 8.10.2021.

[5] Die Abkürzung „GloBE" steht für „Global Anti-base Erosion" und enthält damit bereits einen Hinweis auf die Zielrichtung der effektiven Mindeststeuer. Siehe etwa OECD (2019), Programme of Work to Develop a Consensus Solution to the Tax Challenges Arising from the Digitalisation of the Economy, Rn. 52.

Modellregeln[6] veröffentlicht worden, die den teilnehmenden Staaten als Vorlage für die Umsetzung der GloBE-Regeln ins nationale Recht dienen sollen. Dass diese Einigung von 137 Staaten trotz der COVID-19-Pandemie, einer zeitweiligen Blockadehaltung der ehemaligen US-Regierung gegenüber dem Parallelprojekt, der sog. Säule 1 („Pillar 1"), und akuter geopolitscher Spannungen in so schneller Zeit gelingen konnte, ist bemerkenswert. Die zur Schau gestellte internationale Einigungsbereitschaft zeigt auf, dass das Thema der „gerechten" Besteuerung großer multinationaler Konzerne einen Nerv der Zeit trifft und der politische Handlungsdruck beträchtlich ist.[7] Ebenso beachtlich ist das von der OECD erwartete zusätzliche globale Steueraufkommen durch die Mindeststeuer von ca. 150 Mrd. USD pro Jahr.[8] Berechnungen des EU Tax Observatory zufolge könnte dies für die EU-Mitgliedstaaten unter Zugrundelegung der Daten aus dem Country-by-Country Reporting (CbCR-Daten) für die Jahre 2016 und 2017 Mehreinnahmen in Höhe von 64 bis 71 Mrd. Euro pro Jahr bedeuten.[9] Deutschland könnte bei Umsetzung der GloBE-Regeln beispielsweise 13 Mrd. Euro an Steuern zusätzlich einnehmen und damit einen Betrag erwirtschaften, welcher etwa 18 % der derzeit bei Körperschaften erhobenen Unternehmensteuern (inkl. Gewerbesteuer) entspricht.[10] Unter Einbezug möglicher Verhaltensanpassungen

---

[6] OECD (2021), Tax Challenges Arising from the Digitalisation of the Economy – Global Anti-Base Erosion Model Rules (Pillar Two).

[7] Vgl. hier nur die Worte des Director of the Centre for Tax Policy and Administration der OECD, Pascal Saint-Amans: „The need for international co-ordination to resolve the tax challenges of digitalization and restore stability to the international tax framework is greater than ever, as the Coronavirus diseases 2019 (COVID-19) pandemic has accelerated digitalization, public finances are increasingly strained and tolerance for tax avoidance by multinational companies in the current environment is nil", *Saint-Amans*, Intertax 2021, 309.

[8] OECD (2021), OECD Secretary-General Tax Report to G20 Finance Ministers and Central Bank Governors – July 2021, S. 5; OECD (2021), Highlights brochure: Two-Pillar Solution to Address the Tax Challenges Arising from the Digitalisation of the Economy – October 2021, S. 16: Die tatsächliche Höhe des zusätzlichen Steueraufkommens wird abhängen vom Umfang der die Regeln umsetzenden Staaten, den Reaktionen der multinationalen Konzerne und Regierungen sowie den zukünftigen wirtschaftlichen Entwicklungen.

[9] *Baraké et al.*, Revenue Effects of the Global Minimum Tax: Country-by-Country Estimates, S. 3, 12. Siehe auch *Baraké et al.*, Collecting the Tax Deficit of Multinational Companies: Simulations for the European Union. Zu nicht unwesentlich geringeren Aufkommenseffekten gelangen dagegen *Fuest et al.*, ifo Schnelldienst 2022, 41 (46), welche in ihrer Studie allerdings nur die Daten von Konzernen erfasst haben, welche in Deutschland aktiv tätig sind.

[10] Unter Berücksichtigung der Substanzausnahme („carve-out") sinken diese geschätzten Steuereinnahmen auf 7,8 bis 9,9 Mrd. Euro, *Baraké et al.*, Revenue Effects of the Global Minimum Tax: Country-by-Country Estimates, S. 7, 12. Für die OECD-Staaten kommen die Hochrechnungen auf zusätzliche Steuereinnahmen von jährlich bis zu 200 Mrd. Euro, sodass

der betroffenen Unternehmen und Niedrigsteuerländer kommen *Fuest et al.* speziell für Deutschland auf demgegenüber geringere Aufkommenseffekte in Höhe von 1,7 bis 6,9 Mrd. Euro.[11]

1.1 Untersuchungsgegenstand und Stand der Forschung

Dass OECD und IF in bemerkenswert hohem Tempo eine so breite Einigung erzielen konnten, ist auf die Kompromissbereitschaft der vielen teilnehmenden Staaten zurückzuführen. Die neuen Regeln sind das Produkt eines politischen Konsenses von vielen verschiedenen Staaten mit diversen Steuersystemen und der technischen, auf pragmatische Lösungen fokussierten Unterstützung durch die OECD-Organe. Ein Kompromiss wie der nun gefundene kann allerdings zur Folge haben, dass Einzelinteressen der teilnehmenden Staaten nicht hinreichend berücksichtigt wurden bzw. Konflikte mit den nationalen Rechtssystemen nicht ausbleiben. Dies wiederum kann das gemeinsame Vorgehen gefährden, da der Wert des von OECD und IF erarbeiteten Regelungskonstrukts wesentlich davon abhängt, ob dieses in den einzelnen Staaten auch rechtlich umgesetzt werden kann.[12] Hieran setzt die vorliegende Arbeit an: Es soll untersucht werden, ob Deutschland als an der Einigung beteiligtes Mitglied des IF die neuen GloBE-Regeln, wie sie aus der Einigung vom 8. Oktober 2021 und den Modellregeln vom 20. Dezember 2021 hervorgehen, überhaupt implementieren kann und darf.

---

die Schätzungen der OECD sogar übertroffen werden könnten, *Baraké et al.*, Revenue Effects of the Global Minimum Tax: Country-by-Country Estimates, S. 13.

[11] *Fuest et al.*, ifo Schnelldienst 2022, 41 (46).

[12] Denn ansonsten könnten erhebliche Gestaltungsräume für betroffene Unternehmen entstehen, die die Effektivität der Modellregeln maßgeblich mindern könnten. Da die sog. Income Inclusion Rule als Hauptregelung insbesondere in Industriestaaten und Holdingstandorten, also den Steuerhoheitsgebieten, in denen Konzernobergesellschaften vorwiegend ansässig sind, von Bedeutung ist, sind die Mitgliedstaaten der EU (und des EWR), aber auch die Bundesrepublik Deutschland als einzelnes Land ein wichtiger Erfolgsfaktor für das internationale Projekt. Fallen solche Staaten im Umsetzungsprozess aus, weil höherrangiges Recht bzw. die entsprechenden Gerichte Ihnen die Umsetzung verwehren oder im späteren Verlauf die Gesetze für nichtig bzw. unanwendbar erklären, wäre nicht nur das Erreichen der verfolgten Ziele gefährdet, sondern auch der international mühsam erkämpfte Konsens, der aufgrund von Ausnahmeregelungen für diese Länder oder aufgrund des Wiederöffnens der eigentlich abgeschlossenen technischen Diskussion nicht nur für politischen Unmut sorgen, sondern auch sämtliche Probleme wiederbeleben könnte, die zuvor bestanden.

Dazu werden diese auf ihre Vereinbarkeit mit den Vorgaben des Grundgesetzes, des EU-Rechts und der nach völkerrechtlichen Rechtssätzen verbindlichen Doppelbesteuerungsabkommen überprüft. Unter Berücksichtigung der bislang zu diesen Fragen erschienen Literaturstimmen setzt sich der Autor erstmals mit den konkreten Empfehlungen der Modellregeln auseinander und bringt seine eigenen Überlegungen unter besonderer Berücksichtigung der deutschen Perspektive ein. Denn eine solche Untersuchung der Möglichkeiten Deutschlands zur Umsetzung der aktuellen GloBE-Regeln ist bislang noch nicht vorgenommen worden. Nicht untersucht werden demgegenüber die Ergebnisse der parallel erarbeiteten Säule 1, die ebenfalls Gegenstand der Einigung vom 8. Oktober 2021 war. Außen vor gelassen wird zudem die derzeit von der EU angestrebte Umsetzung der Regeln unter Säule 2 via Richtlinie. Die EU-Kommission hat hierzu zwar am 22. Dezember 2021 einen Richtlinienentwurf vorgelegt.[13] Deren tatsächliches Inkrafttreten ist angesichts des Einstimmigkeitserfordernisses des Art. 115 AEUV hingegen ungewiss. Denn die Erklärung vom 8. Oktober 2021 sieht nicht vor, dass jeder Staat des IF, der sich der Erklärung angeschlossen hat, die Regeln selbst umsetzen muss („common approach"). Zudem ist Zypern kein Mitglied des IF und hat sich der Erklärung daher auch nicht angeschlossen.[14]

Hinsichtlich des soeben aufgezeigten Untersuchungsgegenstandes sind verfassungsrechtliche Fragen von der Literatur bislang nur zu den frühen Entwürfen der GloBE-Regeln und in überschaubarem Ausmaß beleuchtet worden.[15] Um einiges umfangreicher sind demgegenüber die unionsrechtlichen Beurteilungen der

---

[13] EU-Kommission v. 22.12.2021, Proposal for a Council Directive on ensuring a global minimum level of taxation for multinational groups in the Union, COM(2021) 823 final.

[14] Gelingt es der EU, alle 27 Mitgliedstaaten hinter der Richtlinie zu versammeln, hätte dies zunächst den Vorteil, dass die neuen Mindeststeuerregeln zumindest innerhalb der EU einen rechtlich verbindlichen Rahmen erhalten, vgl. *Englisch/Becker*, Implementing an International Effective Minimum Tax in the EU, Materialien aus Wirtschaft und Gesellschaft (AK Wien), Heft 224, Juli 2021, S. 45 f. Im Übrigen besteht die Hoffnung, dass der EuGH dem Unionsgesetzgeber insbesondere im Hinblick auf mögliche Verletzungen der Grundfreiheiten einen breiteren Ermessensspielraum einräumt als dem nationalen Gesetzgeber, vgl. EuGH v. 7.3.2017 – C-390/15, RPO, ECLI:EU:C:2017:174, Rn. 54 zur Mehrwertsteuerrichtlinie. Auch verfassungsrechtliche Fragen könnten aufgrund des Anwendungsvorrangs des Unionsrechts je nach Regelungsumfang der Richtlinie an Bedeutung verlieren; die hierauf gegebenen Antworten können jedoch möglicherweise bei der noch durch den EuGH in steuerlicher Hinsicht vorzunehmenden Konkretisierung der Unionsgrundrechte, insbesondere des Gleichheitssatzes in Art. 20 GRC, von Bedeutung sein.

[15] *Pinkernell/Ditz*, ISR 2020, 1 (10 ff.) und *Gebhardt*, IWB 2020, 958 (964 ff.).

1.1 Untersuchungsgegenstand und Stand der Forschung

GloBE-Regeln in ihren unterschiedlichen Entwicklungsstadien durch die vorwiegend internationale Literatur gesät.[16] Dort ist vor allem die Vereinbarkeit mit den Grundfreiheiten thematisiert worden. Eine aktuelle, auf die Modellregeln bezogene und für Deutschland spezifizierte Untersuchung ist dagegen bislang nicht vorgenommen worden. Zur Vereinbarkeit mit Doppelbesteuerungsabkommen hat sowohl der im Oktober 2020 von der OECD veröffentlichte „Report on Pillar Two Blueprint"[17] wie auch die Literatur[18] Stellung genommen, jedoch auch hier nur unter allgemeiner Würdigung der dem OECD-Musterabkommen entsprechenden Klauseln. Hinzugezogen wird in der folgenden Bearbeitung zudem die Beurteilung bereits bestehender deutscher Vorschriften, die in ihrer Wirkung gewisse Parallelen zu den neuen Regelungen aufweisen, z. B. die Hinzurechnungsbesteuerung nach den §§ 7 ff. AStG sowie die Lizenzschranke in § 4j EStG.

---

[16] Zum Stand der GloBE-Regeln vor Erscheinen des Blueprints im Oktober 2020: *De Broe*, OECD´s Global Anti-Base Erosion Proposal – Pillar Two Raises Fundamental Concerns of Compatibility with EU Law; *Pinkernell/Ditz*, ISR 2020, 1 (12 ff.); *Devereux et al.*, The OECD Global Anti-Base Erosion Proposal, Oxford University Centre for Business Taxation, S. 47 ff.; *Englisch/Becker*, WTJ 2019, 483 (524 ff.); *Koerver Schmidt*, Intertax 2020, 983; *Nogueira*, WTJ 2020, 465; *Schnitger* in FS Kessler, 2021, S. 169 ff.; *Blum*, Intertax 2019, 516 (521); *Gebhardt*, IWB 2020, 958 (966 f.). Zum Stand nach Erscheinen des Blueprints: *Nogueira/Turina*, Pillar Two and EU Law, in: Perdelwitz/Turina, Global Minimum Taxation?, S. 283 ff.; *Brokelind*, BIT 2021, No. 5; *De Broe/Massant*, EC Tax Review 2021, 86; *Englisch*, EC Tax Review 2021, 136; *Englisch/Becker*, Implementing an International Effective Minimum Tax in the EU, Materialien aus Wirtschaft und Gesellschaft (AK Wien), Heft 224, Juli 2021, S. 41 ff.; *Englisch*, Implementation of the GloBE common approach on minimum taxation by individual EU Member States in compliance with EU fundamental freedoms.

[17] OECD (2020), Tax Challenges Arising from Digitalisation – Report on Pillar Two Blueprint.

[18] Vgl. *Arnold*, BIT 2019, 631 ff.; *da Silva*, Frontiers of Law in China 2020, 111 (128 ff.); *Andrade Rodrígues/Nouel*, Interaction of Pillar Two with Tax Treaties, in: Perdelwitz/Turina, Global Minimum Taxation? An Analysis of the Global Anti-Base Erosion Initiative, 2021, S. 235 ff.; *Englisch/Becker*, Implementing an International Effective Minimum Tax in the EU, Materialien aus Wirtschaft und Gesellschaft (AK Wien), Heft 224, Juli 2021, S. 58 ff.; *Englisch/Becker*, WTJ 2019, 483 (517 ff.); *Chand/Elliffe*, BIT 2020, 303 ff.; *Blum*, Intertax 2019, 516 ff.

1.2 Gang der Untersuchung

Nach einer Darstellung der historischen Hintergründe der Mindeststeuerinitiative (Kap. 2.) stellt die Arbeit im darauffolgenden Kap. 3 die drei wesentlichen Ziele des Inclusive Framework vor (Abschn. 3.1) und untersucht, ob diese Ziele – auch unter Heranziehung der ökonomischen Wissenschaftsliteratur – berechtigterweise zur Legitimierung der Mindeststeuer herangezogen werden können (Abschn. 3.2). Anschließend werden die unterschiedlichen Regeln der Säule 2 und ihre Mechanismen in Kap. 4 so dargestellt, wie sie sich nach der Einigung der IF-Staaten vom 8. Oktober 2021 und Veröffentlichung der Modellregeln am 20. Dezember 2021 präsentieren. Im Vordergrund stehen dabei die sog. GloBE-Regeln (Abschn. 4.2), da nur diese in Deutschland umzusetzen sein werden. Es folgt sodann mit den Kap. 5 bis Kap. 7 der Hauptteil dieser Arbeit. Dort wird der Reihe nach die Vereinbarkeit der GloBE-Regeln mit dem deutschen Grundgesetz (Kap. 5), dem Unionsrecht (Kap. 6) und den deutschen Doppelbesteuerungsabkommen (Kap. 7) untersucht. In der verfassungsrechtlichen Prüfung wird nach einer kurzen Darstellung des Prüfungsumfangs (Abschn. 5.1) zunächst eine Einordnung in das verfassungsrechtliche Kompetenzgefüge des Grundgesetzes vorgenommen (Abschn. 5.2). Sodann folgt die für die Arbeit wesentliche Beurteilung der Vereinbarkeit der GloBE-Regeln mit dem Gleichheitssatz des Art. 3 Abs. 1 GG und den beiden darin normierten Leitlinien steuerlicher Gerechtigkeit (Abschn. 5.3). Die verfassungsrechtliche Einordnung endet mit einem kurzen Exkurs zur Verfassungsmäßigkeit sog. Treaty Overrides (Abschn. 5.4). In der unionsrechtlichen Untersuchung widmet sich die Arbeit sodann zunächst ausführlich der Frage, ob die von Deutschland umzusetzenden GloBE-Regeln mit den Grundfreiheiten des AEUV in Einklang zu bringen sind (Abschn. 6.1). Hieran anschließend wird in gebotener Kürze auf das allgemeine Diskriminierungsverbot wie auch das allgemeine Freizügigkeitsrecht (Abschn. 6.2) und auf die Grundrechte der EU-Grundrechte-Charta (Abschn. 6.3) eingegangen. Wieder in ausführlicherer Form folgt dann die Prüfung möglicher Verstöße gegen das Beihilfeverbot (Abschn. 6.4) und ausgewählte Richtlinien (Abschn. 6.5). Die DBA-rechtliche Untersuchung setzt sich schließlich aus einem kürzeren Grundlagenteil (Abschn. 7.1) und einer eingehenden Untersuchung einzelner GloBE-Regeln anhand ausgewählter DBA-Klauseln (Abschn. 7.2) zusammen. In Kap. 8 werden die Ergebnisse dieser Arbeit noch einmal zusammengefasst.

1.2 Gang der Untersuchung

Open Access Dieses Kapitel wird unter der Creative Commons Namensnennung 4.0 International Lizenz (http://creativecommons.org/licenses/by/4.0/deed.de) veröffentlicht, welche die Nutzung, Vervielfältigung, Bearbeitung, Verbreitung und Wiedergabe in jeglichem Medium und Format erlaubt, sofern Sie den/die ursprünglichen Autor(en) und die Quelle ordnungsgemäß nennen, einen Link zur Creative Commons Lizenz beifügen und angeben, ob Änderungen vorgenommen wurden.

Die in diesem Kapitel enthaltenen Bilder und sonstiges Drittmaterial unterliegen ebenfalls der genannten Creative Commons Lizenz, sofern sich aus der Abbildungslegende nichts anderes ergibt. Sofern das betreffende Material nicht unter der genannten Creative Commons Lizenz steht und die betreffende Handlung nicht nach gesetzlichen Vorschriften erlaubt ist, ist für die oben aufgeführten Weiterverwendungen des Materials die Einwilligung des jeweiligen Rechteinhabers einzuholen.

Historische Entwicklung der Mindeststeuerinitiative

2.1 Das BEPS-Projekt und seine Vorgeschichte

Das Ziel der Bekämpfung unfairen Steuerwettbewerbs zwischen Staaten und schädlicher Steuerpraktiken von Unternehmen wird bereits seit über 20 Jahren international verfolgt und ist schon im Jahr 1998 auf Ebene der OECD thematisiert worden.[1] In diesem Zeitraum fokussierten sich die Arbeiten zunächst vor allem auf als unkooperativ angesehene Steuerhoheitsgebiete.[2] Neuen Vortrieb bekam der Kampf gegen aggressive Steuerplanung durch Gewinnverkürzung und Gewinnverlagerung („Base Erosion and Profit Shifting", kurz „BEPS") nach der Wirtschafts- und Finanzkrise, als die G20 im Juni 2012 in Los Cabos die OECD damit beauftragte, sich diesem Thema weitergehend anzunehmen.[3] Die

---

[1] OECD (1998), Harmful Tax Competition, An Emerging Global Issue. Zu den Meilensteinen in der Bekämpfung von Steuervermeidung durch G20 und OECD vgl. auch OECD (2021), Highlights brochure: Two-Pillar Solution to Address the Tax Challenges Arising from the Digitalisation of the Economy – October 2021, S. 17.

[2] Siehe hierzu *Dourado*, Intertax 2020, 152 (154); *Fehling* in Schaumburg/Englisch, Europäisches Steuerrecht, 2. Aufl. 2020, Rn. 7.2 f.

[3] G20 Leaders Declaration, Los Cabos Summit v. 19.6.2012, Rn. 48. Zuvor begründete die Erschaffung des Global Forum on Transparency and Exchange of Information for Tax Purposes im Jahr 2009 bereits einen wichtigen Schritt zu mehr Transparenz und Austausch von Steuerdaten, vgl. OECD (2021), Highlights brochure: Two-Pillar Solution to Address the Tax Challenges Arising from the Digitalisation of the Economy – October 2021, S. 12 sowie https://www.oecd.org/tax/transparency/who-we-are/history/ (abgerufen am 10.10.2021).

OECD erarbeitete daraufhin bis Februar 2013 einen Bericht[4] mit ersten Untersuchungsergebnissen zum Phänomen BEPS und veröffentlichte im Juli 2013 den sog. BEPS-Aktionsplan, der 15 Maßnahmen zur Bekämpfung von Steuervermeidung durch BEPS vorschlug, unter anderem zum Umgang mit den neuen Herausforderungen für die Besteuerung der digitalen Wirtschaft (Aktionspunkt 1), zur Stärkung der Vorschriften zur Hinzurechnungsbesteuerung (Aktionspunkt 3), zur Begrenzung der Gewinnverkürzung durch Abzug von Zins- oder sonstigen finanziellen Aufwendungen (Aktionspunkt 4) und zur Entwicklung eines multilateralen Instruments (Aktionspunkt 15).[5] Die Vorschläge wurden in den folgenden zwei Jahren unter direkter Mitwirkung von über 60 Staaten[6] durch die OECD[7] ausgearbeitet und das BEPS-Projekt am 5. Oktober 2015 mit der Veröffentlichung eines Maßnahmenpakets von 13 Abschlussberichten[8] zu einem vorläufigen Abschluss gebracht, dem eine Umsetzungsphase in den teilnehmenden Staaten folgte, die teilweise bis heute andauert. An der Umsetzung der abkommensbezogenen BEPS-Maßnahmen über ein sog. multilaterales Instrument (MLI), welches „eine zeitgleiche und effiziente Modifizierung der Doppelbesteuerungsabkommen ermöglicht, ohne Ressourcen für bilaterale Neuverhandlungen jedes einzelnen

---

[4] OECD (2013), Addressing Base Erosion and Profit Shifting sowie als deutsche Version OECD (2014), Gewinnverkürzung und Gewinnverlagerung – Situationsbeschreibung und Lösungsansätze.

[5] OECD (2013), Action Plan on Base Erosion and Profit Shifting sowie als deutsche Version OECD (2014), Aktionsplan zur Bekämpfung der Gewinnverkürzung und Gewinnverlagerung.

[6] Albanien, Argentinien, Aserbaidschan, Australien, Bangladesch, Belgien, Brasilien, Chile, Volksrepublik China, Costa Rica, Dänemark, Deutschland, Estland, Finnland, Frankreich, Georgien, Griechenland, Indien, Indonesien, Irland, Island, Israel, Italien, Jamaika, Japan, Kanada, Kenia, Kolumbien, Korea, Kroatien, Lettland, Litauen, Luxemburg, Malaysia, Marokko, Mexiko, Neuseeland, Niederlande, Nigeria, Norwegen, Österreich, Peru, Philippinen, Polen, Portugal, Russische Föderation, Saudi-Arabien, Schweden, Schweiz, Senegal, Singapur, Slowakische Republik, Slowenien, Spanien, Südafrika, Tschechische Republik, Tunesien, Türkei, Ungarn, Vereinigte Staaten, Vereinigtes Königreich und Vietnam, siehe OECD (2015), Erläuterung, OECD/G20 Projekt Gewinnverkürzung und Gewinnverlagerung, Rn. 4.

[7] Für kritische Anmerkungen zur aktuellen Stellung der OECD im internationalen Steuerrecht siehe etwa *Baker*, Intertax 2020, 805 (808 f.); *Baker*, Intertax 2020, 844 (847) sowie *Sharma*, UN versus OECD – It's time for the UN to get going, MNE Tax v. 4.5.2021.

[8] Vgl. hierzu OECD (2015), Erläuterung, OECD/G20 Projekt Gewinnverkürzung und Gewinnverlagerung.

Abkommens zu beanspruchen", waren bereits nach kurzer Zeit schon 90 Staaten beteiligt.[9] 2016 wurde zudem das „OECD/G20 Inclusive Framework on BEPS" („Inclusive Framework", kurz „IF") ins Leben gerufen, welches bei der OECD angesiedelt wurde und zunächst nur die Weiterentwicklung der BEPS-Empfehlungen und die Überwachung der Implementierung dieser Empfehlungen in den einzelnen Staaten zur Aufgabe hatte.[10]

2.2 Die ungelösten Herausforderungen für die Besteuerung der digitalen Wirtschaft

Trotz der Veröffentlichung der 13 Abschlussberichte zu den 15 Aktionspunkten und der danach eingeleiteten Umsetzungsphase für die teilnehmenden Staaten blieb ein Thema ungelöst. Im Abschlussbericht zu Aktionspunkt 1[11], der den Umgang mit den steuerlichen Herausforderungen infolge der Digitalisierung zum Gegenstand hatte, konnten keine Handlungsempfehlungen abgegeben werden. Stattdessen folgte im Jahr 2018 ein Zwischenbericht[12] des IF, der ausführlich und analytisch die neuen und sich verändernden Geschäftsmodelle im Rahmen der Digitalisierung darstellte und die Grundlage für eine internationale, konsensbasierte Lösung bis Ende 2020 bilden sollte, zu deren Erarbeitung das IF von den G20-Staaten beauftragt wurde.[13] Ausgangspunkt für Aktionspunkt 1 war die Beobachtung, dass ein seit über 100 Jahren bestehendes Grundprinzip des internationalen Steuerrechts, nämlich die Besteuerung am Ort der Wertschöpfung,[14] durch die Digitalisierung der Wirtschaft in Frage gestellt wird, da Unternehmensgewinne mangels physischer Präsenz der Unternehmen (sog. Nexus) nicht mehr zwingend in den Staaten besteuert werden, mithilfe deren Leistungs- und Infrastrukturangebot sie (zumindest teilweise) erzielt werden.[15] Diese Entwicklung wurde international als ungerecht empfunden, weil die (vornehmlich

---

[9] OECD (2015), Erläuterung, OECD/G20 Projekt Gewinnverkürzung und Gewinnverlagerung, Rn. 20.
[10] *Kreienbaum/Fehling*, IStR 2017, 929 ff.
[11] OECD (2015), Addressing the Tax Challenges of the Digital Economy, Action 1, Final Report.
[12] OECD (2018), Steuerliche Herausforderungen der Digitalisierung – Zwischenbericht 2018.
[13] Vgl. OECD (2021), OECD Secretary-General Tax Report to G20 Finance Ministers and Central Bank Governors – April 2021, S. 13.
[14] Vgl. *Becker/van der Ham*, DB 2019, 2540.
[15] *Valta*, IStR 2018, 765.

US-amerikanischen) Digitalkonzerne mit den GAFAs[16] an ihrer Spitze in vielen Ländern – darunter auch Deutschland und andere bislang typische Ansässigkeitsstaaten der EU – trotz digitaler Präsenz kaum Steuern zahlten.[17] Um diesem Problem zu begegnen und eine von Schwellen- und Entwicklungsländer schon lange geforderte vorteilhaftere Gewichtung der Quellenbesteuerung gegenüber der Ansässigkeitsbesteuerung zu erreichen,[18] wurde der Fokus zunächst allein auf die Neuausrichtung der internationalen Aufteilung von Besteuerungsrechten hinsichtlich der Digitalwirtschaft zugunsten von Absatzmarkt- und Nutzerstaaten gelegt.

2.3 Ausweitung auf ein Konzept der Mindestbesteuerung

Diese Diskussion entwickelte sich unter der immer breiter werdenden Forderung nach einer Vermeidung von „ring-fencing", also einer Beschränkung des Anwendungsbereichs der zu erarbeitenden Lösung auf den Digitalsektor, jedoch nachteilig für die exportorientierte deutsche Wirtschaft und insbesondere den deutschen Fiskus. Daher stellte die Bundesregierung gemeinsam mit Frankreich im Jahr 2018 einen eigenen Vorschlag vor, der zunächst noch eine Alternative darstellen sollte und nach seiner Präsentation auf dem G7-Finanzministertreffen in das Inclusive Framework eingebracht wurde: die global koordinierte Einführung eines Mindestbesteuerungsreglements für niedrig besteuerte Auslandsgewinne multinational tätiger Konzerne.[19] Ausweislich einer am 23. Januar 2019 vom Inclusive Framework gebilligten „Policy Note"[20] wurde der Vorschlag als sog. Säule 2 („Pillar Two") in die Arbeiten des Inclusive Framework aufgenommen. Der ursprüngliche Ansatz zur Neuausrichtung der internationalen Allokation von

---

[16] Diese Abkürzung steht für die vier großen Konzerne Google, Apple, Facebook und Amazon.
[17] Vgl. *Valta*, IStR 2018, 765.
[18] *Valta*, IStR 2018, 765.
[19] Franco-German joint declaration on the taxation of digital companies and minumum taxation, abrufbar unter: https://www.consilium.europa.eu/media/37276/fr-de-joint-declaration-on-the-taxation-of-digital-companies-final.pdf (zuletzt abgerufen am 22.04.2021), veröffentlicht nach dem Treffen des Rats für Wirtschaft und Finanzen vom 4.12.2018; *Röder*, StuW 2020, 35 (38) m. w. N.
[20] OECD (2019), Addressing the Tax Challenges of the Digitalisation of the Economy – Policy Note, as approved by the Inclusive Framework on BEPS on 23 January 2019.

2.3 Ausweitung auf ein Konzept der Mindestbesteuerung

Besteuerungsrechten wurde jedoch daneben als sog. Säule 1 („Pillar One") weiterverfolgt.[21] Bereits im Folgemonat wurden mit einer öffentlichen Konsultation erste Stellungnahmen durch Wissenschaft, Wirtschaft und andere Interessenvertreter eingeholt, wobei hier auf sechs Seiten erstmals die grobe Konstruktion der Mindeststeuer mit ihren vier Regeln, namentlich der Income Inclusion Rule („IIR"), Switch-over Rule („SOR"), Undertaxed Payments Rule („UTPR") und Subject to Tax Rule („STTR"), präsentiert wurde.[22] Es folgte am 31. Mai 2019 die Veröffentlichung des Arbeitsprogramms des Inclusive Framework, in der unter anderem auch die Doppelfunktionalität der Mindeststeuer – nämlich die Begrenzung des internationalen Steuerwettbewerbs und die Bekämpfung verbleibender BEPS-Möglichkeiten – hervorgehoben wurde.[23] Im November 2019 kam es dann zu einer zweiten öffentlichen Konsultation, die sich allein auf Säule 2 bezog und hierin den drei technischen Kernfragen der steuerlichen Gewinnermittlung, der konzerninternen Verrechnungsmöglichkeit für Einkünfte („Blending") und etwaiger Ausnahmen und Beschränkungen des Anwendungsbereichs („Carve-outs") Raum gab.[24] Aufgrund der im Folgejahr einsetzenden COVID-19-Pandemie und einer zwischenzeitlichen Blockadehaltung der US-Regierung hinsichtlich Säule 1 folgte erst im Oktober 2020[25] mit dem 249 Seiten starken „Report on Pillar Two Blueprint"[26] ein äußerst detaillierter, aber noch nicht auf einem Konsens beruhender Bericht, der einen in technischer Hinsicht bereits deutlich ausgereiften Designvorschlag für die einzelnen Mindeststeuerregelungen mit Erklärungen

---

[21] Auf eine detaillierte Darstellung der ersten Säule und der ganz erheblichen Veränderungen, die diese in den vergangenen drei Jahren erfahren hat, wird in dieser Arbeit verzichtet.

[22] OECD (2019), Public Consultation Document, Addressing the Tax Challenges of the Digitalisation of the Economy, 13 February – 6 March 2019, S. 24 ff. Die US-Steuerreform 2017 mit der darin enthaltenen GILTI- und BEAT-Besteuerung hat hierbei eine gewisse Vorreiterrolle für die Mindeststeuerinitiative eingenommen, vgl. bspw. *Englisch*, FR 2021, 1 (2).

[23] OECD (2019), Programme of Work to Develop a Consensus Solution to the Tax Challenges Arising from the Digitalisation of the Economy, S. 25 ff. Siehe auch *Englisch*, FR 2021, 1 (3); *Röder*, StuW 2020, 35 (37 f.).

[24] OECD (2019), Public Consultation Document, Global Anti-Base Erosion Proposal ("GloBE") – Pillar Two, 8 November 2019 – 2 December 2019.

[25] Der ursprüngliche Zeitplan des IF sah bereits für Juni 2020 eine Einigung vor, vgl. *Baker*, Intertax 2020, 844 f.; *Koerver Schmidt*, Intertax 2020, 983 (986).

[26] OECD (2020), Tax Challenges Arising from Digitalisation – Report on Pillar Two Blueprint.

und Beispielen lieferte und im Rahmen einer sich direkt anschließenden dritten öffentlichen Anhörung diskutiert wurde.[27]

Nach weiteren Arbeiten in den zuständigen Gremien kam es Mitte des Jahres 2021 schließlich zum großen „Showdown", bei dem – für viele Skeptiker der Initiative wohl überraschend – wesentliche Einigungen zu beiden Säulen erzielt werden konnten. Den Auftakt machte das G7-Treffen der Finanzminister und Zentralbankgouverneure am 4. und 5. Juni 2021, bei dem die G7-Staaten nicht nur ihre allgemeine Zustimmung zu Säule 2 zum Ausdruck brachten, sondern sich erstmals zu einer globalen Mindeststeuer mit einem Mindeststeuersatz i. H. v. mindestens 15 % und einem staatenbezogenen Ansatz für die Ermittlung der effektiven Besteuerung eines multinationalen Konzerns (sog. Jurisdictional Blending) verpflichteten.[28] Die klare Positionierung bei der Höhe des Steuersatzes sollte die weiteren Einigungen maßgeblich beeinflussen, denn zuvor war noch über einen Steuersatz zwischen 10 % und 15 % spekuliert worden.[29] Die historische Einigung wurde auf dem G7-Gipfel der Staats- und Regierungschefs in Carbis Bay (11. bis 13. Juni 2021) bestätigt: *„With this, we have taken a significant step towards creating a fairer tax system fit for the 21st century, and reversing a 40-year race to the bottom. Our collaboration will create a stronger level playing field, and it will help raise more tax revenue to support investment and it will crack down on tax avoidance."*[30] Am 1. Juli 2021 folgte dann eine Erklärung[31] von zunächst 130[32] der damals noch 139 Mitglieder des Inclusive Framework, in der wesentliche Eckpunkte des Mindestbesteuerungssystems festgelegt wurden. Unter

---

[27] OECD (2020), Public Consultation Document, Reports on the Pillar One and Pillar Two Blueprints, 12 October 2020 – 14 December 2020.

[28] Vgl. G7 Finance Ministers and Central Bank Governors Communiqué v. 5. Juni 2021, Rn. 16.

[29] Sicherlich von Einfluss darauf war zuvor der Vorstoß der neuen US-Regierung, die einen Mindeststeuersatz von 21 % ins Spiel gebracht hatte, vgl. *Connolly*, US agrees to 15 % global minimum tax rate, boosting odds for Pillar 2 agreement, MNE Tax v. 21.5.2021.

[30] Vgl. Carbis Bay G7 Summit Communiqué v. 13. Juni 2021, Rn. 22.

[31] OECD (2021), Statement on a Two-Pillar Solution to Address the Tax Challenges Arising From the Digitalisation of the Economy v. 1.7.2021.

[32] Nachdem noch im Juli Peru sowie St. Vincent und die Grenadinen dem Statement beigetreten sind, hat sich Barbados am 12. August 2021 als 133. Mitglied der Erklärung des IF vom 1. Juli 2021 angeschlossen. Am 31. August 2021 folgte Togo, das zeitgleich erstmals dem IF beitrat. Die sechs Staaten Estland, Irland, Kenia, Nigeria, Sri Lanka und Ungarn verweigerten dagegen ihre Zustimmung zum Statement, waren an den Verhandlungen im Inclusive Framework aber weiterhin beteiligt. Zur Liste der beigetretenen Staaten siehe OECD (2021), Members of the OECD/G20 Inclusive Framework on BEPS joining the *Statement on a Two–Pillar Solution to Address the Tax Challenges Arising from the Digitalisation of the Economy* as of 31 August 2021.

2.3 Ausweitung auf ein Konzept der Mindestbesteuerung

anderem sah die Erklärung neben der Übernahme des von den G7-Staaten beschlossenen Mindeststeuersatzes i. H. v. mindestens 15 % einen „common approach" vor, nach dem die IF-Mitglieder sich zwar nicht dazu verpflichten, die Regelungen unter Säule 2 zu implementieren, sie aber die Umsetzung durch andere Staaten akzeptieren müssen, soweit diese in Einklang mit den finalen Regelungsempfehlungen des IF erfolgt.[33] Zudem wurde erneut ein ambitionierter Zeitplan ausgegeben, der eine abschließende Entscheidung hinsichtlich der Designelemente für Oktober 2021 und ein Inkrafttreten der Regelungen in den teilnehmenden Steuerhoheitsgebieten im Jahr 2023 vorsah.[34] Auf dem G20-Treffen der Finanzminister und Zentralbankgouverneure am 9. und 10. Juli 2021 bekundeten die teilnehmenden Staaten ihre Unterstützung für die im Statement des IF dargelegten Kernpunkte und forderten eine zügige Finalisierung auf IF-Ebene bis zu ihrem nächsten Treffen am 12. und 13. Oktober 2021 ein.[35] Am 8. Oktober folgte eine aktualisierte und finale „Erklärung über die Zwei-Säulen-Lösung für die steuerlichen Herausforderungen der Digitalisierung der Wirtschaft"[36], auf

---

[33] OECD (2021), Statement on a Two-Pillar Solution to Address the Tax Challenges Arising From the Digitalisation of the Economy v. 1.7.2021, S. 3.

[34] OECD (2021), Statement on a Two-Pillar Solution to Address the Tax Challenges Arising From the Digitalisation of the Economy v. 1.7.2021, S. 5.

[35] Vgl. G20 Finance Ministers and Central Bank Governors Communiqué v. 10. Juli 2021, S. 2.

[36] OECD (2021), Statement on a Two-Pillar Solution to Address the Tax Challenges Arising from the Digitalisation of the Economy v. 8.10.2021; unterstützt von den G20 in G20 Finance Ministers and Central Bank Governors Communiqué v. 13. Oktober 2021, S. 2 f.

die sich nun sogar 137[37] von 141 IF-Mitgliedstaaten[38] verständigen konnten.[39] Eine wesentliche Änderung war hierbei die Festlegung auf einen Mindeststeuersatz von genau 15 %. Weitere Änderungen betrafen etwa die UTPR und die Höhe der Beträge der „Substance-based Income Exclusion"[40].

---

[37] Diese erwirtschaften gemeinsam mehr als 90 % des globalen Bruttoinlandsprodukts, vgl. OECD-Pressemitteilung v. 8.10.2021, Internationale Staatengemeinschaft erzielt bahnbrechende Steuervereinbarung für das digitale Zeitalter, abrufbar unter: https://www.oecd.org/berlin/presse/internationale-staatengemeinschaft-erzielt-bahnbrechende-steuervereinbarung-fuer-das-digitale-zeitalter.htm.

[38] Vgl. OECD (2021), Members of the OECD/G20 Inclusive Framework on BEPS joining the October 2021 Statement on a Two-Pillar Solution to Address the Tax Challenges Arising from the Digitalisation of the Economy as of 4 November 2021. Zu den aktuell 141 Mitgliedstaaten und -steuerhoheitsgebieten des IF gehören: Ägypten, Albanien, Andorra, Angola, Anguilla, Antigua und Barbuda, Argentinien, Armenien, Aruba, Australien, Bahamas, Bahrain, Barbados, Belgien, Belize, Benin, Bermuda, Bosnien und Herzegowina, Botsuana, Brasilien, Britische Jungferninseln, Brunei Darussalam, Bulgarien, Burkina Faso, Cabo Verde, Chile, China, Cookinseln, Costa Rica, Côte d'Ivoire, Curaçao, Dänemark, Deutschland, Dschibuti, Dominica, Dominikanische Republik, Estland, Eswatini, Färöer Inseln, Finnland, Frankreich, Gabun, Georgien, Gibraltar, Griechenland, Grönland, Grenada, Guernsey, Haiti, Honduras, Hong Kong, Indien, Indonesien, Irland, Island, Isle of Man, Israel, Italien, Jamaika, Japan, Jersey, Jordanien, Kaimaninseln, Kamerun, Kanada, Kasachstan, Katar, Kenia, Kolumbien, Kongo (Demokratische Republik Kongo), Kongo (Republik Kongo), Kroatien, Lettland, Liberia, Liechtenstein, Litauen, Luxemburg, Macau, Malaysia, Malediven, Malta, Marokko, Mauretanien, Mauritius, Mexiko, Monaco, Mongolei, Montenegro, Montserrat, Namibia, Neuseeland, Niederlande, Nigeria, Nordmazedonien, Norwegen, Oman, Österreich, Pakistan, Panama, Papua-Neuguinea, Paraguay, Peru, Polen, Portugal, Rumänien, Russische Föderation, Sambia, Samoa, San Marino, Saudi-Arabien, Schweden, Schweiz, Senegal, Serbien, Seychellen, Sierra Leone, Singapur, Slowakei, Slowenien, Spanien, Sri Lanka, St. Kitts und Nevis, St. Lucia, St. Vincent und die Grenadinen, Südafrika, Südkorea, Thailand, Togo, Trinidad und Tobago, Tschechien, Tunesien, Turks- und Caicosinseln, Türkei, Ukraine, Ungarn, Uruguay, Vereinigte Arabische Emirate, Vereinigte Staaten von Amerika, Vereinigtes Königreich Großbritannien und Nordirland, Vietnam und Weißrussland, vgl. OECD (2021), Members of the OECD/G20 Inclusive Framework on BEPS, Updated: November 2021. Der Verständigung nicht angeschlossen haben sich bislang Kenia, Nigeria, Pakistan und Sri Lanka, vgl. OECD-Pressemitteilung v. 8.10.2021, Internationale Staatengemeinschaft erzielt bahnbrechende Steuervereinbarung für das digitale Zeitalter, abrufbar unter: https://www.oecd.org/berlin/presse/internationale-staatengemeinsc haft-erzielt-bahnbrechende-steuervereinbarung-fuer-das-digitale-zeitalter.htm.

[39] OECD-Pressemitteilung v. 8.10.2021, Internationale Staatengemeinschaft erzielt bahnbrechende Steuervereinbarung für das digitale Zeitalter, abrufbar unter: https://www.oecd.org/berlin/presse/internationale-staatengemeinschaft-erzielt-bahnbrechende-steuervereinbarung-fuer-das-digitale-zeitalter.htm.

[40] Dort noch als „formulaic substance-based carve-outs" bezeichnet.

2.4 Aktueller Stand der Entwicklungen

Um die politische Einigung auf Ebene des IF nun in konkrete nationale Vorschriften umzusetzen, wurden am 20. Dezember 2021 Modellregeln[41] veröffentlicht, die den Anwendungsbereich und die Mechanik der GloBE-Regeln spezifizieren und an denen sich die umsetzungswilligen Staaten zu orientieren haben. Ergänzt wurden diese Modellregeln am 14. März 2022 um einen über 200 Seiten starken Kommentar[42], der auf das Ziel und die Anwendung der Regelungen näher eingeht, sowie ein knapp 50-seitiges Dokument mit illustrativen Beispielen.[43] Bald folgen sollen noch eine modellhafte Subject to Tax Rule inklusive Kommentar wie auch ein Multilaterales Instrument, welches die DBA-rechtlich notwendigen Änderungen vereinfachen soll.[44] Es ist das erklärte Ziel des IF, dass die Regelungen der Säule 2 im Jahr 2022 ins nationale Recht umgesetzt werden und bis auf die UTPR bereits 2023 in Kraft treten.[45] Die UTPR soll dann ab 2024 zur Anwendung kommen.[46] Spätestens bis Ende 2022 soll hierfür im Übrigen auch ein Umsetzungsrahmen („Implementation Framework") geschaffen werden, der die koordinierte Implementierung der GloBE-Regeln gewährleistet. Durch diesen sollen das anzuwendende Verfahren (z. B. detaillierte Mitteilungspflichten der betroffenen Konzerne und ein multilaterales Review-Verfahren) und Safe-Harbour-Regelungen konkretisiert werden, um sowohl die betroffenen Konzerne als auch die Finanzbehörden in der Anwendung der neuen Vorschriften

---

[41] OECD (2021), Tax Challenges Arising from the Digitalisation of the Economy – Global Anti-Base Erosion Model Rules (Pillar Two).

[42] OECD (2022), Tax Challenges Arising from the Digitalisation of the Economy – Commentary to the Global Anti-Base Erosion Model Rules (Pillar Two).

[43] OECD (2022), Tax Challenges Arising from the Digitalisation of the Economy – Global Anti-Base Erosion Model Rules (Pillar Two) Examples.

[44] OECD (2021), Statement on a Two-Pillar Solution to Address the Tax Challenges Arising from the Digitalisation of the Economy v. 8.10.2021, S. 7; vgl. auch OECD (2020), Tax Challenges Arising from Digitalisation – Report on Pillar Two Blueprint, Rn. 677. Die Umsetzung über ein weiteres oder geändertes MLI bietet sich an, auch wenn Deutschland bei der Umsetzung des am 1.7.2018 in Kraft getretenen MLI (1.0) nur äußerst zögerlich agiert und im überwiegenden Teil den bilateralen Weg sucht, vgl. *Nürnberg*, IWB 2020, 566 ff.

[45] OECD (2021), Statement on a Two-Pillar Solution to Address the Tax Challenges Arising from the Digitalisation of the Economy v. 8.10.2021, S. 5; vgl. auch OECD (2020), Tax Challenges Arising from Digitalisation – Report on Pillar Two Blueprint, Rn. 678.

[46] OECD (2021), Statement on a Two-Pillar Solution to Address the Tax Challenges Arising from the Digitalisation of the Economy v. 8.10.2021, S. 5.

zu unterstützen.[47] Eine öffentliche Konsultation hierzu fand bereits im Zeitraum vom 14.3. bis 11.4.2022 statt.[48] Weiterhin bleibt noch zu erörtern, ob es eines multilateralen (völkerrechtlich bindenden) Abkommens bedarf.[49] Erste Implementierungsbemühungen sind derzeit etwa schon im Vereinigten Königreich,[50] der Schweiz[51] und der EU[52] zu beobachten.

---

[47] OECD (2021), Statement on a Two-Pillar Solution to Address the Tax Challenges Arising from the Digitalisation of the Economy v. 8.10.2021, S. 7.

[48] Siehe den Aufruf der OECD v. 14.3.2022: Tax challenges of digitalisation: OECD invites public input on the Implementation Framework of the global minimum tax, abrufbar unter: https://www.oecd.org/tax/oecd-invites-public-input-on-the-implementation-framework-of-the-global-minimum-tax.htm. Die Meeting Documents inkl. der in diesem Zeitraum eingegangen Stellungnahmen sind abrufbar unter: https://www.oecd.org/tax/beps/public-consultation-meeting-implementation-framework-global-minimum-tax-25-april-2022.htm.

[49] OECD (2021), Statement on a Two-Pillar Solution to Address the Tax Challenges Arising from the Digitalisation of the Economy v. 8.10.2021, S. 7; vgl. auch OECD (2020), Tax Challenges Arising from Digitalisation – Report on Pillar Two Blueprint, Rn. 705 ff.: Dieses Abkommen könnte die Schlüsselelemente und obersten Grundsätze der GloBE-Regeln enthalten, insbesondere die Rangfolge der einzelnen Regeln, den Top-down-Ansatz für die IIR sowie alle Regeln, die gemeinsam definierte Begriffe erfordern. Es würde sich somit ausschließlich der konsistenten, koordinierten und umfassenden Anwendung der GloBE-Regeln widmen.

[50] Das britische Finanzministerium führt derzeit eine öffentliche Anhörung hierzu durch, vgl. *HM Treasury*, OECD Pillar 2 – Consultation on implementation, Januar 2022.

[51] Vgl. *Connolly*, Switzerland will implement global minimum tax by constitutional amendment, MNE Tax v. 13.1.2022.

[52] Siehe den Richtlinienentwurf „Proposal for a Council Directive on ensuring a global minimum level of taxation for multinational groups in the Union" der EU-Kommission v. 22.12.2021, COM(2021) 823 final. Die EU gehört als G20-Mitglied seit Beginn zu den Auftraggebern des BEPS-Projekts und nun auch des GloBE-Projekts der OECD, vgl. Musil in Musil/Weber-Grellet, Europäisches Steuerrecht, Vor Art. 1 Anti-BEPS-RL Rn. 11.

2.4 Aktueller Stand der Entwicklungen

Open Access Dieses Kapitel wird unter der Creative Commons Namensnennung 4.0 International Lizenz (http://creativecommons.org/licenses/by/4.0/deed.de) veröffentlicht, welche die Nutzung, Vervielfältigung, Bearbeitung, Verbreitung und Wiedergabe in jeglichem Medium und Format erlaubt, sofern Sie den/die ursprünglichen Autor(en) und die Quelle ordnungsgemäß nennen, einen Link zur Creative Commons Lizenz beifügen und angeben, ob Änderungen vorgenommen wurden.

Die in diesem Kapitel enthaltenen Bilder und sonstiges Drittmaterial unterliegen ebenfalls der genannten Creative Commons Lizenz, sofern sich aus der Abbildungslegende nichts anderes ergibt. Sofern das betreffende Material nicht unter der genannten Creative Commons Lizenz steht und die betreffende Handlung nicht nach gesetzlichen Vorschriften erlaubt ist, ist für die oben aufgeführten Weiterverwendungen des Materials die Einwilligung des jeweiligen Rechteinhabers einzuholen.

3 Sinn und Zweck der Mindestbesteuerung

Das nachfolgende Kapitel stellt die Ziele der Säule 2 dar und untersucht unter Berücksichtigung aktueller wissenschaftlicher Erkenntnisse, ob diese Ziele berechtigterweise zur Legitimierung der Mindeststeuer herangezogen werden können.

3.1 Primärziele der Mindeststeuerinitiative

Die weltweit abgestimmte Einführung eines effektiven Mindestbesteuerungsregimes für multinational agierende Konzerne verfolgt drei Primärziele.[1] Zum einen soll sie die OECD/G20-Beschlüsse zum BEPS-Projekt aus 2015 ergänzen und weiterhin bestehende BEPS-Risiken eliminieren.[2] Zum anderen soll sie dem mittlerweile als überschießend und unfair wahrgenommenen Steuerwettbewerb zwischen den einzelnen Staaten um ausländische Direktinvestitionen

---

[1] Vgl. auch *Koerver Schmidt*, Intertax 2020, 983 (984 f.). Die teilnehmenden Staaten messen diesen Zielen teils unterschiedlich viel Bedeutung zu, vgl. *Connolly*, Global minimum tax negotiations focus on carve-outs, EU consensus, closing deal, MNE Tax v. 30.9.2021.

[2] OECD (2019), Addressing the Tax Challenges of the Digitalisation of the Economy – Policy Note, as approved by the Inclusive Framework on BEPS on 23 January 2019, S. 2; OECD (2019), Programme of Work to Develop a Consensus Solution to the Tax Challenges Arising from the Digitalisation of the Economy, Rn. 7, 52 f.; OECD (2020), Tax Challenges Arising from Digitalisation – Report on Pillar Two Blueprint, Rn. 3. *Englisch*, FR 2021, 1 (3) ordnet die Regelungen aus dem Blueprint in diesem Sinne als „grobes Anti-BEPS-Instrument" ein.

("harmful race to the bottom") Einhalt gebieten und eine Untergrenze einziehen.[3] Zudem soll mittels einer internationalen Einigung auf die zu den Säulen 1 und 2 ausgearbeiteten Regelungen verhindert werden, dass durch ein gefährliches Chaos aus unabgestimmten unilateralen Maßnahmen[4] die steuerliche Komplexität bei grenzüberschreitenden Unternehmungen unzumutbare Ausmaße erreicht, die sowohl Unternehmen als auch die jeweiligen Finanzbehörden überfordern und zu Doppelbesteuerung führen.[5]

3.2 Zur Legitimität der Primärziele

Doch sind diese Ziele berechtigt? Nachfolgend wird untersucht, inwieweit die angeführten Primärziele der Säule 2 auf wissenschaftliche Erkenntnisse gestützt werden können und insoweit tatsächlich ein Bedarf für die Einführung einer effektiven Mindestbesteuerung multinational agierender Konzerne besteht.

---

[3] OECD (2019), Public Consultation Document, Addressing the Tax Challenges of the Digitalisation of the Economy, 13 February – 1 March 2019, Rn. 90; OECD (2019), Programme of Work to Develop a Consensus Solution to the Tax Challenges Arising from the Digitalisation of the Economy, Rn. 54, 62; OECD (2019), Public Consultation Document, Global Anti-Base Erosion Proposal („GloBE") – Pillar 2, 8 November 2019 – 2 December 2019, Rn. 7; OECD (2021), OECD Secretary-General Tax Report to G20 Finance Ministers and Central Bank Governors – July 2021, S. 4; OECD-Pressemitteilung v. 8.10.2021, Internationale Staatengemeinschaft erzielt bahnbrechende Steuervereinbarung für das digitale Zeitalter, abrufbar unter: https://www.oecd.org/berlin/presse/internationale-staatengemeinschaft-erzielt-bahnbrechende-steuervereinbarung-fuer-das-digitale-zeitalter.htm; OECD (2021), OECD Secretary-General Tax Report to G20 Finance Ministers and Central Bank Governors, October 2021. Auf S. 1 ("Note for Delegates") des dem Autor vorliegenden deutsch-französischen Entwurfs mit dem Arbeitstitel "GLOBE BEPS 2.0 Initiative" stand dieses Ziel sogar an erster Stelle. Vgl. zu dem damit einhergehenden Paradigmenwechsel *Devereux et al.*, The OECD Global Anti-Base Erosion Proposal, Oxford University Centre for Business Taxation, S. 6 f.; *Englisch*, FR 2021, 1 (4 f.); *Ditz/Wassermeyer* in Flick/Wassermeyer/Baumhoff u. a., Außensteuerrecht, 99. Lief. 2021, Vor §§ 7–14 AStG Rn. 31.
[4] Diese können sowohl zur Anziehung von Steuersubstrat als auch zur Abwehr weiterer Gewinnverlagerung ergriffen werden.
[5] OECD (2019), Addressing the Tax Challenges of the Digitalisation of the Economy – Policy Note, as approved by the Inclusive Framework on BEPS on 23 January 2019, S. 2; OECD (2021), OECD Secretary-General Tax Report to G20 Finance Ministers and Central Bank Governors – July 2021, S. 4.

3.2.1 Begrenzung des internationalen Steuerwettbewerbs

Die Mindeststeuer soll dem Steuerwettbewerb zwischen den Staaten um ausländische Direktinvestitionen von Unternehmen eine Untergrenze einziehen und dadurch ein „race to the bottom" verhindern. Insofern ist die Frage zu beantworten, was überhaupt unter dem Begriff des internationale Steuerwettbewerbs zu verstehen ist und inwieweit dieser schon ein volkswirtschaftlich schädliches oder ungerechtes Ausmaß erreicht hat oder zumindest zu erreichen droht.

3.2.1.1 Begriff

Internationaler Steuerwettbewerb lässt sich allgemein als eine strategische Interaktion verschiedener Staaten zur Gewinnung mobilen Steuersubstrats definieren[6] und ist insbesondere bei der Unternehmensbesteuerung von großer Bedeutung.[7] Durch aktive Teilnahme am internationalen Steuerwettbewerb versuchen Länder, ihre relative Standortattraktivität zur Ansiedelung von mobilen Aktivitäten[8] wie etwa Forschung und Entwicklung („FuE") zu erhöhen.[9] Hierfür stehen den Staaten vielfältige Möglichkeiten zur Verfügung, beispielsweise die Senkung der

---

[6] *Bräutigam et al.*, Internationaler Steuerwettbewerb – Bewertung, aktuelle Trends und steuerpolitische Schlussfolgerungen, 2018, S. VII. Siehe auch *Wilson/Wildasin*, Journal of Public Economics 2004, 1065 (1067): „we define tax competition as noncooperative tax setting by independent governments, under which each government's policy choices influence the allocation of a mobile tax base among "regions" represented by these governments".

[7] Denn Gesellschaften und ihre Tätigkeiten sind anders als z. B. Arbeitnehmer, Grundbesitz oder Konsum relativ mobil, siehe *Bräutigam et al.*, Internationaler Steuerwettbewerb – Bewertung, aktuelle Trends und steuerpolitische Schlussfolgerungen, 2018, S. VIII. Zum internationalen Wettbewerb im Rahmen der Unternehmensbesteuerung siehe bereits *Lang*, StuW 2011, 144 ff.

[8] Die Mobilität von Menschen und Unternehmen (insb. von Spitzenverdienern und großen Konzernen) hat durch die Globalisierung und technische Fortschritte generell zugenommen, vgl. *Flamant/Godar/Richard*, New Forms of Tax Competition in the European Union, S. 6; *Wohlrabe/Rathje*, Der internationale Steuerwettbewerb aus Unternehmenssicht – Jahresmonitor der Stiftung Familienunternehmen, S. 1; *Desens* in Herrmann/Heuer/Raupach, 310. Lief. 2022, Einführung zum KStG Rn. 45; *Haase* in Haase, 3. Aufl. 2016, Einleitung zum AStG Rn. 21; Vgl. *Schmehl* in Schön/Beck, Zukunftsfragen des deutschen Steuerrechts, S. 99 (102 f.).

[9] *Bräutigam et al.*, Internationaler Steuerwettbewerb – Bewertung, aktuelle Trends und steuerpolitische Schlussfolgerungen, 2018, S. VII. Vgl. auch *Flamant/Godar/Richard*, New Forms of Tax Competition in the European Union, S. 6: „Governments may try to attract capital, workers or consumers from other countries by lowering general tax rates or by offering special regimes targeting a specific part of the tax base or taxpayers."

nominellen Steuersätze, die Anpassung der Steuerbemessungsgrundlage,[10] die Optimierung der steuerlichen Rahmenbedingungen[11] oder die Einführung neuer Präferenzregime für mobile Aktivitäten („Smart Tax Competition").[12] Im Gegensatz zu vielen anderen auf die Standortattraktivität einwirkenden Faktoren (z. B. Qualität von Infrastruktur, Bildungsniveau von Arbeitskräften, Regulierungsgrad, Qualität des Sozialstaats oder langfristige politische Stabilität)[13] kann die Steuerbelastung unmittelbar und kurzfristig vom Gesetzgeber beeinflusst werden, sodass Steuern ein besonders rasch einsetzbares Instrument zur Verbesserung der Standortattraktivität darstellen.[14]

3.2.1.2 Chancen und Risiken des Steuerwettbewerbs

Der internationale Steuerwettbewerb zwischen den Staaten ist mit Chancen und Risiken verbunden.[15] Zu den Chancen des Steuerwettbewerbs zählt vor allem

---

[10] Der Einsatz von Freibeträgen, Abzügen und sonstigen steuerlichen Ausnahmeregelungen reduziert die Steuerbemessungsgrundlage und damit auch die Steuerbelastung, sodass der effektive Steuersatz regelmäßig unter dem nominellen Steuersatz liegt.

[11] Konkrete Beispiele für Rahmenbedingungen sind die Kosten für die Erstellung von Steuererklärungen und die Einhaltung von Steuergesetzen (Befolgungskosten), aber auch die (bewusste) Eröffnung von Möglichkeiten zur Steuervermeidung und Steuerumgehung, vgl. *Bräutigam et al.*, Internationaler Steuerwettbewerb – Bewertung, aktuelle Trends und steuerpolitische Schlussfolgerungen, 2018, S. 16 f. Ökonomisch ist die Wirkung dieser Kosten analog der Wirkung von Steuern. Anders als Steuern, welche zu Einnahmen des Staates führen, schaffen diese Kosten allerdings keinen gesamtökonomischen Mehrwert, vgl. *Eichfelder/Vaillancourt*, arqus Discussion Paper No. 178 (2014), S. 1.

[12] *Bräutigam et al.*, Internationaler Steuerwettbewerb – Bewertung, aktuelle Trends und steuerpolitische Schlussfolgerungen, 2018, S. VIII, 13 ff.: „Smart Tax Competition" wird durch steuerpolitische Instrumente (z. B. sog. Patentboxen) ausgeführt, die gezielt hochmobile und steuerertragsstarke Aktivitäten adressieren. Zu weiteren Ursachen einer niedrigen Besteuerung vgl. auch *Hey* in Tipke/Lang, Steuerrecht, 24. Aufl. 2021, § 19 Rn. 16; *Klemm/Liu*, The Impact of Profit Shifting on Economic Activity and Tax Competition, in: De Mooij/Klemm/Perry, Corporate Income Taxes Under Pressure – Why Reform Is Needed and How It Could Be Designed, S. 175 (179).

[13] Zu diesen und weiteren Standortfaktoren und der Attraktivität des deutschen Standorts aus der Perspektive großer Familienunternehmen vgl. etwa *Dutt/Fischer/Minkus*, Länderindex Familienunternehmen, 8. Auflage 2021.

[14] *Bräutigam et al.*, Internationaler Steuerwettbewerb – Bewertung, aktuelle Trends und steuerpolitische Schlussfolgerungen, 2018, S. 4.

[15] *Bräutigam et al.* Internationaler Steuerwettbewerb – Bewertung, aktuelle Trends und steuerpolitische Schlussfolgerungen, 2018, S. 16; *Edwards/Keen*, European Economic Review 1996, 113 ff. Zur allgemeinen ökonomisch-theoretischen wie empirischen Forschung hierzu vgl. *Keuschnigg/Loretz/Winner*, Tax Competition and Tax Coordination in the European Union: A Survey, S. 11 ff. m. w. N.

3.2 Zur Legitimität der Primärziele

die disziplinierende Wirkung auf Politik und öffentliche Verwaltung bei der Ausgestaltung des Steuersystems und der Haushaltspolitik, die einen effizienten Staatsapparat hervorbringen kann.[16] Auch kann Steuerwettbewerb die Wirtschaft fördern und Raum für Investitionen schaffen.[17] Insbesondere die (steuerliche) Förderung von FuE ist ein wichtiges Anliegen in einem sich immer schneller entwickelnden Umfeld der Hochtechnologie.[18] Die staatliche Förderung privater FuE ist daher wünschenswert, solange die daraus hervorgehenden Vorteile auch mit der Öffentlichkeit geteilt werden.[19]

Die vom internationalen Steuerwettbewerb ausgehenden Risiken sind divers. Sie umfassen übermäßige Belastungen der Staatshaushalte, die damit einhergehende Verschlechterung staatlicher Leistungsmöglichkeiten, soziale Ungleichheit durch kompensierende Belastungen weniger mobiler Faktoren wie Konsum und Löhnen, eine verminderte Steuermoral und -ehrlichkeit der Steuerpflichtigen sowie politische Verwerfungen, die insbesondere in der EU den Gemeinschaftsgedanken zwischen den Mitgliedstaaten gefährden können.[20] Zudem können

---

[16] *Bräutigam et al.*, Internationaler Steuerwettbewerb – Bewertung, aktuelle Trends und steuerpolitische Schlussfolgerungen, 2018, S. 18. Diese positive Wirkung wird dem Steuerwettbewerb insb. von Anhängern der Neuen Politischen Ökonomie bzw. von Public-Choice-Ansätzen zugeschrieben, vgl. *Schratzenstaller*, WSI 2011, 304 (307).

[17] *Bräutigam et al.*, Internationaler Steuerwettbewerb – Bewertung, aktuelle Trends und steuerpolitische Schlussfolgerungen, 2018, S. 17 f.

[18] Denn die gesamtwirtschaftliche Rendite aus Investitionen in FuE liegt über der Rendite des privaten Investors und weitere Akteure können über Spill-Over Effekte von Innovationen profitieren. Dadurch wirken sich FuE-Aktivitäten von Unternehmen positiv auf den technologischen Fortschritt und die Produktivität einer Wirtschaft aus, siehe *Rathje/Wohlrabe*, IStR 2019, 1 (4).

[19] Dagegen können Präferenzregime wie IP-Boxen, die Gewinne aus der Nutzung von geistigem Eigentum steuerfrei stellen, kritisch gesehen werden, da diese lediglich bereits erfolgreiche FuE-Unternehmungen begünstigen anstatt die Kosten in der tatsächlichen FuE-Phase zu reduzieren, vgl. *Flamant/Godar/Richard*, New Forms of Tax Competition in the European Union, S. 36.

[20] Vgl. *Flamant/Godar/Richard*, New Forms of Tax Competition in the European Union, S. 8; *Jarass*, EWS 2015, 144; *Bräutigam et al.*, Internationaler Steuerwettbewerb – Bewertung, aktuelle Trends und steuerpolitische Schlussfolgerungen, 2018, S. 18; OECD (2019), Public Consultation Document, Addressing the Tax Challenges of the Digitalisation of the Economy, 13 February – 1 March 2019, Rn. 90; *Pross/Radmanesh* in FS Wassermeyer, 2015, S. 535 (Rn. 6).

Gewinnverkürzungen und -verlagerungen (BEPS) durch multinationale Unternehmen auf den internationalen Steuerwettbewerb zurückgeführt werden.[21] Dieser ermöglicht es den häufig sehr großen Konzernen, eine teils deutlich geringere effektive Steuerlast zu erreichen als rein inländisch agierende Unternehmen[22] und darüber einen Wettbewerbsvorteil insbesondere gegenüber kleinen und mittleren Unternehmen (KMU) zu erlangen.[23] Des Weiteren führt er in anderen Staaten zur Einführung von Anti-BEPS-Maßnahmen, die ihrerseits oft sehr komplex sind. Ebenso resultieren daraus weltweit betrachtet geringere Steuereinnahmen aus den Gewinnen multinationaler Konzerne. Diese Folgen des internationalen Steuerwettbewerbs werden nicht ohne Grund in der Öffentlichkeit häufig als „unfair" bewertet,[24] wobei diese Beurteilung in der politischen Philosophie Unterstützung findet.[25]

---

[21] Siehe z. B. *Johannesen*, Journal of International Economics 2010, 253 m. w. N. Generell bestehen der empirischen Steuerforschung zufolge kaum Zweifel daran, dass internationale Standort- und Investitionsentscheidungen von der effektiven Gewinnsteuerlast für Körperschaften abhängig gemacht werden, vgl. *Wissenschaftlicher Beirat beim BMF*, US-Steuerreform 2018 – Steuerpolitische Folgerungen für Deutschland, 2019, S. 11 ff.; *Desens* in Herrmann/Heuer/Raupach, 310. Lief. 2022, Einführung zum KStG Rn. 130.

[22] *Flamant/Godar/Richard*, New Forms of Tax Competition in the European Union, S. 3. Vgl. beispielsweise für im Vereinigten Königreich tätige Unternehmen im Zeitraum 2000 bis 2014 die Studie von *Bilicka*, American Economic Review 2019, 2921 ff.

[23] *Jarass*, EWS 2015, 144; *Flamant/Godar/Richard*, New Forms of Tax Competition in the European Union, S. 6.

[24] Siehe etwa die Aussage des damaligen Bundesfinanzministers Olaf Scholz, *Greive/Hildebrand*, „Kolossaler Schritt zu mehr Gerechtigkeit": 130 Länder einigen sich auf globale Mindeststeuer, Handelsblatt v. 1.7.2021, https://www.handelsblatt.com/politik/internationale-steuerreform-kolossaler-schritt-zu-mehr-gerechtigkeit-130-laender-einigen-sich-auf-globale-mindeststeuer/27384496.html?ticket=ST-9382881-pXfCj41WibUMau3ankM4-ap6m, abgerufen am 8.10.2021. Auch OECD-Generalsekretär Mathias Corman äußerte sich im Rahmen der Einigung v. 8.10.2021 wie folgt: „Today's agreement will make our international tax arrangements fairer and work better", OECD-Pressemitteilung vom 8.10.2021, International community strikes a ground-breaking tax deal for the digital age, https://www.oecd.org/newsroom/international-community-strikes-a-ground-breaking-tax-deal-for-the-digital-age.htm, abgerufen am 9.10.2021; G20 Finance Ministers and Central Bank Governors Communiqué v. 13. October 2021, S. 3. Siehe auch *Bräutigam et al.*, Internationaler Steuerwettbewerb – Bewertung, aktuelle Trends und steuerpolitische Schlussfolgerungen, 2018, S. VII; *Hentze*, Unfairer Steuerwettbewerb in Europa, iwd v. 9.3.2017, https://www.iwd.de/artikel/unfairer-steuerwettbewerb-in-europa-328798/, abgerufen am 6.12.2021; *Kokott*, ISR 2017, 395: „Fairer Steuerwettbewerb ist in aller Munde".

[25] Vgl. *Stark*, StuW 2019, 71 (83): So ist der Steuerwettbewerb aus kosmopolitischer Sicht ein Gerechtigkeitsproblem, da er inter-individuelle Ungleichheit weltweit fördert. Aus der

3.2.1.3 Entwicklung des internationalen Steuerwettbewerbs

Der Steuerwettbewerb zwischen den Staaten hat sich in den vergangenen Jahrzehnten intensiviert.[26] Dies lässt sich einerseits an den nominalen Steuersätzen in der Unternehmensbesteuerung ablesen, die im Durchschnitt immer weiter sinken und sich in den vergangenen vier Jahrzehnten mehr als halbiert haben.[27] Hierzu beigetragen haben in den letzten fünf Jahren z. B. die Steuersatzsenkungen in den USA (von 35 % auf 21 %), Frankreich (von 34 % auf 25 %), Belgien (von 34 % auf 25 %), Norwegen (von 27 % auf 22 %), Tunesien

---

Perspektive eines Statisten ist der Steuerwettbewerb vielmehr als Bedrohung der fiskalischen Souveränität zu sehen, der es den Staaten erschweren kann, ihren nationalen Gerechtigkeits- bzw. Umverteilungspflichten nachzukommen (siehe auch *Dagan*, International Tax Policy: Between Competition and Cooperation, S. 193; *Ring*, Florida Tax Review 2009, 555 (579)). In *Stark*, StuW 2019, 71 findet sich eine schöne Darstellung zu den verschiedenen philosophischen Strömungen bzgl. internationaler Verteilungsgerechtigkeit. Eine einheitliche politisch-philosophische Vorstellung davon, unter welchen Voraussetzungen das internationale Steuersystem als gerecht bezeichnet werden kann bzw. ob Verteilungsgerechtigkeit überhaupt als ein Prinzip des internationalen Steuerrechts anzuerkennen ist, gibt es dementsprechend nicht. Der Frage der internationalen Steuer- bzw. Verteilungsgerechtigkeit gegenüber steht das prozedurale Gerechtigkeitspostulat mit dem Erfordernis fairer Abkommensverhandlungen, *Stark*, StuW 2019, 71 (82). Nach *Schön* ist die Aufteilung von Besteuerungsrechten zwischen den Staaten reine Verhandlungsfrage und kann weder aus juristischen oder volkswirtschaftlichen Prinzipien im internationalen Steuerrecht noch aus dem Völker- oder Europarecht abgeleitet werden, *Schön*, StuW 2012, 213 ff. Zu der Frage der international gerechten Ausgestaltung der Mindeststeuer vgl. die kritische Haltung von *Brauner*, der die mangelhafte Einbindung von Entwicklungs- und Schwellenländern als eines der fundamentalen Probleme des Projekts betrachtet, *Brauner*, Intertax 2020, 270.

[26] *Hebous*, Has Tax Competition Become Less Harmful?, in: De Mooij/Klemm/Perry, Corporate Income Taxes Under Pressure – Why Reform Is Needed and How It Could Be Designed, S. 87. Ergebnissen des World Economic Survey im April 2018 zufolge erwartete zudem die Mehrheit der darin befragten 1.155 Wirtschaftsexperten aus 120 Ländern in den nächsten Jahren eine weitere Intensivierung des Steuerwettbewerbs, *Wohlrabe/Rathje*, Der internationale Steuerwettbewerb aus Unternehmenssicht – Jahresmonitor der Stiftung Familienunternehmen, S. 3, 27. Siehe zu diesem Trend auch IMF Policy Paper No. 19/007 v. 10.3.2019, Corporate Taxation in the Global Economy, S. 11 f., 57 f.: "Tax Competition Continues"; *Rathje/Wohlrabe*, IStR 2019, 1 (2); *Hey* in Tipke/Lang, Steuerrecht, 24. Aufl. 2021, § 7 Rn. 69.

[27] Demnach betrug der durchschnittliche Unternehmensteuersatz in Industriestaaten 2019 nur noch 22,3 % und in Entwicklungsländern 24 %, *Hebous*, Has Tax Competition Become Less Harmful?, in: De Mooij/Klemm/Perry, Corporate Income Taxes Under Pressure – Why Reform Is Needed and How It Could Be Designed, S. 87 f.; vgl. auch *Bräutigam et al.*, Internationaler Steuerwettbewerb – Bewertung, aktuelle Trends und steuerpolitische Schlussfolgerungen, 2018, S. 23 ff.; *Garcia-Bernardo/Jansky/Tørsløv*, IES Working Paper 39/2019, S. 8.

(von 30 % auf 25 %) und Pakistan (von 34 % auf 29 %).[28] Innerhalb der EU fiel der durchschnittliche tarifliche Steuersatz auf Unternehmensgewinne von 47,1 % im Jahr 1981 auf 21,3 % im Jahr 2018.[29] Auch Deutschland senkte seinen Gewinnsteuersatz in diesem Zeitraum von 60 % auf ca. 30 %[30] womit es derzeit dennoch als Hochsteuerland anzusehen ist.[31] In mindestens 23 Ländern betrug der Körperschaftsteuersatz 2021 weniger als 15 %, darunter Irland (12,5 %), Ungarn (9 %) sowie einige Karibikstaaten, die mit einem Steuersatz von 0 % gänzlich auf die Besteuerung verzichten.[32] Abgemildert wurden diese Steuersatzsenkungen teils durch eine Verbreiterung der Steuerbemessungsgrundlagen (z. B. durch Anti-BEPS-Maßnahmen).[33] Andererseits steigt in der EU die Zahl der die Bemessungsgrundlagen aushöhlenden (Präferenz-)Regime, die sowohl Spitzenverdiener als auch multinationale Konzerne in den Fokus nehmen und damit die horizontale wie auch vertikale Steuergerechtigkeit innerhalb der EU-Mitgliedstaaten bedrohen.[34] Insbesondere die steuerlichen Anreize für Forschung und Entwicklung in den Mitgliedstaaten sind in den letzten zwei Jahrzehnten stark angestiegen und sehen häufig Steuersätze von 15 % und weniger auf Gewinne in Zusammenhang mit Patenten, Software und ähnlichen immateriellen

---

[28] *Hebous*, Has Tax Competition Become Less Harmful?, in: De Mooij/Klemm/Perry, Corporate Income Taxes Under Pressure – Why Reform Is Needed and How It Could Be Designed, S. 87; *Bräutigam et al.*, Internationaler Steuerwettbewerb – Bewertung, aktuelle Trends und steuerpolitische Schlussfolgerungen, 2018, S. 24: In den USA betrug der Gewinnsteuersatz im Jahr 1986 sogar noch 47,5 %.

[29] Ein Grund hierfür liegt zwar auch in dem Beitritt weiterer (osteuropäischer) Mitgliedstaaten mit bereits relativ niedrigen Gewinnsteuersätzen; diese Entwicklung beruht jedoch ebenfalls auf dem durch die Beitritte erhöhten Wettbewerbsdruck auf die alten Mitgliedstaaten und auf der US-Steuerreform 1986, *Bräutigam et al.*, Internationaler Steuerwettbewerb – Bewertung, aktuelle Trends und steuerpolitische Schlussfolgerungen, 2018, S. VIII, 23 f. Siehe auch *Flamant/Godar/Richard*, New Forms of Tax Competition in the European Union, S. 3, 9, 19 f., 22: Die Geschwindigkeit dieses Absinkens ist seit der Weltfinanzkrise 2008 merklich zurückgegangen.

[30] *Bräutigam et al.*, Internationaler Steuerwettbewerb – Bewertung, aktuelle Trends und steuerpolitische Schlussfolgerungen, 2018, S. 24.

[31] Siehe auch *Bräutigam et al.*, Internationaler Steuerwettbewerb – Bewertung, aktuelle Trends und steuerpolitische Schlussfolgerungen, 2018, S. 74.

[32] Vgl. OECD, Tax Database, Statutory corporate income tax rate, abrufbar unter: https://stats.oecd.org/Index.aspx?DataSetCode=CTS_CIT#.

[33] *Bräutigam et al.*, Internationaler Steuerwettbewerb – Bewertung, aktuelle Trends und steuerpolitische Schlussfolgerungen, 2018, S. 28 f.; *Flamant/Godar/Richard*, New Forms of Tax Competition in the European Union, S. 22.

[34] Vgl. *Flamant/Godar/Richard*, New Forms of Tax Competition in the European Union, S. 3, 10 f., 20 ff.

3.2 Zur Legitimität der Primärziele

Wirtschaftsgütern vor.[35] Daneben sehen sechs Länder[36] fiktive Zinsabzüge vor, die die steuerliche Bemessungsgrundlage mindern und besonders großzügig von Malta und Zypern ausgestaltet werden.[37] Zudem führt eine steigende Anzahl von verbindlichen Auskünften (Advance Tax Rulings, ATR) und sog. Advance Pricing Agreements (APA) neben der erwünschten Rechtssicherheit wohl auch zu steuerlichen Vorteilen gegenüber multinationalen Konzernen und anderen Unternehmen ohne solche verbindlichen Vorbescheide.[38] All diese und weitere Steueranreize führen zu einer Erosion der steuerlichen Bemessungsgrundlagen.[39] Daher betrug die backward-looking effective tax rate (EATR)[40] von multinationalen Konzernen mit einem Mindestumsatz von 750 Mio. Euro in den Jahren 2016 bis 2017 CbCR-Daten zufolge in 8 Mitgliedstaaten weniger als 10 %.[41] Nach den Berechnungen von *Garcia-Bernardo et al.* ist die effektive Steuerquote (ETR)[42] von multinationalen Unternehmen in der EU zwischen 2005 und 2015 um 8,7 Prozentpunkte (7,1 Prozentpunkte bei US-Unternehmen) gesunken.[43] Auch nach

---

[35] So bieten Litauen, Luxemburg, Malta, Ungarn und Polen Präferenzsteuersätze von 5 % und weniger. Belgien, Frankreich Luxemburg, Malta, die Niederlande und Portugal weisen Unterschiede der Präferenzsteuersätze zu ihren normalen Körperschaftsteuersätzen von über 15 Prozentpunkten auf, vgl. hierzu *Flamant/Godar/Richard*, New Forms of Tax Competition in the European Union, S. 3, 23 ff. Ebenfalls in den letzten 20 Jahren merklich gestiegen ist der Anteil der Gebühren für die Nutzung geistigen Eigentums am Gesamthandelsvolumen in der EU, vgl. *dies.*, S. 26.

[36] Belgien, Portugal, Italien, Zypern, Malta und Polen.

[37] Vgl. *Flamant/Godar/Richard*, New Forms of Tax Competition in the European Union, S. 3, 28 f.

[38] Vgl. *Flamant/Godar/Richard*, New Forms of Tax Competition in the European Union, S. 3, 29 ff. Mit besonderem Bezug zu Luxemburg siehe *Huesecken/Overesch*, FinanzArchiv/Public Finance Analysis 2019, 380 ff.

[39] Vgl. *Flamant/Godar/Richard*, New Forms of Tax Competition in the European Union, S. 4, 31 f.

[40] Diese ist nicht zu verwechseln mit der effektiven Steuerquote i. S. d. GloBE-Regeln. Zu den verschiedenen Möglichkeiten in der Ökonomie zur Definition und Bestimmung effektiver Steuerquoten (ETR) vgl. *Garcia-Bernardo/Jansky/Tørsløv*, International Tax and Public Finance 2021, 1519 (1522).

[41] Und zwar in Luxemburg, Zypern, den Niederlanden, Estland, Ungarn, Bulgarien, Schweden und Österreich, vgl. *Flamant/Godar/Richard*, New Forms of Tax Competition in the European Union, S. 20.

[42] Auch diese ETR ist nicht zu verwechseln mit der effektiven Steuerquote i. S. d. GloBE-Regeln.

[43] *Garcia-Bernardo/Jansky/Tørsløv*, IES Working Paper 39/2019, S. 8. Dabei seien 5,9 Prozentpunkte auf Änderungen im gesetzlichen Steuersatz und in der Bemessungsgrundlage

Fuest et al. ist die ETR multinationaler und rein national agierender Unternehmen der OECD-Staaten zwischen 1995 und 2016 erheblich gesunken, und zwar um 14,3 Prozentpunkte.[44] Die COVID-19-Pandemie kann möglicherweise eine Trendumkehr herbeiführen. So beabsichtigt das Vereinigte Königreich, seinen derzeitigen Körperschaftsteuersatz von 19 % ab April 2023 für Gewinne über 250.000 GBP auf 25 % anzuheben.[45] Auch die USA sind derzeit unter der neuen Administration mit Präsident Joe Biden dabei, den Körperschaftsteuersatz wieder nach oben zu korrigieren.[46] Ob dies andere Länder dazu bewegen wird, ihrerseits Steuersatzanhebungen vorzunehmen, bleibt hingegen abzuwarten.

3.2.1.4 Schädlicher Steuerwettbewerb

Abgegrenzt werden muss die allgemeine Feststellung der Existenz internationalen Steuerwettbewerbs von der Frage nach dem „race to the bottom", also einem schädliche Ausmaße erreichenden Steuersenkungswettlauf im Rahmen eines besonders intensiven Steuerwettbewerbs.[47] Als schädlich oder unfair wird der Steuerwettbewerb etwa dann definiert, wenn insb. grenzüberschreitende Gewinnverlagerungen durch gezielte Steueranreize für gebietsfremde Unternehmen und Personen veranlasst werden.[48] Nach dem rechtlich nicht verbindlichen

---

zurückzuführen und nur 0,4 Prozentpunkte auf Gewinnverlagerungen, S. 13. Zur Entwicklung der ETR in der EU siehe auch *Linnemann/Weiß*, IStR 2019, 692 (695).

[44] *Fuest/Hugger/Wildgruber*, CESifo Working Papers No. 8605, 2020, S. 8.

[45] HM Revenue & Customs, Policy paper v. 3.3.2021: Corporation Tax charge and rates from 1 April 2022 and Small Profits Rate and Marginal Relief from 1 April 2023, abrufbar unter: https://www.gov.uk/government/publications/corporation-tax-charge-and-rates-from-1-april-2022-and-small-profits-rate-and-marginal-relief-from-1-april-2023/corporation-tax-charge-and-rates-from-1-april-2022-and-small-profits-rate-and-marginal-relief-from-1-april-2023.

[46] Vgl. *Riecke*, Demokraten stutzen Bidens Steuerpläne – Vermögen der Superreichen bleiben weitgehend unangetastet, Handelsblatt v. 14.9.2021, abrufbar unter: https://www.handelsblatt.com/politik/international/haushaltsberatungen-in-den-usa-demokraten-stutzen-bidens-steuerplaene-vermoegen-der-superreichen-bleiben-weitgehend-unangetastet/27610442.html?ticket=ST-4020439-uqOdrzVWaHGhbbEFewkc-cas01.example.org, abgerufen am 6.12.2021; *Rüdenburg*, IStR-LB 2021, 3. Siehe zu diesen Entwicklungen aber auch *Schön*, IStR 2022, 181 (182).

[47] *Bräutigam et al.*, Internationaler Steuerwettbewerb – Bewertung, aktuelle Trends und steuerpolitische Schlussfolgerungen, 2018, S. VII f.

[48] *Schaumburg* in Schaumburg, Internationales Steuerrecht, 4. Aufl. 2017, Rn. 5.9; *Hey* in Tipke/Lang, Steuerrecht, 24. Aufl. 2021, § 7 Rn. 69.

3.2 Zur Legitimität der Primärziele

Verhaltenskodex der EU für die Unternehmensbesteuerung[49] vom 1.12.1997 sind steuerliche Maßnahmen potenziell schädlich, die gemessen an den üblicherweise in dem betreffenden Mitgliedstaat geltenden Besteuerungsniveaus eine deutlich niedrigere Effektivbesteuerung, einschließlich einer Nullbesteuerung, bewirken.[50] Rechtsverbindliche Definitionen von „Fairness" gibt es in diesem Kontext dagegen bislang nicht.[51] So wird ein schädlicher Steuerwettbewerb in der Wissenschaft trotz der seit 40 Jahren erheblich gesunkenen Gewinnsteuersätze teils verneint.[52] Der Internationale Währungsfonds sieht dagegen im internationalen Steuerwettbewerb sogar eine besorgniserregendere Entwicklung als in den BEPS-Phänomenen, da die damit verbundenen Aufkommensverluste die BEPS-Einbußen überwiegen würden.[53] Das Verständnis von schädlichem Steuerwettbewerb auf Ebene der G20/OECD bzw. nun des IF hat sich seit Abschluss des BEPS-Projekts 2015[54] offensichtlich gewandelt, denn der Fokus auf eine eher allgemeine Begrenzung des Steuerwettbewerbs mit einem Mindeststeuersatz von 15 % bei multinationalen Konzernen geht über die soeben genannten

---

[49] Entschließung des Rates und der im Rat vereinigten Vertreter der Regierungen der Mitgliedstaaten vom 1. Dezember 1997 über einen Verhaltenskodex für die Unternehmensbesteuerung, ABl. C 2 vom 6.1.1998, S. 2 ff.

[50] Für die Schädlichkeit einer Maßnahme soll unter anderem zu berücksichtigen sein, „1. ob die Vorteile ausschließlich Gebietsfremden oder für Transaktionen mit Gebietsfremden gewährt werden oder 2. ob die Vorteile völlig von der inländischen Wirtschaft isoliert sind, so daß sie keine Auswirkungen auf die innerstaatliche Steuergrundlage haben oder 3. ob die Vorteile gewährt werden, auch ohne daß ihnen eine tatsächliche Wirtschaftstätigkeit und substantielle wirtschaftliche Präsenz in dem diese steuerlichen Vorteile bietenden Mitgliedstaat zugrunde liegt oder 4. ob die Regeln für die Gewinnermittlung bei Aktivitäten innerhalb einer multinationalen Unternehmensgruppe von international allgemein anerkannten Grundsätzen, insbesondere von den von der OECD vereinbarten Regeln, abweichen oder 5. ob es den steuerlichen Maßnahmen an Transparenz mangelt, einschließlich der Fälle einer laxeren und undurchsichtigen Handhabung der Rechtsvorschriften auf Verwaltungsebene."

[51] Vgl. *Kokott*, ISR 2017, 395 (396).

[52] *Bräutigam et al.*, Internationaler Steuerwettbewerb – Bewertung, aktuelle Trends und steuerpolitische Schlussfolgerungen, 2018, S. 23 ff., 42. Nach *Desens* in Herrmann/Heuer/Raupach, 310. Lief. 2022, Einführung zum KStG Rn. 140 könne aus den Erhebungen der OECD etwa nicht abgeleitet werden, dass die Senkung der Körperschaftsteuersätze zu Lasten der weniger mobilen Steuerobjekte der Einkommensteuer gehe.

[53] IMF Policy Paper No. 19/007 v. 10.3.2019, Corporate Taxation in the Global Economy, S. 11 f. Durch Gewinnverlagerung verliert der deutsche Staat etwa 10 bis 28 % seiner Unternehmensteuereinnahmen (Corporate Tax Revenue), global belaufen sich die geschätzten Verluste auf ca. 5 bis 23 %, vgl. *Crivelli et al.*, Taxing Multinationals in Europe, S. 16.

[54] Der internationale Steuerwettbewerb stand hierbei noch nicht im Fokus, vgl. *Linnemann/Weiß*, IStR 2019, 692 (693); *Bräutigam et al.*, Internationaler Steuerwettbewerb – Bewertung, aktuelle Trends und steuerpolitische Schlussfolgerungen, 2018, S. 52.

Definitionen hinaus. Dies kann beispielsweise darauf zurückgeführt werden, dass Nexus-konforme Präferenzregelungen i. S. d. BEPS-Aktionspunktes 5 den Druck auf andere Staaten erhöhen, ebenfalls solche Regelungen einzuführen oder allgemein die Unternehmensteuersätze zu senken.[55] Eine Studie aus dem Jahr 2020 legt nahe, dass die Zunahme großzügiger steuerlicher Anreize für FuE multinationale Konzerne lediglich zur Reallokation ihrer FuE-Investitionen bewegt hat und nicht zu mehr FuE-Aktivitäten in globaler Hinsicht.[56] Nach anderen Studien sind Steueranreize zur Anziehung von Investitionen in Entwicklungsländern häufig überflüssig, da diese Investitionen ohnehin vorgenommen worden wären.[57] Im Übrigen wird mittlerweile vertreten, dass Steuerwettbewerb und insb. Präferenzregime allgemein zu Ineffizienzen führen.[58] Letztlich ist die Einordnung des aktuellen Steuerwettbewerbs als „schädlich" oder „unfair" eine Wertungsfrage, die davon abhängt, wie stark sich die Chancen und Risiken aus Sicht des jeweiligen Betrachters derzeit niederschlagen. In jedem Falle gibt es gute Gründe dafür, dem Steuerwettbewerb – wenn auch ggf. nur zur Verhinderung einer möglichen Verschärfung in der Zukunft – eine Untergrenze einzuziehen.[59]

---

[55] *Hebous*, Has Tax Competition Become Less Harmful?, in: De Mooij/Klemm/Perry, Corporate Income Taxes Under Pressure – Why Reform Is Needed and How It Could Be Designed, S. 87 (102). Vgl. auch *Wissenschaftlicher Beirat beim BMF*, US-Steuerreform 2018 – Steuerpolitische Folgerungen für Deutschland, 2019, S. 27 f.

[56] *Knoll et al.*, Research Policy 50 (2021), 104326; *Flamant/Godar/Richard*, New Forms of Tax Competition in the European Union, S. 25.

[57] IMF, OECD, UN und Weltbank (2015), Options for Low Income Countries' Effective and Efficient Use of Tax Incentives for Investment, A Report to the G-20 Development Working Group, S. 11 f.; OECD (2019), Programme of Work to Develop a Consensus Solution to the Tax Challenges Arising from the Digitalisation of the Economy, S. 26.

[58] Vgl. *Hebous*, Has Tax Competition Become Less Harmful?, in: De Mooij/Klemm/Perry, Corporate Income Taxes Under Pressure – Why Reform Is Needed and How It Could Be Designed, S. 87 (88); *Flamant/Godar/Richard*, New Forms of Tax Competition in the European Union, S. 6; *Pross/Radmanesh* in FS Wassermeyer, 2015, S. 535 (Rn. 6). Zu ineffizienten Verhaltensweisen von Unternehmen siehe auch *Keuschnigg/Loretz/Winner*, Tax Competition and Tax Coordination in the European Union: A Survey, S. 11. Vgl. zudem OECD (1998), Tax Sparing: A Reconsideration, S. 25 ff.

[59] So auch *Nogueira*, WTJ 2020, 465 (467 f.). Aus Perspektive von Entwicklungsländern kann beispielsweise angeführt werden, dass der Steuerwettbewerb ihre steuerlichen Handlungsräume begrenzt, da sie zur Anziehung von Investitionen immer größere steuerliche Zugeständnisse machen müssen, *Pinkernell/Ditz*, ISR 2020, 1 (4). Allgemein kann der Steuerwettbewerb Staaten schädigen, indem die Integrität ihrer Steuersysteme unterlaufen wird und der Ausfall von Steuereinnahmen zu einer kritischen Unterfinanzierung der staatlichen Investitionstätigkeiten führt, vgl. *Jarass*, EWS 2015, 144. Vgl. auch *Crivelli et al.*, Taxing Multinationals in Europe, S. 40.

3.2.1.5 Zusammenfassung

Ein Steuerwettbewerb zwischen den Staaten weltweit und auch innerhalb der EU kann nicht abgestritten werden. Inwieweit dieser bereits schädliche Ausmaße erreicht hat oder in Zukunft zu erreichen droht, liegt dagegen ganz im Auge des Betrachters. Ein „race to the bottom" ist aufgrund der zurzeit weniger stark sinkenden Kurven hinsichtlich der Nominalsteuersätze und EATRs jedenfalls wohl noch nicht gegeben, scheint für die Zukunft aber auch nicht ausgeschlossen. Der Wettbewerb um zukunftsorientierte Unternehmen und die Bewältigung der Corona-Pandemie könnten hierbei durchaus weitere Verschärfungen im internationalen Steuerwettbewerb bedingen, sodass es als legitim anzusehen ist, dass die Staatengemeinschaft des Inclusive Framework dem Steuerwettbewerb (prophylaktisch) eine Untergrenze einziehen möchte, welche sie für fair erachtet. Hierfür spricht auch, dass das Abflachen der ETR-Kurve wohl zunehmend auf Anti-BEPS-Maßnahmen zurückgeführt werden kann.

3.2.2 Verbleibende BEPS-Risiken

Diese Anti-BEPS-Maßnahmen beruhen zu einem großen Teil auf dem oben in Kap. 2 bereits beschriebenen BEPS-Projekt der G20/OECD. Die zunehmende Globalisierung der Wirtschaft und die dadurch offengelegten Schwächen[60] der vor mehr als einem Jahrhundert konzipierten internationalen Steuerordnung waren der Grund für das Einschreiten der Staats- und Regierungschefs der G20 im September 2013 durch den sog. BEPS-Aktionsplan, der den entstandenen Möglichkeiten zur Gewinnverkürzung und Gewinnverlagerung Einhalt gebieten sollte.[61] Das zwei Jahre später beschlossene Maßnahmenpaket aus 13 Berichten und 15 Aktionspunkten, in welchem sich alle OECD und G20-Staaten zu einer „konsistenten Umsetzung in den Bereichen Vermeidung

---

[60] Insbesondere im Rahmen des Fremdvergleichsgrundsatzes, vgl. *Englisch/Becker*, Implementing an International Effective Minimum Tax in der EU, Materialien aus Wirtschaft und Gesellschaft (AK Wien), Heft 224, Juli 2021, S. 25.

[61] OECD (2015), Erläuterung, OECD/G20 Projekt Gewinnverkürzung und Gewinnverlagerung, Rn. 1 f.: Nach offiziellen Schätzungen führte BEPS schon damals zu Mindereinnahmen in der Körperschaftsteuer zwischen 4 % und 10 % der globalen Körperschaftsteuereinnahmen, also etwa 100 – 240 Mrd. USD jährlich, wobei diese Verluste auf die aggressive Steuerplanung einiger multinationaler Unternehmen, die Wechselwirkung zwischen nationalen Steuerregeln, Mangel an Transparenz und Koordinierung zwischen den Steuerverwaltungen, begrenzte Vollzugsmittel in den einzelnen Staaten und schädliche Steuerpraktiken zurückgeführt wurden. Zu den verschiedenen Gestaltungsmöglichkeiten vgl. z. B. *Beer/de Mooij/Liu*, Journal of Economic Surveys 2020, 660 (662 ff.).

von Treaty-Shopping, länderbezogene Berichterstattung, Bekämpfung schädlicher Steuerpraktiken und Verbesserung der Streitbeilegung" verpflichteten,[62] hat die BEPS-Risiken jedoch nicht vollständig beseitigen können. Die hinter dem Regelungskonzept von GloBE stehenden Staaten, darunter auch die Bundesrepublik Deutschland, sind der Ansicht, dass trotz der 2015 im Rahmen des BEPS-Projekts beschlossenen Maßnahmen nach wie vor erhebliche Aufkommensrisiken bestehen. Insbesondere Unternehmensgewinne im Zusammenhang mit immateriellen Wirtschaftsgütern und eigenkapitalfinanzierten Konzernfinanzierungsgesellschaften könnten danach in bestimmten Strukturen weiterhin keiner oder nur einer sehr niedrigen Besteuerung unterliegen.[63]

Bereits in der öffentlichen Anhörung zu Säule 2 im Februar und März 2019 wurde häufig angemerkt, es solle erst abgewartet werden, wie sich das noch in der Implementierung befindliche Maßnahmenpaket des 2015 abgeschlossenen BEPS-Projekts auswirken würde bzw. ob und inwieweit Gewinnverlagerungsrisiken tatsächlich danach noch bestünden.[64] Zwar verursacht Steuervermeidung durch Unternehmen nach aktuellen Schätzungen der OECD jährlich Kosten i. H. v. etwa 100 Mrd. bis 240 Mrd. USD bzw. 4 % bis 10 % des globalen Unternehmensteueraufkommens.[65] Viele weitere aktuelle empirische Studien zum Phänomen BEPS

---

[62] OECD (2015), Erläuterung, OECD/G20 Projekt Gewinnverkürzung und Gewinnverlagerung, Rn. 1, 11, 23: Die empfohlenen Maßnahmen waren seitdem durch die teilnehmenden Staaten umzusetzen, teils durch Änderungen des innerstaatlichen Rechts, wie etwa in Bezug auf hybride Gestaltungen, CFC-Regeln, Zinsabzugsbeschränkungen, länderbezogene Berichterstattung (Country-by-Country Reporting) und verbindliche Offenlegungsregeln, teils über Steuerabkommen bzw. durch das neu geschaffene Multilaterale Instrument (MLI).

[63] OECD (2019), Public Consultation Document, Addressing the Tax Challenges of the Digitalisation of the Economy, 13 February – 1 March 2019, Rn. 89.

[64] Vgl. hierzu beispielhaft die Stellungnahmen von Accountancy Europe, S. 8; AmCham Netherlands, S. 5; AmCham Germany, S. 5; American Petroleum Institue, S. 2; Business at OECD (BIAC), S. 34; Business Roundtable, S. 3; Deloitte, S. 10; MEDEF, S. 5 f. sowie US National Foreign Trade Council, S. 9; später auch *Hierstetter*, IStR 2020, 874 (880) für den Fall, dass ein internationaler Konsens nicht gefunden werden kann. So sind im Rahmen des Aktionspunktes 11 Möglichkeiten zur Messung und zum Monitoring von BEPS erarbeitet worden.

[65] OECD (2021), Highlights brochure: Two-Pillar Solution to Address the Tax Challenges Arising from the Digitalisation of the Economy – October 2021, S. 13. Dass diese Schätzungen mit denen aus 2015 übereinstimmen (Fn. 61), lässt leider eine fehlende Aktualisierung dieser Daten vermuten.

3.2 Zur Legitimität der Primärziele

beziehen sich allerdings mit ihren Daten auf Zeiträume, in denen die BEPS-Maßnahmen häufig zumindest noch nicht vollständig umgesetzt wurden.[66] So hat beispielsweise Deutschland die Anti-Steuervermeidungsrichtlinie der EU[67] und damit einen nicht unwesentlichen Teil der BEPS-Empfehlungen erst mit Gesetz vom 25.6.2021 in deutsches Recht umgesetzt.[68] Auch wenn Deutschland die darin gesetzten Mindeststandards schon zuvor weitgehend erfüllt hat und in vielen Bereichen lediglich Anpassungen erforderlich waren, zeigt dies beispielhaft, dass eine abschließende und mit konkreten Daten unterlegte Bewertung der 2015 veröffentlichten BEPS-Empfehlungen und des verbleibenden Gewinnverlagerungsrisikos bislang kaum möglich war. Es fehlt damit (noch) an belastbaren Daten, inwieweit Gewinnverkürzung und -verlagerung aktuell und in Zukunft tatsächlich die Staatshaushalte belasten und daraus weiterer Handlungsbedarf abgeleitet werden kann.[69]

---

[66] Siehe etwa *Garcia-Bernardo/Jansky/Tørsløv*, International Tax and Public Finance 2021, 1519 ff.; *Beer/de Mooij/Liu*, Journal of Economic Surveys 2020, 660 ff.; *Bilicka*, American Economic Review 2019, 2921 ff.; *Cobham/Jansky*, Journal of International Development 2018, 206 ff.; *Riedel*, Review of Economics 2018, 169 ff.; *Heckemeyer/Overesch*, Canadian Journal of Economics 2017, 965 ff.; *Crivelli/de Mooij/Keen*, FinanzArchiv/Public Finance Analysis 2016, 268 ff.; *Dharmapala*, Fiscal Studies 2014, 421 ff.; jeweils mit vielen weiteren Nachweisen. Vgl. auch *Englisch/Becker*, Implementing a International Effective Minimum Tax in the EU, Materialien aus Wirtschaft und Gesellschaft (AK Wien), Heft 224, Juli 2021, S. 26 f. Zu den aus BEPS resultierenden Aufkommensverlusten in Deutschland vgl. *Fuest/Hugger/Neumeier*, ifo Schnelldienst 2021, 38 ff. Für eine unternehmensspezifische Untersuchung am Beispiel des Bayer-Konzerns siehe *Trautvetter/Redeker*, Harmful tax competition – How Bayer rigs corporate taxation in Europe. Zur Gewinnverlagerung durch Banken siehe *Reiter/Langenmayr/Holtmann*, International Tax and Public Finance 2021, 717. Natürlich hat es in Folge des BEPS-Projekts dennoch bereits massive Veränderungen für Unternehmen und Steuerverwaltungen im Rahmen der internationalen Besteuerung gegeben, vgl. *Hierstetter*, IStR 2020, 874 (878 f.).

[67] Richtlinie (EU) 2016/1164 des Rates vom 12. Juli 2016 mit Vorschriften zur Bekämpfung von Steuervermeidungspraktiken mit unmittelbaren Auswirkungen auf das Funktionieren des Binnenmarkts (ATAD 1), geändert durch Richtlinie (EU) 2017/952 vom 29. Mai 2017 (ATAD 2).

[68] Gesetz zur Umsetzung der Anti-Steuervermeidungsrichtlinie (ATAD-Umsetzungsgesetz – ATADUmsG) v. 25.6.2021, BGBl. I 2021, 2035 ff.

[69] Nach bisherigen Erkenntnissen scheinen aber die europäischen Staaten (außer Steueroasen) und Entwicklungsländer die Hauptverlierer des BEPS-Phänomens zu sein, während US-Konzerne als Hauptgewinner zu betrachten sind, vgl. *Tørsløv/Wier/Zucman*, The Missing Profits of Nations, NBER Working Paper 24701 (2018), S. 3, 32. Aus mittlerweile zur Verfügung stehenden CbCR-Daten für das Jahr 2017 kann geschlossen werden, dass die Niederlande, die britischen Überseegebiete des Vereinigten Königreichs, Bermuda, die Schweiz und Irland zu den Ländern zählen, in welche die meisten Gewinne verlagert werden,

Die abstrakte Analyse der BEPS-Maßnahmen deutet jedoch an, dass die Verschiebung von (weniger substanzbasierten) Gewinnen – etwa mittels Zuweisung von immateriellen Wirtschaftsgütern und Risiko im Konzern – zwar erschwert, aber nicht vollkommen unmöglich gemacht wurde.[70] So hat die Mehrheit der BEPS-Empfehlungen nicht einmal den Status eines Mindeststandards inne und die darüberhinausgehenden Maßnahmen (etwa im Rahmen des MLI) werden nur sehr zurückhaltend umgesetzt.[71] Auch können die aus den BEPS-Aktionspunkten 8 bis 10 hervorgegangenen, neuen Substanzanforderungen[72] häufig bereits durch moderate Investitionen erfüllt werden und stellen somit keine starke Verknüpfung zwischen Wertschöpfung und Zuweisung des Besteuerungsrechts her.[73] Insbesondere aus dem Fremdvergleichsgrundsatz („Arm´s Length Principle"), der als

---

und die USA, Kanada, das Vereinigte Königreich, Deutschland, Frankreich sowie Australien die Länder sind, aus denen die meisten Gewinne in andere Länder verlagert werden, vgl. *Garcia-Bernardo/Jansky/Tørsløv*, International Tax and Public Finance 2021, 1519 (1550).

[70] Vgl. IMF Policy Paper No. 19/007 v. 10.3.2019, Corporate Taxation in the Global Economy, S. 10 f., 54 f.; *Chand/Lembo*, 6 ITAXS 2020, 35; *Englisch*, FR 2021, 1 (6); *Englisch/Becker*, Implementing an International Effective Minimum Tax in the EU, Materialien aus Wirtschaft und Gesellschaft (AK Wien), Heft 224, Juli 2021, S. 25; *Dourado*, Intertax 2020, 152 (153), die auch in Säule 1 keine hinreichende Lösung der BEPS-Problematik sieht. Schon in der Erläuterung zu den 2015 veröffentlichten Abschlussberichten des BEPS-Projekts heißt es, dass viele Strukturen, die eine doppelte Nichtbesteuerung erleichtern, lediglich eingeschränkt würden, sobald die Maßnahmen umgesetzt sind, OECD (2015), Erläuterung, OECD/G20 Projekt Gewinnverkürzung und Gewinnverlagerung, Rn. 7. Sie würden folglich nicht vollkommen eliminiert, so auch *Englisch/Becker*, WTJ 2019, 483 (491) mit Hinweis auf die Zinsabzugsbeschränkung nach BEPS-Aktionspunkt 4. Nach Auffassung von *Dourado*, Intertax 2020, 152 (154) kann BEPS in einer Welt des Steuerwettbewerbs auch gar nicht vollständig bekämpft werden.

[71] *Englisch/Becker*, WTJ 2019, 483 (491); *Englisch/Becker*, Implementing an International Effective Minimum Tax in the EU, Materialien aus Wirtschaft und Gesellschaft (AK Wien), Heft 224, Juli 2021, S. 25. Ein Überblick über die aktuelle MLI-Umsetzung der teilnehmenden Staaten ist auf der MLI Matching Database der OECD erhältlich: https://www.oecd.org/tax/treaties/mli-matching-database.htm. In diesem Zusammenhang ist anzuführen, dass es möglicherweise einfacher wäre, alle bereits erarbeiteten Regelungen als völkerrechtlich verbindliche Mindeststandards festzulegen. Dies scheint politisch jedoch offensichtlich nicht durchsetzbar zu sein.

[72] Zu dem daraus hervorgegangenen DEMPE-Funktionskonzept siehe etwa *Puls/Haravi*, IStR 2018, 721 und *Jochimsen*, IStR 2018, 670. Die Abkürzung DEMPE steht für „Development, Enhancement, Maintenance, Protection, Exploitation", also zu Deutsch „Entwicklung, Verbesserung, Erhaltung, Schutz, Verwertung".

[73] *Englisch/Becker*, WTJ 2019, 483 (491); *Englisch/Becker*, Implementing an International Effective Minimum Tax in the EU, Materialien aus Wirtschaft und Gesellschaft (AK Wien), Heft 224, Juli 2021, S. 25.

3.2 Zur Legitimität der Primärziele

Maßstab für die Gewinnaufteilung beibehalten wurde, ergeben sich weiterhin Gestaltungsmöglichkeiten.[74] Denn gerade geistiges Eigentum ist oft einzigartig, sodass vergleichbare Preise am Markt kaum gefunden werden können und somit ein signifikanter Spielraum für die Preisgestaltung von Unternehmen verbleibt.[75] Ebenso wird durch die Verlagerung des unternehmerischen Risikos in in Niedrigsteuerländern ansässige IP-Holdings der nach dem Fremdvergleichsgrundsatz dem Produktions- oder Marktstaat zuzuteilende Gewinn weiter reduziert.[76] Während also noch auf belastbare empirische Daten zu den verbliebenen BEPS-Risiken zu warten sein wird, zeigt sich bei abstrakter Betrachtung, dass durchaus weiterhin Handlungsbedarf besteht. Die Einführung des Mindeststeuerregimes kann, da dieses andere Anti-BEPS-Maßnahmen bei der Ermittlung der effektiven Steuerquote einbezieht und insofern nachrangig angewendet wird, in diesem Sinne auch als Absicherung der anderen Maßnahmen betrachtet werden (Backup-Funktion). Die Mindeststeuerinitiative baut auf der Prämisse auf, dass der u. a. auf der Basis von Steuersätzen und Steuervergünstigungen ausgetragene internationale Steuerwettbewerb der entscheidende Faktor für die Schaffung von Anreizen für Gewinnverlagerungen ist. Eine Begrenzung des Steuerwettbewerbs zwischen den Staaten durch Säule 2 ist daher in der Lage, die daraus hervorgehenden steuerlichen Anreizeffekte für BEPS zumindest teilweise weiter zu neutralisieren.[77] Dies kann in gewissem Maße auch aus den Prognosen zum steuerlichen Mehraufkommen im Rahmen von Säule 2 abgelesen werden. Dieses wird global auf ca. 150 Mrd. USD pro Jahr geschätzt und führt damit zu einer nicht unerheblichen

---

[74] *Fuss*, Die internationale Allokation von Erträgen und Verlusten aus immateriellen Werten durch Verrechnungspreise, 2019, S. 388 ff.; *Englisch*, FR 2021, 1 (6). Dies wird möglicherweise bereits durch eine erste Studie untermauert, vgl. *Clausing*, TNI 2020, 759 (767). In dieser Hinsicht muss die Studie allerdings vorsichtig betrachtet werden, da sie US-CbCR-Daten aus 2017, also dem Jahr der großen US-Steuerreform, analysiert und zu diesem Zeitpunkt ggf. noch nicht alle BEPS-Maßnahmen umgesetzt wurden. Diese haben sich daher auch noch nicht unbedingt auf die Wirtschaft ausgewirkt.

[75] *Englisch/Becker*, WTJ 2019, 483 (491); *Sullivan*, TNI 2019, 930 (932); IMF Policy Paper No. 19/007 v. 10.3.2019, Corporate Taxation in the Global Economy, S. 10 f.; *Englisch/Becker*, Implementing an International Effective Minimum Tax in the EU, Materialien aus Wirtschaft und Gesellschaft (AK Wien), Heft 224, Juli 2021, S. 25.

[76] *Englisch/Becker*, WTJ 2019, 483 (491 f.); IMF Policy Paper No. 19/007 v. 10.3.2019, Corporate Taxation in the Global Economy, S. 10 f.; *Englisch/Becker*, Implementing an International Effective Minimum Tax in the EU, Materialien aus Wirtschaft und Gesellschaft (AK Wien), Heft 224, Juli 2021, S. 25 f. Beispielsweise können trotz der Lizenzschranke in § 4j EStG weiterhin Lizenzzahlungen zur Gewinnverschiebung in Niedrigsteuerländer genutzt werden, soweit diese an eine Gesellschaft gezahlt werden, in deren Ansässigkeitsstaat eine Nexus-konforme Präferenzregelung existiert.

[77] Vgl. *Crivelli et al.*, Taxing Multinationals in Europe, S. 40.

Steigerung der globalen Unternehmensteuereinnahmen.[78] Daraus kann abgeleitet werden, dass zumindest nach dem in Säule 2 niedergelegten, neuen Verständnis der IF-Mitglieder von schädlichem Steuerwettbewerb in hohem Maße niedrig besteuerte Gewinne existieren, die zu großen Teilen deshalb niedrig besteuert sind, weil sie von Konzernen in Niedrigsteuerstaaten verlagert wurden.

3.2.3 Vermeidung nationaler Alleingänge und eines Besteuerungschaos

Die OECD führt an, dass ohne die Zwei-Säulen-Lösung eine wachsende Anzahl unilateraler und unkoordinierter Maßnahmen der Staaten zu schädlichen Steuer- und Handelskonflikten führen könnten, wodurch Steuersicherheit und Investitionen untergraben und zusätzliche Befolgungs- und Verwaltungskosten verursacht würden.[79] Das hierdurch angerichtete internationale Steuerchaos könnte sich folglich negativ auf die ohnehin durch die COVID-19-Pandemie angeschlagene Weltwirtschaft auswirken.[80] Diese Befürchtung ist nicht von der Hand zu weisen.[81] Das internationale Unternehmensteuerrecht ist für sich gesehen bereits heute äußerst komplex, da grenzüberschreitend agierende Unternehmen sich – selbst bei Betrachtung nur der allgemeinen Steuervorschriften – einer Vielzahl unterschiedlicher Steuerregime gegenübersehen. Neue Regelungen, insbesondere zur Abwehr von Steuerumgehungen, aber auch zur Stärkung des eigenen Standorts im Rahmen des Steuerwettbewerbs, können diesen Zustand in wirtschaftlich schädlicher Weise verschärfen.[82] Deren Kosten für Unternehmen und Steuerverwaltungen könnten das weltweite Bruttoinlandsprodukt um mehr als 1 %

---

[78] OECD (2021), Highlights brochure: Two-Pillar Solution to Address the Tax Challenges Arising from the Digitalisation of the Economy – October 2021, S. 16.

[79] OECD (2021), Highlights brochure: Two-Pillar Solution to Address the Tax Challenges Arising from the Digitalisation of the Economy – October 2021, S. 16. Siehe auch *Pinkernell/Ditz*, ISR 2020, 1 (15) und *Becker/van der Ham*, DB 2019, 2540 (2544).

[80] So zeige beispielsweise die Besteuerungspraxis der letzten Jahre deutlich, dass jede Verdoppelung von Besteuerungsrechten zu einem beachtlichen Anstieg der Doppelbesteuerungsfälle führe, *Becker/van der Ham*, DB 2019, 2540 (2545).

[81] Vgl. *Arnold*, BIT 2019, 631 (644).

[82] Vgl. *Pinkernell/Ditz*, ISR 2020, 1 (4); *Pross/Radmanesh* in FS Wassermeyer, 2015, S. 535 (Rn. 6).

3.2 Zur Legitimität der Primärziele

(ca. 800 Mrd. Euro) reduzieren.[83] Die vergangenen Jahre haben gezeigt, dass viele solcher nationalen Alleingänge bereits unternommen wurden.[84] So zeigt eine Studie aus November 2021, dass viele EU-Mitgliedstaaten weitere Maßnahmen zur Sicherung ihres Steuersubstrats eingeführt haben und möglicherweise vor allem aus diesem Grund das Sinken der effektiven Unternehmensteuerlasten verlangsamt wurde.[85] Dies deutet an, dass Staaten wegen der aktuellen Lage das Erfordernis sehen, Anti-BEPS-Regelungen einzuführen, und zwar auch solche, die nicht auf die bisherigen BEPS-Empfehlungen zurückzuführen sind. Aufgrund der bislang fehlenden Lösung im Rahmen des BEPS-Aktionspunktes 1, die nun unter Säule 1 gesucht wird, ist beispielsweise die Einführung von Digitalsteuern sowohl auf EU-Ebene[86] als auch in einzelnen Ländern[87] angegangen worden und hat zu Spannungen mit den USA geführt, deren Interessen als Herkunftsland großer Digitalkonzerne hierdurch besonders berührt werden.[88] Spanien ist zuletzt mit einer eigenen, ab 2022 geltenden Mindeststeuerregelung für Körperschaften vorgeprescht.[89] Die EU hat ebenfalls weitere Pläne zur Anpassung der Unternehmensbesteuerung im 21. Jahrhundert.[90] Allein die Teilnahme von 141 Staaten an dem 2-Säulen-Projekt der OECD zeigt das Vorhandensein enormen politischen Handlungsdrucks. Um diesen zu kanalisieren, nationale Alleingänge und die negativen Auswirkungen auf Unternehmen aufgrund der global hinzukommenden, vielfältigen Steuervorschriften zu vermeiden, ist ein abgestimmtes Verhalten möglichst vieler Staaten notwendig. Denn selbst wenn die Legitimität der beiden

---

[83] OECD (2021), Highlights brochure, Two-Pillar Solution to Address the Tax Challenges Arising from the Digitalisation of the Economy – October 2021, S. 16; *Saint-Amans*, Intertax 2021, 309 (310).

[84] Vgl. *Saint-Amans*, Intertax 2021, 309 (310).

[85] *Flamant/Godar/Richard*, New Forms of Tax Competition in the European Union, S. 22.

[86] Vgl. EU-Kommission v. 21.3.2018, Vorschlag für eine Richtlinie des Rates zum gemeinsamen System einer Digitalsteuer auf Erträge aus der Erbringung bestimmter digitaler Dienstleistungen, COM(2018) 148 final und Vorschlag für eine Richtlinie zur Festlegung von Vorschriften für die Unternehmensbesteuerung einer signifikanten digitalen Präsenz, COM(2018) 147 final. Siehe auch *Kokott*, IStR 2019, 123 (124).

[87] So etwa in Österreich, Frankreich, Spanien, Italien, Polen und im Vereinigten Königreich, vgl. *Schmittmann/Sinnig*, StB 2021, 166 (171 f.); für Österreich vgl. auch *Kirchmayer*, FR 2019, 800 ff. und für Spanien *Behrenz*, IStR-LB 2021, 48 (51).

[88] Vgl. tagesschau v. 3.6.2021, USA verhängen Strafzölle, abrufbar unter: https://www.tagesschau.de/wirtschaft/weltwirtschaft/usa-strafzoelle-oesterreich-gb-digitalsteuer-101.html.

[89] Vgl. *Behrenz*, IStR-LB 2021, 48 (52); *Bonell*, Spain introduces minimum tax of 15 % for companies, MNE Tax v. 15.11.2021.

[90] Siehe Mitteilung der Kommission an das europäische Parlament und den Rat – Eine Unternehmensbesteuerung für das 21. Jahrhundert v. 18.5.2021, COM(2021) 251 final.

vorgenannten Ziele der Begrenzung des Steuerwettbewerbs und der Bekämpfung verbleibender BEPS-Risiken als nicht ganz unstrittig einzuordnen ist, ist der auf dieser Wahrnehmung beruhende Änderungswille in den Staaten real. Auch für den Umgang mit den wirtschaftlichen Folgen der COVID-19-Pandemie kann ein koordiniertes Auftreten in diesem Sinne daher nur förderlich sein.[91] Voraussetzung ist jedoch, dass der Komplexitätsgrad der neuen Regelungen unter Säule 2 wie auch unter Säule 1 insgesamt niedriger ist als der der alternativ zu erwartenden unilateralen Maßnahmen.

3.3 Ergebnis

Die drei Ziele hinter Säule 2 sind nach Auffassung des Autors mittlerweile klar formuliert. Sie gehen über das ursprüngliche Ziel, für den offen gebliebenen BEPS-Aktionspunkt 1 („Tax Challenges Arising From Digitalisation") eine Lösung zu finden, weit hinaus. Das Ziel der Begrenzung des internationalen Steuerwettbewerbs kann dabei auf einen Negativtrend in der Entwicklung der Nominal- und Effektivsteuersätze gestützt werden. Ob dieser bereits schädliche Ausmaße erreicht hat oder zu erreichen droht, ist dagegen definitionsabhängig. Das Verständnis scheint sich insofern bei den IF-Mitgliedstaaten gewandelt zu haben; den Staaten ist hier jedoch nach Ansicht des Autors ein Beurteilungsspielraum zuzugestehen. Hinsichtlich des zweiten Ziels der Eliminierung verbleibender BEPS-Risiken fehlt es zwar derzeit noch an belastbaren empirischen Daten, welche die nach Umsetzung der BEPS-Empfehlungen weiterhin bestehenden Gewinnverlagerungsmöglichkeiten bestätigen. Die theoretische Betrachtung der bisherigen BEPS-Maßnahmen zeigt jedoch jetzt schon Lücken auf, die von Unternehmen genutzt werden könnten, sodass die Annahme weiteren Handlungsbedarfs tragfähig erscheint. Ein koordiniertes Vorgehen im Rahmen des IF stützt sich dabei richtigerweise auf die Prämisse, dass alternative unilaterale Alleingänge verschiedener Staaten die aktuelle Situation im internationalen Steuerrecht nicht verbessern, sondern ganz im Gegenteil zahlreiche negative Folgen mit sich bringen würden.

---

[91] Vgl. OECD (2020), Tax Challenges Arising from Digitalisation – Report on Pillar Two Blueprint, S. 10.

3.3 Ergebnis

Open Access Dieses Kapitel wird unter der Creative Commons Namensnennung 4.0 International Lizenz (http://creativecommons.org/licenses/by/4.0/deed.de) veröffentlicht, welche die Nutzung, Vervielfältigung, Bearbeitung, Verbreitung und Wiedergabe in jeglichem Medium und Format erlaubt, sofern Sie den/die ursprünglichen Autor(en) und die Quelle ordnungsgemäß nennen, einen Link zur Creative Commons Lizenz beifügen und angeben, ob Änderungen vorgenommen wurden.

Die in diesem Kapitel enthaltenen Bilder und sonstiges Drittmaterial unterliegen ebenfalls der genannten Creative Commons Lizenz, sofern sich aus der Abbildungslegende nichts anderes ergibt. Sofern das betreffende Material nicht unter der genannten Creative Commons Lizenz steht und die betreffende Handlung nicht nach gesetzlichen Vorschriften erlaubt ist, ist für die oben aufgeführten Weiterverwendungen des Materials die Einwilligung des jeweiligen Rechteinhabers einzuholen.

Vorstellung der Mindeststeuerregeln 4

4.1 Überblick

Die Einführung einer weltweiten Mindeststeuer für multinationale Konzerne soll durch ein Gespann aus vier Regelungen erreicht werden. Unterschieden werden muss zwischen den sog. GloBE Rules („GloBE-Regeln") und einer ergänzenden „Subject to Tax Rule" („STTR") auf DBA-Ebene. Die GloBE-Regeln bestehen aus der vorrangig anzuwendenden „Income Inclusion Rule" („IIR") als einer Art Hinzurechnungsbesteuerung, welche von einer ebenfalls auf DBA-Ebene umzusetzenden „Switch-over Rule" („SOR") flankiert werden kann, und der nachrangig anzuwendenden „Undertaxed Payments Rule" („UTPR"), die länderabhängig entweder als Betriebsausgabenabzugsbeschränkung oder in einer vergleichbaren Form (z. B. einer Quellenbesteuerung mit Abzugsverfahren) ausgestaltet werden soll.[1] Diese Regeln bilden die Grundlage der vorliegenden Arbeit und sollen daher im Folgenden vorgestellt werden.

4.2 Die GloBE-Regeln

Die GloBE-Regeln haben im Statement vom 8.10.2021 den Status eines „common approach" erhalten. Dies bedeutet, dass die Mitglieder des IF weder rechtlich noch politisch verpflichtet sind, die GloBE-Regeln umzusetzen.[2] Entscheiden sie

---

[1] OECD (2021), Statement on a Two-Pillar Solution to Address the Tax Challenges Arising from the Digitalisation of the Economy v. 8.10.2021, S. 3 f., 7.
[2] OECD (2021), Statement on a Two-Pillar Solution to Address the Tax Challenges Arising from the Digitalisation of the Economy v. 8.10.2021, S. 3.

sich jedoch dazu, haben sie die Regeln im Einklang mit den Ergebnissen des IF zu Säule 2 umzusetzen und zu verwalten – dies schließt die Modellregeln und die hierzu entwickelten Leitlinien des IF ein.[3] Im Übrigen haben sie die Anwendung der GloBE-Regeln (inkl. der Rangfolge in der Regelanwendung und etwaiger „Safe Harbours") durch andere IF-Mitglieder anzuerkennen.[4]

Die GloBE-Regeln ermöglichen die Erhebung einer sog. Top-up Tax, wenn der länderbezogen ermittelte effektive Steuersatz eines multinationalen Konzerns unterhalb der Mindeststeuersatzes i. H. v. 15 % liegt. Der Begriff der Top-up Tax ist hierbei von dem der Mindeststeuer zu unterscheiden. Die Erhebung der Top-up Tax ist der Mechanismus, um die Differenz zwischen der effektiven Steuerbelastung und der anvisierten Mindestbesteuerung eines multinationalen Konzerns auszugleichen. Anders als noch in den Vorentwürfen verbindet die GloBE-Regeln ein gemeinsamer Anwendungsbereich und dieselbe Methode zur Ermittlung des effektiven Steuersatzes und der zu erhebenden Top-up Tax, welche sowohl im Rahmen des Tatbestandsmerkmals der Niedrigbesteuerung als auch auf Ebene der jeweiligen Rechtsfolge von entscheidender Bedeutung sind.[5] Die am 20.12.2021 veröffentlichten Modellregeln, die die Umsetzung der GloBE-Regeln nach der grundsätzlichen Einigung des IF in den Statements vom 1.7.2021 und 8.10.2021 nun konkret festschreiben und den IF-Staaten als Vorlage zur nationalen Umsetzung dienen sollen,[6] gliedern sich in zehn Kapitel. Diesen entsprechend wird nachfolgend zunächst der persönliche Anwendungsbereich der GloBE-Regeln (Kapitel 1) dargestellt. Es folgen sodann Ausführungen zur Feststellung des wesentlichen Tatbestandmerkmals der Niedrigbesteuerung durch Berechnung des effektiven Steuersatzes (Kapitel 3 bis 5) und zur Ermittlung der Top-up Tax (Kapitel 5). Anschließend wird auf die Anwendung der IIR, SOR und UTPR eingegangen, welche in den Modellregeln grundsätzlich in Kapitel 2 geregelt sind. Es folgen zuletzt Ausführungen zum Steuerverfahren (Kapitel 8) und zu den Übergangsvorschriften (Kapitel 9), auf welche allerdings teils schon in den vorhergehenden Ausführungen eingegangen wird. Auf die besonderen Regelungen zu Unternehmenskäufen, -veräußerungen und Joint Ventures (Kapitel 6) wie auch bestimmten Steuerregimen (Kapitel 7) soll lediglich am Rande eingegangen

---

[3] OECD (2021), Statement on a Two-Pillar Solution to Address the Tax Challenges Arising from the Digitalisation of the Economy v. 8.10.2021, S. 3.

[4] OECD (2021), Statement on a Two-Pillar Solution to Address the Tax Challenges Arising from the Digitalisation of the Economy v. 8.10.2021, S. 3.

[5] Diese Vorgehensweise wurde erstmals im Blueprint dargelegt, OECD (2020), Tax Challenges Arising from Digitalisation – Report on Pillar Two Blueprint, Rn. 12 ff.

[6] OECD (2020), Tax Challenges Arising from Digitalisation – Report on Pillar Two Blueprint, Rn. 699.

4.2.1 Persönlicher Anwendungsbereich

Die GloBE-Regeln finden gemäß Art. 1.1 der Modellregeln[7] grundsätzlich nur Anwendung auf Konzerneinheiten („Constituent Entities")[8] von multinationalen Konzernen[9], die in mindestens zwei der vorausgegangen vier Wirtschaftsjahre

---

[7] Die im weiteren Verlauf dieses Kapitels 4 genannten Artikel und Kapitel sind stets solche der Modellregeln.

[8] Eine **Konzerneinheit** ist gemäß Art. 1.3.1 (a) eine Gesellschaft, die Teil eines Konzerns (s. hierzu die nächste Fn.) ist und (b) eine Betriebsstätte eines Stammhauses, das Teil eines Konzerns ist. Dementsprechend werden Betriebsstätten i. S. v. Buchst. (b) als separate Konzerneinheiten behandelt, Art. 1.3.2. Durch Erfassen der Betriebsstätte als Konzerneinheit soll verhindert werden, dass entgegen dem „Jurisdictional Blending"-Ansatz niedrig besteuerte Einkünfte der ausländischen Betriebsstätte mit hochbesteuerten Einkünften im Staat des Stammhauses bei der Ermittlung der ETR vermischt und somit Tochtergesellschaften und Betriebsstätten einer Muttergesellschaft ungleich behandelt werden, vgl. OECD (2020), Tax Challenges Arising from Digitalisation – Report on Pillar Two Blueprint, Rn. 453 f. Die GloBE-Regeln berücksichtigen sowohl Personen- als auch Kapitalgesellschaften, nicht aber natürliche Personen, siehe auch Art. 10.1 – „Entity": „Entity means: (a) any legal person (other than a natural person); or (b) an arrangement that prepares separate financial accounts, such as a partnership or trust." Keine Konzerneinheit ist eine Excluded Entity i. S. d. Art. 1.5, siehe Art. 1.3.3. Art. 6.2 hält besondere Bestimmungen bereit für den Fall, dass eine Konzerneinheit durch Übertragung ihrer Anteile erstmals Teil eines multinationalen Konzerns wird oder diesen verlässt.

[9] Ein multinationaler Konzern ist ein Konzern, bei dem mindestens eine Gesellschaft oder Betriebsstätte nicht im Staat der Konzernobergesellschaft ansässig ist, Art. 1.2.1. Nach Art. 1.2.2 ist ein **Konzern** eine Gruppe von Einheiten, die durch Eigentum oder Beherrschung verbunden sind, so dass die Vermögensgegenstände, Verbindlichkeiten, Erträge, Aufwendungen und des Cashflow dieser Einheiten in den Konzernabschluss der Konzernobergesellschaft einbezogen werden oder nur auf Grund ihrer Größe, aus Wesentlichkeitsgründen oder weil sie zur Veräußerung gehalten werden, nicht in den Konzernabschluss einbezogen werden. Gemäß Art. 1.2.3 ist ein Konzern auch dann gegeben, wenn eine Gesellschaft, die nicht bereits nach Art. 1.2.1 einem Konzern zugehört, als Stammhaus in einem Staat ansässig ist und eine oder mehrere Betriebsstätten in anderen Staaten unterhält. Sind bei zwei oder mehr Konzernen die Konzernobergesellschaften Teil einer „Stapled Structure" oder eines „Dual-listet Arrangements" (vgl. dazu die Definitionen in Art. 10.1) und befindet sich zumindest eine Gesellschaft oder Betriebsstätte des kombinierten Konzerns in einem anderen Staat („**Multi-Parented MNE Group**"), enthält Art. 6.5 besondere Bestimmungen für die Anwendung der GloBE-Regeln auf diese Multi-Parented MNE Group.

einen Konzernumsatz i. H. v. mindestens 750 Mio. Euro in ihren Konzernabschlüssen ausgewiesen haben.[10] Damit orientieren sich die GloBE-Regeln in gewissem Maß an den Bestimmungen zum Country-by-Country Reporting („CbCR") des BEPS-Aktionspunkts 13[11] und schränken den Anwendungsbereich der GloBE-Regeln erheblich ein.[12] Ausweislich des IF-Statements vom 8.10.2021 wird diese Einschränkung jedoch dadurch relativiert, dass Länder die IIR auch unabhängig von dieser Umsatzschwelle auf bei ihnen ansässige Konzernobergesellschaften („Ultimate Parent Entities", kurz „UPE")[13] von multinationalen

---

[10] Besondere Regelungen für Fusionen und die Spaltung eines Konzerns sind in Art. 6.1 enthalten.

[11] Vgl. OECD (2021), Statement on a Two-Pillar Solution to Address the Tax Challenges Arising from the Digitalisation of the Economy v. 8.10.2021, S. 4.; OECD (2020), Tax Challenges Arising from Digitalisation – Report on Pillar Two Blueprint, S. 40.

[12] Die Vorteile einer solchen Eingrenzung wurden bereits im Blueprint dargestellt, OECD (2020), Tax Challenges Arising from Digitalisation – Report on Pillar Two Blueprint, Rn. 12, 114 ff. Zum einen sollen durch die Übernahme der CbCR-Komponenten Synergieeffekte erzeugt werden, die für betroffene Konzernunternehmen eine nicht unwesentliche Vereinfachung bedeuten und die Compliance-Kosten im Rahmen halten. Zum anderen knüpfen viele der GloBE-Voraussetzungen an die Daten des jeweiligen Konzernabschlusses nach IFRS oder vergleichbaren Rechnungslegungsstandards an, der von der wesentlichen Mehrheit der über der Umsatzschwelle liegenden Konzerne aufgrund ihrer Börsennotierung ohnehin schon erstellt wird. Drittens werden durch die Umsatzschwelle ca. 85 % bis 90 % der multinationalen Konzerne, insbesondere international tätige kleine und mittlere Unternehmen („KMU"), von den GloBE-Regeln ausgenommen, die nach Ansicht der IF-Staaten steuerlich privilegierungsfähig bleiben sollen und ansonsten über anderweitige Ausnahmen von der Mindestbesteuerung befreit werden müssten. Die Wirksamkeit der GloBE-Regeln soll dagegen trotz der Umsatzschwelle erhalten bleiben, da die von den Regeln erfassten Konzerne immerhin 90 % des globalen Umsatzes aller Unternehmen erwirtschaften. Auch im deutschen Steuerrecht sind ähnliche Umsatzschwellen bereits bekannt, vgl. § 90 Abs. 3 S. 3 AO. Kritisch kann die Umsatzschwelle insofern gesehen werden, als sie missbräuchliche Aufspaltungsgestaltungen herbeiführen könnte, vgl. *Nogueira/Turina*, Pillar Two and EU Law, in: Perdelwitz/Turina, Global Minimum Taxation?, S. 309.

[13] Eine **Konzernobergesellschaft** ist gemäß Art. 1.4 zum einen eine Gesellschaft, die unmittelbar oder mittelbar über eine beherrschende Beteiligung („Controlling Interest") an irgendeiner anderen Einheit verfügt und die nicht in derselben Weise unmittelbar oder mittelbar von einer anderen Einheit beherrscht wird. Zum anderen ist auch ein Stammhaus i. S. v. Art. 1.2.3 eine Konzernobergesellschaft. Eine **beherrschende Beteiligung** ist gemäß der Definition in Art. 10.1 eine Kapitalbeteiligung („Ownership Interest") an einer Einheit, die den Inhaber dazu verpflichtet, die Vermögensgegenstände, Verbindlichkeiten, Erträge, Aufwendungen und den Cashflow dieser Einheit entsprechend einem zulässigen Rechnungslegungsstandard im Wege der Vollkonsolidierung zu konsolidieren bzw. ihn dazu verpflichten würde, wenn er einen Konzernabschluss aufstellen würde. Im Falle eines Stammhauses wird vermutet, dass dieses die beherrschende Beteiligung an seiner Betriebsstätte innehat. Unter „**Ownership**

4.2 Die GloBE-Regeln

Konzernen anwenden dürfen.[14] Unter anderem auch deswegen kommt den Konzernobergesellschaften im Rahmen der GloBE-Regeln und insbesondere der IIR eine besondere Bedeutung zu. Weniger bedeutsam sind dagegen die Einheiten des Konzerns, die von der Anwendung der GloBE-Regeln nach Art. 1.5 ausgenommen werden („Excluded Entities").[15] Hierzu gehören einerseits staatliche Einrichtungen, internationale Organisationen, Non-Profit-Organisationen sowie Pensions- bzw. Investmentfonds und Immobilien-Investmentvehikel in der Funktion als Konzernobergesellschaften (Art. 1.5.1), andererseits die von diesen gehaltenen, qualifizierten Holdinggesellschaften.[16] Für Joint Ventures („JV")[17] und ihre Tochtergesellschaften („JV Subsidiaries") ordnet Art. 6.4.1 (a) an, dass diese ebenfalls in den Anwendungsbereich der GloBE-Regeln fallen, wobei die Kapitel 3 bis 7 und Art. 8.2 für die Ermittlung der Top-up Tax so anzuwenden

---

Interest" ist eine Kapitalbeteiligung zu verstehen, aus der sich Rechte an den Gewinnen, am Eigenkapital oder an den Rücklagen einer Gesellschaft oder der Betriebsstätte eines Stammhauses ergeben, Art. 10.1.

[14] OECD (2021), Statement on a Two-Pillar Solution to Address the Tax Challenges Arising from the Digitalisation of the Economy v. 8.10.2021, S. 4. Zu den Erwägungen dahinter vgl. OECD (2020), Tax Challenges Arising from Digitalisation – Report on Pillar Two Blueprint, Rn. 678. Die Modellregeln selbst gehen auf diese Möglichkeit nicht ein.

[15] Im Blueprint wurde dies damit begründet, dass diese Einheiten aufgrund ihrer Zielsetzung und ihres besonderen Status in vielen Staaten typischerweise keiner Besteuerung unterliegen oder zumindest steuerlich privilegiert sind, OECD (2020), Tax Challenges Arising from Digitalisation – Report on Pillar Two Blueprint, Rn. 13, 72 ff.

[16] Dies sind solche Einheiten, die a) zu mindestens 95 % direkt oder über eine Beteiligungskette von Excluded Entities von einer Excluded Entity i. S. v. Art. 1.5.1 gehalten werden und hierbei entweder i) ausschließlich oder nahezu ausschließlich zu Gunsten der Excluded Entity Vermogensgegenstande halten oder Kapital anlegen oder ii) nur Tätigkeiten ausüben, die als untergeordnete Hilfstätigkeiten zu den Tätigkeiten der Excluded Entity oder den eigenen Tätigkeiten i. S. v. Nr. i) einzuordnen sind, oder die b) zu mindestens 85 % direkt oder über eine Beteiligungskette von Excluded Entities von einer oder mehreren Excluded Entities i. S. v. Art. 1.5.1 gehalten werden, soweit es sich bei den Einkünften dieser Einheiten im Wesentlichen um nach Art. 3.2.1 (b) bzw. (c) von der Ermittlung der GloBE-Einkünfte ausgeschlossene „Excluded Dividends" bzw. „Excluded Equity Gains or Losses" handelt (Art. 1.5.2). Es besteht allerdings ein Wahlrecht der zur Abgabe der GloBE-Informationserklärung verpflichteten Konzerneinheit (siehe hierzu Kapitel 8), eine Einheit nicht als Excluded Entity i. S. v. Art. 1.5.2 zu behandeln, Art. 1.5.3. Ein solche Entscheidung gilt für einen Zeitraum von fünf Jahren.

[17] Als **Joint Venture** wird gemäß der Definition in Art. 10.1 grundsätzlich eine Einheit betrachtet, deren handelsrechtliche Ergebnisse unter Verwendung der Equity-Methode in die Konzernbilanz der Konzernobergesellschaft einfließen, sofern die Konzernobergesellschaft zu mindestens 50 % an dem JV beteiligt ist.

sind, als ob das Joint Venture und seine Tochtergesellschaften die Konzerneinheiten eines separaten multinationalen Konzerns bilden und das Joint Venture die entsprechende Konzernobergesellschaft ist.

4.2.2 Feststellung der Niedrigbesteuerung durch Berechnung des effektiven Steuersatzes

Eine Konzerneinheit gilt als niedrig besteuert und löst dadurch die Erhebung der Top-up Tax im Rahmen der GloBE-Regeln aus, wenn sie sich in einem Staat befindet,[18] in dem der effektive Steuersatz des multinationalen Konzerns weniger als 15 % beträgt.[19] Damit folgen die Modellregeln dem bereits im Blueprint verwendeten Ansatz des „Jurisdictional Blending", d. h. die berücksichtigungsfähigen Einkünfte und Steuern aller Konzernunternehmen in einem Land werden zusammengefasst, sodass dort höher und niedriger besteuerte Einkünfte miteinander verrechnet werden können.[20] Der effektive Steuersatz („Effective Tax Rate", kurz „ETR") eines multinationalen Konzerns mit (positiven) Netto-GloBE-Einkünften („Net GloBE Income") in einem Land wird für jedes Wirtschaftsjahr einzeln berechnet.[21] Er wird ermittelt, indem die Summe der angepassten zu berücksichtigenden Steuern („Adjusted Covered Taxes") aller Konzerneinheiten in einem Staat durch die Netto-GloBE-Einkünfte des multinationalen Konzerns in diesem Staat geteilt wird, Art. 5.1.1. Dabei wird jede einzelne staatenlose Konzerneinheit („Stateless Constituent Entity") als Konzerneinheit eines separaten Hoheitsgebietes behandelt. Die Netto-GloBE-Einkünfte in einem Land in einem Wirtschaftsjahr ergeben sich gemäß Art. 5.1.2 aus dem – soweit vorhanden – positiven Betrag, der sich durch Abzug der GloBE-Verluste

---

[18] Detaillierte Vorschriften zur Bestimmung der Ansässigkeit einer Konzerneinheit enthält Art. 10.3.

[19] Vgl. die Definitionen für „Low-Taxed Constituent Entity" und „Low-Tax Jurisdiction" in Art. 10.1.

[20] Vgl. OECD (2020), Tax Challenges Arising from Digitalisation – Report on Pillar Two Blueprint, Rn. 248 ff. Alternativ hierzu stand die Verwendung einer nur konzerneinheitenbezogenen Berechnungsweise oder von „Global Blending" im Raum, welches für die Berechnung der konzernbezogenen ETR alle Konzerneinheiten weltweit einbezogen hätte.

[21] Besondere Bestimmungen und Wahlrechte zur Berechnung der ETR im Falle von Investmentunternehmen („Investment Entity", siehe hierzu die Definition in Art. 10.1) sind in den Art. 7.4 bis 7.6 enthalten. Gemäß Art. 5.1.3 sind die angepassten zu berücksichtigenden Steuern und die GloBE-Einkünfte oder Verluste einer Konzerneinheit, die ein Investmentunternehmen ist, von der Berechnung des effektiven Steuersatzes und der Netto-GloBE-Einkünfte auszunehmen.

4.2 Die GloBE-Regeln

von den GloBE-Gewinnen aller Konzerneinheiten in diesem Land und diesem Wirtschaftsjahr ergibt (vgl. Kapitel 3).

4.2.2.1 Ermittlung der GloBE-Einkünfte

Die Vorschriften zur Ermittlung der GloBE-Gewinne bzw. Verluste (zusammen „GloBE-Einkünfte") sind grundsätzlich in Kapitel 3 enthalten.

4.2.2.1.1 Handelsrechtliches Jahresergebnis als Ausgangsposition

Zur Bestimmung der GloBE-Einkünfte jeder Konzerneinheit bildet zunächst das handelsrechtliche Jahresergebnis („Financial Accounting Net Income or Loss"; entspricht in Deutschland dem Jahresüberschuss/Jahresfehlbetrag) der Konzerneinheit die Ausgangsposition, Art. 3.1. Das handelsrechtliche Jahresergebnis ist gemäß Art. 3.1.2 das Ergebnis der Konzerneinheit (vor Konsolidierung etwaiger konzerninterner Geschäftsvorfälle), das sich nach dem Rechnungslegungsstandard zur Erstellung des Konzernabschlusses der Konzernobergesellschaft ergibt.[22] Ist dies nicht in vernünftiger Weise umsetzbar, kann das handelsrechtliche Jahresergebnis nach Art. 3.1.3 auch nach einem anderen zulässigen Rechnungslegungsstandard („Acceptable Financial Accounting Standard"[23] oder „Authorised Financial Accounting Standard"[24]) ermittelt werden, wenn die Rechnungslegung der Konzerneinheit auf Grundlage dieses Rechnungslegungsstandards erfolgt, die in den Jahresabschlüssen enthaltenen Informationen verlässlich sind und wesentliche permanente Differenzen (> 1 Mio. Euro) zwischen der Anwendung dieses

---

[22] Dem dürfte grds. die „HB II" der jeweiligen Einheit entsprechen, vgl. *Hierstetter* in IStR 2020, 874 (876).

[23] Hierzu zählen gemäß Art. 10.1 die International Financial Reporting Standards (IFRS) sowie die Generally Accepted Accounting Principles (GAAP) von Australien, Brasilien, Kanada, den Mitgliedstaaten der EU und des EWR, Hongkong (China), Japan, Mexiko, Neuseeland, der Volksrepublik China, Indien, Südkorea, Russland, Singapur, der Schweiz, des Vereinigten Königreichs und der USA. Auch die Rechnungslegung nach HGB kann trotz der von den IFRS abweichenden Funktionsweise und Zielsetzung (Vorsichtsprinzip, Schutz des Fremdkapitalgebers) folglich grundsätzlich Berücksichtigung finden. Im Blueprint war die Liste der zulässigen Rechnungslegungsstandards noch weniger umfangreich, vgl. OECD (2020), Tax Challenges Arising from Digitalisation – Report on Pillar Two Blueprint, S. 50.

[24] Siehe hierzu die Definition in Art. 10.1: „Authorised Financial Accounting Standard, in respect of any Entity, means a set of generally acceptable accounting principles permitted by an Authorised Accounting Body in the jurisdiction where that Entity is located." „Authorised Accounting Body is the body with legal authority in a jurisdiction to prescribe, establish, or accept accounting standards for financial reporting purposes."

Rechnungslegungsstandards und der Anwendung des für die Konzernkonsolidierung genutzten Rechnungslegungsstandards zugunsten des letzteren Standards aufgelöst werden.

4.2.2.1.2 Vornahme verschiedener Korrekturen

Der sich aus diesem ersten Schritt ergebende Wert erfährt sodann über die Art. 3.2 bis 3.5 noch einige Anpassungen, Art. 3.1.1. Diese Anpassungen sollen nachfolgend ohne Anspruch auf Vollständigkeit kurz dargestellt werden, um die Komplexität in den Details der neuen Regelungen aufzuzeigen. Gemäß Art. 3.2.1 wird das handelsrechtliche Jahresergebnis beispielsweise um den Nettosteueraufwand („Net Taxes Expense")[25], bestimmte Dividendenerträge („Excluded Dividends")[26], Gewinne und Verluste aus Kapitalbeteiligungen („Excluded Equity Gain or Loss")[27] und illegale Zahlungen (z. B. Bestechungs- und Schmiergelder) sowie Bußgelder und Geldstrafen i. H. v. mindestens 50.000 Euro („Policy Disallowed Expenses") korrigiert. Dadurch sollen in (sehr) begrenztem Umfang permanente Differenzen zwischen der handels- und steuerrechtlichen Bilanzierung Berücksichtigung finden.[28] Art. 3.2.2 enthält ein Wahlrecht zum Umgang mit aktienbasierten Vergütungen („Stock-based Compensation").[29] Nach

---

[25] Wieder hinzuzurechnen sind demnach (a) alle als Aufwand angefallen, zu berücksichtigenden Steuern sowie alle laufenden und latenten zu berücksichtigenden Steuern, die in den Ertragsteueraufwand einbezogen werden (inkl. der zu berücksichtigenden Steuern auf Einkünfte, die in der Berechnung der GloBE-Einkünfte unberücksichtigt bleiben), (b) aktive latente Steuern in Zusammenhang mit Verlusten dieses Wirtschaftsjahres sowie als Aufwand angefallene (c) „Qualified Domestic Minimum Top-up Taxes", (d) Steuern i. R. d. GloBE-Regeln und (e) „Disqualified Refundable Imputation Taxes", Art. 10.1.

[26] Damit sind nach Art. 10.1 Dividenden und andere Gewinnausschüttungen gemeint, die aufgrund einer Kapitalbeteiligung erfolgen, es sei denn, es handelt sich bei der Beteiligung um eine kurzfristige Portfoliobeteiligung („Short-term Portfolio Shareholding") oder eine Beteiligung in ein Investmentunternehmen, welche Gegenstand einer Wahl nach Art. 7.6 ist.

[27] Dies sind nach Art. 10.1 die in das handelsrechtliche Jahresergebnis einzubeziehenden Gewinne und Verluste einer Konzerneinheit aus der Änderung des beizulegenden Zeitwerts oder der Veräußerung einer Kapitalbeteiligung – exkl. Portfoliobeteiligungen („Portfolio Shareholdings") – bzw. Gewinne und Verluste aus einer Kapitalbeteiligung, die im Rahmen der Equity-Methode bilanziert wird.

[28] Vgl. hierzu die Ausführungen des Blueprint, OECD (2020), Tax Challenges Arising from Digitalisation – Report on Pillar Two Blueprint, Rn. 175 ff.

[29] Vgl. hierzu auch OECD (2020), Tax Challenges Arising from Digitalisation – Report on Pillar Two Blueprint, Rn. 202 f. Weitere Wahlrechte (z. B. im Falle der Bewertungsmethoden „Fair Value" und „Impairment Accounting" oder für Veräußerungen von Sachanlagen) und andere Sonderbestimmungen (z. B. für Versicherungsgesellschaften) sind in den Art. 3.2.5, 3.2.6 sowie 3.2.8 bis 3.2.10 enthalten.

4.2 Die GloBE-Regeln

Art. 3.2.3 sind Geschäftsvorfälle zwischen in verschiedenen Ländern ansässigen Konzerneinheiten – falls nötig – entsprechend dem Fremdvergleichsgrundsatz anzupassen und in beiden Staaten in der gleichen Höhe zu erfassen.[30] Erstattungsfähige Steuergutschriften sollen nur dann als GloBE-Einkünfte berücksichtigt werden, soweit sie innerhalb von vier Jahren nach Eintritt der Bedingungen für den Erhalt der Steuergutschrift erstattet werden müssen („Qualified Refundable Tax Credits"), Art. 3.2.4 i. V. m. Art. 10.1. Nach Art. 3.2.7 sollen Ausgaben im Rahmen einer konzerninternen Finanzierungsgestaltung bei der Ermittlung der GloBE-Einkünfte einer niedrig besteuerten Konzerneinheit unberücksichtigt bleiben, wenn bei diesen vernünftigerweise zu erwarten ist, dass sie über die erwartete Laufzeit der Gestaltung den Betrag der Ausgaben, die in die Berechnung der GloBE-Einkünfte der niedrig besteuerten Konzerneinheit einfließen, erhöhen, ohne dabei im selben Maße die steuerpflichtigen Einnahmen der ausreichend besteuerten Vertragspartei zu erhöhen. Nach Art. 3.2.11 muss das handelsrechtliche Jahresergebnis einer Konzerneinheit in jedem Falle korrigiert werden, um den Anforderungen in den einschlägigen Sonderbestimmungen der Kapitel 6 und 7 zu entsprechen. Gewinne und Verluste aus dem Betrieb von Seeschiffen im internationalen Verkehr und damit zusammenhängenden besonderen Hilfstätigkeiten sollen bei der Ermittlung der GloBE-Einkünfte hingegen unberücksichtigt bleiben, Art. 3.3.[31] Art. 3.4 enthält besondere Bestimmungen zur Gewinnabgrenzung zwischen Stammhaus und den unterschiedlichen Betriebsstätten i. S. d. Definitionen in Art. 10.1 („Permanent Establishment"). Interessant ist im Übrigen der Umgang mit den handelsrechtlichen Jahresergebnissen von steuerlich transparenten Gesellschaften („Flow-through Entity"; in Deutschland z. B. OHG oder KG)[32], welcher nun in Art. 3.5 geregelt ist. Danach wird zunächst das handelsrechtliche Jahresergebnis der Gesellschaft gemäß Art. 3.5.3 um den Betrag reduziert, der auf Gesellschafter entfällt, welche nicht zum Konzern gehören und direkt oder über eine weitere transparente Gesellschaft an ihr beteiligt

---

[30] Im Falle eines Verlusts aus einem nicht fremdüblichen Veräußerungsgeschäft oder einer anderen nicht fremdüblichen Vermögensübertragung zwischen zwei im selben Staat ansässigen Konzerneinheiten soll eine Neuberechnung anhand des Fremdvergleichsgrundsatzes vorgenommen werden, wenn der Verlust in die Berechnung der GloBE-Einkünfte einbezogen wird.
[31] Siehe auch schon OECD (2021), Statement on a Two-Pillar Solution to Address the Tax Challenges Arising from the Digitalisation of the Economy v. 8.10.2021, S. 5.
[32] Vgl. hierzu die Definitionen in Art. 10.2.

sind.[33] Wird die Tätigkeit einer transparenten Gesellschaft vollständig oder teilweise durch eine Betriebsstätte ausgeübt, sind der Betriebsstätte die Gewinne und Verluste entsprechend den Gewinnabgrenzungsregelungen in Art. 3.4 zuzuordnen. Das verbleibende Ergebnis ist im Falle einer transparenten Gesellschaft, die nicht die Konzernobergesellschaft ist, den an ihr beteiligten Konzerneinheiten entsprechend den Beteiligungsverhältnissen zuzuweisen. Ist die transparente Gesellschaft dagegen die Konzernobergesellschaft oder eine sog. Reverse Hybrid Entity[34], wird ihr selbst das verbleibende Ergebnis zugeteilt. Das handelsrechtliche Jahresergebnis einer transparenten Gesellschaft ist im Übrigen um den Betrag zu senken, der einer anderen Konzerneinheit zugewiesen ist, Art. 3.5.5. Unter welchen Umständen im Falle eine Steuerregimes, dass Dividendenzahlungen zum Abzug zulässt („Deductible Dividend Regime"), diese abzugsfähigen Dividenden auch die GloBE-Einkünfte einer Konzernobergesellschaft (oder einer qualifizierten Konzerneinheit) mindern dürfen, ist in Art. 7.2 geregelt.[35] Anders als noch im Blueprint diskutiert, enthalten die Modellregeln keine Vorschrift zum Umgang mit staatlichen Nothilfen (z. B. Zuschüsse und Steuergutschriften, die die Auswirkungen von COVID-19 abmildern sollen).[36]

4.2.2.2 Angepasste zu berücksichtigende Steuern
Die Berechnung der angepassten zu berücksichtigenden Steuern ist in Kapitel 4 beschrieben. Allgemein werden hierfür die laufenden Steuern einer Konzerneinheit in einem Wirtschaftsjahr herangezogen und dann zur Berücksichtigung bestimmter temporärer Differenzen und nachträglicher Steueränderungen angepasst. Die Details werden nachfolgend vorgestellt.

Art. 4.1 bestimmt die angepassten zu berücksichtigenden Steuern („Adjusted Covered Taxes")[37] einer Konzerneinheit in einem Wirtschaftsjahr. Den Ausgangspunkt hierfür bildet nach Art. 4.1.1 der im handelsrechtlichen Jahresergebnis

---

[33] Dies gilt gemäß Art. 3.5.4 nicht, wenn es sich bei der transparenten Gesellschaft um die Konzernobergesellschaft handelt oder die transparente Gesellschaft direkt oder über weitere transparente Gesellschaften von einer solchen transparenten Konzernobergesellschaft gehalten wird. Die Behandlung dieser Konzerneinheiten ist in Art. 7.1 geregelt.

[34] Eine Gesellschaft ist gemäß Art. 10.2.1 (b) eine Reverse Hybrid Entity, wenn diese zwar in ihrem Ansässigkeitsstaat als steuerlich transparent behandelt wird, nicht aber im Land ihrer Anteilseigner.

[35] In entsprechender Weise sind dann auch die zu berücksichtigenden Steuern zu kürzen, Art. 7.2.2.

[36] Vgl. OECD (2020), Tax Challenges Arising from Digitalisation – Report on Pillar Two Blueprint, Rn. 247.

[37] Die **zu berücksichtigenden Steuern** („Covered Taxes") sind in Art. 4.2 definiert und erfassen bspw. die im Jahresabschluss einer Konzerneinheit ausgewiesenen Ertragsteuern,

4.2 Die GloBE-Regeln

der Konzerneinheit enthaltene laufende Steueraufwand (beschränkt auf die zu berücksichtigenden Steuern). Hierunter fallen unter anderem auch die im Rahmen der STTR und im Rahmen von bereits bestehenden nationalen Anti-BEPS-Steuerregimen (z. B. Betriebsausgabenabzugsbeschränkungen, Bestimmungen zur Hinzurechnungsbesteuerung, Zinsschranken, Regeln zu Besteuerungsinkongruenzen, Verrechnungspreisregeln etc.[38]) erhobenen Steuern, weswegen diesen Regelungen eine gewisse Vorrangstellung zugesprochen werden kann.[39] Der laufende Steueraufwand ist sodann gemäß Art. 4.1.1 zu korrigieren um 1. den Nettobetrag qualifizierter Erhöhungen und Kürzungen („Additions and Reductions to Covered Taxes")[40], 2. den Gesamtbetrag der sich im Rahmen der latenten Steuern ergebenden Anpassungen („Total Deferred Tax Adjustment Amount",

---

bestimmte Steuern auf (fiktive) Gewinnausschüttungen und Steuern, die anstelle der regulären Unternehmensteuer erhoben werden. Erfasst werden damit z. B. für Deutschland die Einkommensteuer, die Körperschaftsteuer und die Gewerbesteuer, mithin alle Ertragsteuern auf die Unternehmensgewinne in Deutschland ansässiger Konzerneinheiten. Ausdrücklich nicht erfasst wird dagegen bspw. die Top-up Tax, die im Rahmen einer qualifizierten IIR auf Ebene einer Muttergesellschaft, im Rahmen einer Qualified Domestic Minimum Top-up Tax oder infolge der Anwendung einer qualifizierten UTPR bei einer Konzerneinheit erhoben wurde, vgl. Art. 4.2.2. Ebenfalls nicht erfasst werden etwa Mehrwertsteuern, Verbrauchsteuern, Digital Services Taxes, Stempelsteuern, Lohnsteuern, Sozialabgaben oder Grunderwerbsteuern, vgl. Art. 4.1.2 (a) und auch schon OECD (2020), Tax Challenges Arising from Digitalisation – Report on Pillar Two Blueprint, Rn. 146 ff. Für die dahinterstehenden Prinzipien siehe dort Rn. 132.

[38] *Hierstetter* in IStR 2020, 874 (875).

[39] OECD (2020), Tax Challenges Arising from Digitalisation – Report on Pillar Two Blueprint, Rn. 671 f. Dies gilt wohl ebenso für die neuen Gewinnverteilungs- und Nexusregeln unter Säule 1, vgl. OECD (2020), Tax Challenges Arising from Digitalisation – Report on Pillar Two Blueprint, Rn. 219.

[40] Eine **Erhöhung** der zu berücksichtigenden Steuern der Konzerneinheit für das jeweilige Wirtschaftsjahr ergibt sich gemäß Art. 4.1.2 aus der Summe (a) der zu berücksichtigenden Steuern, welche bereits als Aufwand im Ergebnis vor Steuern des Jahresabschlusses enthalten sind, (b) der Beträge eines „GloBE Loss Deferred Tax Asset" i. S. v. Art. 4.5.3, (c) der zu berücksichtigenden Steuern, die im Wirtschaftsjahr entrichtet wurden, mit unsicheren Steuerposten in Verbindungen stehen und die in einem vorigen Wirtschaftsjahr als Kürzung i. S. v. Art. 4.1.3 (d) behandelt wurden, sowie (d) der Gutschriften und Erstattungen in Zusammenhang mit einer qualifizierten erstattungsfähigen Steuergutschrift, welche zu einer Minderung des laufenden Steueraufwands führen. Dagegen sind die zu berücksichtigenden Steuern gemäß Art. 4.1.3 zu **kürzen** um die Summe aus (a) laufendem Steueraufwand, der auf Einkünfte entfällt, welche bei der Ermittlung der GloBE-Einkünfte nach Art. 3 unberücksichtigt bleiben, (b)) Gutschriften und Erstattungen in Zusammenhang mit einer nicht qualifizierten erstattungsfähigen Steuergutschrift („Non-Qualified Refundable Tax Credit"), welche nicht zu einer Minderung des laufenden Steueraufwands führen, (c) zu berücksichtigenden Steuern, die einer Konzerneinheit erstattet oder gutgeschrieben wurden (exkl. qualifizierte

Art. 4.4) und 3. jegliche Änderungen der im Eigenkapital oder „Other Comprehensive Income"[41] enthaltenen zu berücksichtigenden Steuern, welche mit Beträgen zusammenhängen, die in die Berechnung der GloBE-Einkünfte einbezogen werden und nach nationalem Recht steuerpflichtig sind. Kein Betrag der zu berücksichtigenden Steuern darf mehrfach Berücksichtigung finden, Art. 4.1.4.

Art. 4.3 bestimmt, auf welche Weise die zu berücksichtigenden Steuern in bestimmten Fällen zwischen Konzerneinheiten aufzuteilen sind.[42] So werden etwa die zu berücksichtigen Steuern, die im Jahresabschluss einer Konzerneinheit ausgewiesen werden, aber auf die GloBE-Einkünfte einer Betriebsstätte zurückzuführen sind, der Betriebsstätte zugewiesen, Art. 4.3.2 (a). Zu berücksichtigende Steuern, die auf Gewinnausschüttungen einer Konzerneinheit an ihre konzernzugehörigen Gesellschafter entfallen und bei letzteren im Jahresabschluss ausgewiesen werden, werden der ausschüttenden Konzerneinheit zugewiesen, Art. 4.3.2 (e).

Die Art. 4.4 und 4.5 sehen zwei alternative Vorgehensweisen zum Umgang mit temporären Differenzen vor, die sich deutlich von dem noch im Blueprint favorisierten, aber vielfach kritisierten Ansatz eines Vortragssystems[43] gelöst haben. Temporäre Differenzen zwischen den Wertansätzen nach Steuer- und Handelsbilanzrecht eines Staates sind deshalb problematisch, weil sie dazu führen könnten, dass eine Niedrigbesteuerung nur deshalb angenommen und eine zusätzliche

---

erstattungsfähige Steuergutschriften) und nicht zu einer Korrektur des laufenden Steueraufwands im Jahresabschluss geführt haben, (d) laufendem Steueraufwand, der mit unsicheren Steuerposten verbunden ist und (e) laufendem Steueraufwand, bei dem nicht zu erwarten ist, dass dieser innerhalb von drei Jahren nach Ende des aktuellen Wirtschaftsjahres entrichtet wird.

[41] Das Other Comprehensive Income (sonstiges Ergebnis) ist eine etwa im US-GAAP und IFRS verwendete Position, die Ertrags- und Aufwandsposten umfasst, welche nach dem für den Konzernabschluss verwendeten, zulässigen Rechnungslegungsstandard nicht erfolgswirksam erfasst werden dürfen oder müssen, vgl. die Definition in Art. 10.1 sowie IAS 1.7.

[42] Die Regelungen in Art. 4.3.2 erstrecken sich dabei nur auf Konstellationen mit Betriebsstätten, steuertransparenten Gesellschaften und hybriden Einheiten sowie die Verteilung von CFC-Steuern (Hinzurechnungsbesteuerung) und Steuern auf Gewinnausschüttungen zwischen Konzerneinheiten, Art. 4.3.1. Zu der Zuordnung im Blueprint vgl. OECD (2020), Tax Challenges Arising from Digitalisation – Report on Pillar Two Blueprint, S. 76, Rn. 279 ff.

[43] Vgl. OECD (2020), Tax Challenges Arising from Digitalisation – Report on Pillar Two Blueprint, Rn. 286 ff. und 220 ff. zu den Details dieses Ansatzes (Verlustvorträge, „IIR tax credits", „local tax carry-forwards") und auch zum besonderen Umgang mit temporären Differenzen bei erhöhten Absetzungen und Sonderabschreibungen. Gegen die Nutzung latenter Steuern wurde dort angeführt, dass diese Methode lediglich auf den Schätzungen künftiger Steuerverbindlichkeiten beruhen würde.

4.2 Die GloBE-Regeln

Top-up Tax nur deshalb erhoben wird, weil die zu berücksichtigenden Steuern lediglich in anderen Wirtschaftsjahren erhoben bzw. bestimmte Einkünfte nach dem jeweiligen Handelsbilanzrecht zu einem anderen Zeitpunkt anerkannt werden als nach dem nationalen Steuerrecht, obwohl die durchschnittliche ETR über die Lebenszeit eines Unternehmens oberhalb des Mindeststeuersatzes liegt.[44] Temporäre Differenzen sollen zu keiner dauerhaften Steuerbelastung unter GloBE führen.[45] Art. 4.4. bestimmt daher, dass unter gewissen Bedingungen die latenten Steuerposten einer Konzerneinheit herangezogen werden dürfen. Alternativ gewährt Art. 4.5 einer zur Abgabe der GloBE-Informationserklärung verpflichteten Konzerneinheit[46] die Möglichkeit einer sog. GloBE Loss Election. Danach kann im Falle von negativen Netto-GloBE-Einkünften (Netto-GloBE-Verluste) in einem Staat ein aktiver latenter Steuerposten („GloBE Loss Deferred Tax Asset") gebildet werden, welcher in nachfolgenden Wirtschaftsjahren bei positiven Netto-GloBE-Einkünften mit den darauf anfallenden laufenden Steuern verrechnet werden kann, Art. 4.1.1 (a) i. V. m. Art. 4.1.2 (b). Der aktive latente Steuerposten ergibt sich dabei aus der Multiplikation der Netto-GloBE-Verluste mit dem Mindeststeuersatz.

Art. 4.6 bestimmt hierüber hinaus, wie mit nachträglichen Änderungen der Steuerlast einer Konzerneinheit umzugehen ist. Danach soll die nachträgliche Änderung der Steuerlast für vorherige Wirtschaftsjahre grundsätzlich als Änderung der zu berücksichtigen Steuern im Wirtschaftsjahr, in dem die Korrektur vorgenommen wird, behandelt werden, es sei denn, die Änderung führt in dem vorherigen Wirtschaftsjahr zu einer Reduktion der zu berücksichtigenden Steuern, Art. 4.6.1. Nicht in Kapitel 4, sondern in Art. 7.3 ist zudem geregelt, unter welchen Umständen die im Rahmen eines „Eligible Distribution Tax System"[47] zu entrichtende Steuer als angepasste zu berücksichtigende Steuer berücksichtigt werden kann.

---

[44] OECD (2020), Tax Challenges Arising from Digitalisation – Report on Pillar Two Blueprint, Rn. 286 Buchst. a., 289.

[45] OECD (2020), Tax Challenges Arising from Digitalisation – Report on Pillar Two Blueprint, Rn. 290.

[46] Siehe hierzu die Ausführungen unter Abschn. 4.2.5.

[47] Darunter ist gemäß Art. 10.1 ein Unternehmensteuerregime zu verstehen, das bereits vor dem 1.7.2021 in Kraft war und bei dem die Unternehmensteuer lediglich im Falle der (fiktiven) Gewinnausschüttung an die Anteilseigner oder im Falle von bestimmten außerbetrieblichen Ausgaben zu zahlen ist und der anzuwendende Steuersatz zumindest dem Mindeststeuersatz entspricht. Siehe hierzu bereits OECD (2021), Statement on a Two-Pillar Solution to Address the Tax Challenges Arising from the Digitalisation of the Economy v. 8.10.2021, S. 4.

4.2.3 Ermittlung der Top-up Tax

Ist die staatenbezogene ETR für einen Konzern nach Art. 5.1 berechnet worden und unterschreitet diese den Mindeststeuersatz von 15 %, gelten die Konzerneinheiten des multinationalen Konzerns in diesem Staat als niedrig besteuert. Infolgedessen ist die Top-up Tax zu ermitteln, die sodann im Rahmen der IIR oder UTPR für eine niedrig besteuerte Konzerneinheit erhoben werden soll.

4.2.3.1 Staatenbezogene Top-up Tax

In einem ersten Schritt wird hierfür die staatenbezogene Top-up Tax für ein Wirtschaftsjahr ermittelt. Die staatenbezogene Top-up Tax entspricht gemäß Art. 5.2.3 dem – falls gegeben – positiven Betrag, der sich aus der folgenden Formel ergibt:

Top-up-Tax-Prozentsatz x Übergewinn + Zusätzliche Top-up Tax – Inländische Top-up Tax

4.2.3.1.1 Top-up-Tax-Prozentsatz
Dabei wird der Top-up-Tax-Prozentsatz bestimmt, indem die staatenbezogene ETR für ein Wirtschaftsjahr vom Mindeststeuersatz subtrahiert wird, Art. 5.2.1.

4.2.3.1.2 Übergewinn und Substanzausnahme
Der staatenbezogene Übergewinn („Excess Profit") für ein Wirtschaftsjahr entspricht gemäß Art. 5.2.2 dem – falls gegeben – positiven Betrag, der sich aus dem Abzug des substanzbasierten Gewinnabzugsbetrags („Substance-based Income Exclusion") von den Netto-GloBE-Einkünften i. S. d. Art. 5.1.2 ergibt.[48] Über diese Kürzung der staatenbezogenen Netto-GloBE-Einkünfte sollen die Auswirkungen der GloBE-Regeln auf weniger BEPS-relevante Gewinne aus arbeits- bzw. sachanlagenintensiven Tätigkeiten und auf Unternehmen mit nur geringen Gewinnmargen reduziert werden,[49] wodurch sich die Urheber der GloBE-Regeln vom Ziel der allgemeinen Begrenzung des internationalen Steuerwettbewerbs entfernen, um den Anwendungsbereich ein Stück mehr auf BEPS-relevante Sachverhalte zu fokussieren. Als substanzbasierter Gewinnabzugsbetrag[50] werden

---

[48] Ist der Betrag hingegen negativ oder beträgt Null, liegt kein Übergewinn vor, welcher in die Berechnung der staatenbezogenen Top-up Tax einfließen kann.
[49] OECD (2020), Tax Challenges Arising from Digitalisation – Report on Pillar Two Blueprint, Rn. 332 ff., 370.
[50] Im Blueprint wurde diese Ausnahmeregelung noch als „Formulaic Substance-based Carve-out" bezeichnet, vgl. hierzu OECD (2020), Tax Challenges Arising from Digitalisation – Report on Pillar Two Blueprint, S. 91 ff.

4.2 Die GloBE-Regeln

5 % der einzubeziehenden Lohnkosten („payroll carve-out")[51] und 5 % des Buchwerts der einzubeziehenden Sachanlagen („tangible asset carve-out")[52] von den staatenbezogenen Netto-GloBE-Einkünften pauschal abgezogen, Art. 5.3.2 bis 5.3.4.[53] In einer Übergangszeit von 10 Jahren sollen diese abzuziehenden Beträge von anfänglich 8 % des Buchwerts der Sachanlagen und 10 % der Lohnkosten ab 2023 schrittweise auf das endgültige Niveau von 5 % abgesenkt werden, Art. 9.2.[54] Eine zur Abgabe der GloBE-Informationserklärung verpflichtete Konzerneinheit kann nach Art. 5.3.1 allerdings jährlich vom substanzbasierten Gewinnabzug für einen Staat Abstand nehmen, indem sie diesen nicht in die Berechnung der Top-up Tax mit einbezieht oder dies in der Berechnung der staatenbezogenen Top-up Tax in der GloBE-Informationserklärung für ein Wirtschaftsjahr geltend macht. Die Zuordnung von Lohnkosten und Sachanlagen im Falle von Betriebsstätten und steuerlich transparenten Gesellschaften ist in Art. 5.3.6 und 5.3.7 beschrieben.

Nach ersten Schätzungen werden aufgrund der Substanzausnahme in den ersten 10 Jahren bis zu 37 % und anschließend aufgrund der dann niedrigeren Prozentsätze ca. 22 % der Gewinne von Tochterunternehmen relevanter multinationaler Konzerne in der EU nicht der Mindeststeuer unterliegen.[55] Nach Berechnungen des EU Tax Observatory führt die Substanzausnahme dazu, dass die Steuereinnahmen durch die GloBE-Regeln in den EU-Mitgliedstaaten statt

---

[51] Welche Lohnkosten hierbei erfasst werden, ergibt sich aus Art. 5.3.3 und den Definitionen für „Eligible Payroll Costs" und „Elible Employees" in Art. 10.1. Grundsätzlich erfasst werden sämtliche arbeitnehmerbezogenen Aufwendungen, die dem Arbeitnehmer als direkter und eigenständiger persönlicher Nutzen zukommen, also bspw. neben dem Lohn auch Sozialversicherungsbeiträge und die auf das Gehalt zu zahlenden Lohnsteuern. Als Arbeitnehmer werden dabei auch unabhängige Vertragspartner angesehen, die am gewöhnlichen operativen Geschäft des Konzerns unter dessen Leitung und Aufsicht teilnehmen.

[52] Die einzubeziehenden Sachanlagen („Eligible Tangible Assets") werden in Art. 5.3.4 und 5.3.5 bestimmt.

[53] Vgl. auch OECD (2021), Statement on a Two-Pillar Solution to Address the Tax Challenges Arising from the Digitalisation of the Economy v. 8.10.2021, S. 4. Dieser Ansatz ähnelt der QBAI-Befreiung in den US-GILTI-Regelungen, *Hierstetter* in IStR 2020, 874 (877). Mit diesen Werten in der Substanzausnahme wird näherungsweise die durchschnittlich zu erwartende Rendite auf solche substanzbasierten Aktivitäten bestimmt, die in der Praxis allerdings je nach Geschäftsbereich sehr unterschiedlich ausfallen dürfte.

[54] In den ersten fünf Jahren sinkt der Prozentsatz jährlich um jeweils 0,2 Prozentpunkte. Anschließend soll der Prozentsatz hinsichtlich des Buchwerts der Sachanlagen um jährlich 0,4 Prozentpunkte sinken, der Prozentsatz für die Lohnkosten um jährlich 0,8 Prozentpunkte. Siehe so schon OECD (2021), Statement on a Two-Pillar Solution to Address the Tax Challenges Arising from the Digitalisation of the Economy v. 8.10.2021, S. 4.

[55] *Flamant/Godar/Richard*, New Forms of Tax Competition in the European Union, S. 36.

83 Mrd. Euro anfangs nur 64 Mrd. Euro betragen werden, also 19 Mrd. Euro (23 %) weniger.[56] Nach 10 Jahren soll das Steueraufkommen auf etwa 71 Mrd. Euro ansteigen, sodass die Substanzausnahme nur noch einen „Verzicht" auf ca. 12 Mrd. Euro (14 %) mit sich bringt.[57]

4.2.3.1.3 Zusätzliche Top-up Tax

Die zusätzliche Top-up Tax („Additional Current Top-up Tax") ist in Art. 4.1.5 und 5.4 geregelt.[58] Ergeben sich für einen Staat in einem Wirtschaftsjahr keine Netto-GloBE-Einkünfte und betragen die angepassten zu berücksichtigenden Steuern für den Staat weniger als Null und weniger als die erwarteten angepassten zu berücksichtigenden Steuern („Expected Adjusted Covered Taxes")[59], sollen die Konzerneinheiten in diesem Staat gemäß Art. 4.1.5 so behandelt werden, als wenn auf den Staat nach Art. 5.4 eine zusätzliche Top-up Tax in Höhe der Differenz zwischen tatsächlicher und erwarteter angepasster zu berücksichtigender Steuer entfallen würde.

Sollte es aufgrund der GloBE-Regeln erforderlich oder erlaubt sein, ETR und Top-up Tax für ein vorheriges Wirtschaftsjahr neu zu berechnen, soll diese Neuberechnung entsprechend der Art. 5.1. bis 5.3 unter Einbezug der sich hinsichtlich Steuern und Einkünften ergebenen Änderungen durchgeführt werden, Art. 5.4.1 (a). Der hierbei zusätzlich entstehende Betrag an Top-up Tax soll als zusätzliche Top-up Tax in die Berechnung der staatenbezogenen Top-up Tax für das aktuelle Wirtschaftsjahr Eingang finden, Art. 5.4.1 (b). Weitere Details finden sich in Art. 5.4.2 und 5.4.3. Wird einer Konzerneinheit zusätzliche Top-up Tax nach Art. 5.4 und Art. 5.2.4 zugewiesen, gilt sie ebenfalls als niedrig besteuerte Konzerneinheit, sodass für sie im Rahmen der IIR bzw. UTPR Top-up Tax zu erheben ist.

---

[56] *Baraké et al.*, Revenue Effects of the Global Minimum Tax: Country-by-Country Estimates, S. 3. Für frühere Berechnungen auf Grundlage des IF-Statements vom 1.7.2021 siehe *Baraké et al.*, Minimizing the Minimum Tax? The Critical Effect of Substance Carve-outs.
[57] *Baraké et al.*, Revenue Effects of the Global Minimum Tax: Country-by-Country Estimates, S. 3. Zu prozentual vergleichbaren Veränderungen in den Steuereinnahmen aufgrund der Substanzausnahme gelangen auch *Fuest et al.* in ihrer Untersuchung der deutschen Aufkommenseffekte, vgl. *Fuest et al.*, ifo Schnelldienst 2022, 41 (46).
[58] Auf die im speziellen Falle eines „Eligible Distribution Tax System" ebenfalls bestehende Möglichkeit zur Bildung von Additional Current Top-up Tax in Art. 7.3.7 (b) soll hier nur hingewiesen werden.
[59] Die erwartete angepasste zu berücksichtigende Steuer entspricht den staatenbezogenen GloBE-Einkünften multipliziert mit dem Mindeststeuersatz.

4.2.3.1.4 Inländische Top-up Tax

Die inländische Top-up Tax ist gemäß Art. 5.2.3 (d) der Steuerbetrag, der im Rahmen einer qualifizierten inländischen Mindeststeuer („Qualified Domestic Minimum Top-Up Tax") des Staates für das Wirtschaftsjahr zu entrichten ist. Eine solche qualifizierte inländische Mindeststeuer ist nach der entsprechenden Bestimmung in Art. 10.1 eine Regel, die Top-up Tax auch im Falle der Niedrigbesteuerung im eigenen Land entsprechend der GloBE-Regeln erhebt, so wie es die EU aktuell in ihrem Richtlinienvorschlag vorsieht.[60]

4.2.3.2 Konzerneinheitenbezogene Top-up Tax

Zuletzt wird die Top-up Tax für die einzelne Konzerneinheit in einem Niedrigsteuerstaat bestimmt, wenn diese Einheit gemäß Art. 3 GloBE-Gewinne aufweist und diese in die Berechnung der Netto-GloBE-Einkünfte des Staates eingeflossen sind. Die konzerneinheitenbezogene Top-up Tax berechnet sich nach Art. 5.2.4 grundsätzlich wie folgt:

$$\text{Staatenbezogene Top-up Tax} \times \frac{GloBE-\text{Gewinne der Konzerneinheit}}{\text{Aggregierte } GloBE-\text{Gewinne aller Konzerneinheiten}}$$

Die aggregierten GloBE-Gewinne aller Konzerneinheiten entsprechen hierbei der Summe der GloBE-Gewinne, die in die Berechnung der Netto-GloBE-Einkünfte gemäß Art. 5.1.2 eingeflossen sind. Im Falle einer Neuberechnung der staatenbezogenen Top-up Tax nach Art. 5.4.1 soll, wenn sich für diesen Staat und das aktuelle Wirtschaftsjahr keine (positiven) Netto-GloBE-Einkünfte ergeben, die Top-up Tax entsprechend der obigen Formel auf die einzelne Konzerneinheiten verteilt werden, wobei die GloBE-Gewinne der Konzerneinheiten in den Wirtschaftsjahren, für welche die Neuberechnungen vorgenommen wurden, zugrunde zu legen sind, Art. 5.2.5.

4.2.3.3 De-minimis-Ausnahme bei geringfügigen Umsätzen und Gewinnen

In Reaktion auf die vielfach geäußerte Forderung der Wirtschaft, Vereinfachungsmaßnahmen zur Verringerung von Komplexität und Befolgungskosten bei der Berechnung des effektiven Steuersatzes zu entwickeln,[61] wurde im Statement

---

[60] Vgl. EU-Kommission v. 22.12.2021, Proposal for a Council Directive on ensuring a global minimum level of taxation for multinational groups in the Union, COM(2021) 823 final, S. 6.
[61] OECD (2020), Tax Challenges Arising from Digitalisation – Report on Pillar Two Blueprint, Rn. 376 f.

vom 8.10.2021 eine De-minimis-Ausnahme beschlossen.[62] Diese ist nun in Art. 5.5.1 konkretisiert und räumt der zur Abgabe der GloBE-Informationserklärung verpflichteten Konzerneinheit das jährliche Wahlrecht ein, die Top-up Tax für die Konzerneinheiten in einem Land mit Null anzusetzen, wenn der durchschnittliche GloBE-Umsatz[63] in dem Land weniger als 10 Mio. Euro und die durchschnittlichen GloBE-Einkünfte[64] in dem Land weniger als 1 Mio. Euro betragen. Für die Durchschnittsbetrachtungen werden grundsätzlich das aktuelle sowie die beiden vorangegangenen Wirtschaftsjahre herangezogen, Art. 5.5.2.

4.2.3.4 Safe Harbours

Nach Wahl der zur Abgabe der GloBE-Informationserklärung verpflichteten Konzerneinheit soll die Anwendung der GloBE-Regeln durch eine sog. Safe-Harbour-Regelung vereinfacht werden und die Top-up Tax für ein Land mit Null angesetzt werden, wenn die in diesem Land ansässigen Konzerneinheiten im entsprechenden Wirtschaftsjahr unter den Bedingungen, die noch im Rahmen des GloBE Implementation Framework auszuarbeiten sind, der Safe-Harbour-Regelung unterfallen, Art. 8.2.1.[65] Im Blueprint wurde hierzu bereits

---

[62] OECD (2021), Statement on a Two-Pillar Solution to Address the Tax Challenges Arising from the Digitalisation of the Economy v. 8.10.2021, S. 4. Vgl. hierzu auch schon die Ausführungen im Blueprint, OECD (2020), Tax Challenges Arising from Digitalisation – Report on Pillar Two Blueprint, Rn. 391 ff. Die De-minimis-Ausnahme soll die Anzahl der erforderlichen ETR-Berechnungen verringern und somit die Befolgungskosten insbesondere für multinationale Konzerne mit Aktivitäten in sehr vielen Ländern wesentlich senken. Zu den weiteren im Blueprint in Erwägung gezogenen Vereinfachungsmaßnahmen siehe OECD (2020), Tax Challenges Arising from Digitalisation – Report on Pillar Two Blueprint, Rn. 376 ff.

[63] GloBE-Umsatz bedeutet die Summe der Umsätze aller Konzerneinheiten des Landes in dem entsprechenden Wirtschaftsjahr unter Berücksichtigung der Korrekturen nach Art. 3, Art. 5.5.3 (a).

[64] GloBE-Einkünfte meint die positiven oder negativen Netto-GloBE-Einkünfte für das Land, Art. 5.5.3 (b).

[65] Die vorgenommene Wahl soll gemäß Art. 8.2.2 hingegen keine Berücksichtigung finden, wenn die drei folgenden Bedingungen kumulativ vorliegen. 1. Dem entsprechenden IIR- oder UTPR-Staat könnte nach den GloBE-Regeln Top-up Tax zugewiesen werden, wenn die ETR im Safe-Harbour-Staat unterhalb von 15 % läge. 2. Die Finanzbehörde des IIR- oder UTPR-Staates informiert die sog. Liable Constituent Entity innerhalb von 36 Monaten nach Abgabe der GloBE-Informationserklärung darüber, dass bestimmte Tatsachen wesentlich gegen die Anwendung der Safe-Harbour-Regelung sprechen, und bittet diese zur Stellungnahme innerhalb von sechs Monaten. 3. Der Liable Constituent Entity gelingt es nicht, innerhalb der Frist zu beweisen, dass die aufgeführten Tatsachen keinen wesentlichen Einfluss auf die Safe-Harbour-Berechtigung der Konzerneinheiten haben. Eine Liable Constituent Entity ist

vorgeschlagen, ein Land in Bezug auf einen Konzern nicht als Niedrigsteuerstaat zu behandeln, wenn sich der auf Grundlage des CbCR-Berichts ermittelte effektive Steuersatz nach einer Reihe von Anpassungen oberhalb eines bestimmten, über dem Mindeststeuersatz liegenden Schwellenwerts befindet.[66] Es stehen jedoch auch andere Vorschläge im Raum.[67]

4.2.3.5 Minority-Owned Constituent Entities

Die Berechnung der länderbezogenen ETR und Top-up Tax nach den Art. 3 bis 7 und für Zwecke des Safe Harbour (Art. 8.2) soll in Bezug auf Einheiten von sog. Minority-Owned Subgroups[68] so erfolgen, als seien diese Teil eines eigenständigen multinationalen Konzerns, Art. 5.6.1. Im Falle von „Minority-Owned Constituent Entities"[69], die nicht Teil einer Minority-Owned Subgroup sind, werden diese Berechnungen für jede Konzerneinheit isoliert vorgenommen („entity basis").[70] Die angepassten zu berücksichtigenden Steuern wie auch die GloBE-Einkünfte dieser Einheiten werden dann von der Berechnung der ETR (Art. 5.1.1) und der Netto-GloBE-Einkünfte (Art. 5.1.2) für den übrigen multinationalen Konzern ausgenommen.

---

gemäß Art. 10.1 eine Konzerneinheit, die bei Anwendung der IIR oder UTPR steuerpflichtig wäre, wenn die Safe Harbour-Regelung des Art. 8.2.1 nicht greifen würde.

[66] OECD (2020), Tax Challenges Arising from Digitalisation – Report on Pillar Two Blueprint, Rn. 382. Die erforderlichen Anpassungen wären dabei jedoch zahlreich und die Komplexitätsstufe daher immer noch recht hoch, vgl. OECD (2020), Tax Challenges Arising from Digitalisation – Report on Pillar Two Blueprint, Rn. 385 f. Nur eine gut gewählte (und entsprechend hohe) CbCR-ETR-Schwelle könnte wohl die Anzahl der nötigen Anpassungen auf ein Minimum reduzieren.

[67] Vgl. *Döllefeld et al.*, Tax Administrative Guidance: A Proposal for Simplifying Pillar Two. Der darin auf Einladung des OECD-Sekretariats entworfene Vorschlag sieht vor, anhand eines zweistufigen Tests („Country-Level Test" und „MNE-Level Test") zu überprüfen, ob ein multinationaler Konzern in einem Land überhaupt Gefahr läuft, nach den GloBE-Regeln als niedrig besteuert eingeordnet zu werden.

[68] Vgl. hierzu die Definitionen in Art. 10.1: **Minority-Owned Subgroups** bestehen aus einer „Minority-Owned Parent Entity" und den von dieser beherrschten Tochtergesellschaften („Minority-Owned Subsidiary"). Eine **Minority-Owned Parent Entity** ist eine Minority-Owned Constituent Entity, die eine andere Minority-Owned Constituent Entity aufgrund ihrer Beteiligung beherrscht und ihrerseits nicht von einer anderen Minority-Owned Constituent Entity beherrscht wird.

[69] Eine **Minority-Owned Constituent Entity** ist eine Konzerneinheit, an der die Konzernobergesellschaft direkt oder indirekt mit einer Kapitalbeteiligung von höchstens 30 % beteiligt ist, Art. 10.1.

[70] Diese Regelung gilt nicht für Investmentunternehmen.

4.2.4 Erhebung der Top-up Tax

Die Erhebung der Top-up Tax ist in Art. 2 geregelt. Dabei bestimmen die Art. 2.1 bis 2.3 die Erhebung durch die Income Inclusion Rule („IIR") und die Art. 2.4 bis 2.6 die Erhebung durch die Undertaxed Payments Rule („UTPR"). Der IIR kommt hierbei eine Vorrangstellung gegenüber der der UTPR zu, vgl. Art. 2.5.2 und 2.5.3.[71]

4.2.4.1 Income Inclusion Rule und Switch-over Rule
4.2.4.1.1 Income Inclusion Rule

Die IIR weist Konzerneinheiten grundsätzlich Top-up Tax nach dem sog. Top-down Approach zu, wobei im Rahmen von Beteiligungsverhältnissen von unter 80 % hiervon zugunsten der sog. Split-Ownership Rule abgewichen wird.[72] Nach der IIR soll eine Konzerneinheit, die Konzernobergesellschaft eines multinationalen Konzerns ist und direkt oder indirekt zu irgendeinem Zeitpunkt des Wirtschaftsjahres eine Kapitalbeteiligung an einer niedrig besteuerten Konzerneinheit hält, eine Steuer in Höhe des Betrags entrichten, der ihrem Anteil („Allocable Share") an der für die niedrig besteuerte Konzerneinheit in diesem Wirtschaftsjahr ermittelten Top-up Tax entspricht, Art. 2.1.1.[73] In derselben Weise wird gemäß Art. 2.1.2 und 2.1.3 auch eine zwischengeschaltete Muttergesellschaft („Intermediate Parent Entity", kurz: „IPE")[74] des multinationalen Konzerns IIR-steuerpflichtig, wenn nicht bereits die Konzernobergesellschaft oder eine andere zwischengeschaltete Muttergesellschaft, die direkt oder indirekt die erstgenannte zwischengeschaltete Muttergesellschaft beherrscht, einer qualifizierten IIR („Qualified IIR")[75] in diesem Wirtschaftsjahr unterliegt. Dies entspricht dem bereits im Blueprint zur Koordinierung der Anwendung verschiedener IIR entwickelten

---

[71] Siehe schon OECD (2020), Tax Challenges Arising from Digitalisation – Report on Pillar Two Blueprint, Rn. 459 ff.

[72] OECD (2021), Statement on a Two-Pillar Solution to Address the Tax Challenges Arising from the Digitalisation of the Economy v. 8.10.2021, S. 4.

[73] Dieser Mechanismus ist in gewisser Weise vergleichbar mit der bereits bekannten Hinzurechnungsbesteuerung in den §§ 7 ff. AStG, vgl. *Hey*, Intertax 2021, 7 ff.

[74] Eine **zwischengeschaltete Muttergesellschaft** ist eine Konzerneinheit, die keine Konzernobergesellschaft, anteilig konzernzugehörige Muttergesellschaft, Betriebsstätte oder Investmentgesellschaft ist und eine direkte oder indirekte Kapitalbeteiligung an einer anderen Konzerneinheit desselben Konzerns hält, Art. 10.1.

[75] Eine **qualifizierte IIR** ist gemäß Art. 10.1 eine IIR, die entsprechend den Art. 2.1 bis 2.3 der Modellregeln in nationales Recht umgesetzt worden ist und dort im Einklang mit den Modellregeln und dem hierzu entwickelten Kommentar angewendet wird, ohne dass der IIR-Staat in diesem Zusammenhang etwaige Vorteile gewährt.

4.2 Die GloBE-Regeln

Top-Down-Ansatz.[76] Wie schon im Blueprint wird dieser Ansatz im Falle sog. anteilig konzernzugehöriger Muttergesellschaften („Partially-Owned Parent Entities", kurz: „POPE")[77] durchbrochen.[78] Auf diese findet gemäß Art. 2.1.4 und 2.1.5 ebenfalls die IIR Anwendung, wenn sie ihrerseits nicht vollständig von einer anderen anteilig konzernzugehörigen Zwischengesellschaft gehalten wird, die in diesem Wirtschaftsjahr einer qualifizierten IIR unterliegt.

Der Anteil an der für eine niedrig besteuerte Konzerneinheit ermittelten Top-up Tax („Allocable Share") entspricht dem Betrag, der sich aus der Multiplikation der für diese Einheit ermittelten Top-up Tax (Kapitel 5) mit dem Hinzurechnungsquote („Inclusion Ratio") der Muttergesellschaft bzgl. der niedrig besteuerten Konzerneinheit in dem entsprechenden Wirtschaftsjahr ergibt, Art. 2.2.1.[79] Nach Art. 2.3.1 hat eine Muttergesellschaft ihren Anteil an der für die niedrig besteuerte Konzerneinheit ermittelten Top-up Tax zu kürzen, wenn sie lediglich mittelbar über eine zwischengeschaltete Muttergesellschaft oder eine anteilig konzernzugehörige Zwischengesellschaft (Split-Ownership Rule), welche nicht nach den Art. 2.1.3 oder 2.1.5 von der Anwendung der IIR befreit ist, eine Kapitalbeteiligung an einer niedrig besteuerten Konzerneinheit hält. Die Kürzung entspricht

---

[76] Siehe OECD (2020), Tax Challenges Arising from Digitalisation – Report on Pillar Two Blueprint, Rn. 419 ff.; OECD (2021), Statement on a Two-Pillar Solution to Address the Tax Challenges Arising from the Digitalisation of the Economy v. 8.10.2021, S. 4.

[77] Eine **anteilig konzernzugehörige Muttergesellschaft** ist eine Konzerneinheit, die keine Konzernobergesellschaft, Betriebsstätte oder Investmentgesellschaft ist, eine direkte oder indirekte Kapitalbeteiligung an einer anderen Konzerneinheit desselben Konzerns hält und deren Kapitalanteile mit Gewinnberechtigung zu über 20 % von Personen gehalten werden, die keine Konzerneinheiten des multinationalen Konzerns sind, Art. 10.1. Vgl. auch schon OECD (2020), Tax Challenges Arising from Digitalisation – Report on Pillar Two Blueprint, Rn. 443 f.

[78] Siehe hierzu schon OECD (2020), Tax Challenges Arising from Digitalisation – Report on Pillar Two Blueprint, Rn. 418, 434 ff. Durch die Split-Ownership Rule soll u. a. sichergestellt werden, dass die IIR auch bei Minderheitsbeteiligungen Dritter umfassend Anwendung findet und Wettbewerbsverzerrungen sowie Anreize zur Steuergestaltung vermieden werden, OECD (2020), Tax Challenges Arising from Digitalisation – Report on Pillar Two Blueprint, Rn. 436 ff.

[79] Nach Art. 2.2.2 entspricht diese **Hinzurechnungsquote** dem Verhältnis der um den Anteil der GloBE-Einkünfte, welche auf die Beteiligungen anderer Anteilseigner entfallen, gekürzten GloBE-Einkünfte der niedrig besteuerten Konzerneinheit (Differenzbetrag) zu den GloBE-Einkünften der niedrig besteuerten Konzerneinheit für das entsprechende Wirtschaftsjahr. Der Betrag der GloBE-Einkünfte, welche auf die Beteiligungen anderer Anteilseigner entfallen, ist in Art. 2.2.3 geregelt. Gemäß Art. 2.2.4 sollen die GloBE-Einkünfte i. S. d. Art. 2.2 im Falle einer transparenten Gesellschaft nicht die Einkünfte beinhalten, die gemäß Art. 3.5.3 einem nicht konzernzugehörigen Anteilseigner zugewiesen sind.

dem Betrag, der bereits auf Ebene der zwischengeschalteten Muttergesellschaft oder der anteilig konzernzugehörigen Zwischengesellschaft als Top-up Tax gemäß einer qualifizierten IIR erhoben wird, Art. 2.3.2. Im Falle eines Joint Ventures sollen die Muttergesellschaften, die direkt oder indirekt an dem Joint Venture oder seinen Tochtergesellschaften beteiligt sind, die IIR entsprechend der ihnen zugewiesenen Top-up-Tax-Anteile an der JV-Einheit anwenden, Art. 6.4.2 (b).[80]

Gemäß Art. 2.1.6. soll eine IIR-steuerpflichtige Muttergesellschaft die IIR (nur)[81] in Bezug auf ausländische niedrig besteuerte Konzerneinheiten anwenden.

4.2.4.1.2 Switch-over Rule

Eine Switch-over Rule („SOR" bzw. Umschaltklausel) soll schließlich sicherstellen, dass der Ansässigkeitsstaat einer Muttergesellschaft seine IIR auch auf Einkünfte anwenden kann, die einer ausländischen Betriebsstätte der Muttergesellschaft zuzurechnen sind, wenn diese Einkünfte aufgrund eines DBA eigentlich vom IIR-Staat freigestellt werden müssten.[82] Die SOR bewirkt, dass der IIR-Staat die IIR auch auf Einkünfte anwenden kann, mithin die Steuerfreistellung versagt wird, soweit die im Quellenstaat erzielten Erträge zu niedrig besteuert

---

[80] Im Blueprint wurde noch diskutiert, in Bezug auf Joint Ventures und assoziierte Unternehmen („Associates") nur eine vereinfachte IIR (z. B. mit Worldwide Blending anstelle des Jurisdictional Blending) anzuwenden, vgl. OECD (2020), Tax Challenges Arising from Digitalisation – Report on Pillar Two Blueprint, Rn. 542 ff.

[81] In einer auf der Seite law360.com geleakten Entwurfsversion der Modellregeln aus November 2021 sollte die IIR noch auf ausländische niedrig besteuerte Konzerneinheiten beschränkt werden (Entwurf abrufbar unter: https://www.law360.com/articles/1448890/draft-min-tax-rules-apply-750m-threshold-over-2-of-4-years), was auch den Vorgaben des Blueprints entsprach. Dieser Passus wurde vermutlich aus dem Grunde geändert, um einer von der EU anvisierten Richtlinie, die aus EU-rechtlichen Gründen auf inländische Fälle der Niedrigbesteuerung ausgeweitet werden soll, nicht im Wege zu stehen.

[82] OECD (2020), Tax Challenges Arising from Digitalisation – Report on Pillar Two Blueprint, Rn. 455. Es entspricht grds. der deutschen Abkommenspolitik, die Freistellungsmethode vorrangig anzuwenden, vgl. *Nürnberg*, IWB 2020, 566 (569). Siehe aber auch *Kraft* in Kraft, Außensteuergesetz, 2. Aufl. 2019, § 20 AStG Rn. 15 m. w. N.: „Die Vorschrift des § 20 Abs. 2 verliert zunehmend an Bedeutung, da die DBA-rechtliche Freistellung für ausländische Betriebsstätteneinkünfte in Deutschland in neueren DBA vermehrt an ausschließlich oder fast ausschließlich aktive Einkünfte iSv § 8 Abs. 1 AStG geknüpft wird. Switch-Over-Klauseln sind inzwischen zum festen Bestandteil der deutschen Abkommenspolitik geworden, soweit die DBA nicht ohnehin als Regelmethode die Anrechnungsmethode vorsehen."

worden sind.[83] Die SOR ist damit allerdings nicht als Wechsel zur Anrechnungsmethode zu verstehen.[84] Dies würde nämlich bewirken, dass die im Ausland bereits erhobene Steuer auf die im Inland zu erhebende Top-up Tax angerechnet und damit die Wirkung der IIR neutralisiert würde. Die Modellregelungen enthalten im Übrigen selbst keinen Hinweis darauf, inwieweit die IIR durch eine solche SOR tatsächlich unterstützt werden soll. Lediglich der im März 2022 veröffentlichte Kommentar zu den Modellregeln enthält eine kurze Passage zur Möglichkeit von Switch-over Rules, wonach diese in den gerade beschriebenen DBA-Konstellationen zur Geltung kommen können.[85]

4.2.4.2 Undertaxed Payments Rule

Die UTPR soll als Absicherung („Backstop") der IIR dienen, Anreize für steuergetriebene Inversionen verringern und auch der Gewinnverkürzung durch abzugsfähige konzerninterne Zahlungen entgegenwirken.[86] Gemäß Art. 2.4.1 wird UTPR-steuerpflichtigen Konzerneinheiten hierfür entweder der Betriebsausgabenabzug versagt oder es kommt zu einer gleichwertigen Maßnahme nach nationalem Recht, etwa der Erhebung einer Quellensteuer im Abzugsverfahren.[87] Die Höhe des Abzugsverbots oder der alternativen Maßnahme entspricht dabei dem Betrag, der erreicht werden muss, um diese Konzerneinheiten mit einer zusätzlichen Steuer zu belasten, welche der UTPR Top-up Tax entspricht, die

---

[83] OECD (2020), Tax Challenges Arising from Digitalisation – Report on Pillar Two Blueprint, Rn. 456. Ob es im Allgemeinen dafür tatsächlich der SOR bedarf, ist vor dem Hintergrund von Art. 23 A Abs. 4 OECD-MA und Art. 5 MLI in der Literatur in Zweifel gezogen worden, vgl. *da Silva*, Frontiers of Law in China 2020, 111 (133). Allerdings entspricht die vom IF anvisierte SOR nicht den klassischen Umschaltklauseln, vgl. auch *Andrade Rodrígues/Nouel*, Interaction of Pillar Two with Tax Treaties, in: Perdelwitz/Turina, Global Minimum Taxation? An Analysis of the Global Anti-Base Erosion Initiative, 2021, S. 247.

[84] Insofern ist die Bezeichnung als Switch-over-Klausel irreführend, vgl. *Dürrschmidt* in Vogel/Lehner, DBA, 7. Aufl. 2021, Vor Art. 6 bis 22 OECD-MA Rn. 20d.

[85] OECD (2022), Tax Challenges Arising from the Digitalisation of the Economy – Commentary to the Global Anti-Base Erosion Model Rules (Pillar Two), S. 24.

[86] OECD (2020), Tax Challenges Arising from Digitalisation – Report on Pillar Two Blueprint, Rn. 457.

[87] Im Falle einer solchen Quellensteuer wäre die niedrig besteuerte Konzerneinheit die Steuerschuldnerin i. S. v. § 43 AO und die UTPR-steuerpflichtige Konzerneinheit hätte die entsprechende Top-up Tax für sie einzubehalten und abzuführen.

ihrem Ansässigkeitsstaat für das entsprechende Wirtschaftsjahr zugewiesen worden ist.[88] In welchem Verhältnis dieser Betrag an UTPR Top-up Tax zwischen den einzelnen UTPR-Steuerpflichtigen desselben Staates aufgeteilt wird, ist in den Modellregeln bislang nicht geregelt. Offen geblieben ist dort auch die Frage, ob die Abzugsbeschränkung oder gleichwertige Erhebungsmaßnahme – wie schon im Blueprint vorgesehen – lediglich bei konzerninternen Zahlungsvorgängen[89] vorzunehmen ist oder auch bei Zahlungen der Konzerneinheit an Dritte greift. Schon der Blueprint erkennt an, dass diese Regel komplexer ist als die IIR und somit eine größere Abstimmung zwischen den Staaten erfordert, die Anwendungsfälle in der Praxis jedoch zugleich eher begrenzt sein dürften.[90] Letzteres wird vor allem davon abhängen, wie viele Staaten des IF die IIR tatsächlich umsetzen.

Die Erhebung der UTPR Top up Tax soll nach Möglichkeit noch in dem Steuerjahr erfolgen, in dem das entsprechende Wirtschaftsjahr endet, Art. 2.4.2. Gelingt dies beispielsweise mangels abzugsfähiger Zahlungen nicht in ausreichendem Maße, soll der Unterschiedsbetrag auf die nachfolgenden Jahre vorgetragen werden und dort zur Erhebung i. S. v. Art. 2.4.1 führen.[91]

Der Gesamtbetrag der UTPR Top-up Tax für ein Wirtschaftsjahr entspricht der Summe der Top-up Tax, die für jedes niedrig besteuerte Unternehmen eines multinationalen Konzerns für das betreffende Wirtschaftsjahr gemäß Art. 5.2 berechnet wird, vorbehaltlich der in Art. 2.5 und Art. 9.3 beschriebenen Anpassungen, Art. 2.5.1.[92] Die für eine niedrig besteuerte Konzerneinheit ermittelte Top-up Tax reduziert sich gemäß Art. 2.5.2 auf Null, wenn alle Kapitalanteile der Konzernobergesellschaft an der niedrig besteuerten Konzerneinheit direkt oder indirekt von einer oder mehreren Muttergesellschaften gehalten werden, welche einer qualifizierten IIR unterliegen. Ist dies nicht der Fall, reduziert sich der Betrag der UTPR

---

[88] Gemäß Art. 2.4.3 soll dies nicht für Konzerneinheiten gelten, die Investmentunternehmen (zur Definition siehe Art. 10.1 – „Investment Entity") sind. Zu den verschiedenen Erhebungsmethoden siehe auch schon OECD (2020), Tax Challenges Arising from Digitalisation – Report on Pillar Two Blueprint, Rn. 519 f.

[89] Vgl. OECD (2020), Tax Challenges Arising from Digitalisation – Report on Pillar Two Blueprint, Rn. 495.

[90] OECD (2020), Tax Challenges Arising from Digitalisation – Report on Pillar Two Blueprint, Rn. 458.

[91] Vgl. hierzu bereits OECD (2020), Tax Challenges Arising from Digitalisation – Report on Pillar Two Blueprint, Rn. 525.

[92] Die UTPR erhebt damit auch die für niedrig besteuerte Konzerneinheiten im Staat der Konzernobergesellschaft ermittelte Top-up Tax, OECD (2021), Statement on a Two-Pillar Solution to Address the Tax Challenges Arising from the Digitalisation of the Economy v. 8.10.2021, S. 4.

4.2 Die GloBE-Regeln

Top-up Tax in Bezug auf eine niedrig besteuerte Konzerneinheit zumindest um den Teil, der bereits auf Ebene einer Muttergesellschaft über eine qualifizierte IIR erhoben wird, Art. 2.5.3. Gemäß Art. 9.3.1 soll die Top-up Tax, die eigentlich gemäß Art. 2.5.1 zu erheben wäre, in der Startphase der internationalen Tätigkeit eines multinationalen Konzerns auf Null reduziert werden.[93] Diese Regelung gilt gemäß Art. 9.3.4 hingegen nicht für Wirtschaftsjahre, die später als fünf Jahre nach dem ersten Tag des ersten Wirtschaftsjahres beginnen, in dem der Konzern erstmals in den Anwendungsbereich der GloBE-Regeln gefallen ist. Im Übrigen soll die noch nicht im Rahmen einer qualifizierten IIR bei den Muttergesellschaften erhobene Top-up Tax einer JV-Gruppe dem Gesamtbetrag der UTPR-Top-up Tax i. S. v. Art. 2.5.1 hinzugefügt werden, Art. 6.4.2 (c).

Der Betrag der einem Staat zuzuordnenden UTPR Top-up Tax errechnet sich durch die Multiplikation des Gesamtbetrags der UTPR Top-up Tax (s. o.) mit dem UTPR-Prozentsatz eines Staates, Art. 2.6.1.[94] Der UTPR-Prozentsatz eines Staates errechnet sich dabei jedes Wirtschaftsjahr und konzernbezogen wie folgt:

$$50\,\% \times \frac{Anzahl\ der\ Arbeitnehmer\ in\ Staat\ X}{Anzahl\ der\ Arbeitnehmer\ in\ allen\ UTPR - Staaten} + 50\,\% \times \frac{Gesamtwert\ der\ Sachanlagen\ in\ Staat\ X}{Gesamtwert\ der\ Sachanlagen\ in\ allen\ UTPR - Staaten}$$

„Anzahl der Arbeitnehmer" bedeutet hierbei die Gesamtzahl der Arbeitnehmer aller Konzerneinheiten des multinationalen Konzerns in Staat X bzw. in den Staaten, die in dem entsprechenden Wirtschaftsjahr eine qualifizierte UTPR

---

[93] In der **Startphase der internationalen Tätigkeit** befindet sich ein multinationaler Konzern nach Art. 9.3.2 in dem Wirtschaftsjahr, in dem er in nicht mehr als 6 Ländern Konzerneinheiten hat und die Summe der Nettobuchwerte der Sachanlagen aller Konzerneinheiten in allen Staaten außer dem Referenzstaat („Reference Jurisdiction") den Betrag von 50 Mio. Euro nicht übersteigt. Der Referenzstaat eines multinationalen Konzerns ist nach Art. 9.3.3 der Staat, in welchem der Konzern in dem Wirtschaftsjahr, in dem er erstmals in den Anwendungsbereich der GloBE-Regeln fällt, den höchsten Wert an Sachanlagen hält. Siehe zu dieser Übergangsregelung auch schon OECD (2021), Statement on a Two-Pillar Solution to Address the Tax Challenges Arising from the Digitalisation of the Economy v. 8.10.2021, S. 4.

[94] Damit weicht die Allokationsmethode für die Top-up Tax vollständig von der zweistufigen Vorgehensweise des Blueprints ab. Dort war vorgesehen, die Top-up Tax zunächst entsprechend dem Verhältnis direkter Zahlungen an niedrig besteuerte Konzerneinheiten (erster Allokationsschlüssel) und die verbleibende Top-up Tax entsprechend dem konzerninternen Nettoaufwand (zweiter Allokationsschlüssel) zu verteilen, vgl. OECD (2020), Tax Challenges Arising from Digitalisation – Report on Pillar Two Blueprint, Rn. 471 ff.

("Qualified UTPR")[95] anwenden. Der Gesamtwert der Sachanlagen meint die Summe der Nettobuchwerte des Sachanlagevermögens aller Konzerneinheiten des multinationalen Konzerns in Staat X bzw. in den Staaten, die in dem entsprechenden Wirtschaftsjahr eine qualifizierte UTPR anwenden. Ausgenommen davon bleiben gemäß Art. 2.6.2 die Arbeitnehmer und Sachanlagen, die einem Investmentunternehmen zuzuordnen sind. Zudem sollen die bei einer steuerlich transparenten Gesellschaft beschäftigten Arbeitnehmer und der Nettobuchwert des von ihr gehaltenen Sachanlagevermögens, welche nicht einer Betriebsstätte zugeordnet sind, den Konzerneinheiten zugewiesen werden, die im Gründungsstaat der transparenten Gesellschaft ansässig sind. Soweit die beiden Werte nicht einer Betriebsstätte oder den im Gründungsstaat der transparenten Gesellschaft ansässigen Konzerneinheiten zugeordnet werden können, sollen sie nicht in die Formel zur Verteilung des Gesamtbetrags der UTPR Top-up Tax einfließen.

Ungeachtet des Artikels 2.6.1 wird der UTPR-Prozentsatz eines Staates für einen multinationalen Konzern in einem Wirtschaftsjahr nach Art. 2.6.3 mit Null festgelegt, solange die diesem UTPR-Staat für ein vorangegangenes Wirtschaftsjahr zugewiesene Top-Up Tax nicht dazu geführt hat, dass die in diesem Staat ansässigen Konzerneinheiten des multinationalen Konzerns insgesamt mit einem zusätzlichen Steueraufwand in Höhe der diesem Staat für das vorangegangene Wirtschaftsjahr zugewiesenen UTPR Top-Up-Tax belastet worden sind.[96] Die Anzahl der Arbeitnehmer und das Sachanlagevermögen der Konzerneinheiten in einem Staat mit einem konzernbezogenen UTPR-Prozentsatz von Null sollen keinen Eingang in die Formel zur Verteilung des Gesamtbetrags der UTPR Top-up Tax finden. Art. 2.6.3. gilt jedoch nicht für ein Wirtschaftsjahr, in dem konzernbezogen für alle Staaten mit einer qualifizierten UTPR ein UTPR-Prozentsatz von Null bestimmt worden ist, Art. 2.6.4.

4.2.5 Steuerverfahren

Kapitel 8 der Modellregeln erhält nun erstmals auch konkrete Vorgaben für das Steuerverfahren. Demnach hat eine in einem IIR- oder UTPR-Staat

---

[95] Eine **qualifizierte UTPR** ist gemäß Art. 10.1 eine UTPR, die entsprechend den Art. 2.4 bis 2.6 der Modellregeln in nationales Recht umgesetzt worden ist und dort im Einklang mit den Modellregeln und dem hierzu entwickelten Kommentar angewendet wird, ohne dass der UTPR-Staat in diesem Zusammenhang etwaige Vorteile gewährt.

[96] Die UTPR in den Modellregeln sieht die im Blueprint aufgeführten Maximalbeträge zur Erhebung von Top-up Tax unter der UTPR (sog. Caps) nicht mehr vor, vgl. OECD (2020), Tax Challenges Arising from Digitalisation – Report on Pillar Two Blueprint, Rn. 498 ff.

4.2 Die GloBE-Regeln

ansässige Konzerneinheit gemäß Art. 8.1.1 die Pflicht, eine sog. GloBE-Informationserklärung („GloBE Information Return") entsprechend den Anforderungen der Art. 8.1.4 bis 8.1.6 bei der für sie zuständigen Finanzbehörde abzugeben. Die Erklärung kann dabei von der Konzerneinheit selbst oder an ihrer Stelle von einer bestimmten lokalen Konzerneinheit („Designated Local Entity") erstellt und abgegeben werden. Die Erklärungspflicht einer Konzerneinheit entfällt nach Art. 8.1.2, wenn eine den Anforderungen der Art. 8.1.4 bis 8.1.6 entsprechende Erklärung bereits entweder von der Konzernobergesellschaft oder der sog. Designated Filing Entity abgegeben wurde. Voraussetzung dabei ist jedoch, dass diese Einheiten in einem Staat ansässig sind, welcher mit dem IIR- bzw. UTPR-Staat ein zu dem Zeitpunkt geltendes „Qualifing Competent Authority Agreement"[97] abgeschlossen hat. Ist die Konzerneinheit nach Art. 8.1.2 von ihrer Erklärungspflicht befreit, hat diese oder an ihrer Stelle die Designated Local Entity die zuständige Finanzbehörde im Inland über die Identität und den Ansässigkeitsort der an ihrer Stelle handelnden ausländischen Konzernobergesellschaft bzw. Designated Filing Entity zu benachrichtigen, Art. 8.1.3.

Über die GloBE-Informationserklärung, für die ein standardisiertes Formular entsprechend den Vorgaben im GloBE Implementation Framework[98] genutzt werden soll,[99] sind nach Art. 8.1.4 folgende Informationen über den multinationalen Konzern mitzuteilen:

- Identifikation aller Konzerneinheiten (inkl. Steueridentifikationsnummer) und Mitteilung ihres Ansässigkeitsortes und ihres Status im Sinne der GloBE-Regeln,
- Informationen über die allgemeine Unternehmensstruktur des multinationalen Konzerns und der jeweiligen Beteiligungsverhältnisse zwischen den Konzerneinheiten,
- die Informationen, die erforderlich sind, um die staatenbezogene ETR, die jeweilige Top-up Tax für Konzerneinheiten (Kapitel 5) und Mitglieder von

---

[97] Ein **Qualifing Competent Authority Agreement** ist eine bilaterale oder multilaterale Vereinbarung zwischen den zuständigen Behörden zum automatischen Austausch der jährlichen GloBE-Informationserklärungen, vgl. Art. 10.1.

[98] Das GloBE Implementation Framework meint die administrativen Vorschriften, Leitlinien und Verfahren, die die koordinierte Umsetzung der GloBE-Regeln gewährleisten sollen und auf Ebene des IF noch zu entwickeln sind, vgl. Art. 10.1.

[99] Die inländischen Finanzbehörden sollen nach Art. 8.1.7 allerdings in der Lage sein, die Anforderungen an die Informationspflichten anzupassen, um diese in Einklang mit den Vorgaben unter dem zukünftigen GloBE Implementation Framework zu bringen, siehe auch Art. 8.3 zur möglichen „Agreed Administrative Guidance".

JV-Gruppen (Kapitel 6) sowie die Verteilung von Top-up Tax nach IIR und UTPR an jeden Staat gemäß (Kapitel 2) bestimmen zu können,
- eine Auflistung der i. R. d. GloBE-Regeln ausgeübten Wahlrechte und
- andere Informationen, die im Rahmen der Einigung auf das GloBE Implementation Framework notwendig sind, um die GloBE-Regeln verwaltungsseitig anwenden zu können.

Die Frist zur Abgabe der GloBE-Informationserklärungen und Benachrichtigungen soll gemäß Art. 8.1.6 nicht später als 15 Monate nach Ablauf des gegenständlichen Wirtschaftsjahrs enden.[100] Im Übrigen sollen nach Art. 8.1.8 die inländischen Vorschriften zum Steuergeheimnis (vgl. § 30 AO) und zu etwaigen Sanktionsmöglichkeiten auch auf die GloBE-Informationserklärung Anwendung finden.

4.2.6 Übergangsregelungen

Für das Übergangsjahr („Transition Year")[101] und für jedes Folgejahr soll der multinationale Konzern die aktiven und passiven latenten Steuern, die in den Jahresabschlüssen aller Konzerneinheiten im entsprechenden Staat für das Übergangsjahr ausgewiesen werden, in gewissem Umfang einbeziehen, Art. 9.1.1. Aktive latente Steuern, welche auf von der Berechnung der GloBE-Einkünfte nach Kapitel 3 ausgeschlossenen Positionen beruhen, bleiben im Rahmen von Art. 9.1.1 allerdings unberücksichtigt, wenn sie aufgrund eines Geschäftsvorfalls nach dem 30.11.2021 gebildet werden, Art. 9.1.2. Eine Sonderregelung für den Fall der Transaktion von Wirtschaftsgütern zwischen Konzerneinheiten nach dem 30.11.2021, aber vor Beginn eines Übergangsjahres ist in Art. 9.1.3 vorgesehen.

4.3 Subject to Tax Rule

Die Subject to Tax Rule (auch Rückfallklausel, Subject-to-tax-Klausel oder kurz „STTR") soll die GloBE-Regeln ergänzen und zielt auf konzerninterne Zahlungen ab, bei denen gewisse DBA-Bestimmungen typischerweise ausgenutzt werden,

---

[100] Die Frist verlängert sich im Falle eines Übergangsjahres auf 18 Monate, Art. 9.4.
[101] Dies ist das erste Wirtschaftsjahr, in dem ein multinationaler Konzern in den Anwendungsbereich der GloBE-Regeln des jeweiligen Staates fällt, Art. 10.1.

4.3 Subject to Tax Rule

um Gewinne vom Quellenstaat in den anderen DBA-Vertragsstaat zu verlagern, wo die Zahlungen dann keinem oder nur einem niedrigen Nominalsteuersatz unterliegen.[102] Die STTR soll daher nach Aufforderung durch ein Entwicklungsland[103] in das DBA zwischen diesem und einem IF-Mitgliedstaat, dessen gesetzlicher Unternehmensteuersatz[104] auf Zinsen, Lizenzgebühren und weitere definierte Zahlungen[105] unter dem STTR-Mindeststeuersatz von 9 %[106] liegt, aufgenommen werden[107] und gewährt dem Entwicklungsland ein Besteuerungsrecht in Höhe der Differenz zwischen dem entsprechenden Nominalsteuersatz und

---

[102] Vgl. OECD (2020), Tax Challenges Arising from Digitalisation – Report on Pillar Two Blueprint, Rn. 566 f.

[103] Entwicklungsländer in diesem Sinne sind solche mit einem Bruttonationaleinkommen pro Einwohner im Jahr 2019 von 12.535 USD oder weniger (berechnet nach der World Bank Atlas-Methode, https://datahelpdesk.worldbank.org/knowledgebase/articles/378832-what-is-the-world-bank-atlas-method), OECD (2021), Statement on a Two-Pillar Solution to Address the Tax Challenges Arising from the Digitalisation of the Economy v. 8.10.2021, S. 5. Die STTR stellt für diese Länder einen integralen Bestandteil der Konsensfindung zu Säule 2 dar.

[104] Die Anwendung eines ETR-Tests wurde abgelehnt, da es äußerst komplex wäre, die ETR einer bestimmten Zahlung zu bestimmen, und die jahresbezogene ETR des Zahlungsempfängers zum Zeitpunkt der Zahlung kaum festgestellt werden kann, OECD (2020), Tax Challenges Arising from Digitalisation – Report on Pillar Two Blueprint, Rn. 637 f.

[105] Als solche BEPS-relevanten Zahlungen wurden vom Blueprint aufgeführt: Franchise-Gebühren oder andere Zahlungen für die Nutzung oder für das Recht zur Nutzung von immateriellen Wirtschaftsgütern in Kombination mit Dienstleistungen (z. B. Zahlungen für die Nutzung von Software, wenn der Anbieter auch ergänzenden Support leistet), Versicherungs- oder Rückversicherungsprämien, Garantie-, Makler- oder Finanzierungsgebühren, Mieten oder andere Zahlungen für die Nutzung oder das Recht zur Nutzung von beweglichem Eigentum und an den Zahlungsempfänger gezahlte oder vom Zahlungsempfänger einbehaltene Beträge, die eine Gegenleistung für die Erbringung von Marketing-, Beschaffungs-, Agentur- oder anderen Vermittlungsdiensten darstellen, wenn der Wert der Dienstleistung in erster Linie aus der Nutzung eines immateriellen Wirtschaftsguts (z. B. einer Kundenliste) stammt, vgl. OECD (2020), Tax Challenges Arising from Digitalisation – Report on Pillar Two Blueprint, Rn. 590 ff.

[106] Da die im Rahmen der STTR erhobene Steuer auf den Bruttobetrag der Zahlung erhoben wird, also mit dem Zahlungseingang verbundene Ausgaben ignoriert werden, besteht das Risiko einer Übersteuerung, sodass der Mindeststeuersatz i. R. d. STTR niedriger angesetzt wurde als der Mindeststeuersatz i. R. d. GloBE-Regeln, vgl. OECD (2020), Tax Challenges Arising from Digitalisation – Report on Pillar Two Blueprint, Rn. 649.

[107] Dies soll nicht mittels Änderung bestehender Artikel des OECD-Musterabkommens (z. B. der Art. 7, 11, 12 OECD-MA) und der entsprechenden Klauseln in bilateralen Abkommen vorgenommen werden, sondern vielmehr durch Hinzufügen einer eigenständigen DBA-Klausel, vgl. OECD (2020), Tax Challenges Arising from Digitalisation – Report on Pillar Two Blueprint, Rn. 571.

dem STTR-Mindeststeuersatz.[108] Deutschland als Industriestaat wird die STTR dementsprechend aller Voraussicht nach nicht für sich in Anspruch nehmen (können). Aufgrund der hohen deutschen Unternehmensteuersätze ist auch nicht zu erwarten, dass eine STTR in dieser Form auf Bitte eines Entwicklungslandes in die deutschen DBA Eingang findet. Daher soll die STTR in dieser Arbeit keine weitere Berücksichtigung finden.[109]

Open Access Dieses Kapitel wird unter der Creative Commons Namensnennung 4.0 International Lizenz (http://creativecommons.org/licenses/by/4.0/deed.de) veröffentlicht, welche die Nutzung, Vervielfältigung, Bearbeitung, Verbreitung und Wiedergabe in jeglichem Medium und Format erlaubt, sofern Sie den/die ursprünglichen Autor(en) und die Quelle ordnungsgemäß nennen, einen Link zur Creative Commons Lizenz beifügen und angeben, ob Änderungen vorgenommen wurden.

Die in diesem Kapitel enthaltenen Bilder und sonstiges Drittmaterial unterliegen ebenfalls der genannten Creative Commons Lizenz, sofern sich aus der Abbildungslegende nichts anderes ergibt. Sofern das betreffende Material nicht unter der genannten Creative Commons Lizenz steht und die betreffende Handlung nicht nach gesetzlichen Vorschriften erlaubt ist, ist für die oben aufgeführten Weiterverwendungen des Materials die Einwilligung des jeweiligen Rechteinhabers einzuholen.

---

[108] OECD (2021), Statement on a Two-Pillar Solution to Address the Tax Challenges Arising from the Digitalisation of the Economy v. 8.10.2021, S. 5. Dies setzt natürlich eine entsprechende Steuervorschrift im nationalen Recht des Entwicklungslandes voraus, da die Bestimmungen eines DBA selbst kein Besteuerungsrecht begründen, sondern die Rechte zur Besteuerung zwischen den Staaten lediglich zuweisen, siehe hierzu auch OECD (2020), Tax Challenges Arising from Digitalisation – Report on Pillar Two Blueprint, Rn. 650.
[109] Für den bisherigen Entwurf der STTR i. R. v. Säule 2 siehe OECD (2020), Tax Challenges Arising from Digitalisation – Report on Pillar Two Blueprint, Rn. 566 ff.

Vereinbarkeit mit dem Grundgesetz 5

5.1 Verfassungsrechtlicher Prüfungsumfang

Im Rahmen der nachfolgenden verfassungsrechtlichen Prüfung wird zunächst auf die Zuständigkeit des deutschen (Bundes-)Gesetzgebers eingegangen und das neue Mindeststeuerregime in das steuerliche Kompetenzgefüge des Grundgesetzes eingeordnet. Anschließend werden die GloBE-Regeln auf ihre Vereinbarkeit mit dem Grundgesetz, insbesondere mit dem allgemeinen Gleichheitssatz aus Art. 3 Abs. 1 GG überprüft. Denn während das generelle Recht des deutschen Staats zur Besteuerung („Ob") verfassungsrechtlich nicht in Frage gestellt wird,[1] ist die gesetzgeberische Ausgestaltung dieses Rechts („Wie") in jedem Falle am Grundgesetz zu messen.[2]

---

[1] Vgl. hierzu etwa BVerfG v. 17.7.1984 – 2 BvE 11/83, 2 BvE 15/83, BVerfGE 67, 100 (143): „Das – auch strafrechtlich sanktionierte – Verlangen des Staates nach steuerlichen Angaben begründet sich aus dem Umstand, daß der Betroffene am staatlichen Leben teilnimmt, ihm insbesondere Schutz, Ordnung und Leistungen der staatlichen Gemeinschaft zugutekommen. Deshalb darf ihm ein Anteil an den finanziellen Lasten zur Aufrechterhaltung des staatlichen Lebens auferlegt werden."

[2] Vgl. *Hey* in Tipke/Lang, Steuerrecht, 24. Aufl. 2021, § 3 Rn. 94.

5.2 Einordnung der GloBE-Regeln in das steuerliche Kompetenzgefüge

5.2.1 Die deutsche Finanzverfassung (im engeren Sinne)

Die in den Art. 104a bis 115 GG niedergelegte Finanzverfassung ist „einer der tragenden Eckpfeiler der bundesstaatlichen Ordnung des Grundgesetzes".[3] „Sie soll eine Finanzordnung sicherstellen, die den Gesamtstaat und die Gliedstaaten am Gesamtertrag der Volkswirtschaft angemessen beteiligt."[4] Denn „Bund und Länder müssen im Rahmen der verfügbaren Gesamteinnahmen so ausgestattet werden, dass sie die Ausgaben leisten können, die zur Wahrnehmung ihrer Aufgaben erforderlich sind."[5] Zu diesem Zweck enthalten die Art. 104a bis 108 GG die verfassungsrechtlichen Vorgaben zur deutschen Finanzhoheit (Finanzverfassung im engeren Sinne), welche für die staatliche Souveränität von herausgehobener Bedeutung ist.[6] Den genannten Artikeln kommt eine notwendige staatsorganisatorische und volkswirtschaftliche Ordnungsfunktion zu.[7] Durch sie wird die Kompetenzverteilung zwischen Bund und Ländern und zwischen Parlament und Regierung für den Bereich des Finanzwesens konkretisiert.[8] Voneinander zu

---

[3] BVerfG v. 10.12.1980 – 2 BvF 3/77, BVerfGE 55, 274 (300); v. 13.4.2017 – 2 BvL 6/13, BVerfGE 145, 171 (190); siehe auch *Siekmann* in Sachs, Grundgesetz, 9. Aufl. 2021, Vorbemerkungen zu Abschnitt X Rn. 44; *Heintzen* in von Münch/Kunig, Grundgesetz-Kommentar, 7. Aufl. 2021, Vorbemerkungen zu den Art. 104a–115, Rn. 30.

[4] BVerfG v. 13.4.2017 – 2 BvL 6/13, BVerfGE 145, 171 (190 f.); v. 17.7.2003 – 2 BvL 1/99, 2 BvL 4/99, 2 BvL 6/99, 2 BvL 16/99, 2 BvL 18/99, 2 BvL 1/01, BVerfGE 108, 186 (214 f.).

[5] BVerfG v. 13.4.2017 – 2 BvL 6/13, BVerfGE 145, 171 (190 f.); vgl. z. B. auch BVerfG v. 17.7.2003 – 2 BvL 1/99, 2 BvL 4/99, 2 BvL 6/99, 2 BvL 16/99, 2 BvL 18/99, 2 BvL 1/01, BVerfGE 108, 186 (215); v. 10.12.1980 – 2 BvF 3/77, BVerfGE 55, 274 (300); v. 9.2.1972 – 1 BvL 16/69, BVerfGE 32, 333 (338).

[6] *Heintzen* in von Münch/Kunig, Grundgesetz-Kommentar, 7. Aufl. 2021, Vorbemerkungen zu den Art. 104a–115, Rn. 1 f.

[7] Vgl. *Heintzen* in von Münch/Kunig, Grundgesetz-Kommentar, 7. Aufl. 2021, Vorbemerkungen zu den Art. 104a–115, Rn. 8; *Siekmann* in Sachs, Grundgesetz, 9. Aufl. 2021, Vorbemerkungen zu Abschnitt X Rn. 44.

[8] *Heintzen* in von Münch/Kunig, Grundgesetz-Kommentar, 7. Aufl. 2021, Vorbemerkungen zu den Art. 104a–115, Rn. 29 m. w. N. Kritisch *Heun/Thiele* in Dreier, Grundgesetz-Kommentar, 3. Aufl. 2018, Vor Art. 104a GG Rn. 26.

unterscheiden sind für den Bereich der Steuern[9] die Gesetzgebungs- (Art. 105 GG), Ertrags- (Art. 108 GG) und Verwaltungshoheit (Art. 106, 107 GG).[10]

5.2.2 Gesetzgebungszuständigkeit

Auch im Steuerrecht gilt der Vorbehalt des Gesetzes. Die Implementierung der GloBE-Regeln zur Herbeiführung einer global koordinierten Mindestbesteuerung multinational agierender Konzerne in deutsches Recht setzt daher zunächst voraus, dass hierfür eine entsprechende Gesetzgebungskompetenz besteht. Art. 105 GG ist die zentrale Norm zur materiellen Steuergesetzgebungshoheit im Bundesstaat.[11] Sie legt fest, welche föderale Einheit eine Steuer einführen, abschaffen oder ausgestalten darf[12] und setzt die Besteuerungshoheit des vom Grundgesetz

---

[9] Die i. R. v. Säule 2 erhobene Top-up Tax fällt unter den verfassungsrechtlichen Steuerbegriff i. S. d. Rechtsprechung des BVerfG, welches Steuern als „einmalige oder laufende Geldleistungen" definiert, „die nicht eine Gegenleistung für eine besondere Leistung darstellen und von einem öffentlich-rechtlichen Gemeinwesen zur Erzielung von Einkünften allen auferlegt werden, bei denen der Tatbestand zutrifft, an den das Gesetz die Leistungspflicht knüpft", vgl. BVerfG v. 24.6.1986 – 2 BvF 1/83, 2 BvF 5/83, 2 BvF 6/83, 2 BvF 1/84, 2 BvF 1/85, 2 BvF 2/85, BVerfGE 72, 330 (433); v. 12.10.1978 – 2 BvR 154/74, BVerfGE 49, 343 (353).

[10] *Heintzen* in von Münch/Kunig, Grundgesetz-Kommentar, 7. Aufl. 2021, Art. 105 GG, Rn. 41; *Siekmann* in Sachs, Grundgesetz, 9. Aufl. 2021, Vorbemerkungen zu Abschnitt X Rn. 12: Nicht einschlägig sind daher die allgemeinen Regeln nach Art. 70 ff. und Art. 30 GG, vgl. auch BVerfG v. 13.4.2017 – 2 BvL 6/13, BVerfGE 145, 171 (192, 199, 201).

[11] *Siekmann* in Sachs, Grundgesetz, 9. Aufl. 2021, Art. 105 GG Rn. 1. Die Befugnis zur Regelung des Steuerverfahrensrechts ergibt sich dagegen aus Art. 108 Abs. 5 GG, vgl. *ders.*, Rn. 1a.

[12] *Siekmann* in Sachs, Grundgesetz, 9. Aufl. 2021, Art. 105 GG Rn. 1; *Heintzen* in von Münch/Kunig, Grundgesetz-Kommentar, 7. Aufl. 2021, Art. 105 GG, Rn. 39.

verfassten Staates stillschweigend voraus.[13] Art. 105 GG ist insofern lex specialis zu den Art. 70 ff. GG.[14] Der Schwerpunkt der Steuergesetzgebung liegt beim Bund.[15]

5.2.2.1 Keine ausschließliche Gesetzgebungskompetenz des Bundes

Für die einzuführende Mindeststeuer steht dem Bund die ausschließliche Gesetzgebungskompetenz aus Art. 105 Abs. 1 GG nicht zu. Der Anwendungsbereich von Art. 105 Abs. 1 GG ist nämlich sehr eng gefasst[16] und beschränkt sich auf Zölle und Finanzmonopole. Als Zölle sind hierbei rein formal solche Abgaben zu verstehen, „die nach Maßgabe des Zolltarifs von der Warenbewegung über die Zollgrenze erhoben werden".[17] Finanzmonopol meint das Recht des Staates, bestimmte Wirtschaftsgüter unter Ausschluss privatwirtschaftlicher Konkurrenz herzustellen, zu beziehen oder zu vertreiben und durch Monopolaufschläge öffentliche Einnahmen zu generieren.[18] Die GloBE-Mindeststeuer als Form der Ertragsteuer kann in keine dieser Kategorien eingeordnet werden und schließt eine ausschließliche Gesetzgebungszuständigkeit des Bundes daher aus.

---

[13] BVerfG v. 10.12.1980 – 2 BvF 3/77, BVerfGE 55, 274 (301); vgl. auch *Heintzen* in von Münch/Kunig, Grundgesetz-Kommentar, 7. Aufl. 2021, Art. 105 GG Rn. 1.

[14] *Siekmann* in Sachs, Grundgesetz, 9. Aufl. 2021, Art. 105 GG Rn. 4; *Heintzen* in von Münch/Kunig, Grundgesetz-Kommentar, 7. Aufl. 2021, Art. 105 GG, Rn. 41; *Kment* in Jarass/Pieroth, 16. Aufl. 2020, Art. 105 GG Rn. 1. Zu dem Problem, inwieweit der Gesetzgeber für Lenkungssteuern, die auch außerfiskalische Zwecke verfolgen, neben der Steuergesetzgebungskompetenz nach Art. 105 GG auch die entsprechende Sachkompetenz besitzen muss, siehe *Siekmann* in Sachs, Grundgesetz, 9. Aufl. 2021, Vorbemerkungen zu Abschnitt X Rn. 14 ff. Die Regeln unter Säule 2 verfolgen jedoch hauptsächlich, wenn nicht ausschließlich steuerliche Interessen der sie umsetzenden Staaten, sodass diese Frage ohnehin nicht von Bedeutung sein dürfte.

[15] Vgl. BVerfG v. 13.4.2017 – 2 BvL 6/13, BVerfGE 145, 171 (192) m. w. N. aus der Rspr.; *Heintzen* in von Münch/Kunig, Grundgesetz-Kommentar, 7. Aufl. 2021, Art. 105 GG Rn. 7 ff.; *Siekmann* in Sachs, Grundgesetz, 9. Aufl. 2021, Art. 105 GG Rn. 5 ff.

[16] *Heintzen* in von Münch/Kunig, Grundgesetz-Kommentar, 7. Aufl. 2021, Art. 105 GG Rn. 42.

[17] BVerfG v. 19.10.1958 – 2 BvL 19/56, BVerfGE 8, 260 (269); BFH v. 12.2.1970 – V B 33, 34, 48, 59, 68, 90, 120/69, BStBl. II 1970, 246 (250); zu Prohibitivzöllen *Siekmann* in Sachs, Grundgesetz, 9. Aufl. 2021, Art. 105 GG Rn. 15.

[18] Vgl. *Heintzen* in von Münch/Kunig, Grundgesetz-Kommentar, 7. Aufl. 2021, Art. 105 GG Rn. 44; *Siekmann* in Sachs, Grundgesetz, 9. Aufl. 2021, Art. 105 GG Rn. 16.

5.2.2.2 Konkurrierende Gesetzgebungskompetenz des Bundes

Da das Mindeststeuerregime auch nicht als Grundsteuer zu qualifizieren ist, kommt eine konkurrierende Gesetzgebungszuständigkeit des Bundes nur über Art. 105 Abs. 2 Satz 2 GG in Betracht, was im Übrigen dem Regelfall in der Steuergesetzgebung entspricht[19]. Art. 105 Abs. 2 Satz 2 GG verlangt hierfür, dass dem Bund das Aufkommen der Mindeststeuer ganz oder zum Teil zusteht oder aber die Voraussetzungen des Art. 72 Abs. 2 GG vorliegen. In erster Linie kommt es also auf die Ertragsverteilung in Art. 106 Abs. 1 und 3 GG an.[20] Die dortige Aufteilung orientiert sich an den traditionellen Steuern und Steuerarten, wie sie bereits bei Einführung des Grundgesetzes vorgefunden wurden.[21] Insofern ist für die Einordnung der Mindeststeuermaßnahmen auf die Abgrenzungsmerkmale des traditionellen deutschen Steuerrechts (das BVerfG spricht hierbei von „Typusbegriffen"[22]) zurückzugreifen.[23] Dabei müssen nicht sämtliche Merkmale eines Typus gegeben sein, sondern es kommt auf „das durch eine wertende Betrachtung gewonnene Gesamtbild" an.[24]

5.2.2.3 Einordnung der GloBE-Regeln in die durch Typusbegriffe bestimmten Steuerarten des Art. 106 GG

Die Annahme einer ausschließlichen Ertragszuweisung an den Bund nach Art. 106 Abs. 1 GG lässt sich nicht begründen. Insbesondere die Ergänzungsabgabe zur Einkommensteuer und zur Körperschaftsteuer (Nr. 6)[25] und die Abgaben

---

[19] Vgl. *Heintzen* in von Münch/Kunig, Grundgesetz-Kommentar, 7. Aufl. 2021, Art. 105 GG Rn. 45.

[20] Vgl. *Kment* in Jarass/Pieroth, 16. Aufl. 2020, Art. 105 GG Rn. 36.

[21] Vgl. *Siekmann* in Sachs, Grundgesetz, 9. Aufl. 2021, Art. 106 GG Rn. 3c.

[22] Vgl. BVerfG v. 13.4.2017 – 2 BvL 6/13, BVerfGE 145, 171 (192 f.); v. 20.5.1996 – 1 BvR 21/96, NZA 1996, 1063.

[23] Vgl. *Siekmann* in Sachs, Grundgesetz, 9. Aufl. 2021, Art. 106 GG Rn. 3c. In diesem Zusammenhang soll kurz darauf hingewiesen werden, dass das BVerfG ein Steuerfindungsrecht des einfachen Gesetzgebers nicht anerkennt, vgl. BVerfG v. 13.4.2017 – 2 BvL 6/13, BVerfGE 145, 171 (194 ff.) mit zahlreichen Nachweisen aus der Literatur. Dies ist jedoch nicht unumstritten, beachte etwa das Sondervotum von *Huber* und *Müller* ab S. 230 der vorgenannten Entscheidung oder *Heun* in Dreier, Grundgesetz-Kommentar, 3. Aufl. 2018, Art. 105 GG Rn. 33.

[24] BVerfG v. 13.4.2017 – 2 BvL 6/13, BVerfGE 145, 171 (193).

[25] Als Ergänzungsabgabe ist vor allem der Solidaritätszuschlag anzuführen, vgl. *Kube* in Epping/Hillgruber, BeckOK Grundgesetz, 50. Edition, Art. 106 GG Rn. 14; *Kment* in Jarass/Pieroth, 16. Aufl. 2020, Art. 106 GG Rn. 7; *Siekmann* in Sachs, Grundgesetz, 9. Aufl. 2021,

im Rahmen der Europäischen Gemeinschaften (Nr. 7)[26] sind nicht einschlägig. Naheliegender ist dagegen die Qualifikation der Mindeststeuer als Einkommen- bzw. Körperschaftsteuer i. S. d. Art. 106 Abs. 3 GG. Die Einkommensteuer wie auch die Körperschaftsteuer folgen nach Art. 106 Abs. 3 GG dem Verbundsystem[27] und stehen somit als Gemeinschaftsteuern grundsätzlich dem Bund und den Ländern jeweils zur Hälfte zu, wobei im Rahmen der Einkommensteuer den Gemeinden ein Anteil nach Art. 106 Abs. 5 GG zukommt.[28] Die Einkommensteuer i. S. v. Art. 106 Abs. 3 GG zielt auf die individuelle Besteuerung natürlicher Personen nach ihrer jeweiligen Leistungsfähigkeit ab.[29] Sie belastet das am allgemeinen Markt erzielte Einkommen natürlicher Personen.[30] Die gesetzgeberische Einbeziehung von Personenhandelsgesellschaften in Form einer transparenten Einkommensbesteuerung ihrer Gesellschafter ist zulässig.[31] Als Einkommen gilt hiernach der Bruttoertrag aus gesetzlich zu definierenden Erwerbsquellen (Einkünftearten) abzüglich erwerbs- und existenzsichernder Aufwendungen.[32] Die Körperschaftsteuer bezeichnet die von juristischen Personen geschuldete Einkommensteuer.[33]

Art. 106 GG Rn. 7. Art. 106 Abs. 1 Nr. 6 GG räumt dem Bund eine subsidiäre Ertragskompetenz für den Fall eines anderweitig nicht behebbaren, akuten Fehlbedarfs im Bundeshaushalt ein, *Schwarz* in von Mangoldt/Klein/Starck, 7. Aufl. 2018, Art. 106 GG Rn. 49.

[26] Abgaben im Rahmen der Europäischen Gemeinschaften sind in der Praxis insbesondere die Abgaben aufgrund des EU-Marktordnungsrechts, die gemäß Art. 106 Abs. 1 Nr. 7 GG erst dem Bund zufließen und anschließend an die EU weitergeleitet werden, vgl. *Heintzen* in von Münch/Kunig, Grundgesetz-Kommentar, 7. Aufl. 2021, Art. 106 GG Rn. 22; *Schwarz* in von Mangoldt/Klein/Starck, 7. Aufl. 2018, Art. 106 GG Rn. 50; *Kube* in Epping/Hillgruber, BeckOK Grundgesetz, 50. Edition, Art. 106 GG Rn. 14.

[27] *Heintzen* in von Münch/Kunig, Grundgesetz-Kommentar, 7. Aufl. 2021, Art. 106 GG Rn. 7; *Schwarz* in von Mangoldt/Klein/Starck, 7. Aufl. 2018, Art. 106 GG Rn. 59.

[28] Vgl. auch *Siekmann* in Sachs, Grundgesetz, 9. Aufl. 2021, Art. 106 GG Rn. 13.

[29] Vgl. dazu etwa BVerfG v. 22.6.1995 – 2 BvL 37/91, BVerfGE 93, 121 (135 f.); v. 14.4.1959 – 1 BvL 23/57, 1 BvL 34/57, BVerfGE 9, 237 (243).

[30] *Seiler* in Dürig/Herzog/Scholz, Grundgesetz-Kommentar, 95. EL 2021, Art. 106 GG Rn. 138.

[31] Vgl. *Seiler* in Dürig/Herzog/Scholz, Grundgesetz-Kommentar, 95. EL 2021, Art. 106 GG Rn. 138.

[32] *Seiler* in Dürig/Herzog/Scholz, Grundgesetz-Kommentar, 95. EL 2021, Art. 106 GG Rn. 138 m. w. N.; *P. Kirchhof* in Isensee/Kirchhof, Handbuch des Staatsrechts, Band V, § 118 Rn. 232 f.

[33] *Heun* in Dreier, Grundgesetz-Kommentar, 3. Aufl. 2018, Art. 106 GG Rn. 18; *Schwarz* in von Mangoldt/Klein/Starck, 7. Aufl. 2018, Art. 106 GG Rn. 61; *Siekmann* in Sachs, Grundgesetz, 9. Aufl. 2021, Art. 106 GG Rn. 12.

5.2 Einordnung der GloBE-Regeln in das steuerliche Kompetenzgefüge

Die Income Inclusion Rule und die Undertaxed Payments Rule sind der bereits in den §§ 7 ff. AStG enthaltenen Hinzurechnungsbesteuerung bzw. der Lizenzschranke nach § 4j EStG und Zinsschranke nach § 4h EStG nicht ganz unähnlich, sodass sich damit schon argumentieren ließe, dass diese als Einkommensteuer bzw. Körperschaftsteuer nach Art. 106 Abs. 3 S. 1 GG einzuordnen sind. Auch für das Steueroasen-Abwehrgesetz (StAbwG), welches mit den Abwehrmaßnahmen in den §§ 7 ff. StAbwG (Betriebsausgabenabzugsverbot, verschärfte Hinzurechnungsbesteuerung und Quellenbesteuerung) ebenfalls ähnliche Maßnahmen enthält, ist die Gesetzgebungskompetenz aus Art. 105 Abs. 2 Satz 2 Alt. 1 GG abgeleitet worden.[34] Während die Einkommensteuer den Vermögenszuwachs natürlicher Personen durch ihr erfolgreiches Wirtschaften am Markt besteuert, wird die Körperschaftsteuer auf die am Markt erwirtschafteten Einkünfte von Körperschaften (insb. GmbH und AG) erhoben.[35] Durch die Mindeststeuer wird das Einkommen von Körperschaften und Personenhandelsgesellschaften bzw. ihren Gesellschaftern besteuert. Die zu besteuernde Bemessungsgrundlage wird zwar nicht nach den herkömmlichen Vorschriften aus EStG und KStG bestimmt, sondern unterliegt eigenständigen Gewinnermittlungsvorschriften. Dennoch werden bei ihr am Markt erwirtschaftete Einkünfte (vorwiegend aus Gewerbebetrieb) unter Abzug bestimmter erwerbsbezogener Aufwendungen besteuert. Folglich wird die bisherige Einkommen- und Körperschaftbesteuerung lediglich modifiziert. Die Mindeststeuer ist damit als Körperschaftsteuer bzw. Einkommensteuer und folglich als Gemeinschaftsteuer i. S. d. Art. 106 Abs. 3 GG einzuordnen. Dem Bund steht demnach im Regelfall das Aufkommen der Mindeststeuer zur Hälfte zu, sodass ihm auch die konkurrierende Gesetzgebung nach Art. 105 Abs. 2 Satz 2 Alt. 1 GG zufällt.[36] Auf das Vorliegen der Voraussetzungen des Art. 72 Abs. 2 GG (Erforderlichkeitsklausel) kommt es insofern nicht mehr an. Nach Art. 105 Abs. 3 GG bedarf die bundesgesetzliche Einführung der GloBE-Regeln der Zustimmung des Bundesrates.

---

[34] BR-Drs. 19/28901, S. 19.
[35] *Kube* in Epping/Hillgruber, BeckOK Grundgesetz, 50. Edition, Art. 106 GG Rn. 18.
[36] Im Übrigen hat der Bund bezüglich der Einkommen- und der Körperschaftsteuer bereits umfassend seine Kompetenz ausgeübt, sodass den Ländern keine Möglichkeit zur Umsetzung verbleibt, *Kube* in Epping/Hillgruber, BeckOK Grundgesetz, 50. Edition, Art. 106 GG Rn. 16.

5.2.3 Ertragszuständigkeit

Wie bereits dargestellt, steht das Aufkommen der Einkommen- bzw. Körperschaftsteuer und damit auch der Mindeststeuer nach Art. 106 Abs. 3 GG dem Bund und den Ländern zu. Dies gilt für die Mindeststeuer als Einkommensteuer aber nur insoweit, als diese nicht bereits den Gemeinden nach Art. 106 Abs. 5 GG zugewiesen wird. Konkretisiert wird diese Zuweisung im Gemeindefinanzreformgesetz (GFRG). Nach § 1 GFRG erhalten die Gemeinden 15 % des Aufkommens an Lohnsteuer und an veranlagter Einkommensteuer sowie 12 % des Aufkommens an Kapitalertragsteuer nach § 43 Abs. 1 Satz 1 Nr. 5 bis 7 und 8 bis 12 sowie Satz 2 EStG. Die Mindeststeuer wird daher, soweit sie bei den Gesellschaftern von Personengesellschaften erhoben werden sollte, als veranlagte Einkommensteuer zu 15 % den Gemeinden zugewiesen werden.

5.2.4 Verwaltungszuständigkeit

Zu verwalten wäre die neue Mindeststeuer als „übrige Steuer" nach Art. 108 Abs. 2 Satz 1 GG grundsätzlich durch die Landesfinanzbehörden, und zwar gemäß Art. 108 Abs. 3 Satz 1 GG im Auftrag des Bundes. Der Bund könnte sich jedoch auch nach Art. 108 Abs. 4 GG für eine Mischverwaltung oder die Übertragung der Verwaltungskompetenz auf Bundesfinanzbehörden entschließen, sollte er dies für den Vollzug der Steuer als wesentlich geeigneter beurteilen.[37]

5.2.5 Zwischenergebnis

Der Bund ist im Falle einer rein nationalen Umsetzung der GloBE-Regeln nach Art. 105 Abs. 2 Satz 2 Alt. 1 i. V. m. Art. 106 Abs. 3 GG zur Gesetzgebung befugt. Nach Art. 105 Abs. 3 GG bedarf das entsprechende Gesetz der Zustimmung des Bundesrates. Das aus der Mindeststeuer hervorgehende Steueraufkommen steht in der Regel Bund und Ländern hälftig zu, im Falle der Top-up Tax-Erhebung bei Personengesellschaften bzw. deren Gesellschaftern auch den Gemeinden. Für die Verwaltung der Mindeststeuer wären grundsätzlich die Landesfinanzbehörden zuständig.

---

[37] Vgl. zur Dispositionsmöglichkeit des Bundes etwa *Siekmann* in Sachs, Grundgesetz, 9. Aufl. 2021, Art. 108 GG Rn. 11 f.

5.3 Vereinbarkeit mit Art. 3 Abs. 1 GG

Steuerrecht ist Eingriffsrecht.[38] Vor diesem Hintergrund hat sich in den vergangenen Jahrzehnten der Gleichheitssatz als unangefochtene Leitnorm für die verfassungsrechtliche Beurteilung des Steuerrechts herausgebildet.[39] Nach dem allgemeinen Gleichheitssatz (Art. 3 Abs. 1 GG) hat der Gesetzgeber wesentlich Gleiches gleich und wesentlich Ungleiches ungleich zu behandeln.[40] Der Gleichheitssatz schützt nach Art. 19 Abs. 3 GG neben natürlichen Personen auch inländische juristische Personen.[41] Auch wenn es grundsätzlich dem Gesetzgeber obliegt, die Sachverhalte auszuwählen, an die er dieselben Rechtsfolgen knüpft und die er somit als rechtlich gleich qualifiziert, muss er diese Auswahl sachgerecht treffen.[42] Da die genauen Maßstäbe und Kriterien für eine Verletzung von Art. 3 Abs. 1 GG durch den Gesetzgeber nicht abstrakt und allgemein formuliert werden können, sondern nur in Bezug auf die jeweils betroffenen unterschiedlichen Sach- und Regelungsgebiete,[43] ist der allgemeine Gleichheitssatz im Steuerrecht bereichsspezifisch zu konkretisieren und unterliegt dort einer besonderen Dogmatik.[44] Hiernach bindet Art. 3 Abs. 1 GG den Steuergesetzgeber an den Grundsatz der Steuergerechtigkeit.[45] Nach diesem wird der

---

[38] *Musil* in Schön/Röder, Zukunftsfragen des deutschen Steuerrechts II, S. 129 (130).

[39] *Musil* in Schön/Röder, Zukunftsfragen des deutschen Steuerrechts II, S. 129 (130).

[40] Vgl. zur ständigen Rechtsprechung: BVerfG v. 29.3.2017 – 2 BvL 6/11, BVerfGE 145, 106 (141); v. 9.12.2008 – 2 BvL 1/07, 2 BvL 2/07, 2 BvL 1/08, 2 BvL 2/08, BVerfGE 122, 210 (230); v. 21.6.2006 – 2 BvL 2/99, BVerfGE 116, 164 (180). Der Steuergesetzgeber ist gemäß Art. 1 Abs. 3, Art. 20 Abs. 3 GG an den Gleichheitssatz gebunden, vgl. *Hey* in Tipke/Lang, Steuerrecht, 24. Aufl. 2021, § 3 Rn. 110.

[41] Vgl. *Hey* in Tipke/Lang, Steuerrecht, 24. Aufl. 2021, § 3 Rn. 51, 110; *Desens* in Herrmann/Heuer/Raupach, 310. Lief. 2022, Einführung zum KStG Rn. 6, 51. Ebenfalls geschützt sind nach der Rechtsprechung des BVerfG juristische Personen mit Sitz in der EU, vgl. BVerfG v. 19.7.2011 – 1 BvR 1916/09, BVerfGE 129, 78 (94 ff.).

[42] Vgl. etwa BVerfG v. 08.04.1987 – 2 BvR 909/82, 2 BvR 934/82, 2 BvR 935/82, 2 BvR 936/82, 2 BvR 938/82, 2 BvR 941/82, 2 BvR 942/82, 2 BvR 947/82, 2 BvR 64/83, 2 BvR 142/84, BVerfGE 75, 108 (157); v. 23.5.2006 – 1 BvR 1484/99, BVerfGE 115, 381 (389); v. 29.3.2017 – 2 BvL 6/11, BVerfGE 145, 106 (142); *Hey* in Tipke/Lang, Steuerrecht, 24. Aufl. 2021, § 3 Rn. 121 ff.

[43] Vgl. zur ständigen Rechtsprechung: BVerfG v. 6.3.2002 – 2 BvL 17/99, BVerfGE 105, 73 (111); v. 4.12.2002 – 2 BvR 400/98, 2 BvR 1735/00, BVerfGE 107, 27 (45 f.); v. 16.3.2005 – 2 BvL 7/00, BVerfGE 112, 268 (279); v. 29.3.2017 – 2 BvL 6/11, BVerfGE 145, 106 (142).

[44] Vgl. auch *Hey* in Tipke/Lang, Steuerrecht, 24. Aufl. 2021, § 3 Rn. 121.

[45] BVerfG v. 17.1.1957 – 1 BvL 4/54, BVerfGE 6, 55 (70); v. 3.12.1958 – 1 BvR 488/57, BVerfGE 9, 3 (9); v. 29.3.2017 – 2 BvL 6/11, BVerfGE 145, 106 (142); *Burghart* in Leibholz/Rinck, 85. Lief. 2022, Art. 3 GG Rn. 496 m. w. N.

Gestaltungsspielraum des Gesetzgebers im Bereich des Steuerrechts, insbesondere des Ertragsteuerrechts, vor allem durch zwei eng miteinander verbundene Leitlinien begrenzt, nämlich durch das Leistungsfähigkeitsprinzip und das Folgerichtigkeitsgebot.[46] Zwar werden diese vom BVerfG aufgestellten Leitlinien und die damit einhergehende Konstitutionalisierung des Steuerrechts[47] in der Literatur teils recht kritisch bewertet.[48] Diese Kritik birgt allerdings das Risiko in sich, einem Rechtsgebiet die rechtsstaatliche Basis zu entziehen.[49] Der Steuerstaat ist jedoch „keine Oase verfassungsrechtlicher Ungebundenheit."[50] Insofern hat auch das BVerfG festgestellt, dass „die Gewährleistung einklagbarer, auch den Gesetzgeber bindender Grundrechte" es verbietet, „speziell für das Steuerrecht die Kontrolle verfassungsrechtlicher Mäßigungsverbote dem Bundesverfassungsgericht gänzlich zu entziehen."[51] Dem BVerfG als Hüter des Grundgesetzes muss es daher zustehen, einen prinzipienlos handelnden Gesetzgeber auch im Steuerrecht zur Verwirklichung des Rechtsstaats anzuhalten.[52]

---

[46] BVerfG v. 6.3.2002 – 2 BvL 17/99, BVerfGE 105, 73 (125); v. 4.12.2002 – 2 BvR 400/98, BVerfGE 107, 27 (46); v. 21.6.2006 – 2 BvL 2/99, BVerfGE 116, 164 (180); v. 7.11.2006 – 1 BvL 10/02, BVerfGE, 117, 1 (30); v. 29.3.2017 – 2 BvL 6/11, BVerfGE 145, 106 (142); *Hey* in Tipke/Lang, Steuerrecht, 24. Aufl. 2021, § 3 Rn. 121. Eine ausführliche Auseinandersetzung mit der bisherigen Rechtsprechung des BVerfG findet sich in *Desens*, StuW 2016, 240 ff. Zudem sind nach dem Grundsatz der Steuergerechtigkeit bestehende Ungleichheiten auszugleichen, vgl. *Link*, DB 2017, 2372 (2376): „Eine solche ungleiche, den Gesetzgeber zum Handeln auffordernde Begünstigung liegt dabei nicht schon deshalb vor, weil ein multinationales Unternehmen aufgrund des abweichenden ausländischen Steuerrechts anders als ein rein inländisches Unternehmen besteuert wird."

[47] Zu diesem Begriff siehe *Waldhoff* in Schön/Beck, Zukunftsfragen des deutschen Steuerrechts, S. 125 (151 ff.).

[48] Siehe etwa *Droege*, StuW 2011, 105 ff.; *Droege*, RW 2013, 374 (385 ff.; 394 ff.); *Kempny*, StuW 2014, 185 (198 f.): Folgewidrigkeit lediglich als Indiz für Gleichheitswidrigkeit; *Lepsius*, JZ 2009, 260 (262 f.); *Kischel*, AöR 1999, 174 ff.; *Kischel* in Epping/Hillgruber, BeckOK Grundgesetz, 50. Edition, Art. 3 GG Rn. 143.1; *Wernsmann* in Schön/Beck, Zukunftsfragen des deutschen Steuerrechts, S. 161 (165 ff.); *Wernsmann* in Hübschmann/Hepp/Spitaler, 267. Lief. 2022, § 4 AO Rn. 517 ff.; *Wieland*, DStJG 24 (2001), 29 (44 ff.). Siehe auch *Schön*, JöR 2016, 515 (527 ff.); *Peine*, Systemgerechtigkeit, S. 232, 238; zwischen Systemgerechtigkeit und Folgerichtigkeit differenzierend *Drüen* in FS Spindler, 2011, S. 29 (38 ff.); *Eckhoff* in FS Kirchhof, Bd. II, 2013, S. 1601 (1606); zurückhaltend auch *Musil* in Schön/Röder, Zukunftsfragen des deutschen Steuerrechts II, S. 129 (136 ff.) vor dem Hintergrund einer möglichen Sonderdogmatik im Steuerrecht.

[49] *Hey* in Tipke/Lang, Steuerrecht, 24. Aufl. 2021, § 3 Rn. 101.

[50] *Di Fabio*, JZ 2007, 749 (752).

[51] BVerfG v. 18.1.2006 – 2 BvR 2194/99, BVerfGE 115, 97 (116).

[52] *Hey* in Tipke/Lang, Steuerrecht, 24. Aufl. 2021, § 3 Rn. 101. Siehe hierzu auch *Desens*, StuW 2016, 240 (242 f.); *Birk*, StuW 2000, 328 ff.

5.3.1 Leitlinien steuerlicher Gerechtigkeit

5.3.1.1 Das Leistungsfähigkeitsprinzip

Das Leistungsfähigkeitsprinzip ist der dominierende Maßstab für Steuergerechtigkeit.[53] „Der Grundsatz der Steuergleichheit fordert zumindest für die direkten Steuern eine Belastung nach der finanziellen Leistungsfähigkeit".[54] Das BVerfG hebt immer wieder hervor, dass das Einkommensteuerrecht auf die Leistungsfähigkeit des einzelnen Steuerpflichtigen hin angelegt ist[55] und die Besteuerung nach der Leistungsfähigkeit als Ausfluss des Gleichheitssatzes ein Gebot der Steuergerechtigkeit sei.[56] Nach dem Leistungsfähigkeitsprinzip soll jeder nach Maßgabe seiner individuellen wirtschaftlichen Leistungsfähigkeit zur Finanzierung der allgemeinen Staatsaufgaben beitragen.[57] Zu den Grundannahmen dieses Prinzips zählt die Unterscheidung zwischen horizontaler und vertikaler Steuergerechtigkeit.[58] Aus der horizontalen Steuergerechtigkeit folgt das Gebot der gleichen Steuerbelastung für Steuerpflichtige mit gleicher Leistungsfähigkeit.[59] In vertikaler Hinsicht muss dagegen bei der Besteuerung höherer Einkommen im Vergleich zu niedrigeren Einkommen ein angemessener Unterschied in der Steuerlast entstehen.[60] Wird vom Grundsatz der Besteuerung nach der Leistungsfähigkeit abgewichen, bedarf diese Abweichung nach Art. 3 Abs. 1 GG der Rechtfertigung.[61]

---

[53] *Hey* in Tipke/Lang, Steuerrecht, 24. Aufl. 2021, § 3 Rn. 48.
[54] BVerfG v. 12.10.2010 – 1 BvL 12/07, BVerfGE 127, 224 (247); vgl. auch BVerfG v. 10.11.1998 – 2 BvR 1057/91, 2 BvR 1226/91, 2 BvR 980/91, BVerfGE 99, 216 (232) m. w. N. Zu dem Streit, inwieweit das Leistungsfähigkeitsprinzip auch für die Besteuerung juristischer Personen gilt, vgl. *Desens* in Herrmann/Heuer/Raupach, 310. Lief. 2022, Einführung zum KStG Rn. 6. Für eine nicht ganz unkritische Auseinandersetzung mit dem Leistungsfähigkeitsprinzip vgl. *Kempny*, StuW 2021, 85 ff. mit 32 zusammenfassenden Leitsätzen.
[55] BVerfG v. 6.3.2002 – 2 BvL 17/99, BVerfGE 105, 73 (126).
[56] BVerfG v. 3.11.1982 – 1 BvR 620/78, BVerfGE 61, 319 (343 f.); v. 22.2.1984 – 1 BvL 10/80, BVerfGE 66, 214 (223); v. 28.11.1984 – 1 BvR 1157/82, BVerfGE 68, 287 (310).
[57] Vgl. BVerfG v. 22.6.1995 – 2 BvL 37/91; BVerfGE 93, 121 (135).
[58] *Birk*, DStJG 34 (2011), 11 (17).
[59] Vgl. BVerfG v. 29.5.1990 – 1 BvL 20/84, 1 BvL 26/84, 1 BvL 4/86, BVerfGE 82, 60 (89); v. 10.11.1998 – 2 BvL 42/93, BVerfGE 99, 246 (260); v. 16.3.2005 – 2 BvL 7/00, BVerfGE 112, 268 (279); v. 29.3.2017 – 2 BvL 6/11, BVerfGE 145, 106 (142 f.).
[60] Vgl. BVerfG v. 29.5.1990 – 1 BvL 20/84, 1 BvL 26/84, 1 BvL 4/86, BVerfGE 82, 60 (89); v. 6.3.2002 – 2 BvL 17/99, BVerfGE 105, 73 (125 f.); v. 16.3.2005 – 2 BvL 7/00, BVerfGE 112, 268 (279); v. 21.6.2006 – 2 BvL 2/99, BVerfGE 116, 164 (180); v. 29.3.2017 – 2 BvL 6/11, BVerfGE 145, 106 (142 f.).
[61] BVerfG v. 29.3.2017 – 2 BvL 6/11, BVerfGE 145, 106 (143).

5.3.1.2 Das Folgerichtigkeitsgebot

Dem Gesetzgeber wird vom BVerfG ein weitreichender Entscheidungsspielraum bei der Auswahl des Steuergegenstandes und bei der Bestimmung des Steuersatzes eingeräumt.[62] Aus dem Gebot der möglichst gleichmäßigen Belastung aller Steuerpflichtigen folgt jedoch, dass der Gesetzgeber sodann bei der weiteren Ausgestaltung dieses Ausgangstatbestandes die einmal getroffene Belastungsentscheidung folgerichtig im Sinne der Belastungsgleichheit umzusetzen hat.[63] Er muss also das sachgerechte Prinzip, für welches er sich entschieden hat, konsequent umsetzen und die zuvor getroffene Wertentscheidung folgerichtig weiterführen.[64] Insofern ist der Gesetzgeber in gewissem Ausmaß „Gefangener der eigenen Entscheidung".[65] Ausnahmen von der folgerichtigen Umsetzung des steuerrechtlichen Ausgangstatbestandes „bedürfen eines besonderen sachlichen Grundes, der die Ungleichbehandlung nach Art und Ausmaß zu rechtfertigen vermag".[66] Hierbei gilt jedoch auch, dass sich der Gesetzgeber (bei späteren Entscheidungen) umso weniger am Folgerichtigkeitsgebot festhalten lassen muss, je stärker die Strukturen eines Gesetzes zuvor schon durchbrochen worden sind.[67] Denn dem Gesetzgeber bleibt es unbenommen, einen System- oder Prinzipienwechsel vorzunehmen, ohne durch das Folgerichtigkeitsgebot an vorherige Grundentscheidungen gebunden zu sein.[68]

---

[62] Vgl. zur ständigen Rechtsprechung BVerfG v. 29.3.2017 – 2 BvL 6/11, BVerfGE 145, 106 (143 f.); v. 23.6.2015 – 1 BvL 13/11, 1 BvL 14/11, BVerfGE 139, 285 (309); v. 7.7.2010 – 2 BvL 14/02, 2 BvL 2/04, 2 BvL 13/05, BVerfGE 127, 1 (27); v. 27.6.1991 – 2 BvR 1493/89, BVerfGE 84, 239 (271).

[63] BVerfG v. 29.3.2017 – 2 BvL 6/11, BVerfGE 145, 106 (144); v. 7.11.2006 – 1 BvL 10/02, BVerfGE 117, 1 (31); v. 11.11.1998 – 2 BvL 10/95, BVerfGE 99, 280 (290); v. 30.9.1998 – 2 BvR 1818/91, BVerfGE 99, 88 (95); v. 22.6.1995 – 2 BvL 37/91, BVerfGE 93, 121 (136); v. 27.6.1991 – 2 BvR 1493/89, BVerfGE 84, 239 (271); siehe auch *Hey* in Tipke/Lang, Steuerrecht, 24. Aufl. 2021, § 3 Rn. 118.

[64] *Tipke*, Die Steuerrechtsordnung, Band 1, 2. Aufl. 2000, S. 327. Das Folgerichtigkeitsgebot gilt nicht nur im Steuerrecht, sondern in allen Rechtsgebieten, *P. Kirchhof* in Dürig/Herzog/Scholz, Grundgesetz-Kommentar, 95. EL 2021, Art. 3 Abs. 1 GG Rn. 417; *Drüen*, StuW 2019, 205 (207).

[65] *Di Fabio*, JZ 2007, 749 (754).

[66] BVerfG v. 29.3.2017 – 2 BvL 6/11, BVerfGE 145, 106 (144). Vgl. zur ständigen Rechtsprechung etwa auch BVerfG v. 23.6.2015 – 1 BvL 13/11, 1 BvL 14/11, BVerfGE 139, 285 (310); v. 7.7.2010 – 2 BvL 14/02, 2 BvL 2/04, 2 BvL 13/05, BVerfGE 127, 1 (28); v. 9.12.2008 – 2 BvL 1/07, 2 BvL 2/07, 2 BvL 1/08, 2 BvL 2/08, BVerfGE 122, 210 (231).

[67] *Birk*, DStJG 34 (2011), 11 (23).

[68] BVerfG v. 9.12.2008 – 2 BvL 1/07, 2 BvL 2/07, 2 BvL 1/08, 2 BvL 2/08, BVerfGE 122, 210 (242); *Drüen*, Ubg 2009, 23 (27).

5.3.2 Relevante gesetzgeberische Grundentscheidungen

Demnach sind zunächst die gesetzgeberischen Grundentscheidungen zum objektiven Nettoprinzip und zum Trennungsprinzip in der Körperschaftsbesteuerung zu beleuchten, aus denen in Bezug auf die GloBE-Regeln möglicherweise Verstöße gegen Art. 3 Abs. 1 GG abgeleitet werden können.

5.3.2.1 Das objektive Nettoprinzip
5.3.2.1.1 Inhalt

Das objektive Nettoprinzip kann als eines der konkretisierenden Unterprinzipien des Leistungsfähigkeitsprinzips angesehen werden.[69] Die Grundaussage des objektiven Nettoprinzips besteht darin, dass im Rahmen der steuerlichen Einkünfteermittlung von den Erwerbseinnahmen die damit zusammenhängenden Erwerbsaufwendungen abzuziehen sind,[70] da nur das Nettoeinkommen für die Ertragsbesteuerung disponibel ist.[71] Es gebietet daher auch die uneingeschränkte Berücksichtigung von Verlusten.[72] Das objektive Nettoprinzip findet seinen einfachgesetzlichen Ausdruck in § 2 Abs. 2 EStG[73] und gilt über § 8 Abs. 1 KStG auch für die Körperschaftsteuer.[74] Die Körperschaftsteuer bemisst sich demnach nach dem Einkommen der Körperschaft und somit nach der Ertragskraft des Unternehmens, sodass im Bereich der Unternehmensbesteuerung grundsätzlich

---

[69] Vgl. *Seiler*, DStJG 34 (2011), 61 (62); *Desens*, StuW 2016, 240 (246 ff.). So auch *Pinkernell/Ditz*, ISR 2020, 1 (10), nach denen sowohl die Einkommen- als auch die Körperschaftsteuer auf dem Leistungsfähigkeitsprinzip beruhen, weswegen als Bemessungsgrundlage nur der Gewinn eines Unternehmens – als Ausdruck der wirtschaftlichen Leistungsfähigkeit – herangezogen werden darf.

[70] Vgl. *Birk*, DStJG 34 (2011), 11 (16); *Hey* in Tipke/Lang, Steuerrecht, 24. Aufl. 2021, § 8 Rn. 54; *Birk/Desens/Tappe*, Steuerrecht, 24. Aufl. 2021, Rn. 175, 608 ff.; *Heil/Pupeter*, BB 2017, 795 (800).

[71] Vgl. *Schneider*, DStR 2009, Beihefter zu Heft 34, 87. Kritisch dagegen *Kempny*, StuW 2021, 85 (100 f.).

[72] *Hey* in Tipke/Lang, Steuerrecht, 24. Aufl. 2021, § 8 Rn. 54, 60 ff.; *Birk*, DStJG 34 (2011), 11 (27), denn andernfalls beraube man den Einkommensbegriff seiner Eigenschaft als Maßgröße der individuellen Leistungsfähigkeit und greife damit auch das Gerechtigkeitspostulat an.

[73] Vgl. BVerfG v. 9.12.2008 – 2 BvL 1/07, 2 BvL 2/07, 2 BvL 1/08, 2 BvL 2/08, BVerfGE 122, 210 (234); v. 12.5.2009 – 2 BvL 1/00, BVerfGE 123, 111 (121); *Schneider*, DStR 2009, Beihefter zu Heft 34, 87 (88).

[74] Vgl. BVerfG v. 12.10.2010 – 1 BvL 12/07, BVerfGE 127, 224 (248); BFH v. 16.1.2014 – I R 21/12, DStR 2014, 941; *Englisch*, DStR 2009, Beihefter zu Heft 34, 92; *Heger*, DStR 2009, Beihefter zu Heft 34, 117 (118); *Hey*, DStR 2009, Beihefter zu Heft 34, 109 (110); *Hagemann/Kahlenberg*, FR 2017, 1125.

nur das Nettoeinkommen, also der Saldo aus den Einnahmen und den Betriebsausgaben (vgl. § 4 Abs. 4 EStG) der Besteuerung unterliegt.[75] Betriebsausgaben sind deshalb grundsätzlich steuerlich abziehbar.[76]

5.3.2.1.2 Verfassungsrechtliche Anknüpfung

Nicht abschließend geklärt ist bislang, ob das objektive Nettoprinzip auch verfassungsrechtlich geboten ist und ihm insoweit Verfassungsrang zukommt oder es sich bei ihm lediglich um eine einfachgesetzliche Systemwahl handelt.[77] Diese Frage hat das BVerfG bis heute ausdrücklich offengelassen.[78] Es stellt allerdings den einfachgesetzlichen Rang des objektiven Nettoprinzips nicht mehr in Frage und spricht ihm als gesetzgeberische Grundentscheidung zumindest eine mittelbare verfassungsrechtliche Relevanz über das Folgerichtigkeitsgebot zu.[79] Der Gesetzgeber müsse nämlich seine einmal getroffene Belastungsentscheidung, zu der auch das objektive Nettoprinzip zähle, folgerichtig umsetzen und benötige besondere, sachliche Rechtfertigungsgründe, um von dieser abzuweichen.[80] In der steuerrechtlichen Literatur überwiegt dagegen die Einordnung als Prinzip von

---

[75] BVerfG v. 12.10.2010 – 1 BvL 12/07, BVerfGE 127, 224 (248).
[76] Vgl. BVerfG v. 12.10.2010 – 1 BvL 12/07, BVerfGE 127, 224 (248); v. 4.12.2002 – 2 BvR 400/98, 2 BvR 1735/00, BVerfGE 107, 27 (47); *Hey*, DStR 2009, Beihefter zu Heft 34, 109 (110); *Schneider*, DStR 2009, Beihefter zu Heft 34, 87 (88, 90); *Hey/Kirchhof/Ismer* in Herrmann/Heuer/Raupach, 310. Lief. 2022, Einführung zum EStG Rn. 301.
[77] Vgl. hierzu etwa *Seiler*, DStJG 34 (2011), 61 (63).
[78] BVerfG v. 15.2.2016 – 1 BvL 8/15, DStR 2016, 862 (866); v. 6.7.2010 – 2 BvL 13/09, BVerfGE 126, 268 (279); v. 12.5.2009 – 2 BvL 1/00, BVerfGE 123, 111 (121); v. 9.12.2008 – 2 BvL 1/07, 2 BvL 2/07, 2 BvL 1/08, 2 BvL 2/08, BVerfGE 122, 210 (234); v. 4.12.2002 – 2 BvR 400/98, 2 BvR 1735/00, BVerfGE 107, 27 (48); v. 23.1.1990 – 1 BvL 4/87, 1 BvL 5/87, 1 BvL 6/87, 1 BvL 7/87, BVerfGE 81, 228 (237); *Hey* in Tipke/Lang, Steuerrecht, 24. Aufl. 2021, § 8 Rn. 55 m. w. N. Anders der BFH v. 10.11.1999 – X R 60–95, DStR 2000, 233 (240), der in seinem Vorlagebeschluss zum Verbot von Jubiläumsrückstellungen die Verletzung des objektiven Nettoprinzips auch als einen Verstoß gegen das Leistungsfähigkeitsprinzip erachtete.
[79] BVerfG v. 6.7.2010 – 2 BvL 13/09, BVerfGE 126, 268 (280); v. 9.12.2008 – 2 BvL 1/07, BVerfGE 122, 210 (234). Siehe auch *Breinersdorfer*, DStR 2010, 2492 (2494); *Seiler*, DStJG 34 (2011), 61 (63); *Hey* in Tipke/Lang, Steuerrecht, 24. Aufl. 2021, § 8 Rn. 55.
[80] BVerfG v. 6.7.2010 – 2 BvL 13/09, BVerfGE 126, 268 (280); v. 12.5.2009 – 2 BvL 1/00, BVerfGE 123, 111 (121); v. 9.12.2008 – 2 BvL 1/07, 2 BvL 2/07, 2 BvL 1/08, 2 BvL 2/08, BVerfGE 122, 210 (234); v. 4.12.2002 – 2 BvR 400/98, 2 BvR 1735/00, BVerfGE 107, 27 (48); v. 11.11.1998 – 2 BvL 10/95, BVerfGE 99, 280 (290); v. 29.3.2017 – 2 BvL 6/11, BVerfGE 145, 106 (144).

5.3 Vereinbarkeit mit Art. 3 Abs. 1 GG

Verfassungsrang, wobei diese vor allem mit der Finanzverfassung[81], der Eigentumsgarantie (Art. 14 GG)[82] oder dem allgemeinen Gleichheitssatz (Art. 3 Abs. 1 GG)[83] begründet wird.[84] Eine Gegenansicht versteht das objektive Nettoprinzip als einfachgesetzliches Strukturprinzip, welches das grundgesetzlich in Art. 3 Abs. 1 GG verankerte Leistungsfähigkeitsprinzip zwar näher ausgestalte, ihm aber nicht angehöre und damit selbst auch nicht von Verfassungsrang sei, sondern erst im Zusammenhang mit dem Folgerichtigkeitsgebot verfassungsrechtliche Bedeutung entfalte.[85] Unabhängig davon, welcher Ansicht gefolgt wird, erlangt das obj. Nettoprinzip zumindest über das Folgerichtigkeitsgebot verfassungsrechtliches Gewicht, sodass bei Durchbrechung des objektiven Nettoprinzips eine verfassungsrechtliche Rechtfertigung erforderlich ist.

5.3.2.2 Das Trennungsprinzip

Während Einkünfte aus einer unternehmerischen Tätigkeit in Gestalt einer Personengesellschaft nach deutschem Einkommensteuerrecht den Gesellschaftern zugerechnet werden (Transparenzprinzip), hat der deutsche Steuergesetzgeber für die Körperschaftsteuer das Trennungsprinzip gewählt.[86] Danach sind eine Körperschaft und ihre Anteilseigner jeweils eigenständige Steuersubjekte, d. h. es

---

[81] So z. B. *Englisch*, DStR 2009, Beihefter zu Heft 34, 92 f.

[82] *Lehner*, DStR 2009, 185 (189 ff.); *Kischel* in Epping/Hillgruber, BeckOK Grundgesetz, 50. Edition, Art. 3 GG Rn. 151. Allgemein zur Verankerung der Ertragsbesteuerung und ihrer Dogmatik im Eigentumsschutz vgl. *P. Kirchhof*, AöR 2003, 1 (12 ff.). Siehe ebenfalls *Englisch*, DStR 2009, Beihefter zu Heft 34, 92 (94), der daneben auch noch weitere Freiheitsrechte anführt.

[83] Siehe insbesondere *Lang*, StuW 2007, 3 (4); *Hey/Kirchhof/Ismer* in Herrmann/Heuer/Raupach, 310. Lief. 2022, Einführung zum EStG Rn. 44.

[84] Vgl. *Seiler*, DStJG 34 (2011), 61 (65); *Hey* in Tipke/Lang, Steuerrecht, 24. Aufl. 2021, § 3 Rn. 14; *Hey* in Schön/Osterloh-Konrad, Kernfragen des Unternehmenssteuerrechts, S. 1 (2 f.). Unter Bezug zur Mindestbesteuerung nach § 10d EStG, § 10a GewStG siehe *Drüen*, FR 2013, 392 ff.

[85] Vgl. *Schneider*, DStR 2009, Beihefter zu Heft 34, 87 (89); *Burghart* in Leibholz/Rinck, 85. Lief. 2022, Art. 3 GG Rn. 601. Nach *Seiler*, DStJG 34 (2011), 61 (67) beschränkt sich das Grundgesetz auf die „Negativaussage, dass eine dem Grunde nach vom Kerngedanken des objektiven Nettoprinzips abweichende Belastungsentscheidung des Einkommensteuergesetzgebers nicht mehr gerechtfertigt wäre." Ebenfalls kritisch: *Kischel* in Epping/Hillgruber, BeckOK Grundgesetz, 50.Edition, Art. 3 GG Rn. 149.

[86] Vgl. BVerfG v. 29.3.2017 – 2 BvL 6/11, BVerfGE 145, 106 (147 f.); *Hey* in Tipke/Lang, Steuerrecht, 24. Aufl. 2021, § 11 Rn. 2 f.; *Desens* in Herrmann/Heuer/Raupach, 310. Lief. 2022, Einführung zum KStG Rn. 6; *Drüen*, Ad Legendum 2015, 284 (288). Diese Entscheidung ist als solche verfassungsrechtlich nicht zu beanstanden, vgl. BVerfG v. 12.10.2010 – 1 BvL 12/07, BVerfGE 127, 224 (250); *Burghart* in Leibholz/Rinck, 85. Lief. 2022, Art. 3

findet in der Regel keine wechselseitige Zurechnung von Einkünften bzw. sonstigen steuerlich relevanten Merkmalen statt.[87] Vielmehr ist die wirtschaftliche Leistungsfähigkeit einer Kapitalgesellschaft unabhängig von der wirtschaftlichen Leistungsfähigkeit ihres Anteilseigners zu beurteilen.[88] Eine Besteuerung des Anteilseigners soll erst erfolgen, wenn der auf Ebene der Kapitalgesellschaft erzielte und versteuerte Gewinn an diesen ausgeschüttet wird, während im Falle der Gewinnthesaurierung eigene Einkünfte des Anteilseigners abzulehnen sind.[89] Die Besteuerung der Körperschaft muss unabhängig von der

---

GG Rn. 759. Denn die zivilrechtliche Abschirmung der Vermögenssphäre einer Kapitalgesellschaft gegenüber ihren Anteilseignern (§ 1 AktG, § 13 Abs. 1 und 2 GmbHG) begründet einen hinreichend sachlichen Grund für die unterschiedliche steuerliche Behandlung unternehmerischer Tätigkeiten in der Rechtsform der Personengesellschaft und der Kapitalgesellschaft, BVerfG v. 29.3.2017 – 2 BvL 6/11, BVerfGE 145, 106 (148); v. 21.06.2006 – 2 BvL 2/99, BVerfGE 116, 164 (198 ff.). Aus dieser abgeschirmten Vermögenssphäre resultiert eine eigenständige und objektive Leistungsfähigkeit der Kapitalgesellschaft, die getrennt von der individuellen und subjektiven Leistungsfähigkeit der Anteilseigner der Kapitalgesellschaft besteuert werden darf, BVerfG v. 29.3.2017 – 2 BvL 6/11, BVerfGE 145, 106 (148 f.); v. 12.10.2010 – 1 BvL 12/07, BVerfGE 127, 224 (250); v. 21.06.2006 – 2 BvL 2/99, BVerfGE 116, 164 (198 f.); zustimmend und mit Nachweisen zu etwaiger Kritik auf diese Rechtsprechung *Drüen*, GmbHR 2008, 393 (398).

[87] Vgl. *Hey* in Tipke/Lang, Steuerrecht, 24. Aufl. 2021, § 11 Rn. 2; *Birk/Desens/Tappe*, Steuerrecht, 24. Aufl. 2021, Rn. 1219; *Teufel* in Lüdicke/Sistermann, Unternehmensteuerrecht, 2. Aufl. 2018, § 2 Rn. 1; *Böhmer*, StuW 2012, 33 (34); *Intemann* in Rödder/Herlinghaus/Neumann, § 8 KStG Rn. 13 f. Siehe auch BVerfG v. 29.3.2017 – 2 BvL 6/11, BVerfGE 145, 106 (147 f.) und BFH v. 3.3.2010 – I R 68/09, DStR 2010, 858 (860).

[88] Vgl. FG Hamburg v. 4.4.2011 – 2 K 33/10, DStR 2011, 1172 (1176); *Böhmer*, StuW 2012, 33 (35); *Rengers* in Brandis/Heuermann, 160. EL 2021, § 8 KStG Rn. 22; *Hey*, DStR 2009, Beihefter zu Heft 34, 109 (113); *Heger*, DStR 2009, Beihefter zu Heft 34, 117 f.; *Münch* in Dötsch/Pung/Möhlenbrock, 105. EL 2022, § 1 KStG Rn. 2; *Benecke* in Schnitger/Fehrenbacher, 2. Aufl. 2018, § 1 KStG Rn. 7; a. A. *Möhlenbrock*, DStJG 33 (2010), 339 (348 f.); FG Hessen v. 5.6.2020 – 4 K 90/15, Juris, Rn. 65.

[89] *Birk/Desens/Tappe*, Steuerrecht, 24. Aufl. 2021, Rn. 1219, 1314; *Hennrichs* in Tipke/Lang, Steuerrecht, 24. Aufl. 2021, § 10 Rn. 10. Durch die steuerliche Eigenständigkeit von Kapitalgesellschaften besteht die Möglichkeit, die Gewinne einer Gesellschaft zu thesaurieren, also nicht auszuschütten, und damit eine Besteuerung beim Anteilseigner zu verhindern. Diese Abschirmwirkung kann dazu genutzt werden, durch Errichtung einer Kapitalgesellschaft in einem Niedrigsteuerland sowie Gewinnthesaurierung und Hinausschieben der Ausschüttung eine Besteuerung von Gewinnen als Dividendenerträgen der in einem Hochsteuerland ansässigen Anteilseigner zu verhindern, vgl. *Achter* in Papperitz/Keller, Lexikon des Steuerrechts, 137. Lief. 2022, Hinzurechnungsbesteuerung, Rn. 1.

5.3 Vereinbarkeit mit Art. 3 Abs. 1 GG

Besteuerung ihrer Eigentümer sein und umgekehrt.[90] Auch die zu einem Konzern verbundenen Gesellschaften werden somit grundsätzlich als voneinander unabhängige Steuersubjekte betrachtet.[91] Zudem werden die Leistungsbeziehungen zwischen Gesellschaft und Gesellschafter steuerlich berücksichtigt.[92] Damit hat sich der Gesetzgeber „gegen ein steuersubjektübersteigendes Konzern- oder Gruppenbesteuerungsrecht entschieden."[93] Wird das Trennungsprinzip durch den Gesetzgeber durchbrochen, stellt dies einen Verstoß gegen das Folgerichtigkeitsprinzip aus Art. 3 Abs. 1 GG dar, denn dieses gebietet die folgerichtige Umsetzung der Grundentscheidung des Gesetzgebers für das Trennungsprinzip

---

[90] *Böhmer*, StuW 2012, 33 (34); FG Hamburg v. 4.4.2011 – 2 K 33/10, DStR 2011, 1172 (1177); *Hey* in Schön/Osterloh-Konrad, Kernfragen des Unternehmenssteuerrechts, S. 1 (17); *Marquart*, IStR 2011, 445 (448); *Carlé*, KÖSDI 2009, 16769 (16775 ff.); *Schönfeld*, Hinzurechnungsbesteuerung und Europäisches Gemeinschaftsrecht, S. 148 f.; *Drüen* in Frotscher/Drüen, Stand: 31.3.2022, Vor § 1 KStG Rn. 15.

[91] *Desens* in Herrmann/Heuer/Raupach, 310. Lief. 2022, Einführung zum KStG Rn. 12; *Glaser*, DStR 2011, 2317; BFH v. 3.3.2010 – I R 68/09, DStR 2010, 858 (860). Siehe auch *Witt*, der diese Trennung allerdings nicht für sachgerecht hält, da das gesamte Vermögen in einem Konzern der wirtschaftlichen Disposition der Konzernspitze unterstehe, *Witt*, Die Konzernbesteuerung, S. 4. Das Steuerrecht sieht im Interesse der Vermeidung von Doppelbelastungen auch Ausnahmeregelungen zur Durchbrechung des Trennungsprinzips vor, sodass es sich der Existenz wirtschaftlich verbundener Unternehmen zumindest nicht vollständig verschließt, vgl. *Prinz*, DStR 2010, Beihefter zu Heft 30, 67 (68); *Witt*, Die Konzernbesteuerung, S. 6. Ansätze einer solchen Durchbrechung bieten etwa das Institut der Organschaft (*Krumm* in Brandis/Heuermann, 160. EL 2021, § 14 KStG Rn. 2; *Birk/Desens/Tappe*, Steuerrecht, 24. Aufl. 2021, Rn. 1238, zur Rechtfertigung siehe Rn. 1246; *Schober* in Musil/Weber-Grellet, Europäisches Steuerrecht, § 14 KStG Rn. 2, wobei dieser vom Subjektsteuerprinzip spricht) und die Begünstigung von Beteiligungs- und Veräußerungserträgen (*Birk/Desens/Tappe*, Steuerrecht, 24. Aufl. 2021, Rn. 1253, 1262; *Hey* in Tipke/Lang, Steuerrecht, 24. Aufl. 2021, § 11 Rn. 13 f., 40).

[92] *Teufel* in Lüdicke/Sistermann, Unternehmensteuerrecht, 2. Aufl. 2018, § 2 Rn. 1; *Desens* in Herrmann/Heuer/Raupach, 310. Lief. 2022, Einführung zum KStG Rn. 12; *Birk/Desens/Tappe*, Steuerrecht, 24. Aufl. 2021, Rn. 1274. Das Einkommen und Vermögen einzelner Konzerngesellschaften wird dabei prinzipiell so ermittelt und besteuert, als wäre jede Gesellschaft rechtlich und wirtschaftlich unabhängig, *Kessler* in Kessler/Kröner/Köhler, Konzernsteuerrecht, 3. Aufl. 2018, § 1 Rn. 2. Dies steht in gewisser Weise im Widerspruch zur ökonomischen Realität des Konzerns als betriebswirtschaftlicher Einheit (*Lüdicke*, FR 2009, 1025).

[93] BFH v. 3.3.2010 – I R 68/09, DStR 2010, 858 (860); siehe auch *Schneider/Junior*, DStR 2017, 417 (424 f.).

im Bereich der Körperschaftsteuer.[94] Insofern bedarf es dann einer sachlichen Rechtfertigung.[95]

5.3.3 Verstöße gegen Art. 3 Abs. 1 GG durch die GloBE-Regeln

Die Modellregeln der Säule 2 sind auf internationaler Ebene erarbeitet worden und dementsprechend sind viele unterschiedliche Interessen in das Design der GloBE-Regeln eingeflossen. Es verwundert daher nicht, dass die neuen Vorschriften in diverser Weise vom bisherigen deutschen Steuerrecht abweichen und insofern verschiedene Möglichkeiten eröffnen, diese bei Anlegung eines strengeren Prüfungsmaßstabs zumindest im Ansatz als verfassungsrechtlich fragwürdig einzuordnen. Nachfolgend soll nur eine Auswahl erörtert werden, die sich auf das Grunddesign der einzelnen Regelungen beschränkt, welche nach Auffassung des Verfassers einige signifikante Abweichungen von den soeben vorgestellten gesetzgeberischen Grundentscheidungen aufweisen und daher eine verfassungswidrige Ungleichbehandlung ernsthaft in Betracht kommen lassen.[96]

---

[94] FG Hamburg v. 4.4.2011 – 2 K 33/10, DStR 2011, 1172 (1176); *Roth*, Ubg 2011, 527 (531); *Benz/Böhmer*, DB 2017, 206 (211); vgl. auch *Drüen*, Ubg 2009, 23 (28). Auch das BVerfG spricht vom „das Körperschaftsteuerrecht beherrschenden Trennungsprinzip", BVerfG v. 12.10.2010 – 1 BvL 12/07, BVerfGE 127, 224 (250). Zur Einordnung des Trennungsprinzips als Grundsatzentscheidung siehe auch BFH v. 3.3.2010 – I R 68/09, DStR 2010, 858 (860). Dabei hat der BFH sich dahingehend geäußert, dass es dem Gesetzgeber offenstehen müsse, „besondere tatbestandliche Anforderungen zu formulieren, um das ausnahmsweise Absehen von dem ansonsten strikten Steuersubjektprinzip im Rahmen eines Organschaftsverhältnisses zu konturieren", wobei diese Anforderungen aufgrund des Ausnahmecharakters im Zweifel eher eng als weit aufzufassen seien.

[95] Vgl. BVerfG v. 29.3.2017 – 2 BvL 6/11, BVerfGE 145, 106 (165); *Hey*, DStR 2009, Beihefter zu Heft 34, 109 (113) und *Böhmer*, StuW 2012, 33 (39 f., 42).

[96] Weitere mögliche Gleichheitsverstöße könnten beispielsweise in einem strukturellen Vollzugsdefizit der Normen (etwa aufgrund unzumutbarer Mitwirkungspflichten) und damit einem Verstoß gegen die Rechtsanwendungsgleichheit (vgl. etwa zur Diskussion bei der Hinzurechnungsbesteuerung *Haarmann*, IStR 2011, 565 (572); FG Hessen v. 5.6.2020 – 4 K 90/15, Juris, Rn. 58 ff.; siehe auch BVerfG v. 27.6.1991 – 2 BvR 1493/89, BVerfGE 84, 239 (271 ff.); *Hey* in Tipke/Lang, Steuerrecht, 24. Aufl. 2021, § 3 Rn. 113 ff.), der Ausnahme bestimmter Konzernobergesellschaften und Holdings, der grundsätzlichen Begrenzung auf multinationale Konzerne und hierin wiederum auf beherrschte Konzerneinheiten oder dem Heranziehen einer eigenständigen, von den deutschen steuerlichen Gewinnermittlungsvorschriften abweichenden Bemessungsgrundlage erblickt werden.

5.3.3.1 Durchbrechung des Trennungsprinzips durch Income Inclusion Rule

Der IIR ist bereits in ihrer Entwurfsfassung der Vorwurf gemacht worden, „verfassungsrechtlich praktisch nicht beherrschbare" Systembrüche innerhalb der Einkommen- und Körperschaftsteuer zu schaffen, die mit deutschem Verfassungsrecht kaum zu vereinbaren seien.[97] In der Tat durchbricht die IIR im Falle von Kapitalgesellschaften oder anderen Körperschaften in der Rolle der niedrig besteuerten ausländischen Konzerneinheit das Trennungsprinzip.[98] Durch die IIR kann die Konzernobergesellschaft bzw. eine in der Beteiligungskette höherrangige Konzerngesellschaft (IIR-Konzerneinheit) mit der Top-up Tax auf die niedrig besteuerten Einkünfte einer anderen ausländischen Kapitalgesellschaft des Konzerns, an der sie unmittelbar oder mittelbar beteiligt ist, belastet werden. Die Niedrigbesteuerung dieser ausländischen Konzerneinheit wirkt sich damit unmittelbar auf die Steuerlast der jeweiligen Muttergesellschaft aus, obwohl sich ihre wirtschaftliche Leistungsfähigkeit bis zu einer möglichen Gewinnausschüttung durch die niedrig besteuerte Konzerneinheit oder einer Veräußerung ihrer Anteile noch gar nicht erhöht hat.[99] Dies bewirkt eine Durchbrechung des Trennungsprinzips[100] und folglich auch des Folgerichtigkeitsgebots. Die IIR-Konzerneinheit

---

[97] *Pinkernell/Ditz*, ISR 2020, 1 (1, 11).

[98] Im Falle von Personengesellschaften als niedrig besteuerten Konzerneinheiten ist dagegen das Transparenzprinzip einschlägig, weswegen ein Verstoß gegen das Trennungsprinzip grundsätzlich nicht in Betracht kommt. Denn bei Personengesellschaft ist aufgrund der zivilrechtlichen Zuordnung des Gesellschaftsvermögens an die Gesellschafter als gemeinschaftliches Vermögen nach § 718 Abs. 1 BGB i. V. m. § 105 Abs. 3, § 161 Abs. 2 HGB und der persönlichen Haftung der Gesellschafter nach §§ 128, 161 Abs. 2, 171 Abs. 1 HGB keine so starke Abschirmung der Vermögenssphäre wie bei Kapitalgesellschaften gegeben, vgl. BVerfG v. 29.3.2017 – 2 BvL 6/11, BVerfGE 145, 106 (148).

[99] Vgl. *Hey* in Schön/Osterloh-Konrad, Kernfragen des Unternehmenssteuerrechts, S. 1 (13); *Hey*, Harmonisierung der Unternehmensbesteuerung in Europa, 289 ff.; *Englisch*, Dividendenbesteuerung, S. 116. Es ist zwar so, dass die Niedrigbesteuerung der ausländischen Tochtergesellschaft eine reale Wertsteigerung der jeweiligen Einheit zur Folge hat. Nach handels- bzw. steuerbilanziellen Maßstäben führt der nachsteuerlich höhere Gewinn aber eben nicht zu einer Werterhöhung der Beteiligung. Vielmehr ist gerade Ausdruck des Trennungsprinzips, dass der entsprechend höhere Gewinn der niedrig besteuerten Kapitalgesellschaft erst bei Gewinnausschüttung oder Veräußerung auf Ebene der Muttergesellschaft berücksichtigt werden darf. Bis dahin ist nach der steuergesetzgeberischen Grundentscheidung die wirtschaftliche Leistungsfähigkeit des Anteilseigners nicht erhöht; a. A. FG Hessen v. 5.6.2020 – 4 K 90/15, Juris, Rn. 65.

[100] So auch *Altenburg/Geberth/Gebhardt/Holle/Oertel*, DStR 2019, 2451 (2452); *Pinkernell/Ditz*, ISR 2020, 1 (10); *Gebhardt*, IWB 2020, 958 (965). In diesem Kontext soll auch

wird durch die Erhebung der Top-up Tax gegenüber vergleichbaren Gesellschaften benachteiligt, die – aus welchen Gründen auch immer – nicht nach den neuen Mindeststeuerregelungen zusätzlich belastet werden, etwa weil sie aus dem persönlichen Anwendungsbereich fallen oder weil ihre Tochtergesellschaften keiner Niedrigbesteuerung unterliegen (oder im Inland ansässig sind). Dieses Ergebnis bedarf der verfassungsrechtlichen Rechtfertigung.

5.3.3.2 Das Problem der „Sippenhaft" aufgrund des Jurisdictional Blending

Besonders herausgehoben werden soll in diesem Zusammenhang eine Situation, die bereits im Blueprint zu Säule 2 als Beispiel für die Wirkung der IIR dargestellt worden ist.[101] Danach ist es möglich, dass von einer in Deutschland ansässigen Konzerngesellschaft A, die nicht selbst Konzernobergesellschaft ist, aber mangels IIR im Land der Konzernobergesellschaft der deutschen IIR

---

auf die verfassungsrechtliche Einordnung der bisherigen deutschen Hinzurechnungsbesteuerung nach den §§ 7 ff. AStG hingewiesen werden, bei welcher eine Durchbrechung des Trennungsprinzips ebenfalls vertreten wird, selbst wenn sie über ihr Ziel der Bekämpfung unerwünschter Steuergestaltungen gerechtfertigt sein kann – so zumindest zur Hinzurechnungsbesteuerung in ihren älteren Fassungen *Haarmann*, IStR 2011, 565 (566). *Maciejewski*, IStR 2013, 449 ff. lehnt eine Rechtfertigung in diesem Zusammenhang ab. Auch *Dorenkamp*, DStJG 33 (2010), 301 (317) sieht eine Durchbrechung des Trennungsprinzips, ohne dabei auf die Rechtfertigung einzugehen. *Hemmerich*, IStR 2019, 294 (295) sieht ebenfalls eine Durchbrechung der Abschirmwirkung. Der BFH ist von einem Verstoß der Hinzurechnungsbesteuerung gegen Art. 3 Abs. 1 GG dagegen bislang nicht überzeugt, vgl. BFH v. 30.9.2020 – I R 12/19 (I R 78/14), DStR 2021, 709 (714) und v. 18.12.2019 – I R 59/17, DStR 2020, 2182 (2186), der dort insoweit die Auseinandersetzung mit der Frage vermisst, „ob außersteuerliche Regelungen, wie z. B. die Hinzurechnungsbesteuerung, nicht im Grundsatz zur leistungsfähigen Besteuerung der inländischen Steuerpflichtigen erforderlich sind." Vgl. hierzu im Übrigen auch *Ditz/Wassermeyer* in Flick/Wassermeyer/Baumhoff u. a., Außensteuerrecht, 99. Lief. 2021, Vor §§ 7–14 AStG Rn. 61.

[101] Vgl. Example 6.1B. in OECD (2020), Tax Challenges Arising from Digitalisation – Report on Pillar Two Blueprint, S. 199. Zur Verdeutlichung soll folgendes abgewandeltes (Extrem-)Beispiel dienen: Die Konzernobergesellschaft Z mit Sitz in Land Z (keine IIR) ist direkt beteiligt an der deutschen Konzerngesellschaft A und einer weiteren Konzerneinheit B2 in Land B. Konzerngesellschaft A hält ebenfalls eine Beteiligung in Land B, allerdings an Konzerneinheit B1. B1 und B2 erzielen jeweils Gewinne i. H. v. 1000. B1 wird effektiv mit 15 % besteuert, während B2 aufgrund einer Nexus-konformen Patentbox eine effektive Steuerquote von 0 % erzielt. Aufgrund des länderbezogenen Ansatzes (Jurisdictional Blending) ergibt sich für Land B damit ein effektiver Steuersatz von 7,5 %. Dies bewirkt nicht nur für die tatsächlich niedrig besteuerte B2, sondern auch für B1 eine Top-up Tax i. H. v. 75. Diese für B1 ermittelte Top-up Tax von 75 ist über die deutsche IIR von Konzerngesellschaft A zu entrichten.

unterliegt (Top-down-approach), über die IIR Top-up Tax für eine von ihr gehaltene Konzerneinheit B1 erhoben wird, welche selbst gar nicht niedrig besteuert ist, sondern lediglich aufgrund des Jurisdictional Blending und der effektiven Niedrigbesteuerung von anderen Konzerngesellschaften im selben Staat (Niedrigsteuerstaat) als niedrig besteuert gilt. Die Konzerngesellschaft A würde also weder aufgrund der eigenen Leistungsfähigkeit noch aufgrund der Leistungsfähigkeit der von ihr gehaltenen Gesellschaft B1 besteuert, sondern sie würde Steuern zahlen auf die niedrig besteuerten Gewinne einer „Dritten", die ggf. nur über die gemeinsame Konzernobergesellschaft mit A und B1 in Verbindung steht. Die deutsche Konzerngesellschaft würde folglich in „Sippenhaft" genommen aufgrund ihrer Zugehörigkeit zu einem multinationalen Konzern, der weitere, aber tatsächlich niedrig besteuerte Konzerneinheiten in demselben Land hält wie die deutsche Konzerngesellschaft. Ein solches Vorgehen ist dem deutschen Körperschaftsteuersystem, das eine allgemeine Gruppenbesteuerung nicht kennt, fremd. Es widerspricht grundsätzlich dem Leistungsfähigkeitsprinzip und Folgerichtigkeitsgebot (Trennungsprinzip), die Besteuerung eines Steuerpflichtigen von der steuerlichen Behandlung eines Dritten abhängig zu machen[102] und bedarf daher der Rechtfertigung.

Da die UTPR auf Tatbestandsebene ebenso an die Niedrigbesteuerung anderer Konzerneinheiten anknüpft, ist sie den gleichen rechtlichen Bedenken hinsichtlich des Trennungsprinzips ausgesetzt wie die IIR.[103] Denn der UTPR-Steuerpflichtige wird trotz der gesetzgeberischen Grundentscheidung gegen eine allgemeine Gruppenbesteuerung aufgrund von Merkmalen anderer Konzerneinheiten (Niedrigbesteuerung, aber etwa auch die Größe des Konzerns) besteuert, auf die er selbst in der Regel keinen Einfluss hat.[104] Dies gilt sowohl für die UTPR als Abzugsverbot als auch für die UTPR als Quellensteuer, denn bei beiden

---

[102] Vgl. so etwa auch für das in § 8b Abs. 1 Satz 2 KStG integrierte materielle Korrespondenzprinzip *Pohl* in Micker/Pohl, BeckOK KStG, 12. Edition, § 8b KStG Rn. 74 unter Verweis auf *Kohlhepp*, DStR 2007, 1502 (1505 f.); *Gosch* in Gosch, 4. Aufl. 2020, § 8b KStG Rn. 148b; *Seer*, GmbHR 2014, 505 (509); *Wiese* in FS Gosch, 2016, S. 463 (468, 472 f.); *Becker/Loose*, IStR 2012, 758 (761).

[103] Ein Verstoß gegen das Trennungsprinzip wird in der Literatur auch für die durchaus ähnliche Lizenzschranke nach § 4j EStG vertreten, welche ebenfalls an die Niedrigbesteuerung einer anderen Person anknüpft, vgl. *Benz/Böhmer*, DB 2017, 206 (211); *Loose*, RIW 2017, 655 (659); *Schneider/Junior*, DStR 2017, 417 (424 f.); *van Lück*, IStR 2017, 388 (390); *Kußmaul/Ditzler*, StB 2018, 126 (127); *Jochimsen/Zinowsky/Schraud*, IStR 2017, 593 (599 f.); *Geurts/Staccioli*, IStR 2017, 514 (516); *Heidecke/Holst*, IWB 2017, 128 (134); *Reddig* in Kirchhof/Söhn/Mellinghoff, 323. Lief. 2022, § 4j EStG Rn. A 54.

[104] Vgl. in diese Richtung auch *Pinkernell/Ditz*, ISR 2020, 1 (12); *Gebhardt*, IWB 2020, 958 (966).

Erhebungsformen wird aufgrund des Jurisdictional Blending auf die steuerlichen Merkmale anderer Konzerneinheiten abgestellt. Hinzu kommt, dass rechtsfolgenseitig die Höhe der Steuerbelastung des UTPR-Steuerpflichtigen zum einen von der bereits im Rahmen der IIR bei einer anderen Konzerneinheit erhobenen Top-up Tax (Art. 2.5.2 und 2.5.3 der Modellregeln) und zum anderen von der Anzahl an Arbeitnehmern und dem Buchwert der Sachanlagen bei anderen Konzerneinheiten in UTPR-Staaten (Art. 2.6 der Modellregeln) abhängt.[105] Dies widerspricht der dem UTPR-Steuerpflichtigen zugesprochenen eigenständigen Leistungsfähigkeit und benachteiligt ihn in rechtfertigungsbedürftiger Weise gegenüber vergleichbaren, aber nicht durch die UTPR belasteten Unternehmen.[106]

5.3.3.3 Ungleichbehandlung durch Switch-over Rule

Auch die SOR erweist sich nach Auffassung des Autors als verfassungsrechtlich problematisch. Das BVerfG hat in dem Fall des technisch vergleichbaren § 50d Abs. 8 EStG bereits 2015 festgestellt, dass die Versagung der Freistellung in bestimmten Fällen eine Ungleichbehandlung begründen kann.[107] Nach dem Verständnis des Autors bewirkt die SOR, dass Deutschland die IIR auch auf Einkünfte einer ausländischen Betriebsstätte einer inländischen Konzerneinheit anwenden kann, wenn ein DBA die steuerliche Freistellung anordnet.[108] Die SOR führt dazu, dass die Einkünfte einer niedrig besteuerten ausländischen

---

[105] Schon bei der UTPR in der Fassung des Blueprints griff diese Argumentation, da die Höhe der Steuerbelastung des UTPR-Steuerpflichtigen von dem Ausmaß fremder konzerninterner Direktzahlungen an die niedrig besteuerte Einheit (1. Allokationsschlüssel) oder von dem konzerninternen Nettoaufwand anderer Konzerneinheiten (2. Allokationsschlüssel) abhängig war.

[106] Im Falle einer UTPR-Quellensteuer hätten die zuletzt genannten Faktoren zwar keinen Einfluss auf die Gesamtsteuerbelastung der i. R. v. GloBE beschränkt steuerpflichtigen, weil niedrig besteuerten Konzerneinheit, sondern lediglich auf die Verteilung dieser Steuerlast über mehrere Länder hinweg. Allerdings kann der gewählte Allokationsschlüssel eine beschränkte Steuerpflicht einer niedrig besteuerten Konzerneinheit in einem Land auslösen, in dem diese Einheit selbst gar nicht tätig ist und daher auch keine Einkünfte generiert, was dem Territorialitätsprinzip widerspricht.

[107] BVerfG v. 15.12.15 – 2 BvL 1/12, BVerfGE 141, 1 (41 f.). Nach § 50d Abs. 8 EStG wird im Falle von Einkünften eines unbeschränkt Steuerpflichtigen aus nichtselbständiger Arbeit, die nach einem Doppelbesteuerungsabkommen von der Bemessungsgrundlage der deutschen Steuer auszunehmen sind, die Freistellung bei der Veranlagung ungeachtet des Abkommens nur gewährt, soweit der Steuerpflichtige nachweist, dass der Staat, dem nach dem Abkommen das Besteuerungsrecht zusteht, auf dieses Besteuerungsrecht verzichtet hat oder dass die in diesem Staat auf die Einkünfte festgesetzten Steuern entrichtet wurden.

[108] Vgl. auch OECD (2022), Tax Challenges Arising from the Digitalisation of the Economy – Commentary to the Global Anti-Base Erosion Model Rules (Pillar Two), S. 24.

5.3 Vereinbarkeit mit Art. 3 Abs. 1 GG

Betriebsstätte insoweit nicht von der inländischen Besteuerung freizustellen sind, wie es die IIR zu Erhebung der Top-up Tax erfordert. Zwar werden inländische Konzerneinheiten mit solchen Betriebsstätten im Ausland dadurch nicht schlechter behandelt als inländische Konzerneinheiten mit in Deutschland ansässigen Betriebsstätten, da die dank der SOR über die IIR erhobene Top-up Tax i. H. v. maximal 15 % grundsätzlich keine höhere Besteuerung ermöglicht als in einem vergleichbaren rein deutschen Sachverhalt. Allerdings kommt es zu einer Schlechterstellung gegenüber inländischen Konzerneinheiten mit ausländischen Betriebsstätten, die entsprechend den GloBE-Regeln nicht als niedrig besteuert eingeordnet werden, sodass diese Stammhaus-Konzerneinheiten weiterhin von der steuerlichen Vergünstigung der Freistellung profitieren.[109] Auch vor dem Hintergrund einer transparenten Besteuerung der ausländischen Betriebsstätten und der steuerlichen Gesamtbelastung von Stammhaus und Betriebsstätte sind beide Konstellationen durchaus miteinander vergleichbar, da Besteuerungsunterschiede bei den ausländischen Betriebsstätten nur marginal oder sogar gar nicht vorhanden sein können[110] und die Leistungsfähigkeit dann in gleichem Maße gegeben ist.

5.3.3.4 Verstoß gegen das objektive Nettoprinzip durch Undertaxed Payments Rule als Betriebsausgabenabzugsbeschränkung

Bei Umsetzung der UTPR als Betriebsausgabenabzugsbeschränkung (Abzugsbeschränkung) liegt aufgrund der Durchbrechung des objektiven Nettoprinzips[111]

---

[109] Vgl. parallel hierzu auch die Bewertung ähnlicher Vorschriften (z. B. § 50d EStG) durch *Wagner* in Brandis/Heuermann, 160. EL 2021, § 50d EStG Rn. 18h; *Frotscher*, IStR 2016, 561 (566 ff.).

[110] Dies gilt insbesondere dann, wenn andere Konzerneinheiten als die Betriebsstätte im Quellenstaat niedrig besteuert werden und nur deshalb die Erhebung von Top-up Tax für die Betriebsstätte erfolgen soll (Jurisdictional Blending).

[111] So auch *Pinkernell/Ditz*, ISR 2020, 1 (11); *Gebhardt*, IWB 2020, 958 (965); *Mammen*, Ubg 2019, 394 (401). Die Versagung der Abzugsfähigkeit für bestimmte Betriebsausgaben ist im deutschen Steuerrecht ein bereits bekanntes Instrument des Gesetzgebers, siehe insbesondere die Zinsschranke in § 4h EStG i. V. m. 8a KStG und die Lizenzschranke in § 4j EStG. Auch für diese Vorschriften wird eine rechtfertigungsbedürftige Durchbrechung des objektiven Nettoprinzips angenommen. Vgl. etwa zur Lizenzschranke: *Benz/Böhmer*, DB 2017, 206 (210 f.); *van Lück*, IStR 2017, 388 (389 f.); *Schneider/Junior*, DStR 2017, 417 (424 f.); *Heil/Pupeter*, BB 2017, 795 (800); *Heil/Pupeter*, BB 2017, 1947 (1950 f.); *Jochimsen/Zinowsky/Schraud*, IStR 2017, 593 (599); *Hagemann/Kahlenberg*, FR 2017, 1125; *Pötsch*, DStR 2018, 761 (762); *Kußmaul/Ditzler*, StB 2018, 126; *Max/Thiede*, StB 2017, 175 (181); *Ditz/Pinkernell/Quilitzsch*, IStR 2014, 45 (47); *Ditz/Quilitzsch*, DStR 2017, 1561 (1566); *Ritzer/Stangl/Karnath*, DK 2017, 68 (78); *Loschelder* in Schmidt, 41. Aufl. 2022, § 4j EStG Rn. 4; *Quilitzsch* in Kirchhof/Kulosa/Ratschow, BeckOK EStG, 12. Edition, § 4j Rn. 23; *Pohl*

ein rechtfertigungsbedürftiger Verstoß gegen den allgemeinen Gleichheitssatz vor. Dem objektiven Nettoprinzip wird im Falle einer Abzugsbeschränkung nämlich insofern nicht mehr gefolgt, als die UTPR-steuerpflichtige Konzerneinheit eigentlich abzugsfähige Zahlungen an andere Konzerneinheiten (oder Dritte) bei Vorliegen der Tatbestandsvoraussetzungen der UTPR nicht mehr in Abzug bringen darf, obwohl ihre Leistungsfähigkeit objektiv gemindert ist. Die der UTPR unterliegende Konzerneinheit wird damit gegenüber anderen Unternehmen benachteiligt, deren individuelle Leistungsfähigkeit aufgrund vergleichbarer Zahlungen im selben Maße vermindert ist, die diese Zahlungen aber als Betriebsausgaben von ihrer steuerlichen Bemessungsgrundlage abziehen dürfen und insofern einer niedrigeren Steuerlast unterliegen. Dies widerspricht der von Art. 3 Abs. 1 GG geforderten horizontalen Steuergerechtigkeit, nach der Steuerpflichtige bei gleicher Leistungsfähigkeit auch gleich hoch zu besteuern sind.

5.3.3.5 Zwischenergebnis

Die GloBE-Regeln nehmen eine dem deutschen Steuerrecht generell widersprechende Konzernbetrachtung vor. Ein Konzern soll an einer für den deutschen Fiskus greifbaren Stelle gepackt und für die in einem anderen Land erfahrene Niedrigbesteuerung durch Erhebung der Top-up Tax zur Verantwortung gezogen werden. Die hierfür genutzten Instrumente der GloBE-Regeln gehen dabei insofern über bisherige Anti-BEPS-Eingriffe (z. B. durch Hinzurechnungsbesteuerung und Lizenzschranke) des deutschen Gesetzgebers (weit) hinaus, als sie sich – offenbar vorwiegend aus praktischen Gründen – vom Verhalten und den Merkmalen des Steuerpflichtigen weitgehend lösen und insbesondere im Rahmen der UTPR nur noch aufgrund der Zugehörigkeit zu einem länderbezogen niedrig besteuerten Konzern eine Besteuerung auslösen. So setzt die UTPR anders als noch unter dem ersten Allokationsschüssel im Blueprint nun nicht einmal mehr direkte Zahlungen an die niedrig besteuerte Konzerneinheit voraus. Dies führt im Rahmen der IIR und UTPR sowohl auf Tatbestandsebene als auch auf Rechtsfolgenseite zu rechtfertigungsbedürftigen Durchbrechungen des Trennprinzips. Auch die SOR kann Durchbrechungen des Trennungsprinzips und eine Schlechterstellung gegenüber inländischen Konzerneinheiten mit ausländischen Betriebsstätten, die entsprechend den GloBE-Regeln nicht als

---

in Brandis/Heuermann, 160. EL 2021, § 4j EStG Rn. 12; *Gosch* in Kirchhof/Seer, 21. Aufl. 2022, § 4j EStG Rn. 2. Zur Zinsschranke siehe beispielsweise: BFH v. 14.10.2015 – I R 20/15, DStR 2016, 301 (Vorlage beim BVerfG, dort unter Az. 2 BvL 1/16 anhängig); *Schenke* in Kirchhof/Söhn/Mellinghoff, 323. Lief. 2022, § 4h EStG Rn. A 161 ff.; *Seiler* in Kirchhof/Seer, 21. Aufl. 2022, § 4h EStG Rn. 3; *Loschelder* in Schmidt, 41. Aufl. 2022, § 4h EStG Rn. 4.

niedrig besteuert eingeordnet werden, begründen. Sofern die UTPR als Betriebsausgabenabzugsbeschränkung ausgestaltet werden sollte, durchbricht sie zudem das objektive Nettoprinzip.

5.3.4 Rechtfertigung der Verstöße gegen den allgemeinen Gleichheitssatz

„Die Norm, die das Prinzip durchbricht, muß selbst von einem Prinzip getragen sein."[112] Ganz in diesem Sinne sind die aufgeworfenen Verstöße gegen den allgemeinen Gleichheitssatz nur zulässig, wenn sie gerechtfertigt sind.[113]

5.3.4.1 Kein Systemwechsel

Wie bereits oben zum Folgerichtigkeitsprinzip ausgeführt, stehen bisherige gesetzgeberische Grundentscheidungen dem Steuergesetzgeber im Falle eines System- oder Prinzipienwechsels nicht entgegen. Vor dem Hintergrund der teils ausgerufenen „neuen Weltsteuerordnung"[114] darf durchaus gefragt werden, ob der Gesetzgeber bei Umsetzung der Mindeststeuerregeln einen Systemwechsel herbeiführen will und sich damit von vorherigen Grundentscheidungen lösen kann. Ein solcher Wechsel setzt nach der Rechtsprechung des BVerfG die tatsächliche Schaffung eines neuen Regelwerks voraus, da ansonsten „jedwede Ausnahmeregelung als (Anfang einer) Neukonzeption" deklariert werden könnte.[115] Hierzu hat das BVerfG in seiner Entscheidung zur Pendlerpauschale weiter ausgeführt: „Die umfassende Gestaltungsfreiheit bei Entscheidungen für neue Regeln kann vom Gesetzgeber dann nicht in Anspruch genommen werden, wenn solche neuen Regeln nach Ziel und Wirkung die Orientierung an alternativen Prinzipien nicht erkennen lassen. Einen zulässigen Systemwechsel kann es ohne ein Mindestmaß an neuer Systemorientierung nicht geben. Insbesondere dann, wenn bei im Übrigen unveränderten Grundentscheidungen eine von diesen abweichende Belastungsentscheidung lediglich in einem schmalen Teilbereich mit der Behauptung eines Systemwechsels begründet wird, bedarf es greifbarer Anhaltspunkte – etwa

---

[112] *Tipke*, Die Steuerrechtsordnung, Band 1, 2. Aufl. 2000, S. 329.
[113] Siehe bspw. *Waldhoff* in Schön/Beck, Zukunftsfragen des deutschen Steuerrechts, S. 125 (129).
[114] *Wünnemann*, IStR 2021, 73.
[115] BVerfG v. 9.12.2008 – 2 BvL 1/07, 2 BvL 2/07, 2 BvL 1/08, 2 BvL 2/08, BVerfGE 122, 210 (242).

die Einbettung in ein nach und nach zu verwirklichendes Grundkonzept –, die die resultierende Ungleichbehandlung vor Art. 3 Abs. 1 GG rechtfertigen können."[116] Auch wenn die GloBE-Regeln aufgrund ihres in einem komplexen, internationalen Verständigungsprozess erarbeiteten Designs eine gewisse Eigenständigkeit aufweisen (etwa die vom bisherigen deutschen Steuerrecht abweichende Ermittlung der steuerlich zu berücksichtigenden Gewinne) und somit wahrscheinlich in einem eigenen Gesetz (wie zuvor etwa schon das StAbwG) implementiert werden, wird allein dies noch keinen Systemwechsel begründen, der eine Durchbrechung des Folgerichtigkeitsgebots ausschließt. Denn die neuen Regelungen haben nach wie vor die Ertragsbesteuerung, insbesondere von Körperschaften, zum Gegenstand und werden sicherlich auch Verweise in EStG und KStG aufweisen, sodass die Grundsatzentscheidungen zum objektiven Nettoprinzip und zum Trennungsprinzip auch für die neuen Regelungen Geltung entfalten. Zumindest beim objektiven Nettoprinzip ist ein Systemwechsel ausgeschlossen, da es kein anderes sachgerechtes Prinzip zur Konkretisierung des Leistungsfähigkeitsprinzips in Bezug auf die steuerliche Behandlung von Erwerbsaufwand gibt.[117] Hinsichtlich des Trennungsprinzips ist dagegen nicht erkennbar, dass der Gesetzgeber mit der Umsetzung der GloBE-Regeln einen grundsätzlichen Systemwechsel hin zu einem anderen Prinzip wie etwa einem steuersubjektübersteigenden Konzern- oder Gruppenbesteuerungsrecht vollziehen möchte. Denn auch im Konzernkontext wird es absehbar bei der grundsätzlichen Anwendung des Trennungsprinzips im Körperschaftsteuerrecht bleiben, was sich beispielsweise an der gerade erst neu eingeführten Option für Personenhandels- und Partnerschaftsgesellschaften zur Körperschaftsbesteuerung (§ 1a KStG) zeigt. Auch ist nicht ersichtlich, dass beispielsweise die Regelungen zur ertragsteuerlichen Organschaft (§§ 14 ff. KStG) ausgeweitet werden sollen, um eine grundsätzliche Abkehr vom Trennungsprinzip in der Konzernbesteuerung herbeizuführen. Hierfür spricht schon der enge Anwendungsbereich der Regeln unter Säule 2, der sich auf Konzerne mit einem Mindestjahresumsatz von 750 Mio. Euro beschränkt und dementsprechend Gruppen unterhalb dieser Schwelle weiterhin den allgemeinen Vorschriften unterwirft. Insofern kann eine Durchbrechung des Folgerichtigkeitsgebots nicht schon aufgrund eines grundsätzlichen Systemwechsels abgelehnt werden. Vielmehr kommt es darauf an, ob die einzelnen Durchbrechungen gerechtfertigt werden können.

---

[116] BVerfG v. 9.12.2008 – 2 BvL 1/07, 2 BvL 2/07, 2 BvL 1/08, 2 BvL 2/08, BVerfGE 122, 210 (242). Siehe hierzu auch BFH v. 18.12.2019 – I R 29/17, DStR 2020, 1910 (1913); *Drüen*, Ubg 2009, 23 (26 f.) und *Hey* in Tipke/Lang, Steuerrecht, 24. Aufl. 2021, § 3 Rn. 120 m. w. N.

[117] Siehe *Englisch*, DStR 2009, Beihefter zu Heft 34, 92 (96).

5.3.4.2 Anforderungen an die Rechtfertigung

Nach Auffassung des BVerfG bedürfen „Ausnahmen von einer belastungsgleichen Ausgestaltung der mit der Wahl des Steuergegenstandes getroffenen gesetzgeberischen Entscheidung (folgerichtigen Umsetzung des steuerrechtlichen Ausgangstatbestandes) [...] eines besonderen sachlichen Grundes, der die Ungleichbehandlung nach Art und Ausmaß zu rechtfertigen vermag".[118]

5.3.4.2.1 Willkürverbot oder Neue Formel?

Fraglich ist dabei, ob irgendein sachlicher Grund zur Rechtfertigung der Durchbrechungen ausreicht oder nicht eine strengere Verhältnismäßigkeitsprüfung durchzuführen ist. Die Rechtsprechung des BVerfG zu den Anforderungen an die Rechtfertigung steuerlicher Ungleichbehandlungen ist nach allgemeiner Auffassung als dreistufig zu beschreiben. Während bei der Auswahl des Steuergegenstandes und der Bestimmung des Steuersatzes (1. Stufe) dem Gesetzgeber ein weitreichender Gestaltungsspielraum zugestanden wird und seine Entscheidungen daher einer bloßen Willkürkontrolle unterliegen,[119] ist die Ausgestaltung einzelner Steuern (2. Stufe) – wie sie auch durch die neuen GloBE-Regeln vorgenommen wird – grundsätzlich am Verhältnismäßigkeitsmaßstab zu überprüfen.[120] Dieser bindet „die Ausübung der gesetzgeberischen Freiheit an ein hinreichendes Maß an Rationalität und Abgewogenheit."[121] Die Anforderungen an den Rechtfertigungsgrund steigen mit Umfang und Ausmaß der Abweichung.[122] Die 3. Stufe, welche die Lösung „komplexer dogmatischer Streitfragen" bei der Ausgestaltung des Steuertatbestands betrifft, soll dagegen wieder nur auf evidente Ungerechtigkeiten i. S. d. Willkür überprüft werden.[123] Dies setzt nach Auffassung der BVerfG die Notwendigkeit voraus, überzeugende dogmatische

---

[118] BVerfG v. 29.3.2017 – 2 BvL 6/11, BVerfGE 145, 106 (144) m. w. N.; vgl. zur ständigen Rechtsprechung etwa auch BVerfG v. 21.6.2006 – 2 BvL 2/99, BVerfGE 116, 164 (180 f.); v. 4.12.2002 – 2 BvR 400/98, 2 BvR 1735/00, BVerfGE 107, 27 (47); v. 6.3.2002 – 2 BvL 17/99, BVerfGE 105, 73 (126).

[119] Vgl. zur ständigen Rechtsprechung BVerfG v. 29.3.2017 – 2 BvL 6/11, BVerfGE 145, 106 (143 f.) m. w. N.; v. 12.5.2009 – 2 BvL 1/00, BVerfGE 123, 111 (120).

[120] BVerfG v. 29.3.2017 – 2 BvL 6/11, BVerfGE 145, 106 (145); v. 12.5.2009 – 2 BvL 1/00, BVerfGE 123, 111 (123); vgl. auch *Hey* in Tipke/Lang, Steuerrecht, 24. Aufl. 2021, § 3 Rn. 125; *Nußberger* in Sachs, 9. Aufl.2021, Art. 3 GG Rn. 142 f.; *Kempny*, JöR 2016, 477 (484 f.); *Schön*, JöR 2016, 515 (535 f.).

[121] BVerfG v. 12.5.2009 – 2 BvL 1/00, BVerfGE 123, 111 (123).

[122] BVerfG v. 23.06.2015 – 1 BvL 13/11, 1 BvL 14/11, BVerfGE 139, 285 (310); v. 17.12.2014 – 1 BvL 21/12, BVerfGE 138, 136 (181).

[123] BVerfG v. 12.5.2009 – 2 BvL 1/00, BVerfGE 123, 111 (123) zu den Jubiläumsrückstellungen; *Hey* in Tipke/Lang, Steuerrecht, 24. Aufl. 2021, § 3 Rn. 125.

Strukturen durch eine systematisch konsequente und praktikable Tatbestandsausgestaltung entwickeln zu müssen.[124] Allerdings wird in der Literatur zu Recht eingewendet, dass die Abgrenzung zwischen einer folgerichtigkeitsgebundenen einfachgesetzlichen Belastungsentscheidung und einer nur willkürbegrenzten, dogmatisch komplexen Einzelfrage vor dem Hintergrund der bisherigen Rechtsprechung des BVerfG kaum nachvollziehbar und daher nicht widerspruchsfrei möglich ist.[125] Nach *Tipke* bedarf ein Systembruch im oben festgestellten Sinne der Rechtfertigung durch ein anderes sachgerechtes Prinzip von mindestens gleichem Rang und Gewicht und muss zur Erreichung dieses Zwecks geeignet, erforderlich und verhältnismäßig sein.[126] Auch *Hey* und *Englisch* verlangen etwa für Ausnahmen vom objektiven Nettoprinzip nicht nur einen besonderen sachlichen Rechtfertigungsgrund, sondern fordern, dass die Ausnahmen ihrerseits folgerichtig ausgestaltet sind und einer Verhältnismäßigkeitskontrolle standhalten.[127] Neben diesen allgemeinen Erwägungen spricht zudem für eine strengere Verhältnismäßigkeitsprüfung, dass es durch die Anwendung von IIR und UTPR auch zur Einschränkung der Eigentumsfreiheit aus Art. 14 Abs. 1 GG (i. V. m. Art. 19 Abs. 3 GG) kommen kann, wenn die Top-up Tax die Gewinne der steuerpflichtigen Konzerneinheit übersteigt und somit eine Substanzbesteuerung begründet. Denn die Anforderung an die Rechtfertigungsgründe für gesetzliche Ungleichbehandlungen steigen allgemein in dem Maß, in dem sich die Ungleichbehandlung von Personen oder Sachverhalten auf die Ausübung grundrechtlich geschützter Freiheiten auswirken kann.[128] Dies gilt ebenso für juristische Personen.[129] Dem BVerfG zufolge darf ein Steuergesetz keine erdrosselnde Wirkung haben, sodass dem Grundrechtsträger ein „Kernbestand des Erfolges eigner

---

[124] BVerfG v. 12.5.2009 – 2 BvL 1/00, BVerfGE 123, 111 (123).
[125] So *Hey* in Tipke/Lang, Steuerrecht, 24. Aufl. 2021, § 3 Rn. 125.
[126] *Tipke*, Die Steuerrechtsordnung, Band 1, 2. Aufl. 2000, S. 328 ff., der damit ausdrücklich der Leibholzschen Willkürtheorie (*Leibholz*, Die Gleichheit vor dem Gesetz, 2. Aufl. 1959) widerspricht, da diese den Gleichheitssatz weitgehend leerlaufen ließe.
[127] *Hey* in Tipke/Lang, Steuerrecht, 24. Aufl. 2021, § 8 Rn. 55; *Englisch*, DStR 2009, Beihefter zu Heft 34, 92 (97). Nach letzterem ist dies insbesondere angezeigt, wenn man dem objektiven Nettoprinzip unmittelbaren Verfassungsrang einräumt, sodass dieses mit kollidierenden Zielsetzungen in praktische Konkordanz gebracht werden muss.
[128] Zur ständigen Rspr. vgl. BVerfG v. 29.3.2017 – 2 BvL 6/11, BVerfGE 145, 106 (145); v. 6.7.2010 – 2 BvL 13/09, BVerfGE 126, 268; v. 9.12.2008 – 2 BvL 1/07, 2 BvL 2/07, 2 BvL 1/08, 2 BvL 2/08, BVerfGE 122, 210 (230); v. 2.3.1999 – 1 BvL 2/91, BVerfGE 99, 367 (388) jeweils m. w. N.
[129] BVerfG v. 29.3.2017 – 2 BvL 6/11, BVerfGE 145, 106 (145); v. 2.3.1999 – 1 BvL 2/91, BVerfGE 99, 367 (388 f.).

5.3 Vereinbarkeit mit Art. 3 Abs. 1 GG

Betätigung im wirtschaftlichen Bereich in Gestalt [...] der grundsätzlichen Verfügungsbefugnis über die geschaffenen vermögenswerten Rechtspositionen erhalten bleibt."[130] Dementsprechend wird nachfolgend eine Verhältnismäßigkeitsprüfung durchgeführt. In diesem Rahmen verschärfen sich die Rechtfertigungsanforderungen zudem, je weniger die Merkmale, an die die gesetzliche Ungleichbehandlung anknüpft, für den Einzelnen verfügbar sind.[131] Andererseits ist dem Eingriff eine geringere Intensität zuzuschreiben, wenn der Steuerpflichtige über „belastungsmindernde" Ausweichmöglichkeiten verfügt, z. B. über gesellschaftsrechtliche Gestaltungen.[132] Dies gilt jedoch nur dann, wenn die Ausweichoption zweifelsfrei legal ist, keinen unzumutbaren Aufwand für den Steuerpflichtigen bedeutet und ihn auch sonst keinem nennenswerten finanziellen oder rechtlichen Risiko aussetzt.[133] Zumindest die letzten beiden Kriterien werden regelmäßig nicht erfüllt sein. Denn um die Besteuerung nach der IIR oder UTPR zu vermeiden, wäre es im Regelfall notwendig, dass ein Konzern seinen Umsatz reduziert (etwa durch Spaltung des Konzerns) oder er sich aus Niedrigsteuerländern oder Staaten, die die IIR oder UTPR eingeführt haben, zum Großteil oder sogar vollständig zurückzieht. Die erste Option der Umsatzsenkung dürfte sich wohl kaum in irgendeinem Fall als wirtschaftlich sinnvoll, geschweige denn zumutbar herausstellen. Sofern nicht allein aus steuerlichen Gründen Konzerneinheiten in Niedrigsteuerstaaten angesiedelt sind, sondern auch wirtschaftliche Gründe dahinterstehen (z. B. weil sich dort ein Absatzmarkt befindet), wird auch ein Rückzug von diesen Standorten mit nicht unerheblichen finanziellen Einbußen verbunden sein. Eine Flucht aus den die IIR oder UTPR anwendenden Staaten dürfte im Übrigen sehr schwierig, wenn nicht unmöglich werden und wäre ggf. mit erheblichen Umstrukturierungskosten verbunden, da insbesondere die Industriestaaten, aber auch ein Großteil der zahlreichen IF-Mitgliedstaaten die

---

[130] BVerfG v. 25.9.1992 – 2 BvL 5/91, 2 BvL 8/91, 2 BvL 14/91, BVerfGE 87, 153 (169); *Hey* in Tipke/Lang, Steuerrecht, 24. Aufl. 2021, § 3 Rn. 184; siehe auch BVerfG v. 18.1.2006 – 2 BvR 2194/99, BVerfGE 115, 97 (113) und *Musil* in Schön/Röder, Zukunftsfragen des deutschen Steuerrechts II, S. 129 (140).
[131] BVerfG v. 29.3.2017 – 2 BvL 6/11, BVerfGE 145, 106 (145); v. 17.12.2014 – 1 BvL 21/12, BVerfGE 138, 136 (181); v. 21.6.2011 – 1 BvR 2035/07, BVerfGE 129, 49 (69); v. 26.1.1993 – 1 BvL 38/92, 1 BvL 40/92, 1 BvL 43/92, BVerfGE 88, 87 (96).
[132] BVerfG v. 17.11.2009 – 1 BvR 2192/05, BVerfGE 125, 1 (33 f.); v. 15.1.2008 – 1 BvL 2/04, BVerfGE 120, 1 (51 f.). Siehe auch *Hey* in Tipke/Lang, Steuerrecht, 24. Aufl. 2021, § 3 Rn. 127 mit kritischen Anmerkungen.
[133] BVerfG v. 17.11.2009 – 1 BvR 2192/05, BVerfGE 125, 1 (33 ff.); v. 15.1.2008 – 1 BvL 2/04, BVerfGE 120, 1 (53).

GloBE-Regeln einführen werden und somit kaum Möglichkeiten verbleiben sollten, ohne Konzerneinheiten in zumindest einem Teil dieser Länder auszukommen. Hinzuzufügen ist ferner, dass eine Konzerneinheit, die nicht die Konzernobergesellschaft ist, regelmäßig wenig bis gar keinen Einfluss auf die Konzernstrukturen haben wird. Dementsprechend sind nachfolgend eher strengere Anforderungen an die Rechtfertigung zu stellen.

5.3.4.2.2 Bislang anerkannte besondere sachliche Gründe

Dem demokratisch legitimierten Gesetzgeber kommt bei der Setzung und Verfolgung legitimer Ziele zunächst eine gewisse Entscheidungsprärogative zu.[134] Bereits vielfach anerkannt hat das BVerfG hierbei außerfiskalische Förderungs- und Lenkungszwecke sowie Vereinfachungs- bzw. Typisierungszwecke und das Ziel der Missbrauchsabwehr.[135] Ausdrücklich nicht als besonderer sachlicher Grund akzeptiert wird dagegen der rein fiskalische Zweck der Erhöhung der staatlichen Steuereinnahmen, da dieser Zweck durch jedes – auch sprunghaftes und willkürliches – Besteuern erreicht würde.[136] Eine Berufung allein auf eine angespannte Haushaltslage (z. B. aufgrund der COVID-19-Pandemie) wird daher nicht möglich sein und entspricht auch nicht der Zielsetzung der GloBE-Regeln.

5.3.4.2.2.1 Außerfiskalische Förderungs- und Lenkungszwecke

Dem Steuergesetzgeber steht es nach Auffassung der BVerfG allerdings grundsätzlich frei, außerfiskalische Förderungs- und Lenkungszwecke aus Gründen des Gemeinwohls zu verfolgen.[137] So darf er „nicht nur durch Ge- und Verbote,

---

[134] Vgl. *Englisch*, DStR 2009, Beihefter zu Heft 34, 92 (97), siehe aber auch einschränkend BVerfG v. 15.1.2008 – 1 BvL 2/04, BVerfGE 120, 1 (45).

[135] Siehe bspw. BVerfG v. 29.3.2017 – 2 BvL 6/11, BVerfGE 145, 106 (151 ff.); v. 12.10.2010 – 1 BvL 12/07, BVerfGE 127, 224 (245); v. 6.7.2010 – 2 BvL 13/09, BVerfGE 126, 268 (278); BVerfG v. 9.12.2008 – 2 BvL 1/07, 2/07, 1/08, 2/08, BVerfGE 122, 210 (231); v. 24.1.1962 – 1 BvR 845/58, BVerfGE 13, 331 (344 f.). Vgl. etwa auch *Hey* in Tipke/Lang, Steuerrecht, 24. Aufl. 2021, § 3 Rn. 129; *Desens*, StuW 2016, 240 (244 ff.); *Quilitzsch* in Kirchhof/Kulosa/Ratschow, BeckOK EStG, 12. Edition, § 4j Rn. 24.

[136] BVerfG v. 29.3.2017 – 2 BvL 6/11, BVerfGE 145, 106 (144 f., 165); v. 15.12.2015 – 2 BvL 1/12, BVerfGE 141, 1 (40); v. 6.7.2010 – 2 BvL 13/09, BVerfGE 126, 268 (278); v. 9.12.2008 – 2 BvL 1/07, 2 BvL 2/07, 2 BvL 1/08, 2 BvL 2/08, BVerfGE 122, 210 (233, 236 f.); v. 21.6.2006 – 2 BvL 2/99, BVerfGE 116, 164 (182); v. 5.2.2002 – 2 BvR 305/93, 2 BvR 348/93, BVerfGE 105, 17 (45).

[137] Zur ständigen Rechtsprechung vgl. BVerfG v. 9.12.2008 – 2 BvL 1/07, 2 BvL 2/07, 2 BvL 1/08, 2 BvL 2/08, BVerfGE 122, 210 (231); v. 7.11.2006 – 1 BvL 10/02, BVerfGE 117, 1 (31 f.); v. 21.6.2006 – 2 BvL 2/99, BVerfGE 116, 164 (182); v. 20.4.2004 – 1 BvR 1748/99, 1 BvR 905/00, BVerfGE 110, 274 (292); v. 6.3.2002 – 2 BvL 17/99, BVerfGE 105, 73

5.3 Vereinbarkeit mit Art. 3 Abs. 1 GG

sondern ebenso durch mittelbare Verhaltenssteuerung auf Wirtschaft und Gesellschaft gestaltend Einfluss nehmen."[138] Dadurch kann der Gesetzgeber den Bürger auch durch Sonderbelastung eines unerwünschten Verhaltens oder durch steuerliche Verschonung eines erwünschten Verhaltens zu einem bestimmten Tun oder Unterlassen drängen.[139] Hierfür ist jedoch erforderlich, dass der Förderungs- und Lenkungszweck zum einen von einer erkennbaren gesetzgeberischen Entscheidung getragen wird und andererseits auch gleichheitsgerecht ausgestaltet ist.[140] Das BVerfG verlangt, dass „der Lenkungszweck mit hinreichender Bestimmtheit tatbestandlich vorgezeichnet ist"[141], weswegen auch die Umdeutung einer Fiskalzwecknorm in eine Lenkungsnorm nicht möglich ist.[142] Der Förder- oder Lenkungszweck muss erkennbar im Gesetzgebungsverfahren – Gesetzestext oder Gesetzesmaterialien – zum Ausdruck kommen.[143]

5.3.4.2.2.2 Vereinfachungs- und Typisierungszwecke

Der Gesetzgeber darf unabhängig davon, ob mit einer Steuernorm allein Fiskalzwecke oder auch außerfiskalische Förderungs- und Lenkungsziele verfolgt

---

(112); v. 11.11.1998 – 2 BvL 10/95, BVerfGE 99, 280 (296); v. 22.6.1995 – 2 BvL 37/91, BVerfGE 93, 121 (147).

[138] BVerfG v. 5.11.2014 – 1 BvF 3/11, BVerfGE 137, 350 (367); v. 9.12.2008 – 2 BvL 1/07, 2 BvL 2/07, 2 BvL 1/08, 2 BvL 2/08, BVerfGE 122, 210 (231); v. 7.11.2006 – 1 BvL 10/02, BVerfGE 117, 1 (31).

[139] BVerfG v. 9.12.2008 – 2 BvL 1/07, 2 BvL 2/07, 2 BvL 1/08, 2 BvL 2/08, BVerfGE 122, 210 (231 f.); v. 7.11.2006 – 1 BvL 10/02, BVerfGE 117, 1 (31 f.); v. 7.5.1998 – 2 BvR 1991/95, 2 BvR 2004/95, BVerfGE 98, 106 (117).

[140] BVerfG v. 9.12.2008 – 2 BvL 1/07, 2 BvL 2/07, 2 BvL 1/08, 2 BvL 2/08, BVerfGE 122, 210 (232); v. 7.11.2006 – 1 BvL 10/02, BVerfGE 117, 1 (32); v. 21.6.2006 – 2 BvL 2/99, BVerfGE 116, 164 (182); v. 20.4.2004 – 1 BvR 1748/99, 1 BvR 905/00, BVerfGE 110, 274 (293); v. 11.11.1998 – 2 BvL 10/95, BVerfGE 99, 280 (296); v. 22.6.1995 – 2 BvL 37/91, BVerfGE 93, 121 (148). Denn nur bei hinreichender Erkennbarkeit sind diese Ziele auch geeignet, rechtfertigende Gründe für steuerliche Belastungen oder Entlastungen zu liefern, vgl. auch BVerfG v. 6.3.2002 – 2 BvL 17/99, BVerfGE 105, 73 (112 f.).

[141] BVerfG v. 22.6.1995 – 2 BvL 37/91, BVerfGE 93, 121 (148).

[142] *Hey* in Tipke/Lang, Steuerrecht, 24. Aufl. 2021, § 3 Rn. 21.

[143] Vgl. BVerfG v. 9.12.2008 – 2 BvL 1/07, 2 BvL 2/07, 2 BvL 1/08, 2 BvL 2/08, BVerfGE 122, 210 (238); *Hey* in Tipke/Lang, Steuerrecht, 24. Aufl. 2021, § 3 Rn. 21.

werden, vereinfachen und typisieren.[144] Vereinfachungen sollen die Steuerrechtsanwendung erleichtern, praktikabler und wirtschaftlicher gestalten sowie Überkompliziertheit und Undurchführbarkeit der Gesetze verhindern.[145] „Die wesentliche Funktion der Typisierung im Steuerrecht ist die Entlastung des Rechtsanwenders im Massenfallrecht."[146] Der Gesetzgeber ist daher bei der Ordnung von Massenerscheinungen grundsätzlich befugt, „die Vielzahl der Einzelfälle in dem Gesamtbild zu erfassen, das nach den ihm vorliegenden Erfahrungen die regelungsbedürftigen Sachverhalte zutreffend wiedergibt"[147], und auf dieser Grundlage generalisierende, typisierende und pauschalierende Regelungen zu treffen, ohne wegen der damit unvermeidlich verbundenen Härten gegen den allgemeinen Gleichheitssatz zu verstoßen.[148] Hierbei muss er allerdings realitätsgerecht den typischen Fall als Maßstab zu Grunde legen, darf also keinen

---

[144] BVerfG v. 9.12.2008 – 2 BvL 1/07, 2 BvL 2/07, 2 BvL 1/08, 2 BvL 2/08, BVerfGE 122, 210 (232); v. 21.6.2006 – 2 BvL 2/99, BVerfGE 116, 164 (182), vgl. auch *Jarass* in Jarass/Pieroth, 16. Aufl. 2020, Art. 3 GG Rn. 53, 36 ff.). Denn jede gesetzliche Regelung muss verallgemeinern, vgl. auch BVerfG v. 6.3.2002 – 2 BvL 17/99, BVerfGE 105, 73 (127); v. 11.11.1998 – 2 BvL 10/95, BVerfGE 99, 280 (290); v. 10.4.1997 – 2 BvL 77/92, BVerfGE 96, 1 (6). „Typisierung bedeutet, bestimmte in wesentlichen Elementen gleich geartete Lebenssachverhalte normativ zusammenzufassen. Besonderheiten, die im Tatsächlichen durchaus bekannt sind, können generalisierend vernachlässigt werden. Der Gesetzgeber darf sich grundsätzlich am Regelfall orientieren und ist nicht gehalten, allen Besonderheiten jeweils durch Sonderregelungen Rechnung zu tragen.", BVerfG v. 6.7.2010 – 2 BvL 13/09, BVerfGE 126, 268 (279).

[145] *Hey* in Tipke/Lang, Steuerrecht, 24. Aufl. 2021, § 3 Rn. 23. Siehe auch *Hey/Kirchhof/Ismer* in Herrmann/Heuer/Raupach, 310. Lief. 2022, Einführung zum EStG Rn. 330.

[146] BVerfG v. 12.10.2010 – 1 BvL 12/07, BVerfGE 127, 224 (254). Denn Gesetze, die nicht praktikabel sind, können nicht gleichmäßig durchgeführt werden, *Hey* in Tipke/Lang, Steuerrecht, 24. Aufl. 2021, § 3 Rn. 145. Siehe auch *Tipke*, Die Steuerrechtsordnung, Band 1, 2. Aufl. 2000, S. VIII: Da nur relativ einfaches Recht einigermaßen gleichmäßig angewendet werden kann, sind Vereinfachungszwecknormen geboten, wenn mit ihnen und dem damit einhergehenden verhältnismäßigen Befolgungsaufwand mehr Gleichbelastung erreicht wird als ohne sie.

[147] BVerfG v. 21.6.2006 – 2 BvL 2/99, BVerfGE 116, 164 (182); v. 6.3.2002 – 2 BvL 17/99, BVerfGE 105, 73 (127); v. 11.11.1998 – 2 BvL 10/95, BVerfGE 99, 280 (290); vgl. auch BVerfG v. 10.4.1997 – 2 BvL 77/92, BVerfGE 96, 1 (6); v. 30.5.1990 – 1 BvL 2/83, 1 BvL 9/84, 1 BvL 10/84, 1 BvL 3/85, 1 BvL 11/89, 1 BvL 12/89, 1 BvL 13/89, 1 BvL 4/90, 1 BvR 764/86, BVerfGE 82, 126 (151 f.); v. 31.5.1988 – 1 BvR 520/83, BVerfGE 78, 214 (226 f.).

[148] BVerfG v. 6.7.2010 – 2 BvL 13/09, BVerfGE 126, 268 (279); v. 9.12.2008 – 2 BvL 1/07, 2 BvL 2/07, 2 BvL 1/08, 2 BvL 2/08, BVerfGE 122, 210 (232, 234); v. 21.6.2006 – 2 BvL 2/99, BVerfGE 116, 164 (182 f.); v. 6.3.2002 – 2 BvL 17/99, BVerfGE 105, 73 (127); v. 11.11.1998 – 2 BvL 10/95, BVerfGE 99, 280 (290); v. 8.10.1991 – 1 BvL 50/86, BVerfGE 84, 348 (359 f.) m. w. N.

atypischen Fall als Leitbild wählen.[149] Im Übrigen muss die Typisierung zur Vereinfachung geeignet, erforderlich und angemessen sein.[150] Der Gewinn an Praktikabilität darf nicht durch einen beträchtlichen Verlust an Einzelfallgerechtigkeit erkauft werden.[151] Eine zulässige Typisierung setzt voraus, dass mit ihr verbundene „Härten und Ungerechtigkeiten nur unter Schwierigkeiten vermeidbar wären" und dass diese „lediglich eine verhältnismäßig kleine Zahl von Personen betreffen und der Verstoß gegen den Gleichheitssatz nicht sehr intensiv ist."[152] Zudem ist die Gestaltungsfreiheit des Gesetzgebers bei bevorzugender Typisierung weiter gespannt als bei benachteiligender Typisierung.[153]

5.3.4.2.2.3 Zwecke der Missbrauchsabwehr

Durch Missbrauchsvermeidung soll schließlich die Gleichmäßigkeit der Besteuerung sichergestellt werden, die durch Steuermissbrauch, also die Inanspruchnahme von Steuervorteilen entgegen der wirtschaftlichen Leistungsfähigkeit und der vom Gesetzgeber in zulässiger Weise verfolgten Regelungsziele, gefährdet ist.[154] Dementsprechend kann das Ziel der Bekämpfung von legalen, aber unerwünschten Steuergestaltungen ein legitimer Zweck zur Rechtfertigung von

---

[149] BVerfG v. 6.7.2010 – 2 BvL 13/09, BVerfGE 126, 268 (279); v. 21.6.2006 – 2 BvL 2/99, BVerfGE 116, 164 (182 f.); v. 16.3.2005 – 2 BvL 7/00, BVerfGE 112, 268 (280 f.); v. 11.1.2005 – 2 BvR 167/02, BVerfGE 112, 164 (181 f.); v. 7.10.1969 – 2 BvR 555/67, BVerfGE 27, 142 (150).

[150] Vgl. *Birk/Desens/Tappe*, Steuerrecht, 24. Aufl. 2021, Rn. 209; BVerfG v. 4.4.2001 – 2 BvL 7/98, BVerfGE 103, 310 (319).

[151] *Hey* in Tipke/Lang, Steuerrecht, 24. Aufl. 2021, § 3 Rn. 145.

[152] BVerfG v. 29.3.2017 – 2 BvL 6/11, BVerfGE 145, 106 (146 f.); v. 6.7.2010 – 1 BvL 9/06, 1 BvL 2/08, BVerfGE 126, 233 (263 f.); v. 4.4.2001 – 2 BvL 7/98, BVerfGE 103, 310 (319); v. 28.4.1999 – 1 BvL 11/94, 1 BvL 33/95, 1 BvR 1560/97, BVerfGE 100, 138 (174); v. 17.11.1992 – 1 BvL 8/87, BVerfGE 87, 234 (255 f.); v. 8.10.1991 – 1 BvL 50/86, BVerfGE 84, 348 (360); *Jarass* in Jarass/Pieroth, 16. Aufl. 2020, Art. 3 GG Rn. 37, 53. Hierfür sind auch praktische Erfordernisse der Verwaltung von Bedeutung, BVerfG v. 8.2.1983 – 1 BvL 28/79, BVerfGE 63, 119 (128). Vgl. auch *Englisch*, DStR 2009, Beihefter zu Heft 34, 92 (97 f.) m. w. N.

[153] BVerfG v. 4.4.2001 – 2 BvL 7/98, BVerfGE 103, 310 (319); v. 24.7.1963 – 1 BvL 30/57, 1 BvL 11/61, BVerfGE 17, 1 (24). Nach *Klein*, DStZ 1995, 630 sind an eine Typisierung und die damit einhergehende Vernachlässigung von Einzelfallgerechtigkeit umso strengere gleichheitsrechtliche Maßstäbe anzulegen, je höher die Steuerlast ist und je höher die daraus resultierende Be- oder Entlastungswirkung von Abweichungen des realen vom typisierten Sachverhalt ausfällt.

[154] Vgl. *Hey* in Tipke/Lang, Steuerrecht, 24. Aufl. 2021, § 3 Rn. 129. Zu den Irrungen und Wirrungen steuerlicher Missbrauchsvorschriften auf deutscher und internationaler Ebene siehe *Haarmann*, IStR 2018, 561 ff.

Ungleichbehandlungen i. S. d. Art. 3 Abs. 1 GG sein.[155] Systematisch handelt es sich bei spezialgesetzlichen Missbrauchsbekämpfungsvorschriften um Vereinfachungszwecknormen zur Durchsetzung des Fiskalzwecks.[156] Daher müssen typisierende Missbrauchsvorschriften in der Körperschaftbesteuerung die allgemeinen Voraussetzungen an steuergesetzliche Vereinfachungszwecknormen einhalten.[157] Dazu gehört, dass aufgrund des Verhältnismäßigkeitsprinzips eine zielgenaue Typisierung des zu erfassenden Missbrauchs vorgenommen werden muss.[158] Insbesondere muss sich eine gesetzliche Typisierung „realitätsgerecht am typischen Fall orientieren" und darf „keinen atypischen Fall als Leitbild wählen".[159] Die Vorteile der Typisierung dürfen nicht außer Verhältnis zu der mit der Typisierung notwendigerweise verbundenen Ungleichbehandlung stehen,

---

[155] BVerfG v. 29.3.2017 – 2 BvL 6/11, BVerfGE 145, 106 (153). Grundsätzlich – also ohne eine entsprechende Missbrauchsbekämpfungsvorschrift wie bspw. § 42 AO – ist es jedoch hinzunehmen, dass der Steuerpflichtige die eigenen Rechtsverhältnisse im Rahmen der Privatautonomie so ausgestaltet, dass Steuererleichterungen durch entsprechende Gestaltung der relevanten Tatbestandsmerkmale nach Möglichkeit in Anspruch genommen, oder in entsprechender Weise Steuerbelastungen vermieden werden, siehe BVerfG v. 17.12.2014 – 1 BvL 21/12, BVerfGE 138, 136 (236). Nach einer Auffassung in der Literatur ist die Durchbrechung des Trennungsprinzips durch die bisherige Hinzurechnungsbesteuerung gemäß §§ 7 ff. AStG aufgrund des Zwecks der Missbrauchsabwehr gerechtfertigt, *Pinkernell/Ditz*, ISR 2020, 1 (10) unter Verweis auf BFH v. 11.3.2015 – I R 10/14, BStBl. II 2015, 1049; ISR 2015, 276 (*Quilitzsch*); FR 2015, 719 m. Anm. *Klein*. Siehe auch *Haarmann*, IStR 2011, 565 (566 f.).

[156] *Gabel*, Verfassungsrechtliche Maßstäbe spezieller Missbrauchsnormen im Steuerrecht, S. 44 ff. Spezialgesetzliche Missbrauchsnormen konkretisieren und verdrängen den Tatbestand des § 42 AO, vgl. *Drüen* in Tipke/Kruse, 169. Lief. 2022, § 42 AO Rn. 10 ff.; BFH v. 18.12.2013 – I R 25/12, GmbHR 2014, 605 (606).

[157] Vgl. BVerfG v. 29.3.2017 – 2 BvL 6/11, BVerfGE 145, 106 (153); *Englisch*, Dividendenbesteuerung, S. 140; *Hey*, DStR 2009, Beihefter zu Heft 34, 109 (112). Die Missbrauchsvermeidung selbst bedarf dagegen keiner speziellen Rechtfertigung, da sie dem Zweck gleichmäßiger Erfassung wirtschaftlicher Leistungsfähigkeit unabhängig von der gewählten rechtlichen Gestaltung folgt, vgl. *Hey/Kirchhof/Ismer* in Herrmann/Heuer/Raupach, 310. Lief. 2022, Einführung zum EStG Rn. 64.

[158] Vgl. BFH v. 14.10.2015 – I R 20/15, DStR 2016, 301 (308 f.); v. 18.12.2013 – I B 85/13, DStR 2014, 788 (790 f.); v. 13.3.2012 – I B 111/11, DStR 2012, 955 (959); *Hey*, DStR 2009, Beihefter zu Heft 34, 109 (112); *Hagemann/Kahlenberg*, FR 2017, 1125 (1126); *Hey*, StuW 2008, 167 (176).

[159] BVerfG v. 29.3.2017 – 2 BvL 6/11, BVerfGE 145, 106 (153). Sollen beispielsweise Steuergestaltungen verhindert werden, die der Vermeidung wirtschaftlicher Doppelbesteuerung von Gewinnausschüttungen dienen, muss der gesetzliche Missbrauchstatbestand etwa durch Mindestbeteiligungserfordernisse die Möglichkeit gesellschaftsrechtlicher Einflussnahme voraussetzen, *Hey*, DStR 2009, Beihefter zu Heft 34, 109 (112).

wobei die gleichzeitige Erfassung von Fällen, die keinen Missbrauch darstellen, als unvermeidbare, verfassungsrechtlich hinzunehmende Folge des Einsatzes von Vereinfachungszwecknormen zu betrachten ist, soweit es sich dabei nur um Einzelfälle handelt.[160] Zudem darf rechtsfolgenseitig keine höhere Belastung ausgelöst werden als bei nichtmissbräuchlichem Verhalten.[161] Im Übrigen gilt, dass dem Steuerpflichtigen eine Möglichkeit zur Widerlegung der Missbrauchsvermutung umso eher eingeräumt werden muss, je gröber der Gesetzgeber den Missbrauchstatbestand fasst.[162]

5.3.4.2.2.4 Qualifizierter Fiskalzweck

Im Übrigen wird vereinzelt vertreten, dass fiskalische Zwecke, die über das bloße Erzielen von Einnahmen i. S. d. § 3 Abs. 1 AO hinausgehen[163], als sog. qualifizierte Fiskalzwecke eine Rechtfertigung begründen könnten.[164] Denn das Steuersystem müsse auch dafür Sorge tragen, das Wohlstandsgrundlagen überhaupt in Deutschland vorhanden seien und hier auch vorhanden blieben.[165] Dieser Zweck sei dem einfachen Fiskalzweck der Erzielung von Einnahmen vorgelagert.[166] Durchbrechungen des Art. 3 Abs. 1 GG ermöglichten es nämlich, „steuerlichen Trittbrettfahrern entgegen zu treten, die zwar die Infrastruktur eines Landes ausnutzen, aber nicht bereit sind, sich an den damit verbundenen finanziellen Lasten zu beteiligen".[167] Eine gleichheitsgerechte Besteuerung sei nur zu gewährleisten, wenn möglichst viele Personen die Lasten und Kosten dafür übernähmen.[168]

---

[160] *Hey*, DStJG 33 (2010), 139 (168).

[161] *Hey*, DStJG 33 (2010), 139 (168); *Hey*, DStR 2009, Beihefter zu Heft 34, 109 (112).

[162] *Hey*, StuW 2008, 167 (176), *Hey*, DStJG 33 (2010), 139 (168 f.): Dies gilt insbesondere für spezialgesetzliche Regelungen im Unternehmenssteuerrecht, bei denen eher kein Massenfallrecht anzunehmen ist und daher die Überprüfbarkeit der zur Entlastung vorgebrachten Fakten regelmäßig gewährleistet sein sollte.

[163] Hierzu werden bislang die Verstetigung des Steueraufkommens, die Kalkulierbarkeit öffentlicher Haushalte, die Vermeidung unkalkulierbarer Steuerausfälle sowie die Sicherung des Steuersubstrats gezählt, vgl. BFH v. 14.10.2015 – I R 20/15, DStR 2016, 301 (307 f.); v. 18.12.2013 – I B 85/13, DStR 2014, 788 (790); *Desens*, FR 2011, 745 (749); *Heil/Pupeter*, BB 2017, 795 (800).

[164] *Heuermann*, DStR 2013, 1(3).

[165] *Schmehl* in Schön/Beck, Zukunftsfragen des deutschen Steuerrechts, S. 99 (116); *Heuermann*, DStR 2013, 1(3).

[166] *Heuermann*, DStR 2013, 1(3).

[167] *Schenke* in FS Wahl, 2011, S. 803 (817); *Schenke* in Kirchhof/Söhn/Mellinghoff, 323. Lief. 2022, § 4h EStG Rn. A 178 ff.

[168] *Heuermann*, DStR 2013, 1(3).

In Rechtsprechung und Literatur hat eine Rechtfertigung über qualifizierte Fiskalzwecke bereits in der Debatte um die Verfassungsmäßigkeit der sog. Mindestbesteuerung des § 10d Abs. 2 EStG 2002 und der darin geregelten interperiodischen Verlustabzugsbeschränkung Anklang gefunden.[169] *Desens* hat die Anwendbarkeit qualifizierter Fiskalzwecke („Verstetigung der Staatseinnahmen", „bessere Kalkulierbarkeit der Haushalte") in diesem Zusammenhang jedoch selbst dahingehend eingegrenzt, als dass dieser Rechtfertigungsgrund beim endgültigen Untergang von Verlustvorträgen und der damit einhergehenden Durchbrechung des objektiven Nettoprinzips allein nicht mehr greifen könne, da der Verlust der Verlustvortrages nicht nur eine Verstetigung der Staatseinnahmen, sondern eine Erhöhung dieser bewirke.[170] Ganz in diesem Sinne hat sich dann auch der BFH in seinem Beschluss zur Zinsschranke zwar erneut mit dem qualifizierten Fiskalzweck (Sicherung des inländischen Steuersubstrats) als Rechtfertigungsgrund auseinandergesetzt, einen solchen Zweck jedoch wieder nur als allgemeinen Fiskalzweck qualifiziert und festgestellt, dass Gewinnverlagerungen im Konzern (mittels Fremdfinanzierung) nach steuerrechtlichen Maßstäben grundsätzlich nicht zu sanktionieren seien, „wenn die Grenze des Rechtsmissbrauchs nicht überschritten wird."[171] Diese Einschätzung entspricht auch der herrschenden Meinung in der Literatur[172] und wurde von weiteren Literaturstimmen bereits

---

[169] Vgl. BFH v. 26.2.2014 – I R 59/12, DStR 2014, 1761 (1766): Vorlage beim BVerfG, dort unter Az. 2 BvL 19/14 anhängig); v. 22.8.2012 – I R 9/11, DStR 2012, 2435 (2438); *Desens*, FR 2011, 745 (749); *Kube*, DStR 2011, 1781 (1789 f.); *Heuermann* in Kirchhof/Söhn/Mellinghoff, 323. Lief. 2022, § 10d EStG Rn. A 85; a. A. *Hey*, StuW 2011, 131 (141 f.); *Röder*, StuW 2012, 18 (25 f.); *Wissenschaftlicher Beirat Steuern der Ernst & Young GmbH*, DB 2012, 1704 (1707).

[170] *Desens*, FR 2011, 745 (749 f.); ähnlich auch *Kube*, DStR 2011, 1781 (1789 f.).

[171] BFH v. 14.10.2015 – I R 20/15, DStR 2016, 301 (307 f.). Zumindest mit grundsätzlichen Zweifeln an der Verfassungsmäßigkeit der Zinsschranke zuvor schon BFH v. 18.12.2013 – I B 85/13, DStR 2014, 788 (790); v. 13.3.2012 – I B 111/11, DStR 2012, 955 (958 f.).

[172] Vgl. *München/Mückl*, DStR 2014, 1469 (1472 f.); *Jehlin*, Die Zinsschranke als Instrument zur Missbrauchsvermeidung und Steigerung der Eigenkapitalausstattung, 2013, S. 162 f.; *Prinz*, DB 2013, 1571 (1572); *München*, Die Zinsschranke – eine verfassungs-, europa- und abkommensrechtliche Würdigung, S. 66 f.; *Musil/Volmering*, DB 2008, 12 (14 f.).

5.3 Vereinbarkeit mit Art. 3 Abs. 1 GG

sowohl in Hinblick auf die Lizenzschranke[173] als auch die Entwürfe der GloBE-Regeln[174] geteilt. Auch wenn die höchstrichterliche Beurteilung der Zinsschranke durch das BVerfG noch aussteht,[175] wird vorliegend der allgemeinen Einordnung qualifizierter Fiskalzwecke in ihrer bisherigen Form als untaugliche Rechtfertigungsgründe gefolgt. Auch die Sicherung des Steuersubstrats ist stets ein inhärentes Ziel der Steuererhebung.[176] Bei nicht intendierten Abweichungen in der Besteuerung ist der Gesetzgeber daher richtigerweise darauf zu verweisen, diesen Abweichungen systemkonform im Rahmen von hinreichend zielgenauen Missbrauchsbekämpfungsvorschriften oder aber durch eine Nachjustierung der bestehenden Steuervorschriften Einhalt zu gebieten.

---

[173] Vgl. etwa *Hagemann/Kahlenberg* in Herrmann/Heuer/Raupach, 310. Lief. 2022, § 4j EStG Rn. 4; *Ditz/Pinkernell/Quilitzsch*, IStR 2014, 45 (47); *Hagemann/Kahlenberg*, FR 2017, 1125 (1126); *Müllmann*, Die Lizenzschranke als Abwehrmaßnahme im Steuerwettbewerb, 2021, S. 188 f.; *Quilitzsch* in Kirchhof/Kulosa/Ratschow, BeckOK EStG, 12. Edition, § 4j Rn. 25, nach dem die abschöpfende Ersatzbesteuerung ausländischen Steuersubstrats lediglich einen rein fiskalischen Zweck darstelle. Auch *van Lück*, IStR 2017, 388 (390) ist nicht überzeugt davon, eine Ersatzbesteuerung ausländischen Steuersubstrats damit zu begründen, es handele sich eigentlich um eine Ersatzbesteuerung inländischen Steuersubstrats, welches lediglich aufgrund der Anwendung der bestehenden rechtlichen Regelungen nicht inländisches Substrat sei.

[174] Vgl. *Pinkernell/Ditz*, ISR 2020, 1 (11 f.) zu den Entwürfen im Jahr 2019. Die Motive „Sicherung des Steuersubstrats", „Stärkung der Eigenkapitalbasis" und „Lenkung des Konzernverhaltens" stellten lediglich Varianten des allgemeinen Fiskalzwecks dar, der eine Durchbrechung des objektiven Nettoprinzips nicht tragen könne. Im Hinblick auf die UTPR haben die Autoren zudem darauf hingewiesen, dass für eine folgerichtige Belastungsentscheidung auch Zahlungen an ausreichend besteuerte Konzerngesellschaften und fremde Dritte nicht zum Abzug zugelassen werden dürften, da auch diese das inländische Steuersubstrat schmälern würden. Zugleich fragen die Autoren, ob bzgl. der IIR die Herstellung einer Vorbelastung in Zusammenhang mit der Begünstigung von Gewinnausschüttungen durch das körperschaftsteuerliche Schachtelprivileg, das Teileinkünfteverfahren und die Abgeltungsteuer als Rechtfertigungsgrund herangezogen werden könne. Dafür wäre ihrer Ansicht nach allerdings eine umfassende Reform der Besteuerung von Beteiligungserträgen erforderlich, bei der neben der Vorbelastung der Ausschüttungen inländischer Kapitalgesellschaften auch der Routineertrag der ausländischen „Zwischengesellschaft" zu betrachten wäre.

[175] Die Vorlage beim BVerfG durch BFH v. 14.10.2015 – I R 20/15, DStR 2016, 301 ist dort unter Az. 2 BvL 1/16 anhängig.

[176] *München/Mückl*, DStR 2014, 1469 (1472).

5.3.4.3 Anwendung dieser Rechtfertigungsgründe auf die festgestellten Ungleichbehandlungen durch IIR und UTPR im konkreten Fall

IIR und UTPR unterscheiden sich als Bestandteile der GloBE-Regeln nicht in ihrer grundlegenden Mechanik, nämlich der Erhebung von Top-up Tax bei Vorliegen niedrig besteuerter Konzerneinheiten. Lediglich auf Rechtsfolgenseite weisen sie unterschiedliche Erhebungsformen für die Top-up Tax auf. Die damit einhergehenden Verstöße gegen Art. 3 Abs. 1 GG durch Durchbrechung des Trennungsprinzips (IIR wie auch UTPR) bzw. Durchbrechung des objektiven Nettoprinzips (UTPR als Betriebsausgabenabzugsbeschränkung) verfolgen daher dieselben Ziele und werden aus diesem Grunde gemeinsam auf ihre Rechtfertigung hin untersucht.

5.3.4.3.1 Außerfiskalische Förderungs- und Lenkungszwecke

Die GloBE-Vorschriften verfolgen Lenkungszwecke. IIR und UTPR sollen durch Erhebung der Top-up Tax bewirken, dass der internationale Steuerwettbewerb zwischen den Staaten begrenzt wird und multinationale Konzerne möglichst keine Anreize mehr zur (schädlichen) Verlagerung ihrer Gewinne in steuerlich günstigere Hoheitsgebiete haben (vgl. Kap. 3). Folglich soll auf das Verhalten anderer Staaten und multinationaler Konzerne eingewirkt werden. Allerdings sind die beiden genannten Lenkungsziele nicht außerfiskalischer, sondern fiskalischer Natur, denn sie schützen primär die Steuereinnahmen des die Regeln anwendenden Staates. Dass mit der Einführung der Mindeststeuer mittelbar auch außerfiskalische Ziele verfolgt werden, nämlich die Folgen eines unbegrenzten Steuerwettbewerbs und von Gewinnverlagerungen zu beseitigen, zu denen etwa Wettbewerbsverzerrungen und der soziale Unfrieden aufgrund eines als ungerecht empfundenen Steuersystems gehören, kann nach Auffassung des Autors als Argument nicht durchgreifen, weil diese mittelbaren Effekte der aktuellen Situation rein steuerlich bedingt sind.[177] Im Übrigen kann aus der Rechtsprechung des BVerfG abgeleitet werden, dass sich eine Steuervorschrift mit Lenkungszweck nur gegen das Verhalten des jeweiligen Steuerpflichtigen

---

[177] Vgl. hierzu auch *Hey* in Tipke/Lang, Steuerrecht, 24. Aufl. 2021, § 3 Rn. 21. Eine folgerichtige Umsetzung der Regelungen zur Behebung von Wettbewerbsverzerrungen wäre darüber hinaus schon aufgrund der Umsatzschwelle und des damit einhergehenden Ausschlusses kleinerer multinationaler Konzerne, die weiterhin von niedrigeren Steuerbelastungen profitieren würden, abzulehnen. Entsprechend wäre der Lenkungszweck auch nicht hinreichend tatbestandlich vorgezeichnet.

richten darf und nicht gegen das Handeln eines anderen Staates.[178] In vielen Fällen, insbesondere bei Anwendung der UTPR, ist der Steuerpflichtige aber überhaupt nicht an den Vorgängen beteiligt, die zu einer Niedrigbesteuerung einer anderen Konzerneinheit führen. So kann auch das Jurisdictional Blending dazu führen, dass eine IIR-steuerpflichtige Muttergesellschaft, die nicht Konzernobergesellschaft ist, Top-up Tax entrichten muss, obwohl ihre Tochtergesellschaft lediglich aufgrund der niedrigen Steuerlast anderer Konzerneinheiten, an denen die Steuerpflichtige nicht beteiligt ist, als niedrig besteuert behandelt wird.[179] Außerfiskalische Förderungs- oder Lenkungszwecke können daher nicht zur Rechtfertigung angeführt werden.[180] Vielmehr liegt es näher, IIR und UTPR als fiskalische Lenkungszwecknormen einzuordnen.[181] Ob der fiskalische (Dritt-)Lenkungszweck jedoch geeignet ist, eine Durchbrechung des Folgerichtigkeitsprinzips zu rechtfertigen, ist soweit nicht ausgemacht, wird jedoch in der Literatur für den Zweck der Bekämpfung „unfairen" Steuerwettbewerbs für möglich gehalten (siehe hierzu Abschn. 5.3.4.4).[182]

---

[178] Vgl. BVerfG v. 5.11.2014 – 1 BvF 3/11, BVerfGE 137, 350 (367); *Heil/Pupeter*, BB 2017, 1947 (1950); *Hey* in Tipke/Lang, Steuerrecht, 24. Aufl. 2021, § 3 Rn. 183. Aus diesem Grund kommen *Pinkernell/Ditz*, ISR 2020, 1 (10) für den Aspekt des Steuerwettbewerbs zu dem Ergebnis, dass die Regelungen insofern nicht geeignet seien. Dem könnte allerdings entgegengehalten werden, dass mittelbar sehr wohl Einfluss auf das Verhalten anderer Staaten in der Unternehmensbesteuerung genommen werden kann, wenn die von Staaten etablierten Steueranreize nicht mehr die erwünschte Wirkung auf Unternehmen entfalten. Hinsichtlich des Ziels der Vermeidung unternehmerischer Gewinnverlagerungen (Investitionsverhalten) ordnen *Pinkernell/Ditz*, ISR 2020, 1 (10 ff.) die Regeln zwar als zur Lenkung geeignet ein, sprechen ihnen aber aufgrund des nur partiellen Systemwechsels zur Kapitalexportneutralität die folgerichtige Umsetzung ab.

[179] Siehe zu diesem Beispiel schon oben unter Abschn. 5.3.3.2.

[180] A. A. *Gebhardt*, IWB 2020, 958 (966), welcher allerdings nicht zwischen außerfiskalischen und fiskalischen Lenkungszwecken unterscheidet. Auch bei § 4j EStG wurden keine Lenkungszwecke verfolgt, vgl. *Max/Thiede*, StB 2017, 175 (181); *Hagemann/Kahlenberg*, FR 2017, 1125 f.

[181] Siehe hierzu auch *Woitok*, IStR 2021, 777 (783), der in dem Abzugsverbot des § 8 Satz 1 StAbwG eine solche fiskalische (Dritt-)Lenkungszwecknorm erkennt.

[182] Vgl. *Woitok*, IStR 2021, 777 (783) in Bezug auf die Durchbrechung des objektiven Nettoprinzips durch § 8 Satz 1 StAbwG. Generell eine Rechtfertigung hinsichtlich dieses Verstoßes ablehnend *Werthebach*, IStR 2021, 338 (341). Vgl. insoweit auch die Diskussion zur Lizenzschranke in § 4j EStG: z. B. *Reddig* in Kirchhof/Söhn/Mellinghoff, 323. Lief. 2022, § 4j EStG Rn. A 53, welcher in der Abzugsbeschränkung eine „nicht zu rechtfertigende steuerpolitische Geiselhaft" des Lizenzschuldners erblickt, und *Heil/Pupeter*, BB 2017, 1947 (1950).

5.3.4.3.2 Vereinfachungs- und Typisierungszwecke

Im Schrifttum ist eine Rechtfertigung der Durchbrechungen von Art. 3 Abs. 1 GG durch IIR und UTPR anhand von Vereinfachungs- oder Typisierungszwecken bislang abgelehnt worden.[183] Nach Auffassung des Autors besteht jedoch durchaus ein erörterungsbedürftiges Rechtfertigungspotenzial. Denn zum einen könnte vertreten werden, dass die Hinzurechnungsbesteuerung über die IIR bzw. die Betriebsausgabenabzugsbeschränkung über die UTPR die Erhebung der Top-up Tax vereinfache, da Deutschland auf anderem Wege nicht in derselben Weise in der Lage wäre, eine Besteuerung der Gewinne der niedrig besteuerten, ausländischen Konzerneinheiten vorzunehmen und bspw. von der Amtshilfe anderer Staaten abhängig wäre. Dem kann im Falle der UTPR-Abzugsbeschränkung entgegengehalten werden, dass zumindest bei Direktzahlungen an niedrig besteuerte Konzerneinheiten die Top-up Tax genauso effektiv als Quellensteuer mit Abzugsverfahren (wie z. B. aktuell bereits nach § 50a Abs. 1 EStG) erhoben werden könnte und es der Durchbrechung des objektiven Nettoprinzips auf Ebene der zahlenden Konzerneinheit nicht bedürfte, sieht man einmal von der aktuell teils entgegenstehenden Zins- und Lizenzrichtlinie[184] ab. In Bezug auf die IIR und andere UTPR-Konstellationen ist dagegen festzustellen, dass die Erhebung der Top-up Tax direkt bei der niedrig besteuerten ausländischen Konzerneinheit mangels unbeschränkter bzw. beschränkter Steuerpflicht nach den allgemeinen Grundsätzen (insb. dem Territorialitätsprinzip) schon gar nicht zulässig wäre und es sich insofern gar nicht um eine Vereinfachung, sondern eine Ermöglichung der Besteuerung handelt, die eine Rechtfertigung in diesem Sinne nicht begründen kann.

Zum anderen könnte als Vereinfachungsgrund zur Rechtfertigung herangezogen werden, dass beide Regelungen als Bestandteile der GloBE-Regeln auch das Ziel verfolgen, einer komplexeren globalen Steuerlandschaft aufgrund der Zunahme unilateraler und unkoordinierter steuerlicher Maßnahmen entgegenzuwirken. Dem ist jedoch entgegenzuhalten, dass Vereinfachungszwecknormen

---

[183] Vgl. *Gebhardt*, IWB 2020, 958 (965 f.); *Pinkernell/Ditz*, ISR 2020, 1 (10 f.). Nach *Pinkernell/Ditz*, ISR 2020, 1 (10), welche sich noch auf das Programme of Work beziehen, gebe es zwar bei der IIR Vereinfachungsfunktionen (pauschalierende Unterscheidung zwischen Routineerträgen und Überrenditen, Ermittlung der „Zwischeneinkünfte" nach inländischem Steuer- und Handelsrecht), diese bezögen sich jedoch lediglich auf die Mechanik der Hinzurechnung. Auch bei § 4j EStG wurden Vereinfachungszwecke zur Rechtfertigung der Durchbrechung des objektiven Nettoprinzips abgelehnt, vgl. *Max/Thiede*, StB 2017, 175 (181); *Hagemann/Kahlenberg*, FR 2017, 1125 f.
[184] Siehe hierzu Abschn. 6.5.2.

5.3.4.3.3 Zwecke der Missbrauchsabwehr

Das Ziel der GloBE-Regeln, auch nach Abschluss des BEPS-Projekts noch bestehende Gewinnverlagerungsmöglichkeiten multinationaler Konzerne zu bekämpfen, kann als Missbrauchsbekämpfungszweck interpretiert werden. Es soll verhindert werden, dass in Deutschland steuerpflichtige Unternehmen den Steuerwettbewerb zwischen den Staaten für sich ausnutzen und durch verschiedene Gestaltungen ihre Gewinne ins Ausland verlagern, dort einer deutlich niedrigeren Besteuerung zuführen und insofern die deutsche Besteuerung dieser Gewinne vermeiden. Da die Regelungen jedoch nur ein „grobes Anti-BEPS-Instrument"[185] darstellen, ist fraglich, ob der deutsche Gesetzgeber mit Umsetzung der Regeln in deutsches Recht eine hinreichende Typisierung vornehmen würde. Wie bereits ausgeführt, setzt eine zulässige Typisierung voraus, dass mit ihr verbundene Härten nur unter Schwierigkeiten vermeidbar wären, dass diese Härten lediglich eine verhältnismäßig kleine Zahl von Personen betreffen und der Verstoß gegen den Gleichheitssatz nicht sehr intensiv ist. Dies darf aus verschiedenen Gründen bezweifelt werden. Nach Ansicht des Autors greift der Missbrauchsbekämpfungszweck als Rechtfertigungsgrund mangels hinreichender Typisierung nicht.

5.3.4.3.3.1 Keine zulässige Missbrauchsvermutung allein aufgrund der Niedrigbesteuerung

Denn IIR und UTPR sind in dieser Hinsicht aus unterschiedlichen Gründen nicht zielgenau genug, sondern erfassen zwar auch, aber nicht weit überwiegend missbräuchliche Gestaltungen.[186] IIR und UTPR machen die Erhebung der Top-up Tax im Wesentlichen davon abhängig, ob eine effektive Niedrigbesteuerung im Land einer direkt oder indirekt beherrschten Konzerneinheit

---

[185] *Englisch*, FR 2021, 1 (3).

[186] So auch bspw. *Hagemann/Kahlenberg* in Herrmann/Heuer/Raupach, 310. Lief. 2022, § 4j EStG Rn. 4; *van Lück/Niemeyer*, IWB 2017, 440 (443 f.); *van Lück*, IStR 2017, 388 (390); *Ditz/Quilitzsch*, DStR 2017, 1561 (1566); *Benz/Böhmer*, DB 2017, 206 (211); *Hagemann/Kahlenberg*, FR 2017, 1125 (1126); *Heil/Pupeter*, BB 2017, 795 (800) und *Lüdicke*, DB 2017, 1482 (1483) zur Lizenzschranke in § 4j EStG, welche ebenfalls die Bekämpfung schädlicher Gestaltungen zur Gewinnverlagerung verfolgt (BT-Drs. 18/11233, 1) und auf die Niedrigbesteuerung im Empfängerstaat abstellt, jedoch in der Hinsicht enger gefasst ist, als sie nur Lizenzgebühren erfasst und lediglich bei nicht Nexus-konformen Präferenzregelungen greift; a. A. *Max/Thiede*, StB 2017, 175 (181); *Brandt*, DB 2017, 1483. Auch für die Zinsschranke aus § 8a KStG i. V. m. § 4h EStG und das hälftige Abzugsverbot

(IIR) bzw. irgendeiner anderen (ausländischen) Konzerneinheit (UTPR) ermittelt wird. Daher besteht die Gefahr, dass der Gesetzgeber in nach Ansicht des BVerfG unzulässiger Weise „eine abstrakte Missbrauchsgefahr zum Anlass für eine vom typischen Missbrauchsfall losgelöste und über diese hinausgehende generelle" Regelung nimmt.[187] Allein die niedrige Steuerbelastung in einem anderen Land rechtfertigt noch nicht die Annahme eines missbräuchlichen Handelns des Steuerpflichtigen.[188] Es hilft daher auch nicht weiter, dass für den typisierenden Ansatz des verfassungsrechtlich bedenklichen Jurisdictional Blending, welches gegenüber den beiden alternativen Methoden (Global Blending

---

für Aufsichtsratsvergütungen aus § 10 Nr. 4 KStG wird eine Rechtfertigung der Durchbrechung des objektiven Nettoprinzips mangels Verhältnismäßigkeit abgelehnt, da die Maßnahmen tatbestandlich nicht hinreichend auf Missbrauchstatbestände zugeschnitten und in ihrer Rechtsfolge überschießend seien, vgl. etwa *Hey*, DStR 2009, Beihefter zu Heft 34, 109 (112); *Kessler/Dietrich*, DB 2010, 240; *Kessler/Köhler/Knörzer*, IStR 2007, 418 (419). Zur Zinsschranke siehe auch BFH v. 18.12.2013 – I B 85/13, DStR 2014, 788 (790 f.) und v. 14.12.2015 – I R 20/15, DStR 2016, 301: Die ernstlichen Zweifel an der Verfassungsmäßigkeit haben den BFH dazu bewogen, die Zinsschranke dem BVerfG vorzulegen (Az. 2 BvL 1/16 beim BVerfG).

[187] BVerfG v. 29.3.2017 – 2 BvL 6/11, BVerfGE 145, 106 (154). Vgl. auch *Hagemann/ Kahlenberg*, FR 2017, 1125 (1126) und *Lüdicke*, DB 2017, 1482 zu § 4j EStG.

[188] Die Erreichung einer effektiven Steuerquote von unter 15 % in einzelnen Ländern kann nämlich nicht stets allein auf steuerliche Überlegungen der den Konzern führenden Organe zurückgeführt werden. So werden regelmäßig auch außersteuerliche (vgl. § 42 Abs. 2 Satz 2 AO), operative Überlegungen zur Niederlassung in bestimmten Niedrigsteuerländern und zu Geschäftsbeziehungen mit dort ansässigen Konzerneinheiten führen. In diesem Rahmen ist auch festzuhalten, dass das Jurisdictional Blending dazu führt, dass nur näherungsweise ein missbräuchliches Verhalten unterstellt werden würde. Denn aufgrund des länderbezogenen Ansatzes ist es möglich, dass im konkreten Anwendungsfall der IIR oder UTPR die als niedrig besteuert eingeordnete Konzerneinheit selbst gar nicht effektiv mit weniger als 15 % besteuert sein muss, sondern ggf. sogar das inländische Steuerniveau erreicht oder übersteigt.

5.3 Vereinbarkeit mit Art. 3 Abs. 1 GG

und Entity Approach)[189] zur Ermittlung des effektiven Steuersatzes eines Konzerns den Vorzug erhalten hat,[190] grundsätzliche gute Gründe bestehen.[191] Denn auch bei Abstellen auf die Niedrigbesteuerung anderer Konzerneinheiten unter Nutzung des Entity-Approach wären die GloBE-Regeln aufgrund der weiterhin bestehenden Durchbrechung des Trennungsprinzips rechtfertigungsbedürftig. Folglich ist entscheidend, ob weitere Tatbestandsmerkmale der IIR und UTPR zu einer ausreichenden Missbrauchstypisierung führen.[192]

---

[189] Beim sog. Global Blending wäre eine weltweite Betrachtung der ETR eines Konzerns vorzunehmen. Der sog. Entity Approach hätte die ETR dagegen für jede Konzerneinheit separat ermittelt. Vgl. hierzu OECD (2019), Public Consultation Document, Global Anti-Base Erosion Proposal („GloBE") – Pillar Two, 8 November 2019 – 2 December 2019, S. 17 ff. Zu den Stärken und Schwächen der einzelnen Methoden vgl. bspw. die Stellungnahmen von BDI (S. 23 f.) und Bundesverband E-Commerce und Versandhandel Deutschland (S. 5) zur öffentlichen Konsultation vom 12.10. – 14.12.2020 sowie die Stellungnahmen von IDW (S. 2), Deloitte UK (S. 9), EBIT (S. 2) und GDV (S. 5 f.) zur öffentlichen Konsultation vom 8.11. – 2.12.2019 sowie *Dourado*, Intertax 2020, 152 (156); *Englisch*, FR 2021, 1 (8); *Chand/Lembo*, 6 ITAXS 2020, 36; *Pinkernell/Ditz*, ISR 2020, 1 (6).

[190] Dies entsprach etwa auch dem Wunsch der Bundessteuerberaterkammer, vgl. deren Stellungnahme zur öffentlichen Konsultation vom 8.11. – 2.12.2019, S. 6. Bemerkenswert ist in diesem Zusammenhang, dass deutsche Vorschriften bei der Beurteilung eines Tatbestandsmerkmals der Niedrigbesteuerung herkömmlicherweise zwar auf die einzelne Konzerneinheit abstellen (vgl. § 4j Abs. 2 EStG, § 8 Abs. 5 AStG), Protokoll Nr. XV Abs. 4 DBA Niederlande allerdings ebenfalls eine Art länderbezogene Betrachtung vorsieht. Danach werden verbundene Unternehmen bei der Anwendung des deutschen Steuerrechts und eine niederländische Gesellschaft auf Grundlage des Art. 23 DBA Niederlande auf konsolidierter Basis behandelt. Bei der Anwendung deutscher Missbrauchsvorschriften wird also nicht nur auf die niederländische Gesellschaft abgestellt, sondern es werden auch verbundene niederländische Gesellschaften mit einbezogen, um festzustellen, ob ein Missbrauch vorliegt, vgl. *Engers/Stevens* in Wassermeyer, DBA, 156. EL 2022, Art. 23 DBA NL 2012 Rn. 19.

[191] In der Regel wird die effektive Steuerquote der einzelnen Unternehmen in einem Land recht vergleichbar sein, soweit diese keine besonderen Privilegien genießen, die nicht schon im Rahmen der ETR-Berechnung Berücksichtigung finden. Im typischen Fall dürfte es daher nur zu geringen Abweichungen zwischen Jurisdictional Blending und Entity Approach kommen, weswegen eine Orientierung am typischen Fall wohl zu bejahen ist. Auch dient die Typisierung nicht nur der besseren Administrierbarkeit durch die Finanzverwaltung, sondern lässt auch die betroffenen Unternehmen von niedrigeren Compliance-Kosten profitieren, denn diese müssen die ETR nun nicht für jede Konzerneinheit separat berechnen. Zudem profitieren die Unternehmen davon, dass die länderbezogene Betrachtung die Niedrigbesteuerung einzelner Konzerneinheiten nivellieren kann. Umgekehrt kann diese Methodik allerdings auch im selben Maße zu einer Niedrigbesteuerung aller Konzerneinheiten eines Landes führen.

[192] *Gabel*, StuW 2011, 3 (12) fordert hierbei die „positive Normierung des Missbrauchsfalles" ein.

5.3.4.3.3.2 Gewisse Typisierung durch Eingrenzung des Anwendungsbereichs

Dafür spricht zunächst die Beschränkung des persönlichen Anwendungsbereichs auf multinationale Konzerne und die von diesen beherrschten Konzerneinheiten, die Befreiung der Excluded Entities sowie die De-minimis-Ausnahme. Denn nur in dem verbleibenden Rahmen sind grenzüberschreitende Steuergestaltungen zur Gewinnverlagerung überhaupt ernsthaft zu erwarten. Andererseits richten sich IIR und UTPR grundsätzlich[193] nur gegen multinationale Konzerne mit einem konsolidierten Mindestumsatz von 750 Mio. Euro, was die Frage aufwirft, ob es an einer folgerichtigen Umsetzung fehlt, wenn vergleichbare Gestaltungen durch kleinere Konzerne nicht erfasst werden.[194] Bei diesen sind missbräuchliche Gewinnverlagerungen nämlich bis zu einer bestimmten Konzerngröße ebenso denkbar. Vor dem Hintergrund, dass die Gesetzesbegründung zur Einführung der länderbezogenen Berichterstattung nach § 138a AO (Country-by-Country Reporting) im Jahr 2016, die eine ebenso hohe Konzernumsatzschwelle aufweist, von ca. 10.000 betroffenen Unternehmen ausging[195] und daher auch die Anzahl der von den deutschen GloBE-Regeln betroffenen Unternehmen etwa in diesem Rahmen liegen könnte, kann dem Gesetzgeber jedoch ein gewisser Typisierungsspielraum zugestanden werden. Denn nicht nur die Anzahl der betroffenen Unternehmen, sondern auch die Komplexität der neuen Vorschriften wird der deutschen Finanzverwaltung wie auch den entsprechenden Konzernen einen erheblichen Verwaltungsaufwand aufbürden. Die OECD hat gute Gründe aufgeführt, weswegen die bereits für die länderbezogene Berichterstattung vorausgesetzte Umsatzhöhe auf die GloBE-Regeln übertragen werden

---

[193] Ausweislich des IF-Statements vom 8.10.2021 sollen Länder die IIR auch unabhängig von dieser Umsatzschwelle auf bei ihnen ansässige Konzernobergesellschaften von multinationalen Konzernen anwenden dürfen, OECD (2021), Statement on a Two-Pillar Solution to Address the Tax Challenges Arising from the Digitalisation of the Economy v. 8.10.2021, S. 4. Ob Deutschland von dieser Möglichkeit überhaupt Gebrauch machen würde, ist nicht abzusehen. Mit einer Ausweitung nur der IIR könnten in jedem Falle Gestaltungsmöglichkeiten verbleiben, die bei größeren Konzernen durch die UTPR verhindert werden, sodass ein ungleicher Vollzug drohen könnte.

[194] Die Umsatzschwelle begründet aus sich heraus eine Schlechterstellung bzw. Ungleichbehandlung i. S. d. Art. 3 Abs. 1 i. V. m. Art. 19 Abs. 3 GG von Konzerneinheiten, die einem Konzern mit hinreichend großem Umsatz angehören, gegenüber solchen, die mangels Überschreitens der Umsatzschwelle in keinem Fall durch die GloBE-Regeln belastet werden. Dieser Ungleichbehandlung kommt im Rahmen der GloBE-Regeln allerdings keine eigenständige Bedeutung zu.

[195] Vgl. BT-Drucks. 18/9536, S. 30.

soll.[196] Demgegenüber würde der Einbezug auch rein inländischer Fälle in die deutschen GloBE-Regeln eine hinreichende Typisierung weiter in die Ferne rücken lassen, da bei diesen kaum von relevanten Gewinnverlagerungsrisiken ausgegangen werden kann, sondern eine im Hochsteuerland Deutschland ergebende Niedrigbesteuerung in der weit überwiegenden Anzahl aus anderen, nicht als missbräuchlich zu beurteilenden Gründen hervorgehen würde.

5.3.4.3.3.3 Keine trennscharfe Differenzierung aufgrund der Substanzausnahme

Von herausgehobener Bedeutung für die Beurteilung der Missbrauchstypisierung ist aber die (formelhafte) Substanzausnahme („Substance-based Income Exclusion"). Nachdem eine solche Ausnahme zu Beginn der Initiative noch nicht konkret diskutiert wurde, da die BEPS-Risiken allgemein durch die Unterbindung von solchen steuerlichen Anreizen beseitigt werden sollten, die zur Unterschreitung des Mindeststeuersatzes führten (Begrenzung des Steuerwettbewerbs), führt die Substanzausnahme nunmehr zu einer nicht unwesentlichen Begrenzung des Anwendungsbereichs bzw. der steuerpflichtigen (Über-)Gewinne.[197] Die Regelung sieht vor, dass zunächst 8 % des Buchwerts der Sachanlagen und 10 %

---

[196] Vgl. OECD (2020), Tax Challenges Arising from Digitalisation – Report on Pillar Two Blueprint, Rn. 12, 114 ff.: Zum einen sollen durch die Übernahme der CbCR-Komponenten Synergieeffekte erzeugt werden, die für betroffene Konzernunternehmen eine nicht unwesentliche Vereinfachung bedeuten und die Compliance-Kosten im Rahmen halten. Zum anderen knüpfen viele der GloBE-Voraussetzungen an die Daten des jeweiligen Konzernabschlusses nach IFRS oder vergleichbaren Rechnungslegungsstandards an, der von der wesentlichen Mehrheit der über der Umsatzschwelle liegenden Konzerne aufgrund ihrer Börsennotierung ohnehin schon erstellt wird. Drittens werden durch die Umsatzschwelle ca. 85 % bis 90 % der multinationalen Konzerne, insbesondere international tätige kleine und mittlere Unternehmen („KMU"), von den GloBE-Regeln ausgenommen, die nach Ansicht der IF-Staaten steuerlich privilegierungsfähig bleiben sollen und ansonsten über anderweitige Ausnahmen von der Mindestbesteuerung befreit werden müssten. Die Wirksamkeit der GloBE-Regeln soll dagegen trotz der Umsatzschwelle erhalten bleiben, da die von den Regeln erfassten Konzerne immerhin 90 % des globalen Umsatzes aller Unternehmen erwirtschaften. Siehe zudem *Englisch*, Implementation of the GloBE common approach on minimum taxation by individual EU Member States in compliance with EU fundamental freedoms, S. 20 f.

[197] Nach Berechnungen des EU Tax Observatory führt die Substanzausnahme dazu, dass die Steuereinnahmen durch die GloBE-Regeln in den EU-Mitgliedstaaten statt 83 Mrd. Euro anfangs nur 64 Mrd. Euro betragen werden, also 19 Mrd. Euro (23 %) weniger. Nach 10 Jahren soll das Steueraufkommen auf etwa 71 Mrd. Euro ansteigen, sodass die Substanzausnahme nur noch einen „Verzicht" auf ca. 12 Mrd. Euro (14 %) mit sich bringt. In Deutschland soll das Steueraufkommen diesen Schätzungen zufolge zunächst 7,9 Mrd. Euro statt 13,1 Mrd. Euro betragen und dann allmählich auf ca. 10 Mrd. Euro anwachsen, *Baraké et al.*, Revenue Effects of the Global Minimum Tax: Country-by-Country Estimates, S. 12.

der Lohnkosten pauschal von den zuvor ermittelten staatenbezogenen Netto-GloBE-Einkünften abgezogen werden, um das Ergebnis daraus (staatenbezogener Übergewinn) sodann mit dem Top-up-Tax-Prozentsatz zu multiplizieren.[198] Innerhalb von 10 Jahren sollen diese abzuziehenden Beträge schrittweise auf das finale Niveau von jeweils 5 % abgesenkt werden.[199] Folglich sollen die Auswirkungen der GloBE-Regeln auf weniger BEPS-relevante Gewinne aus arbeits- und/oder sachanlagenintensiven Tätigkeiten (teils als Routinegewinne bezeichnet) und auf Unternehmen mit nur geringen Gewinnmargen reduziert werden. Doch begrenzt dies den Anwendungsbereich typischerweise auf missbräuchliche Gestaltungen? Nach Ansicht des Autors dürften Gewinnmargen von über 5–10 % in nicht unerheblicher Anzahl auch ohne missbräuchliche Gewinnverlagerungsgestaltungen erzielt werden können. So werden aufgrund der Substanzausnahme in den ersten 10 Jahren bis zu 37 % der Gewinne von Tochterunternehmen relevanter multinationaler Konzerne in der EU nicht der Mindeststeuer unterliegen.[200] Anschließend wird sich dieser Anteil aufgrund der dann niedrigeren Prozentsätze auf schätzungsweise nur noch 22 % belaufen.[201] Dass demnach ca. 64 bis 78 % der erfassten Unternehmensgewinne auf missbräuchliche Gestaltungen zurückzuführen wären, erscheint weit hergeholt. Der im Rahmen der formelhaften Substanzausnahme herangezogene Maßstab ist nach Auffassung des Autors daher zu pauschal und ungeeignet, hinreichend sicher für jede einzelne Branche eine trennscharfe Differenzierung zwischen auf eigener wirtschaftlicher Tätigkeit beruhenden Gewinnen und auf missbräuchlichen Steuergestaltungen beruhenden Einkünften vorzunehmen.[202] Eine (zusätzliche)

Zum Einfluss der Substanzausnahme auf die Aufkommenseffekte siehe auch *Fuest et al.*, ifo Schnelldienst 2022, 41 (46 f.).

[198] OECD (2021), Statement on a Two-Pillar Solution to Address the Tax Challenges Arising from the Digitalisation of the Economy v. 8.10.2021, S. 4.

[199] In den ersten fünf Jahren sinkt der Prozentsatz jährlich um jeweils 0,2 Prozentpunkte. Anschließend soll der Prozentsatz hinsichtlich des Buchwerts der Sachanlagen um jährlich 0,4 Prozentpunkte sinken, der Prozentsatz für die Lohnkosten um jährlich 0,8 Prozentpunkte. Siehe hierzu OECD (2021), Statement on a Two-Pillar Solution to Address the Tax Challenges Arising from the Digitalisation of the Economy v. 8.10.2021, S. 4.

[200] *Flamant/Godar/Richard*, New Forms of Tax Competition in the European Union, S. 36.

[201] *Flamant/Godar/Richard*, New Forms of Tax Competition in the European Union, S. 36.

[202] Auch *Gebhardt*, IWB 2020, 958 (966) lässt eine Rechtfertigung über den Grund der Missbrauchsvermeidung nicht zu, da die fehlende Differenzierung zwischen steuerschädlichen Gewinnverlagerungen und reinen Zahlungen an verbundene Unternehmen, die dem Fremdvergleichsgrundsatz entsprechen, bedinge, dass Unternehmen ohne etwaige Gewinnverlagerungsabsicht für die Lage des Zahlungsempfängers und die dort durchgeführte Besteuerung „bestraft würden", ohne dass sie darauf Einfluss hätten.

5.3 Vereinbarkeit mit Art. 3 Abs. 1 GG

Differenzierung nach der Art der konkreten Einkünfte sowie die Möglichkeit für den Steuerpflichtigen, nachzuweisen, dass von GloBE erfasste Einkünfte auf einer wesentlichen wirtschaftlichen Tätigkeit im niedrig besteuernden Land beruhen (vgl. zu dieser Herangehensweise § 8 Abs. 1 und 2 AStG),[203] käme dem Ideal einer Missbrauchsbekämpfungszwecknorm wesentlich näher.[204] IIR und UTPR weisen daher eine überschießende Regelungswirkung auf, indem eine Sanktionierung auch dann erfolgt, wenn die entsprechende Niederlassung in oder Geschäftsbeziehung zu einem Niedrigsteuerstaat nicht per se der missbräuchlichen Gewinnverlagerung dient. Die Substanzausnahme mutet in diesem Zusammenhang auch deshalb widersprüchlich an, da sie die rechtsfolgenseitig bei der Ermittlung der Top-up Tax auszunehmenden substanzbasierten Einkünfte und die darauf entrichteten Steuern auf Tatbestandsebene dennoch in die Ermittlung der Niedrigbesteuerung einbezieht. Es ist daher beispielsweise denkbar, dass diese Einkünfte, sollten sie effektiv mit weniger als 15 % besteuert sein, eine Niedrigbesteuerung und die Erhebung von Top-up Tax begründen, obwohl der Übergewinn selbst höher besteuert wird. Folgerichtig wirkt dies nicht.

Das Ergebnis einer nicht hinreichenden Ausrichtung der GloBE-Regeln auf missbräuchliche Gestaltungen verwundert allerdings auch nicht. Denn mit dem Ziel der allgemeinen Eingrenzung des internationalen Steuerwettbewerbs wird ein weiterer Zweck verfolgt, der gewissermaßen als gegenläufig beurteilt werden muss, da die Erreichung dieses Ziels einen wesentlich breiteren Anwendungsbereich voraussetzt. Dies mündet in einen Kompromiss, der keines der beiden Ziele vollständig verwirklichen kann. Folge dessen ist die Feststellung, dass die Regelungen in Hinblick auf die Missbrauchsvermeidung als überschießend[205] beurteilt werden müssen, weil sie nicht nur eine verhältnismäßig kleine Zahl von Personen betreffen.

5.3.4.3.3.4 Auch rechtsfolgenseitig erhebliche Defizite in der Missbrauchstypisierung

Auf Rechtsfolgenseite ist anzumerken, dass sich IIR und UTPR selbst im Falle einer missbräuchlichen Gestaltung häufig nicht gegen die für diese Gestaltung verantwortliche Konzerneinheit richten werden. In der Regel müssten sich IIR und UTPR gegen die die missbräuchliche Steuergestaltung herbeiführende

---

[203] Siehe hierzu auch *Gabel*, StuW 2011, 3 (15).
[204] Ähnlich auch *Heil/Pupeter*, BB 2017, 1947 (1950 f.) zur Lizenzschranke.
[205] Zu den verschiedenen Erscheinungsformen überschießender Missbrauchsbekämpfungsnormen siehe *Gabel*, Verfassungsrechtliche Maßstäbe spezieller Missbrauchsnormen im Steuerrecht, S. 173 ff.

Konzerneinheit richten,[206] welche regelmäßig die Konzernobergesellschaft sein dürfte, die im Zweifel die Gestaltungen in den unteren Konzernebenen lenkt und dadurch eine Optimierung der steuerlichen Verhältnisse des Konzerns herbeiführen kann. Die IIR ist als primär anzuwendende Regel und aufgrund des Top-down-Ansatzes zwar im Grundsatz zunächst auf die Konzernobergesellschaft anzuwenden. Ob in der Praxis damit allerdings eine hinreichende Typisierung vorgenommen ist, hängt davon ab, ob lediglich in Einzelfällen tatsächlich andere Konzerneinheiten nach IIR und UTPR mit Top-up Tax belastet werden. Der Autor ist demgegenüber skeptisch. Denn es gibt viele denkbare Fälle, in denen andere Konzerneinheiten als die Entscheidungsträger zur Sicherung der Mindeststeuer herangezogen werden können. Zum einen können niedrigere Konzernebenen den neuen Vorschriften unterfallen, wenn der Ansässigkeitsstaat der Muttergesellschaft eines in Deutschland tätigen Konzerns keine IIR einführt. Auch im Falle der Split-Ownership Rule findet die IIR im Ansässigkeitsstaat einer anderen, möglicherweise nicht an der Gestaltung der Konzernverhältnisse beteiligten Konzerneinheit Anwendung. Dies gilt ebenso für die UTPR, bei der regelmäßig keine Einflussmöglichkeit auf die niedrig besteuerte Konzerneinheit und deren Besteuerung besteht.[207] Den insofern zur Steuer herangezogenen Konzerneinheiten ist eine Vermeidung der mit der Ungleichbehandlung verbundenen Härten demnach teils kaum möglich.[208]

Darüber hinaus droht Unternehmen, die im Verhältnis zu den niedrig besteuerten Konzerneinheiten relativ geringe Gewinne erzielen, bei der Anwendung

---

[206] Siehe hierzu auch *Pinkernell/Ditz*, ISR 2020, 1 (10).

[207] Das Gewicht dieses Umstands hat sich vor dem Hintergrund des neuen Allokationsschlüssels, der nicht mehr an direkte Zahlungen an die niedrig besteuerten Konzerneinheiten anknüpft, nochmal gesteigert. Auch im Rahmen des § 4j EStG ist die Rechtfertigungsmöglichkeit aufgrund des fehlenden Einflusses des inländischen Steuerpflichtigen als Lizenznehmer auf den Lizenzgeber und dessen Besteuerung sowie der nicht vorhandenen Exkulpationsmöglichkeit bezweifelt worden, vgl. *Heil/Pupeter*, BB 2017, 1947 (1950 f.); *Loschelder* in Schmidt, 41. Aufl. 2022, § 4j EStG Rn. 4; *Loose*, RIW 2017, 655 (659 f.); *Lüdicke*, DB 2017, 1482 unter Verweis auf BVerfG v. 29.3.2017 – 2 BvL 7/11, BVerfGE 145, 106 (145); *Hagemann/Kahlenberg*, FR 2017, 1125 (1126); *Reddig* in Kirchhof/Söhn/Mellinghoff, 323. Lief. 2022, § 4j EStG Rn. A 51 ff.; *Benz/Böhmer*, DB 2017, 206 (211); a. A. *Link*, DB 2017, 2372 (2376 f.).

[208] So ist bereits bei § 4j EStG argumentiert worden, dass erschwerend hinzukäme, dass der betroffene deutsche Lizenznehmer die Abzugsbeschränkung (oft) nur verhindern könne, indem er den Lizenzvertrag beende, und anders als bei der Zinsschranke regelmäßig keine Ausweichmöglichkeit (andere Finanzierung) bestehe, vgl. *Schneider/Junior*, DStR 2017, 417 (424 f.).

5.3 Vereinbarkeit mit Art. 3 Abs. 1 GG

von IIR und UTPR die Substanzbesteuerung,[209] die eine besonders intensive Beeinträchtigung der betroffenen Konzerneinheiten begründet. Es ist daher auch möglich, dass zukünftige Niederlassungen in Niedrigsteuerländern oder Geschäftsbeziehungen zu dort ansässigen Konzerneinheiten in solchen Fällen aufgrund der Mindeststeuer trotz wirtschaftlicher, außersteuerlicher Interessen nicht durchgeführt werden können. Zudem sind an eine hinreichende Typisierung im Falle der UTPR auch deshalb so hohe Anforderungen zu stellen, weil eine Vor- bzw. Rücktragsmöglichkeit für die nicht abzugsfähigen Betriebsausgaben nicht zur Verfügung steht.[210] Die hierdurch geminderte Leistungsfähigkeit der Steuerpflichtigen bleibt folglich dauerhaft unberücksichtigt und verschärft den Eingriff in Art. 3 Abs. 1 GG noch einmal besonders.

Zuletzt ist festzustellen, dass eine folgerichtige Missbrauchsbekämpfung auch dadurch in Frage gestellt wird, dass sich die Maßnahmen auf Sachverhalte begrenzen, in denen der effektive Steuersatz unter 15 % liegt und die Top-up Tax auch nur eine Anhebung der Steuerlast auf das Mindeststeuersatzniveau bewirkt.[211] Würde der Gesetzgeber missbräuchliche Umgehungsgestaltungen umfassend und konsequent verhindern wollen, wäre das deutsche Steuerniveau als Maßstab zu erwarten, um das Prinzip der horizontalen Steuergerechtigkeit

---

[209] Zur Substanzbesteuerung kommt es, wenn die beim IIR- oder UTPR-Steuerpflichtigen zu erhebende Top-up Tax die (steuerbilanziellen) Gewinne des Steuerpflichtigen übersteigt. Siehe hierzu auch *Lenz/Dörfler*, DB 2010, 18 (19) für die Zinsschranke nach § 4h EStG i. V. m. § 8a KStG.

[210] Vgl. so bereits zur Lizenzschranke, die anders als die Zinsschranke ebenfalls keine Vor- bzw. Rücktragsoption bietet: *Schneider/Junior*, DStR 2017, 417 (425); *Ritzer/Stangl/Karnath*, DK 2017, 68 (78); *Heil/Pupeter*, BB 2017, 795 (800); *Hagemann/Kahlenberg*, FR 2017, 1125 (1126); *Hagemann/Kahlenberg* in Herrmann/Heuer/Raupach, 310. Lief. 2022, § 4j EStG Rn. 4.; a. A. *Reimer*, Stellungnahme zu dem Entwurf eines Gesetzes gegen schädliche Steuerpraktiken im Zusammenhang mit Rechteüberlassungen, 2017, Rn. 7. Zur Abmilderung durch den Zinsvortrag siehe auch BFH v. 14.10.2015 – I R 20/15, DStR 2016, 301 (304).

[211] Vgl. auch *Pinkernell/Ditz*, ISR 2020, 1 (11). Hierdurch wird zwar von der grundsätzlichen Kapitalimportneutralität abgewichen, aber auch nicht der Schritt zur Kapitalexportneutralität konsequent vollzogen, der eine Gesamtbesteuerung mit dem inländischen Steuerniveau vorsehen würde, vgl. *Gebhardt*, IWB 2020, 958 (964); *Jacobs/Endres/Spengel* in Jacobs, Internationale Unternehmensbesteuerung, 8. Aufl. 2016, S. 19 ff. Immerhin werden durch den relativ niedrigen Mindeststeuersatz die durch § 8 Abs. 5 AStG (Abs. 3 a. F.) aufgeworfenen Probleme vermieden, vgl. dazu *Wassermeyer/Schönfeld*, IStR 2008, 496 ff.

zu wahren.²¹² Andernfalls kann es aufgrund der hohen Besteuerung in Deutschland immer noch attraktiv sein, Gewinne (künstlich) ins Ausland zu verlagern.²¹³ Nur vor dem Hintergrund einer Ersatzbesteuerung ausländischen Steuersubstrats dürfte in der Besteuerung i. H. v. maximal 15 % mangels Vergleichbarkeit keine Ungleichbehandlung vorliegen, da die danach besteuerten Einkünfte nach den allgemeinen Regeln überhaupt nicht der deutschen Besteuerung unterliegen würden.²¹⁴ Eine Besteuerung aufgrund einer Missbrauchsbekämpfungszwecknorm unterstellt aber die Besteuerung eigentlich inländischen Steuersubstrats.

5.3.4.3.3.5 Zwischenergebnis: Keine Rechtfertigung durch Missbrauchsabwehr

Im Ergebnis sind IIR und UTPR zwar geeignet, missbräuchliche Gewinnverlagerungen in gewissem Umfang zu verhindern. Der Preis dafür ist nach Auffassung des Autors jedoch – insbesondere aufgrund des aus oben genannten Gründen strenger anzulegenden Prüfungsmaßstabs – zu hoch, da eine hinreichende Typisierung nicht gewährleistet wird, sodass Zwecke der Missbrauchsbekämpfung die hervorgerufenen Ungleichbehandlungen i. R. v. Art. 3 Abs. 1 GG mangels Verhältnismäßigkeit nicht rechtfertigen können.

5.3.4.3.4 Zwischenergebnis nach Berücksichtigung der herkömmlichen Rechtfertigungsgründe des BVerfG

Es zeigt sich demnach, dass anhand der bislang vom BVerfG anerkannten Rechtfertigungsgründe keine Rechtfertigung der aufgezeigten Durchbrechungen von Art. 3 Abs. 1 GG gelingt. Weder außerfiskalische Förderungs- und Lenkungszwecke noch Vereinfachungs- und Typisierungszwecke oder das Ziel der Missbrauchsabwehr vermögen eine Rechtfertigung zu begründen.

5.3.4.4 Zur Möglichkeit eines neuen Rechtfertigungsgrundes

Es stellt sich daher die Frage, ob das BVerfG nicht einen neuen Rechtfertigungsgrund heranziehen könnte, um eine verfassungsgemäße Umsetzung der GloBE-Regeln in deutsches Recht zu ermöglichen. Denn das herausgearbeitete

---

²¹² Der Gesetzgeber ist dazu gehalten, die Rechtsfolgen einer unangemessenen Gestaltung zu eliminieren, *Gabel*, StuW 2011, 3 (13). Bei der aktuellen Hinzurechnungsbesteuerung nach §§ 7 ff. AStG wird nicht gegen die horizontale Steuergerechtigkeit verstoßen, da der Hinzurechnungsbetrag in derselben Höhe mit Steuern belastet wird wie gleich hohe inländische Einkünfte, *Pinkernell/Ditz*, ISR 2020, 1 (10).
²¹³ Vgl. *da Silva*, Frontiers of Law in China 2020, 111 (121).
²¹⁴ Vgl. auch *Pinkernell/Ditz*, ISR 2020, 1 (11), die die Maßnahmen als „übergriffig" und „Okkupation fremden Steuersubstrats" bezeichnen.

5.3 Vereinbarkeit mit Art. 3 Abs. 1 GG

Ergebnis der Verfassungswidrigkeit der über drei Jahre mühsam auf internationaler Ebene erarbeiteten GloBE-Regeln stellt für Befürworter der Initiative und insbesondere für Deutschland als Miturheber des Mindeststeuervorschlags ein höchst unbefriedigendes Ergebnis dar. Nach Auffassung des Autors können die Primärziele und Hintergründe der GloBE-Regeln im Rahmen der bisher vom BVerfG anerkannten Rechtfertigungsgründe nicht hinreichend gewürdigt werden. Anders als etwa die Lizenzschranke in § 4j EStG beruht das neue Regelgeflecht nämlich nicht auf einer unilateralen, aus rein nationalem (Fiskal-)Interesse verfolgten Entscheidung des deutschen Gesetzgebers, sondern auf einem wertenden Konsens von 137 Staaten weltweit. Diese haben gemeinsam beschlossen, dass eine effektive Besteuerung großer, multinationaler Konzerne unterhalb von 15 % grundsätzlich einen unfairen, volkswirtschaftlich nicht mehr vertretbaren Zustand begründet, dem – mangels einer globalen Einigung aller Staaten auf nationale Sicherstellung eines hinreichenden Besteuerungsniveaus – nur mit Sanktions- bzw. Ersatzbesteuerungsmaßnahmen begegnet werden kann. Das Ziel ist aus diesem Grunde gewissermaßen überstaatlicher Natur. Vor diesem Hintergrund wird nachfolgend untersucht, ob die „Begrenzung des internationalen Steuerwettbewerbs auf ein faires Maß im Rahmen eines internationalen Konsensprozesses" einen legitimen neuen Rechtfertigungsgrund darstellen kann und bejahendenfalls auch die gleichheitsrechtlichen Durchbrechungen durch die GloBE-Regeln im Rahmen einer Verhältnismäßigkeitsprüfung zu rechtfertigen vermag.

5.3.4.4.1 Begrenzung des internationalen Steuerwettbewerbs auf ein faires Mindestmaß im Rahmen eines internationalen Konsensprozesses als legitimer Zweck

Die Frage ist zunächst, ob ein solcher neuer Rechtfertigungsgrund grundsätzlich als tauglicher bzw. legitimer Gesetzeszweck bezeichnet werden kann.[215] Nach

---

[215] Es sei erwähnt, dass eine Erweiterung der Rechtfertigungsgründe in diese Richtung in der Literatur bereits im Zusammenhang mit der EU-rechtlichen Beurteilung der GloBE-Regeln ins Spiel gebracht worden ist, dort aber bislang nicht weiter konkretisiert wurde, vgl. die Andeutungen von *Devereux et al.*, The OECD Global Anti-Base Erosion Proposal, Oxford University Centre for Business Taxation, S. 53; *Englisch*, EC Tax Review 2021, 136 (138); *Englisch* in Schaumburg/Englisch, Europäisches Steuerrecht, 2. Aufl. 2020, Rn. 7.263 und 7.253 sowie etwas ausführlicher zur „Herstellung eines ‚level playing fields'" *Schnitger* in FS Kessler, 2021, S. 169 (186 ff.). In eine andere Richtung geht dagegen nach Auffassung des Autors aufgrund des endgültigen Designs der GloBE-Regeln überholte Vorschlag der Sicherstellung einer Einmalbesteuerung von *Nogueira*, WTJ 2020, 465 (485 f.). Vgl. auch *Woitok*, IStR 2021, 777 (783), welcher im Kontext des Erwerbsaufwendungsabzugsverbots nach § 8 Satz 1 StAbwG der Bekämpfung unfairen Steuerwettbewerbs eine grundsätzliche Rechtfertigungseignung zuspricht. Weitere ähnliche Überlegungen finden sich zudem in

Auffassung des Autors gibt es sehr gute Gründe dafür, das Ziel der Begrenzung des internationalen Steuerwettbewerbs auf ein faires Mindestmaß im Rahmen eines internationalen Konsensprozesses als legitimes Ziel anzuerkennen. Die Probleme und Risiken, die mit dem internationalen Steuerwettbewerb zwischen den Staaten zur Attraktion von Unternehmen und Direktinvestitionen einhergehen, sind bereits in Kap. 3 aufgezeigt worden. Hierzu gehören nicht nur übermäßige Belastungen der Staatshaushalte und die damit einhergehende Verschlechterung staatlicher Leistungsmöglichkeiten, sondern auch soziale Ungleichheit durch kompensierende Belastungen weniger mobiler Faktoren wie Konsum und Löhnen, eine verminderte Steuermoral und -ehrlichkeit der Steuerpflichtigen und politische Verwerfungen zwischen den Staaten. Die mit BEPS einhergehenden Probleme, welche die OECD-Länder und viele weitere Staaten schon seit über einem Jahrzehnt beschäftigen, haben ihren Ursprung ebenfalls zu großen Teilen in den im Rahmen des Steuerwettbewerbs geschaffenen Steueranreizen und haben zur Einführung einer Vielzahl komplexer Anti-BEPS-Maßnahmen geführt, deren wirtschaftsschädigende Ausweitung ohne ein international koordiniertes Vorgehen auch nach Abschluss des BEPS-Projekts zu erwarten ist.[216] Deutschland gehört Studien zufolge zu den Hauptverlierern durch BEPS[217] und wird daher akut durch den aktuellen Steuerwettbewerb beeinträchtigt. Weltweit und insbesondere auf Ebene des IF ist nach wie vor ein enormer politischer Handlungsdruck wahrzunehmen. Zwar sind mit dem internationalen Steuerwettbewerb auch Chancen verbunden, wobei in erster Linie die Formung eines effizienten Staates anzuführen ist. Nach Auffassung des Autors gibt es jedoch bei jedem Staat eine Untergrenze, ab der dieser nicht mehr in der Lage ist, seine staatlichen Aufgaben effektiv wahrzunehmen und damit die Erfüllung der materiellen und immateriellen Ansprüche seiner Bürger an ihn zu gewährleisten. Bei der Frage, ab welchem Stadium des Steuerwettbewerbs die hiervon ausgehenden Nachteile die Vorteile in dem Maße überwiegen, dass ein schädlicher Steuerwettbewerb i. R. e. „race to the bottom" anzunehmen ist, handelt es sich um eine fiskalische Wertungsfrage, die politisch bislang unbeantwortet war.

Zusammenhang mit der verfassungs- und EU-rechtlichen Beurteilung der Lizenzschranke (§ 4j EStG), vgl. *Müllmann*, Die Lizenzschranke als Abwehrmaßnahme im Steuerwettbewerb, 2021, S. 189 ff., 306 f.; *Link*, DB 2017, 2372 (2375 f.); *Pötsch*, IStR 2018, 417 (420); *Pohl* in Brandis/Heuermann, 160. EL 2021, § 4j EStG Rn. 18; kritisch: *Schnitger*, DB 2018, 147 (150).

[216] Siehe Abschn. 3.2.3.

[217] Vgl. *Tørsløv/Wier/Zucman*, The Missing Profits of Nations, NBER Working Paper 24701 (2018), S. 3, 32; *Garcia-Bernardo/Jansky/Tørsløv*, International Tax and Public Finance 2021, 1519 (1550).

5.3 Vereinbarkeit mit Art. 3 Abs. 1 GG

Würde ihre Beantwortung dem einzelnen Staat zugestanden, wäre den Problemen des internationalen Steuerwettbewerbs allerdings nicht beizukommen. Denn die Antworten und entsprechenden Maßnahmen würden höchst unterschiedlich ausfallen. Diese unilateralen und unabgestimmten Maßnahmen wären einerseits nicht in der Lage, die jeweilige Auffassung eines gerechten, nicht schädlichen Steuerwettbewerbs international effektiv durchzusetzen, andererseits würden sie das bisherige Katz- und Mausspiel zwischen den Staaten mit der Setzung von Steueranreizen und der Einführung von Gegen- bzw. Anti-BEPS-Maßnahmen weiter verschärfen und die internationale Steuerlandschaft in ihrer Komplexität weiter anwachsen lassen. Würde Deutschland ein den GloBE-Regeln entsprechendes Steuergesetz im Alleingang einführen und sich dabei auf die Bekämpfung schädlichen Steuerwettbewerbs berufen, könnte es dem Gesetzgeber zudem schwerfallen, sich dem Vorwurf der Verfolgung eines unzulässigen, weil rein fiskalischen Ziels zur Erhöhung der staatlichen Steuereinnahmen zu entziehen. Da die Beurteilung der aktuellen Entwicklung des Steuerwettbewerbs als schädlich oder unschädlich eine fiskalische Wertungsfrage ist, wäre der deutsche Steuergesetzgeber in der Lage, zur Erhöhung seines Steueraufkommens bestimmte Steueranreize anderer Staaten in beliebiger Weise als schädlich einzuordnen.

Diesem Vorwurf ist der deutsche Gesetzgeber allerdings nicht mehr ausgesetzt, wenn er lediglich umsetzt, was unter einem breiten internationalen Konsens erarbeitet und zur Implementierung empfohlen worden ist. Während im Rahmen des BEPS Projekts und unilateraler Vorstöße lediglich einzelne konkrete Steuermodelle aufgegriffen wurden, gibt das GloBE-Projekt nun eine grundsätzliche, im Wortsinn radikale Antwort auf die Frage, unter welchen Umständen ein schädlicher Steuerwettbewerb geführt wird. Große multinationale Konzerne, die nach Ansicht des IF als Hauptadressaten im Steuerwettbewerb anzusehen sind, sollen hinsichtlich ihrer „Übergewinne" in jedem Land effektiv mit nicht weniger als 15 % an Ertragsteuern besteuert werden. Diese Grenzziehung durch die IF-Staaten stellt einen ausgleichenden Kompromiss[218] zwischen den Befürwortern

---

[218] Aus diesem Kompromiss resultiert auch, dass im Rahmen der GloBE-Regeln keine klare Entscheidung für die Kapitalimport- oder -exportneutralität getroffen wird. So wird zwar vom Grundsatz der Kapitalimportneutralität abgewichen, allerdings nicht vollständig zugunsten der Kapitalexportneutralität, vgl. *Pinkernell/Ditz*, ISR 2020, 1 (11). Die GloBE-Regeln erkennen nämlich auch die positiven Seiten des Steuerwettbewerbs zwischen den Staaten an und versuchen einen Ausgleich zu finden, indem sie den Steuerwettbewerb zwischen den Staaten nun begrenzen und nicht vollständig neutralisieren.

und Gegnern des Steuerwettbewerbs her und darf als „stellvertretend für die billig und gerecht denkenden Steuerzahler"[219] angesehen werden. Dass nicht alle Staaten an dieser Initiative beteiligt sind, bedeutet – abgesehen von den vier IF-Mitgliedern, die sich der Einigung vom 8. Oktober 2021 bislang nicht angeschlossen haben[220] – keinesfalls, dass der Rest der Welt dies anders sieht.[221] Über die Gründe im Einzelnen kann hier nur gemutmaßt werden.[222] Bestünden diese in inhaltlichen Differenzen, wäre allerdings zu erwarten, dass sich diese Länder – wie schon die klassischen Steueroasenstaaten – ebenfalls an dem Projekt beteiligt hätten. Im Übrigen ist für die grundsätzliche Anerkennung eines fiskalischen Drittlenkungszwecks[223] wie dem vorliegenden nach Auffassung des Autors nur zu verlangen, dass eine gewichtige Anzahl an Staaten sich dieser Wertung anschließt, um sicherzustellen, dass der deutsche Gesetzgeber nicht beliebig auf diesen Rechtfertigungsgrund zur Erhöhung seines Steueraufkommens zurückgreifen kann. Die von 137 Staaten inklusive Deutschland getroffene Wertentscheidung begründet damit den Unterschied zu den rein fiskalischen Gründen, die vom BVerfG richtigerweise nicht als Rechtfertigungsgründe akzeptiert werden. Schließt sich der deutsche Gesetzgeber der auf IF-Ebene getroffenen

---

[219] So *Link*, DB 2017, 2372 (2376) zu der durch OECD und G20 vorgenommenen Einstufung von Präferenzregimen als steuerschädlich i. R. d. verfassungsrechtlichen Beurteilung des § 4j EStG.

[220] Dies sind Kenia, Nigeria, Pakistan und Sri Lanka. Deren ausbleibende Zustimmung könnte allerdings auch auf Differenzen zu Säule 1 beruhen, welche ebenfalls Teil der Einigung war.

[221] Zu den 69 der 193 UN-Mitgliedstaaten, die sich nicht an dem 2-Säulen-Projekt beteiligt haben, gehören: Afghanistan, Algerien, Äquatorialguinea, Aserbaidschan, Äthiopien, Bangladesch, Bhutan, Bolivien, Burundi, Ecuador, El Salvador, Eritrea, Fidschi, Gambia, Ghana, Guatemala, Guinea, Guinea-Bissau, Guyana, Irak, Iran, Jemen, Kambodscha, Kirgisistan, Kiribati, Komoren, Kuba, Kuwait, Laos, Lesotho, Libanon, Libyen, Madagaskar, Malawi, Mali, Marshallinseln, Mikronesien, Moldau, Mosambik, Myanmar, Nauru, Nepal, Nicaragua, Niger, Nordkorea, Osttimor, Palau, Philippinen, Ruanda, Salomonen, São Tomé und Príncipe, Simbabwe, Somalia, Sudan, Südsudan, Suriname, Syrien, Tadschikistan, Tansania, Tonga, Tschad, Turkmenistan, Tuvalu, Uganda, Usbekistan, Vanuatu, Venezuela, Zentralafrikanische Republik, Zypern.

[222] So handelt es sich bei den nicht am IF teilnehmenden Staaten nahezu ausschließlich um Entwicklungsländer, vgl. die DAC-Liste der Entwicklungsländer und -gebiete (gültig für das Berichtsjahr 2021) des Bundesministeriums für wirtschaftliche Zusammenarbeit und Entwicklung. Gründe für die Nichtteilnahme könnten daher beispielsweise in fehlenden Kapazitäten oder in dem Umstand liegen, dass multinationale Konzerne dort teils nicht oder nur in geringem Maß tätig sind. Einige der Staaten haben zudem derzeit mit schweren innerstaatlichen Konflikten zu kämpfen.

[223] Siehe zu diesem Begriff bereits *Woitok*, IStR 2021, 777 (783).

5.3 Vereinbarkeit mit Art. 3 Abs. 1 GG

Wertentscheidung an, verfolgt er mit Umsetzung der GloBE-Regeln nicht das schlichte Ziel der staatlichen Einnahmeerhöhung. Die Begrenzung des internationalen Steuerwettbewerbs führt idealerweise nämlich auch gar nicht unmittelbar zu weiteren Steuereinnahmen in Deutschland über die GloBE-Regeln, sondern zu einer Anhebung der effektiven Besteuerung in bisherigen Niedrigsteuerländern. Die GloBE-Regeln stellen lediglich das Mittel dazu dar, andere Staaten und multinationale Konzerne vom Führen bzw. Ausnutzen eines schädlichen, dem billig und gerecht denkenden Steuerzahler widerstrebenden Steuerwettbewerbs abzuhalten. Die Verwirklichung dieses neuen Ziels der internationalen Besteuerung – der konsensbasierten Begrenzung des internationalen Steuerwettbewerbs durch Sicherstellung einer fairen, effektiven Mindestbesteuerung multinationaler Konzerne – zu gewährleisten, stellt nach Auffassung des Autors daher ein legitimes Ziel dar, dass zur verfassungsrechtlichen Rechtfertigung der Verstöße gegen den allgemeinen Gleichheitssatz grundsätzlich herangezogen werden darf.

5.3.4.4.2 Verhältnismäßigkeit

Hieran anschließend wird nun im Rahmen einer Verhältnismäßigkeitsprüfung untersucht, ob der soeben erarbeitete Rechtfertigungsgrund die Durchbrechungen des Trennungsprinzips und des objektiven Nettoprinzips zu rechtfertigen vermag.

5.3.4.4.2.1 Geeignetheit

Erforderlich ist zunächst, dass die Implementierung der GloBE-Regeln in Deutschland und die damit einhergehenden Prinzipiendurchbrechungen geeignet sind, das oben genannte Ziel der Begrenzung des internationalen Steuerwettbewerbs auf ein faires Mindestmaß zu erreichen. Das verfassungsrechtliche Geeignetheitsgebot verlangt hierbei nicht, dass dieses Ziel durch die Einführung der GloBE-Regeln vollständig erreicht wird, sondern es reicht aus, dass das Ziel hierdurch gefördert werden kann.[224] Die internationale Einigung auf die GloBE-Regeln zeigt bereits jetzt Wirkung. So haben die Vereinigten Arabischen Emirate bereits einen Monat nach Veröffentlichung der Modellregeln angekündigt, ihre Unternehmensteuersätze generell von 0 % auf 9 % und für multinationale Konzerne mit einem konsolidierten Jahresumsatz von mind. 750 Mio. Euro sogar auf 15 % anzuheben.[225] Eine dauerhafte Wirkung werden die GloBE-Regeln allerdings nur erzielen, wenn sie von möglichst vielen Staaten implementiert

---

[224] Vgl. statt vieler BVerfG v. 17.12.2014 – 1 BvL 21/12, BVerfGE 138, 136 (189).
[225] Vgl. *Chatar/Bahous*, UAE announces 9 % corporate income tax rate, sets tone on regional corporate tax competition.

werden. Insofern ist die Einführung der GloBE-Regeln in Deutschland geeignet, einen Beitrag zur Begrenzung des internationalen Steuerwettbewerbs auf ein faires Mindestmaß zu leisten.

5.3.4.4.2.2 Erforderlichkeit

Des Weiteren muss es erforderlich sein, die GloBE-Regeln entsprechend den Modellregeln in Deutschland einzuführen. Es dürfen keine Mittel zur Verfügung stehen, mit denen der Gesetzgeber den Steuerwettbewerb in der vorgesehenen Form unter Bewirkung geringerer Ungleichheiten gleichermaßen wirksam begrenzen kann.[226] Dem deutschen Steuergesetzgeber kommt dabei ein weiter Einschätzungs- und Prognosespielraum zu, „der vom Bundesverfassungsgericht je nach der Eigenart des in Rede stehenden Sachbereichs, den Möglichkeiten, sich ein hinreichend sicheres Urteil zu bilden, und der auf dem Spiel stehenden Rechtsgüter nur in begrenztem Umfang überprüft werden kann."[227] Ein die Ungleichbehandlungen vermeidender und somit milderer Weg wäre offensichtlich, die GloBE-Regeln einfach nicht in deutsches Recht umzusetzen. Möglicherweise könnte dies tatsächlich keinen negativen Einfluss auf die Erreichung des Ziels haben, da IIR und UTPR so vielschichtig ausgestaltet sind, dass sie bei hinreichender Einführung in anderen Ländern den Ausfall Deutschlands kompensieren würden. Allerdings ist es keinesfalls sicher, dass diese kritische Masse an Staaten, die die GloBE-Regeln einführen, erreicht wird, um etwaige Lücken schließen zu können. Der deutsche Gesetzgeber darf berechtigterweise davon ausgehen, dass sein Beitrag notwendig ist, kommt Deutschland als Mitglied der G7 und G20 sowie als Urheber der Mindeststeuerinitiative doch eine Vorbildfunktion zu. Eine Einigung aller Staaten auf die unilaterale Sicherstellung einer Mindestbesteuerung i. S. v. GloBE im eigenen Hoheitsgebiet wäre zwar der wünschenswertere Weg gewesen, da sie zunächst die Einführung und Anwendung von IIR und UTPR entbehrlich gemacht hätte. Es liegt allerdings auf der Hand, dass eine solche Einigung nicht allein durch Deutschland herbeizuführen wäre. Zudem wäre sie nicht gleichermaßen geeignet, sicherzustellen, dass das verabredete Steuerniveau in den einzelnen Staaten auf Dauer gewährleistet wird. Ein Ausweichen auf die UTPR in Form der Quellenbesteuerung von bei isolierter Betrachtung tatsächlich niedrig besteuerten Konzerneinheiten unter Abstandnahme von den kritischen Erhebungsformen der IIR und des UTPR-Abzugsverbots wäre zwar

---

[226] Vgl. BVerfG v. 17.12.2014 – 1 BvL 21/12, BVerfGE 138, 136 (189 f.); v. 26.02.2008 – 2 BvR 392/07, BVerfGE 120, 224 (240); v. 12.12.2006 – 1 BvR 2576/04, BVerfGE 117, 163 (189).

[227] BVerfG v. 17.12.2014 – 1 BvL 21/12, BVerfGE 138, 136 (190).

5.3 Vereinbarkeit mit Art. 3 Abs. 1 GG

milder, aber keinesfalls gleich geeignet, da insbesondere die ansonsten über die IIR erhobene Top-up Tax nicht vollständig kompensiert werden könnte. Andere mildere und dennoch gleich geeignete Maßnahmen sind nicht ersichtlich, sodass die Erforderlichkeit zu bejahen ist.

5.3.4.4.2.3 Angemessenheit

Im Übrigen muss die Einführung der GloBE-Regeln angemessen sein. Die Ungleichbehandlung ist verhältnismäßig im engeren Sinne, wenn das Maß der Ungleichbehandlung und Schlechterstellung (aufgrund der Durchbrechungen des Trennungsprinzips und des objektiven Nettoprinzips durch Anwendung von IIR und UTPR) „in angemessenem Verhältnis zur Bedeutung des mit der Differenzierung verfolgten Ziels und zu dem Ausmaß und Grad der Zielerreichung steht."[228]

Die Höhe der zu erhebenden Top-up Tax ist losgelöst von der Leistungsfähigkeit, also den tatsächlichen Gewinnen der IIR- oder UTPR-steuerpflichtigen Gesellschaften. Dies kann zu einer erheblichen Belastung einzelner Konzerneinheiten führen, die in ihrem Ausmaß bis hin zur Substanzbesteuerung (Art. 14 Abs. 1 i. V. m. Art. 19 Abs. 3 GG) reichen kann. Ausnahmeregelungen für besondere Härtefälle sind in den Modellregeln nicht vorgesehen und daher bislang kein Bestandteil der GloBE-Regeln. Für diese Fälle kann auch nicht auf die Billigkeitsmaßnahmen der §§ 163, 227 AO verwiesen werden, da die bewusst durch den Gesetzgeber angeordnete oder zumindest in Kauf genommene Rechtsfolge die Anwendung von Billigkeitsmaßnahmen, welche lediglich im Einzelfall unbillige Härten ausgleichen sollen, nicht rechtfertigen kann.[229] In Deutschland GloBE-steuerpflichtige Konzerneinheiten sind damit grundsätzlich einem recht hohen Belastungsrisiko ausgesetzt. Auch nach aktuellen Schätzungen sind die Belastungen in Deutschland ansässiger Konzerneinheiten unter Durchbrechung des Trennungsprinzips – und bei Anwendung einer UTPR-Abzugsbeschränkung auch unter Durchbrechung des objektiven Nettoprinzips – beachtlich. So sind Berechnungen des EU Tax Observatory zufolge[230] für Deutschland bei Umsetzung der GloBE-Regeln bis zu 13 Mrd. Euro an zusätzlichen Steuereinnahmen

---

[228] BVerfG v. 17.12.2014 – 1 BvL 21/12, BVerfGE 138, 136 (189).
[229] Vgl. BVerfG v. 28.2.2017 – 1 BvR 1103/15, NVwZ 2017, 954 f.; *Gercke* in Koenig, 4. Aufl. 2021, § 163 AO Rn. 14.
[230] Unter Zugrundelegung der CbCR-Daten für die Jahre 2016 und 2017.

pro Jahr denkbar, sollte die Niedrigbesteuerung in anderen Ländern nicht zurückgehen.[231] Dies entspräche etwa 18 % der derzeit bei Körperschaften erhobenen Unternehmensteuern (inkl. Gewerbesteuer).[232] Allerdings ist dies zu relativieren. Denn es ist davon auszugehen, dass die weltweit koordinierte Einführung der GloBE-Regeln kurz- bis mittelfristig in erheblichem Maße zur staatlichen Rücknahme solcher Steuervergünstigungen führen wird, die bei multinationalen Konzernen regelmäßig eine länderbezogene ETR unterhalb des Mindeststeuersatzes bedingen. Denn die Aufrechterhaltung niedriger Steuersätze, großzügiger Bemessungsgrundlagen und anderer Vergünstigungen wird in dem Maße keine Wirkung mehr erzielen können, in dem diese durch die Erhebung der Top-up Tax ausgeglichen werden. Staaten, die sich diese Steueranreize bislang zu eigen gemacht haben, werden daher ihr Steuerniveau anheben, um selbst von dem durch die Mindeststeuer begrenzten Steuerwettbewerb zu profitieren, da mit der Anhebung auf das Mindestniveau ein Steueraufkommensgewinn ohne das Risiko eines Wettbewerbsnachteils einhergeht. Zugleich ist zu erwarten, dass Konzerne sich in Teilen umstrukturieren werden. Einerseits, weil ein Standort aufgrund der Einführung der GloBE-Regeln und Neutralisierung der steuerlichen Vorteile möglicherweise nicht mehr wirtschaftlich ist bzw. andere Standorte für die Zwecke des Konzerns nun attraktiver sind – dies dürfte insbesondere für BEPS-Gestaltungen gelten, bei denen steuerliche Kriterien den wesentlichen Hauptgrund für die Standortwahl gebildet haben. Andererseits, weil mit den GloBE-Regeln erhebliche Befolgungskosten einhergehen,[233] die beispielsweise über die Nutzung der noch auszuarbeitenden Safe Harbour-Regeln gesenkt oder gänzlich umgangen werden könnten. Da bis zum anvisierten Inkrafttreten der GloBE-Regeln ab Anfang 2023 sowohl für die bisherigen Niedrigsteuerstaaten als auch die betroffenen multinationalen Konzerne einige Zeit für entsprechende Anpassungen verbleibt, wird das Maß der Schlechterstellung aufgrund der Durchbrechungen des Trennungsprinzips und des objektiven Nettoprinzips nach Überzeugung des Autors noch einiges an Intensität verlieren. So könnten die deutschen Steuereinnahmen aus der Mindeststeuer nach den Berechnungen von *Fuest et al.* auf

---

[231] *Baraké et al.*, Revenue Effects of the Global Minimum Tax: Country-by-Country Estimates, S. 7. Zum Vergleich: Die erwarteten Mehreinnahmen bei der Zinsschranke betragen 697,5 Mio. Euro pro Jahr bei ca. 300 belasteten Unternehmen (vgl. BFH v. 18.12.2013 – I B 85/13, DStR 2014, 788 (792)), die der Lizenzschranke sogar nur 30 Mio. Euro pro Jahr bei geschätzt 650 Fällen pro Jahr, vgl. BT-Drucksache 18/11233, S. 2; *Mersmann*, ReWir Nr. 46/2018, S 22.
[232] *Baraké et al.*, Revenue Effects of the Global Minimum Tax: Country-by-Country Estimates, S. 7.
[233] Siehe hierzu auch *Schön*, IStR 2022, 181 (189).

5.3 Vereinbarkeit mit Art. 3 Abs. 1 GG

1,7 Mrd. Euro pro Jahr reduziert werden.[234] Zudem darf auch nicht ignoriert werden, dass die Top-up Tax in Deutschland in dem wohl überwiegenden Teil der Anwendungsfälle – entsprechend dem Regeldesign (Top-down Approach und Vorrangstellung der IIR) – über die IIR auf Ebene der Konzernobergesellschaft erhoben werden wird. Dieser kann als Leitungsorgan des Konzerns zumindest im begrenzten Ausmaß die Verantwortung dafür zugewiesen werden, dass der Konzern entgegen der Wertentscheidung des IF mit effektiven Steuerquoten von weniger als 15 % unfaire bzw. schädliche Steuervorteile bezieht, wobei die Konzernobergesellschaft mittelbar von den höheren Nachsteuergewinnen der niedrig besteuerten Konzerneinheiten profitiert. Auch insofern ist das Maß der Schlechterstellung geringer zu gewichten. In den anderen Fällen, also der Belastung untergeordneter Konzerneinheiten durch IIR und UTPR sind zum einen eher geringere Belastungen zu erwarten, da die zu erhebende Top-up Tax tendenziell auf mehrere Konzerneinheiten verteilt wird. Zudem sind die belasteten Gesellschaften aufgrund der Beteiligungsvoraussetzungen der GloBE-Regeln eng in ihre jeweiligen Konzerne eingebunden. Bei diesen Konzernen handelt es sich ausschließlich um äußerst umsatzstarke Gruppen, bei denen grundsätzlich erwartet werden kann, dass die zusätzliche Steuerlast der betroffenen Konzerneinheit im Rahmen einer konzerninternen Verantwortungsübernahme wirtschaftlich ausgeglichen wird, gerade weil die Ursache der Besteuerung nicht in der Konzerneinheit selbst, sondern der Struktur des Konzerns liegt. Dagegen kann die Intensität der Ungleichbehandlung nicht durch einen Hinweis auf den alternativen Kausalverlauf gesenkt werden, wonach ein multinationaler Konzern, der nun in Deutschland durch die Erhebung von Top-up Tax belastet wird, anderenfalls regelmäßig in einem anderen Staat im selben Maße besteuert würde. Denn diese Perspektive lässt sich nicht auf die isoliert zu betrachtende, in Deutschland ansässige Konzerneinheit übertragen, welche nur dann mit der Top-up Tax belastet wird, wenn IIR und UTPR in Deutschland angewendet werden.

Demgegenüber ist die allgemeine Bedeutung des verfolgten Ziels bereits in den obigen Ausführungen zur Geltung gekommen. Die GloBE-Regeln führen in vielerlei Hinsicht weltweit zu positiven Effekten von einigem Gewicht. Die Begrenzung des internationalen Steuerwettbewerbs auf ein faires Mindestmaß im Rahmen eines internationalen Konsensprozesses wird nicht nur die verbleibenden BEPS-Risiken reduzieren, bei denen Deutschland Studien zufolge zu den

---

[234] *Fuest et al.*, ifo Schnelldienst 2022, 41 (46).

Hauptverlierern gehört.²³⁵ Ineffiziente, weil aus steuerlichen Gründen getroffene Standort- und Investmententscheidungen werden seltener getroffen werden, was grundsätzlich der Weltwirtschaft und auch Deutschland und den darin tätigen multinationalen Konzernen zugute kommt. Letztere profitieren zugleich davon, dass das internationale Steuerrecht an Stabilität und Rechtssicherheit gewinnt, da trotz der mit GloBE einhergehenden Komplexität eine Fülle verschiedener inländischer wie ausländischer, gegen bestimmte Steuerwettbewerbsformen und BEPS gerichteter Vorschriften und Maßnahmen verhindert wird, die anderenfalls in unilateraler und unkoordinierter Weise eingeführt und im Übrigen das Risiko der Doppelbesteuerung erhöhen würden.²³⁶ Zugleich wird der Standort Deutschland gestärkt, indem die steuerlichen Differenzen zu ausländischen Steuerregimen verkürzt werden. Der steuerliche Nachteil kleinerer und mittlerer Unternehmen wird gegenüber multinational agierenden Konzernen verringert.²³⁷ Die Aushöhlung inländischer Besteuerungsgrundlagen wird durch das gemeinsame Vorgehen der IF-Staaten in beachtlichem Umfang unterbunden. Sozialer Ungleichheit durch kompensierende Belastungen weniger mobiler Faktoren wie Konsum und Löhnen und eine verminderte Steuermoral und -ehrlichkeit der Steuerpflichtigen wird vor dem Hintergrund des Sozialstaatsprinzips (Art. 20 Abs. 1, 28 Abs. 1 Satz 1 GG) entgegengewirkt.

Nach Auffassung des Autors wird der internationale Steuerwettbewerb bei breiter Umsetzung in den am IF teilnehmenden Staaten auch wirksam begrenzt werden. Für Staaten wird es nicht mehr attraktiv sein, Steuervergünstigungen für multinationale Konzerne im Anwendungsbereich der GloBE-Regeln zu gewähren,

---

²³⁵ Vgl. *Tørsløv/Wier/Zucman*, The Missing Profits of Nations, NBER Working Paper 24701 (2018), S. 3, 32; *Garcia-Bernardo/Jansky/Tørsløv*, International Tax and Public Finance 2021, 1519 (1550).

²³⁶ „In terms of the investment impacts, the Two-Pillar Solution will provide a more favourable environment for investment and growth than would likely be the case otherwise. The absence of an agreement would likely have led to a proliferation of uncoordinated and unilateral tax measures (e.g. Digital Services Taxes) and an increase in damaging tax and trade disputes, which would have undermined tax certainty and investment and resulted in additional compliance and administration costs. These disputes could reduce global GDP by more than 1 %.", OECD (2021), Highlights brochure: Two-Pillar Solution to Address the Tax Challenges Arising from the Digitalisation of the Economy – October 2021, S. 16. So stellt ein reduzierter Bürokratieaufwand ausweislich einer Studie aus dem Jahr 2018 das größte Anliegen der deutschen Unternehmen im Rahmen des internationalen Steuerwettbewerbs dar, vgl. *Rathje/Wohlrabe*, IStR 2019, 1 (3).

²³⁷ Der Wettbewerbs- bzw. Konkurrenzschutz wird vom BVerfG dagegen für sich genommen nicht als zulässiger Gesetzeszweck anerkannt, vgl. BVerfG v. 8.6.2010 – 1 BvR 2011/07, 1 BvR 2959/07, BVerfGE 126, 112 (143); *Manssen* in von Mangoldt/Klein/Starck, 7. Aufl. 2018, Art. 12 GG Rn. 128.

5.3 Vereinbarkeit mit Art. 3 Abs. 1 GG

die eine ETR unterhalb des Mindeststeuersatzes bedingen. Es ist zwar auch nicht abzustreiten, dass die mittelbar mit der Begrenzung des Steuerwettbewerbs einhergehenden Effekte für Deutschland als Hochsteuerland teils geringer ausfallen werden. So wird von einer Steuerbelastungsdifferenz von ca. 15 Prozentpunkten nach wie vor eine Anziehungswirkung ausgehen.[238] Auch deuten die für Deutschland geschätzten GloBE-Steuereinnahmen i. H. v. bis zu 13 Mrd. Euro pro Jahr vor dem Hintergrund des Steueraufkommens von Bund, Ländern und Gemeinden (ohne Gemeindesteuern) i. H. v. 761 Mrd. Euro im Haushaltsjahr 2021[239] wenigstens an, dass sich die Auswirkungen schädlichen Steuerwettbewerbs auf Deutschland zumindest bislang in Grenzen halten.

Nichtsdestotrotz ist der Autor der Meinung, dass die Umsetzung der GloBE-Regeln in Deutschland trotz der damit verbundenen Durchbrechungen des Trennungsprinzips und des objektiven Nettoprinzips angemessen ist. Das vom IF und von Deutschland angestrebte legitime Ziel der Begrenzung des internationalen Steuerwettbewerbs auf ein faires Mindestmaß kann ausschließlich dadurch erreicht und dauerhaft sichergestellt werden, dass auch auf in Deutschland ansässige Konzerneinheiten zugegriffen wird bzw. ein solcher Zugriff zumindest droht. Nur so kann hinreichend Einfluss auf die steuerlichen Entscheidungen anderer Staaten und multinationaler Konzerne ausgeübt werden. Ein Sonderopfer einzelner Konzerneinheiten unter Durchbrechung des Trennungsprinzips und des objektiven Nettoprinzips ist vor diesem Hintergrund zur wirksamen Verfolgung des Ziels unumgänglich.[240] Dieses Sonderopfer wird jedoch dadurch ausgeglichen, dass die betroffenen Konzerneinheiten multinationalen Konzernen angehören, die zeitgleich von der Niedrigbesteuerung in anderen Ländern profitieren und für einen konzerninternen wirtschaftlichen Ausgleich sorgen können. Die Begrenzung des internationalen Steuerwettbewerbs auf ein faires Mindestmaß im Rahmen eines internationalen Konsensprozesses ist höher zu gewichten als die mit der Verfolgung dieses Ziels einhergehenden Ungleichbehandlungen. Im Übrigen kann den in deutsches Recht umzusetzenden GloBE-Regeln nicht der Vorwurf fehlender Folgerichtigkeit gemacht werden mit der Begründung, die Eingrenzung des Anwendungsbereichs etwa über die Umsatzschwelle oder Begrenzung der steuerpflichtigen Gewinne durch die Substanzausnahme verhindere den Steuerwettbewerb nicht hinreichend. Denn das Ziel der GloBE-Regeln

---

[238] Vgl. auch *Röder*, StuW 2020, 35 (40 f.).

[239] Vgl. BMF-Monatsbericht Januar 2022, S. 18.

[240] Ausnahmeregelungen (z. B. Obergrenzen für die maximale Belastung einer deutschen Konzerneinheit mit Top-up Tax oder ein Verzicht auf die UTPR) würden die Zielerreichung gefährden, da diese eine einheitliche Umsetzung der Modellregeln in allen Staaten voraussetzt.

ist lediglich die Begrenzung des Steuerwettbewerbs in dem Maße, wie er auf IF-Ebene als schädlich eingestuft wurde.[241] Demzufolge ist die Einführung der GloBE-Regeln angemessen und insgesamt verhältnismäßig.

5.3.4.5 Rechtfertigung der Ungleichbehandlung durch die SOR

Die Aufhebung der Freistellungsverpflichtung durch die SOR ermöglicht die Besteuerung über die IIR. Aus diesem Grund muss auf die durch die SOR herbeigeführte Ungleichbehandlung derselbe Maßstab angewendet werden. Zwar hat das BVerfG in seiner Entscheidung zu § 50d Abs. 8 EStG vertreten, dass die Aufhebung der Freistellungsmethode im behandelten Fall nur eine geringe Eingriffsintensität aufweise und daher lediglich anhand des Willkürverbots auf ihre Rechtfertigung hin zu überprüfen sei.[242] Dort führte die Aufhebung der Freistellungsmethode allerdings zur regulären Besteuerung von Einkünften aus nichtselbständiger Arbeit, welche ihrerseits verfassungsrechtlich nicht beanstandet wurde.[243] Im Übrigen richtet sich § 50d Abs. 8 EStG konkret gegen das besondere Missbrauchsrisiko, das bei Einkünften aus nichtselbständiger Arbeit in diesem Kontext aufgrund mangelnder Transparenz besteht.[244] Dies ist beides im Falle der SOR nicht gegeben.

Zunächst ist es zwar so, dass die IIR im Anwendungsbereich der SOR insofern keine Durchbrechung des Trennungsprinzips bedingt, als die ausländische Betriebsstätte einer inländischen Gesellschaft in Deutschland transparent besteuert wird. Die Erhebung von Top-up Tax könnte in diesem Rahmen zwar eine inländische Gesellschaft, die zuvor über die Freistellungsmethode begünstigt war, zusätzlich belasten, sie würde damit aber regelmäßig immer noch günstiger behandelt als in ihrer Leistungsfähigkeit vergleichbare Gesellschaften mit Betriebsstätten, die der regulären deutschen Besteuerung unterliegen, etwa weil sie sich beide im Inland befinden oder kein DBA besteht, welches die Freistellungsmethode vorsieht. Insofern bestünde tatsächlich kein tiefgreifender Eingriff, der zur Rechtfertigung mehr als nur eines sachlichen Grundes bedürfte. Es darf aber nicht vergessen werden, dass auch die SOR in Verbindung mit der IIR zugleich die durch das Jurisdictional Blending hervorgerufene „Sippenhaft"

---

[241] Zudem würde mit der Ausweitung der Regeln auch eine drastische Verschärfung der Ungleichbehandlungen einhergehen.
[242] BVerfG v. 15.12.15 – 2 BvL 1/12, BVerfGE 141, 1 (42 f.).
[243] Vgl. *Wagner* in Brandis/Heuermann, 160. EL 2021, § 50d EStG Rn. 109.
[244] Vgl. BVerfG v. 15.12.15 – 2 BvL 1/12, BVerfGE 141, 1 (43). Kritisch *Klein/Hagena* in Herrmann/Heuer/Raupach, 310. Lief. 2022, § 50d EStG Rn. 6, 110, 112.

ermöglicht, die eine Konzerneinheit mit ihrer Betriebstätte nicht unter alleiniger Beachtung der eigenen Leistungsfähigkeit, sondern aufgrund der Niedrigbesteuerung einer anderer Konzerngesellschaft zusätzlich belasteten kann. Wie bereits zu IIR und UTPR ausgeführt, greift eine Orientierung am Willkürverbot damit nach Auffassung des Autors zu kurz. Vielmehr folgt die SOR dem Schicksal der IIR. Die durch sie hervorgerufene Ungleichbehandlung ist daher zwar unter ausschließlicher Berücksichtigung der herkömmlichen Rechtfertigungsgründe des BVerfG als nicht rechtfertigungsfähig einzustufen, kann aber über den nach Auffassung des Autors neu anzuerkennenden Rechtfertigungsgrund der Begrenzung des internationalen Steuerwettbewerbs auf ein faires Mindestmaß im Rahmen eines internationalen Konsensprozesses gerechtfertigt werden.

5.3.4.6 Zwischenergebnis

Die unterschiedlichen Durchbrechungen von Art. 3 Abs. 1 GG durch die GloBE-Regeln können nach Auffassung des Autors gerechtfertigt werden. Es ist zunächst festzustellen, dass die Einführung der GloBE-Regeln vor dem Hintergrund des Folgerichtigkeitsgebots keinen Systemwechsel darstellt. Zudem sind an die Rechtfertigung strengere Anforderungen zu stellen, die eine Prüfung der Verhältnismäßigkeit erfordern. In diesem Rahmen führen die bislang vom BVerfG anerkannten Rechtfertigungsgründe, also außerfiskalische Förderungs- und Lenkungszwecke, Vereinfachungs- und Typisierungszwecke und das Ziel der Missbrauchsabwehr zwar nicht zur Rechtfertigung. Unter der nach Ansicht des Autors gebotenen Anerkennung der Begrenzung des internationalen Steuerwettbewerbs auf ein faires Mindestmaß im Rahmen eines internationalen Konsensprozesses als legitimen Zweck ist eine Rechtfertigung der verschiedenen verfassungsrechtlichen Durchgriffe jedoch unter Beachtung des Verhältnismäßigkeitsgrundsatzes möglich und vorliegend gegeben.

5.4 Möglicher Treaty Override nicht verfassungswidrig

Bei einem Treaty Override handelt es sich um „die innerstaatliche Änderung oder Aufhebung einzelner Vorschriften eines [Doppelbesteuerungs-]Abkommens durch zeitlich nachfolgende unilaterale Steuergesetzgebung."[245] Ohne auf die

---

[245] *Schwenke* in Wassermeyer, DBA, 156. EL 2022, Vor Art. 1 OECD-MA 2017 Rn. 12; *Schwenke*, FR 2012, 443. Zu den Anforderungen für eine abkommensdurchbrechende Wirkung eines Gesetzes siehe BFH v. 3.9.2020 – I R 80/16, DStR 2020, 2853 (2854); *Schwenke* in Wassermeyer, DBA, 156. EL 2022, Vor Art. 1 OECD-MA 2017 Rn. 18.

noch nachfolgende Prüfung zur Vereinbarkeit der neuen Regeln mit deutschen Doppelbesteuerungsabkommen (Kap. 7) vorgreifen zu wollen, könnten etwaige Kollisionen einen solchen Treaty Override begründen. Dieser würde dem völkerrechtlichen Grundsatz „pacta sunt servanda" widersprechen und damit einen Völkerrechtsverstoß darstellen.[246] Ob ein Treaty Override daher aber auch verfassungswidrig ist, ist schon seit langer Zeit umstritten.[247] Das BVerfG hat jedoch die Verfassungswidrigkeit eines Treaty Override in Gestalt des § 50d Abs. 8 EStG deutlich abgelehnt.[248] Diese Einordnung kann auf andere Treaty Overrides übertragen werden,[249] sodass auch vorliegend ein möglicher Treaty Override keine verfassungsrechtlichen Bedenken auslösen soll.

5.5 Ergebnis der verfassungsrechtlichen Untersuchung

Implementiert Deutschland die GloBE-Regeln eigenständig, ist der Bund nach Art. 105 Abs. 2 Satz 2 Alt. 1 i. V. m. Art. 106 Abs. 3 GG zur Gesetzgebung befugt. Das entsprechende Gesetz bedarf gemäß Art. 105 Abs. 3 GG der Zustimmung des Bundesrates. Das Steueraufkommen aus den neuen Mindeststeuervorschriften steht in der Regel Bund und Ländern hälftig zu, im Falle der Top-up Tax-Erhebung bei Personengesellschaften bzw. deren Gesellschaftern auch den Gemeinden. Für die Verwaltung der Mindeststeuer wären grundsätzlich die Landesfinanzbehörden zuständig.

Führt Deutschland die GloBE-Regeln den Modellregeln entsprechend ein, begründet die Anwendung von IIR, UTPR und SOR in jedem Falle eine Durchbrechung des Trennungsprinzips, welche grundsätzlich den in Art. 3 Abs. 1

---

[246] *Schwenke* in Wassermeyer, DBA, 156. EL 2022, Vor Art. 1 OECD-MA 2017 Rn. 14.

[247] Vgl. für eine Verfassungswidrigkeit aufgrund Verstoßes gegen das Rechtsstaatsprinzip etwa *Vogel*, IStR 2005, 29 (30); *Rust/Reimer*, IStR 2005, 843 ff.; *Gosch*, IStR 2008, 413 (421). Für die a. A. siehe z. B. *Schwenke*, FR 2012, 443 (450); *Musil*, IStR 2014, 192 ff. Für eine detaillierte Darstellung der bisherigen Ansichten vgl. *Schwenke* in Wassermeyer, DBA, 156. EL 2022, Vor Art. 1 OECD-MA 2017 Rn. 14.

[248] BVerfG v. 15.12.15 – 2 BvL 1/12, BVerfGE 141, 1 ff. Beachte dort jedoch das Sondervotum der Richterin König.

[249] Vgl. BFH v. 30.9.2020 – I R 12/19 (I R 78/14), DStR 2021, 709 (714); *Schwenke* in Wassermeyer, DBA, 156. EL 2022, Vor Art. 1 OECD-MA 2017 Rn. 15; *Frotscher*, IStR 2016, 561 (566 f.); *Mitschke*, DStR 2016, 359 (376 f.); *Pohl* in Brandis/Heuermann, 160. EL 2021, § 4j EStG Rn. 14; a. A. *Pohl*, ISR 2014, 158 (162 f.) und *Haarmann*, BB 2016, 2775 ff., der einen Verstoß gegen Art. 3 Abs. 1 GG annimmt.

5.5 Ergebnis der verfassungsrechtlichen Untersuchung

GG verankerten Grundsatz der Steuergerechtigkeit verletzt und damit rechtfertigungsbedürftig ist. Sollte die UTPR als Betriebsausgabenabzugsbeschränkung ausgestaltet werden, begründet dies zudem eine Durchbrechung des objektiven Nettoprinzips und damit ebenfalls eine rechtfertigungsbedürftige Ungleichbehandlung. Soweit im Rahmen der oben genannten Durchbrechungen gegen das Folgerichtigkeitsgebot verstoßen wird, kann dem nicht die Begründung eines Systemwechsels entgegengehalten werden. Die unterschiedlichen Verstöße gegen Art. 3 Abs. 1 GG durch die GloBE-Regeln können nach Auffassung des Autors jedoch gerechtfertigt werden, wobei strengere Anforderungen an die Rechtfertigung zu stellen sind, die eine Prüfung der Verhältnismäßigkeit erfordern. In diesem Rahmen führen die bislang vom BVerfG anerkannten Rechtfertigungsgründe – außerfiskalische Förderungs- und Lenkungszwecke, Vereinfachungs- und Typisierungszwecke und das Ziel der Missbrauchsabwehr – zwar nicht zur Rechtfertigung. Unter der nach Ansicht des Autors gebotenen Anerkennung der Begrenzung des internationalen Steuerwettbewerbs auf ein faires Mindestmaß im Rahmen eines internationalen Konsensprozesses als legitimen Zweck ist eine Rechtfertigung der verschiedenen verfassungsrechtlichen Durchgriffe jedoch unter Beachtung des Verhältnismäßigkeitsgrundsatzes möglich und vorliegend gegeben.

Im Übrigen begründen etwaige mit der Einführung der GloBE-Regeln verbundene Treaty Overrides keine Verletzung des Grundgesetzes.

Open Access Dieses Kapitel wird unter der Creative Commons Namensnennung 4.0 International Lizenz (http://creativecommons.org/licenses/by/4.0/deed.de) veröffentlicht, welche die Nutzung, Vervielfältigung, Bearbeitung, Verbreitung und Wiedergabe in jeglichem Medium und Format erlaubt, sofern Sie den/die ursprünglichen Autor(en) und die Quelle ordnungsgemäß nennen, einen Link zur Creative Commons Lizenz beifügen und angeben, ob Änderungen vorgenommen wurden.

Die in diesem Kapitel enthaltenen Bilder und sonstiges Drittmaterial unterliegen ebenfalls der genannten Creative Commons Lizenz, sofern sich aus der Abbildungslegende nichts anderes ergibt. Sofern das betreffende Material nicht unter der genannten Creative Commons Lizenz steht und die betreffende Handlung nicht nach gesetzlichen Vorschriften erlaubt ist, ist für die oben aufgeführten Weiterverwendungen des Materials die Einwilligung des jeweiligen Rechteinhabers einzuholen.

Vereinbarkeit mit EU-Recht 6

Die GloBE-Regeln müssten bei Umsetzung in das deutsche Recht nicht nur die verfassungsrechtlichen Vorgaben des Grundgesetzes einhalten, sondern auch einer unionsrechtlichen Überprüfung standhalten. Dem Unionsrecht kommt eine Vorrangstellung zu, sodass im Falle der Kollision zwischen EU-Recht und nationalem Recht die nationale Vorschrift insoweit unanwendbar ist (und nicht etwa nichtig).[1] Der EuGH hat bereits im Jahr 1995 festgestellt, dass „der Bereich der direkten Steuern [zwar] als solcher beim gegenwärtigen Stand des Gemeinschaftsrechts nicht in die Zuständigkeit der Gemeinschaft fällt, die Mitgliedstaaten die ihnen verbliebenen Befugnisse jedoch unter Wahrung des Gemeinschaftsrechts ausüben müssen".[2] Auch wenn sich die EU seit diesem Urteil nun bereits mehrfach im Bereich der direkten Steuern betätigt hat, beansprucht der letzte Halbsatz weiterhin Geltung, sodass eine Umsetzung der GloBE-Initiative in deutsches Recht mit den unionsrechtlichen Vorgaben vereinbar sein muss, insbesondere mit

---

[1] Vgl. EuGH v. 9.3.1978 – C-106/77, Simmenthal, ECLI:EU:C:1978:49, Rn. 17/18; v. 15.7.1964 – C-6/64, Costa/E.N.E.L., ECLI:EU:C:1964:66, Slg. 1964, 1253 (1269 ff.); v. 22.10.1998 – C-10/97 bis C-22/97, IN: CO. GE.'90 u. a., ECLI:EU:C:1998:498, Rn. 20 m. w. N. aus der Rspr.; *Schaumburg* in Schaumburg/Englisch, Europäisches Steuerrecht, 2. Aufl. 2020, Rn. 4.18 ff.; *Nettesheim* in Grabitz/Hilf/Nettesheim, 75. EL 2022, Art. 288 AEUV Rn. 53, zur früheren Kontroverse vgl. Rn. 47 ff. Dies hat auch das BVerfG grds. anerkannt, BVerfG v. 9.6.1971 – 2 BvR 225/69, BVerfGE 31, 145 (174).

[2] EuGH v. 14.2.1995 – C-279/93, Schumacker, ECLI:EU:C:1995:31, Rn. 21; vgl. zur unmittelbaren Anwendung der Grundfreiheiten auch schon EuGH v. 28.1.1986 – C-270/83, Kommission/Frankreich, ECLI:EU:C:1986:37, Rn. 13.

© Der/die Autor(en) 2024
N. Steinmeister, *Die Mindestbesteuerung multinationaler Konzerne*,
PwC-Studien zum Unternehmens- und Internationalen Steuerrecht 13,
https://doi.org/10.1007/978-3-658-44059-6_6

den primärrechtlichen Vorgaben zu den Grundfreiheiten und zur staatlichen Beihilfe als auch mit den die direkten Steuern betreffenden Richtlinien.[3] Ansonsten droht nicht nur ein rechtswidriges Handeln Deutschlands und auch anderer EU-Mitgliedstaaten, welches durch den EuGH (oder ein anderes Gericht) unterbunden werden könnte,[4] sondern auch ein erheblicher Wirkungsverlust der Mindeststeuerinitiative, deren Zielerreichung im Wesentlichen von der Umsetzung der Maßnahmen durch eine kritische Anzahl von (Industrie-)Nationen abhängt. So hat auch die OECD schon während ihrer Arbeiten zu Säule 2 erkannt, dass die Vereinbarkeit der Maßnahmen unter Säule 2 mit den EU-Grundfreiheiten zu berücksichtigen sei,[5] auch wenn sie im später folgenden Blueprint und auch danach keine weitergehende Untersuchung in diese Richtung vorgenommen hat.[6]

6.1 Vereinbarkeit mit den Grundfreiheiten

Zunächst soll betrachtet werden, ob die in nationales Recht umzusetzenden GloBE-Regeln mit den Grundfreiheiten vereinbar sein könnten.[7] Der EuGH hat bereits 1986 zum Ausdruck gebracht, dass das Recht der direkten Steuern auf Unternehmensgewinne den Grundfreiheiten entsprechen muss.[8] Der Blueprint hat diese Fragestellung ausdrücklich nicht analysiert.[9] Auch in der Folge sind auf Seiten des IF und der OECD keine Stellungnahmen hierzu veröffentlicht worden. Eine vertiefte Auseinandersetzung mit dieser Frage ist aber unabdinglich. Denn

---

[3] Vgl. auch *Koerver Schmidt*, Intertax 2020, 983 (986) m. w. N.

[4] Vgl. *Nogueira*, WTJ 2020, 465 (467); *Nogueira/Turina*, Pillar Two and EU Law, in: Perdelwitz/Turina, Global Minimum Taxation?, S. 285.

[5] Vgl. OECD (2019), Programme of Work to Develop a Consensus Solution to the Tax Challenges Arising from the Digitalisation of the Economy, Rn. 78; OECD (2019), Public Consultation Document, Global Anti-Base Erosion Proposal ("GloBE") – Pillar Two, 8 November 2019 – 2 December 2019, Rn. 77.

[6] Vgl. OECD (2020), Tax Challenges Arising from Digitalisation – Report on Pillar Two Blueprint, Rn. 668.

[7] Zu den Rechtsfolgen eines Verstoßes durch die Mitgliedstaaten vgl. etwa auch *Reimer* in Schaumburg/Englisch, Europäisches Steuerrecht, 2. Aufl. 2020, Rn. 7.58 ff.; *Müller-Graff* in Streinz, 3. Aufl. 2018, Art. 49 AEUV Rn. 104 ff.

[8] EuGH v. 28.1.1986 – C-270/83, Kommission/Frankreich („avoir fiscal"), ECLI:EU:C:1986:37; *Schön*, Taxing Multinationals in Europe, S. 7.

[9] OECD (2020), Tax Challenges Arising from Digitalisation – Report on Pillar Two Blueprint, Rn. 668.

der EuGH verwendet bei der Prüfung der Grundfreiheiten generell einen strengeren Prüfungsmaßstab.[10] So wurden die Entwürfe zur Säule 2 diesbezüglich schon in den verschiedenen Phasen ihrer Erarbeitung in der Literatur vielfach kritisch gewürdigt.[11]

6.1.1 Anwendbarkeit der Grundfreiheiten

Für die grundfreiheitliche Beurteilung der GloBE-Regeln ist zunächst zu klären, welche der Grundfreiheiten in Bezug auf die Mindestbesteuerungsregelungen überhaupt betroffen sein können. Ernsthaft in Betracht gezogen werden in der Literatur nur die Niederlassungs- und die Kapitalverkehrsfreiheit,[12] sowie teils auch die Dienstleistungsfreiheit.[13] Dieser Einschätzung folgend werden die Säule 2-Regelungen nur anhand dieser drei Grundfreiheiten überprüft.

---

[10] *Kokott*, Das Steuerrecht der Europäischen Union, § 3 Rn. 77.

[11] Zum Stand der GloBE-Regeln vor Erscheinen des Blueprints im Oktober 2020: *De Broe*, OECD´s Global Anti-Base Erosion Proposal – Pillar Two Raises Fundamental Concerns of Compatibility with EU Law; *Pinkernell/Ditz*, ISR 2020, 1 (12 ff.); *Devereux et al.*, The OECD Global Anti-Base Erosion Proposal, Oxford University Centre for Business Taxation, S. 47 ff.; *Englisch/Becker*, WTJ 2019, 483 (524 ff.); *Koerver Schmidt*, Intertax 2020, 983; *Nogueira*, WTJ 2020, 465; *Schnitger* in FS Kessler, 2021, S. 169 ff.; *Blum*, Intertax 2019, 516 (521); *Gebhardt*, IWB 2020, 958 (966 f.). Zum Stand nach Erscheinen des Blueprints: *Nogueira/Turina*, Pillar Two and EU Law, in: Perdelwitz/Turina, Global Minimum Taxation?, S. 283 ff.; *Brokelind*, BIT 2021, No. 5; *De Broe/Massant*, EC Tax Review 2021, 86; *Englisch*, EC Tax Review 2021, 136; *Englisch/Becker*, Implementing an International Effective Minimum Tax in the EU, Materialien aus Wirtschaft und Gesellschaft (AK Wien), Heft 224, Juli 2021, S. 41 ff.; *Englisch*, Implementation of the GloBE common approach on minimum taxation by individual EU Member States in compliance with EU fundamental freedoms.

[12] Vgl. bspw. *Pinkernell/Ditz*, ISR 2020, 1 (12 f.) zur IIR; *Devereux et al.*, The OECD Global Anti-Base Erosion Proposal, Oxford University Centre for Business Taxation, S. 49, 54 zur IIR und UTPR; *Nogueira*, WTJ 2020, 465 (470) zur IIR und SOR; *Nogueira/Turina*, Pillar Two and EU Law, in: Perdelwitz/Turina, Global Minimum Taxation?, S. 287 ff. zur IIR, S. 296 zur SOR und S. 299 zur UTPR; *Englisch/Becker*, Implementing an International Effective Minimum Tax in the EU, Materialien aus Wirtschaft und Gesellschaft (AK Wien), Heft 224, Juli 2021, S. 49 f zur IIR und UTPR.

[13] *Pinkernell/Ditz*, ISR 2020, 1 (13) zur UTPR; *Nogueira*, WTJ 2020, 465 (470) zur UTPR.

6.1.1.1 Darstellung der einzelnen Grundfreiheiten
6.1.1.1.1 Niederlassungsfreiheit

Die in den Art. 49 ff. AEUV verbürgte Niederlassungsfreiheit kann als wichtigste Grundfreiheit im Unternehmensteuerrecht betrachtet werden und erlaubt es allen Unternehmensträgern, Niederlassungen in anderen EU-Mitgliedstaaten zu errichten.[14] Sie soll „den Staatsangehörigen der Gemeinschaft ermöglichen, in stabiler und kontinuierlicher Weise am Wirtschaftsleben eines anderen Mitgliedstaats als desjenigen ihrer Herkunft teilzunehmen und daraus Nutzen zu ziehen".[15]

In persönlicher Hinsicht können sich nicht nur Staatsangehörige eines Mitgliedstaats (natürliche Personen), sondern gemäß Art. 54 AEUV auch die nach den Rechtsvorschriften eines Mitgliedstaats gegründeten Gesellschaften auf die Niederlassungsfreiheit berufen. Hierfür ist zusätzlich erforderlich, dass diese Gesellschaften ihren satzungsmäßigen Sitz, ihre Hauptverwaltung oder ihre Hauptniederlassung innerhalb der EU haben („institutionelle Unionsverbindung").[16] Als Gesellschaften gelten nach Art. 54 Abs. 2 AEUV die Gesellschaften des bürgerlichen Rechts und des Handelsrechts einschließlich der Genossenschaften und die sonstigen juristischen Personen des öffentlichen und privaten Rechts mit Ausnahme derjenigen, die keinen Erwerbszweck verfolgen.

In sachlicher Hinsicht schützt die Niederlassungsfreiheit nach Art. 49 AEUV die grenzüberschreitende[17] „Aufnahme und Ausübung selbständiger Erwerbstätigkeiten, die Gründung und Leitung von Unternehmen nach den Bestimmungen des Aufnahmestaates für seine eigenen Angehörigen [sog. Primärniederlassung[18]]

---

[14] Vgl. *Reimer* in Schaumburg/Englisch, Europäisches Steuerrecht, 2. Aufl. 2020, Rn. 7.71 m. w. N; Das besondere Spannungsfeld zwischen dem EU-rechtlichen Binnenmarktprinzip und der mitgliedstaatlichen Steuerhoheit im Bereich der direkten Steuern bedingt, dass diese häufig in den Anwendungsbereich der Grundfreiheiten und insbesondere der Niederlassungsfreiheit fallen, *Kainer* in Pechstein/Nowak/Häde, Frankfurter Kommentar, Art. 49 AEUV Rn. 98.

[15] EuGH v. 12.9.2006 – C-196/04, Cadbury Schweppes, ECLI:EU:C:2006:544, Rn. 53; v. 30.11.1995 – C-55/94, Gebhard, ECLI:EU:C:1995:411, Rn. 25.

[16] Vgl. auch *Forsthoff* in Grabitz/Hilf/Nettesheim, 75. EL 2022, Art. 49 AEUV Rn. 13; *Müller-Graff* in Streinz, 3. Aufl. 2018, Art. 54 AEUV Rn. 10; *Reimer* in Schaumburg/Englisch, Europäisches Steuerrecht, 2. Aufl. 2020, Rn. 7.75.

[17] Vgl. *Müller-Graff* in Streinz, 3. Aufl. 2018, Art. 49 AEUV Rn. 20; *Kainer* in Pechstein/Nowak/Häde, Frankfurter Kommentar, Art. 49 AEUV Rn. 10.

[18] Vgl. *Forsthoff* in Grabitz/Hilf/Nettesheim, 75. EL 2022, Art. 49 AEUV Rn. 52; *Müller-Graff* in Streinz, 3. Aufl. 2018, Art. 49 AEUV Rn. 22; *Reimer* in Schaumburg/Englisch, Europäisches Steuerrecht, 2. Aufl. 2020, Rn. 7.77.

6.1 Vereinbarkeit mit den Grundfreiheiten

und die Gründung von Agenturen, Zweigniederlassungen und Tochtergesellschaften in anderen Mitgliedstaaten [sog. Sekundärniederlassung[19]]".[20] Damit wird nicht nur dem Aufnahmemitgliedstaat eine Inländergleichbehandlung auferlegt, sondern auch dem Herkunftsstaat verboten, die Niederlassung seiner Staatsangehörigen oder der nach seinem Recht gegründeten Gesellschaften in anderen Mitgliedstaaten zu behindern.[21] Eine Behinderung der Niederlassungsfreiheit liegt insbesondere dann vor, wenn ein Mitgliedstaat eine gebietsansässige Gesellschaft, die eine Tochtergesellschaft oder eine Betriebsstätte in einem anderen Mitgliedstaat oder einem anderen Staat des EWR-Abkommens unterhält, gegenüber einer gebietsansässigen Gesellschaft mit einer inländischen Betriebsstätte oder Tochtergesellschaft steuerlich schlechter behandelt.[22] Der Ansässigkeitsstaat darf inländische unbeschränkt steuerpflichtige Unternehmen (insbesondere Konzerngesellschaften) nicht ungünstiger besteuern, weil ein Teil ihres Welteinkommens im Binnenmarkt außerhalb des Ansässigkeitsstaates erzielt worden ist.[23] Nach Art. 49 AEUV sind solche Beschränkungen der freien Niederlassung von Staatsangehörigen eines Mitgliedstaats im Hoheitsgebiet eines anderen zu beseitigen.[24]

6.1.1.1.2 Dienstleistungsfreiheit

Der persönliche Schutzbereich der in den Art. 56 ff. AEUV garantierten Dienstleistungsfreiheit umfasst über Art. 62 AEUV i. V. m. Art. 54 AEUV ebenfalls die nach den Rechtsvorschriften eines Mitgliedstaats gegründeten Gesellschaften, die ihren satzungsmäßigen Sitz, ihre Hauptverwaltung oder ihre Hauptniederlassung innerhalb der Union haben.

In sachlicher Hinsicht schützt die Dienstleistungsfreiheit in Art. 56 AEUV den freien Dienstleistungsverkehr innerhalb der Union und damit sämtliche für den

---

[19] *Forsthoff* in Grabitz/Hilf/Nettesheim, 75. EL 2022, Art. 49 AEUV Rn. 52; *Müller-Graff* in Streinz, 3. Aufl. 2018, Art. 49 AEUV Rn. 23.

[20] *Kokott*, Das Steuerrecht der Europäischen Union, § 3 Rn. 87, s. a. EuGH v. 20.1.2021 – C-484/19, Lexel, ECLI:EU:C:2021:34, Rn. 33 m. w. N.; v. 17.10.2019 – C-459/18, Argenta Spaarbank, ECLI:EU:C:2019:871, Rn. 34; v. 21.1.2010 – C-311/08, SGI, ECLI:EU:C:2010:26, Rn. 38 m. w. N.; v. 11.3.2004 – C-9/02, de Lasteyrie du Saillant, ECLI:EU:C:2004:138, Rn. 40 m. w. N.

[21] Vgl. EuGH v. 17.10.2019 – C-459/18, Argenta Spaarbank, ECLI:EU:C:2019:871, Rn. 35; v. 14.4.2016 – C-522/14, Sparkasse Allgäu, ECLI:EU:C:2016:253, Rn. 20; v. 16.7.1998 – C-264/96, ICI, ECLI:EU:C:1998:370, Rn. 21.

[22] EuGH v. 17.7.2014 – C-48/13, Nordea Bank, ECLI:EU:C:2014:2087, Rn. 19.

[23] Vgl. *Müller-Graff* in Streinz, 3. Aufl. 2018, Art. 49 AEUV Rn. 77.

[24] Vgl. etwa EuGH v. 20.1.2021 – C-484/19, Lexel, ECLI:EU:C:2021:34, Rn. 33.

Austausch von Dienstleistungen relevanten Verhaltensweisen.[25] Als Dienstleistungen sind nach Art. 57 AEUV solche grenzüberschreitenden Leistungen[26] zu verstehen, die in der Regel gegen Entgelt erbracht werden und nicht bereits in den Anwendungsbereich der Warenverkehrsfreiheit, der Freiheit des Zahlungs- und Kapitalverkehrs, der Niederlassungsfreiheit oder der Arbeitnehmerfreizügigkeit fallen.

6.1.1.1.3 Kapitalverkehrsfreiheit

Der Wortlaut der Vorschriften zur Kapitalverkehrsfreiheit in den Art. 63 ff. AEUV enthält keinen Hinweis auf den persönlichen Anwendungsbereich. Es ist jedoch anerkannt, dass neben natürlichen Personen auch Gesellschaften i. S. d. Art. 54 Abs. 2 AEUV durch die Kapitalverkehrsfreiheit geschützt sind.[27] Ein wesentlicher Unterschied zu den vorgenannten Grundfreiheiten besteht jedoch darin, dass die Kapitalverkehrsfreiheit auch in einem Drittstaat ansässige Personen erfasst.[28]

In sachlicher Hinsicht schützt die Kapitalverkehrsfreiheit die über die Grenzen eines EU-Mitgliedstaates hinweg staatfindende Übertragung von Geld- oder Sachkapital, die primär zu Anlagezwecken erfolgt.[29] Darunter fällt etwa der Handel mit Wertpapieren, die Aufnahme von Darlehen oder die Einbringung von Kapital in eine Gesellschaft.[30] Im Falle einer Drittstaatenbeteiligung muss die Niederlassungsfreiheit von der Kapitalverkehrsfreiheit abgegrenzt werden, um zu verhindern, dass Wirtschaftsteilnehmer aus Drittstaaten über die Auslegung des

---

[25] *Kluth* in Calliess/Ruffert, 6. Aufl. 2022, Art. 57 AEUV Rn. 7.

[26] Hinsichtlich des Erfordernisses der Grenzüberschreitung der Dienstleistung kann allgemein unterschieden werden zwischen der Grenzüberschreitung des Leistenden (Dienstleistungserbringungsfreiheit), des Leistungsempfängers (Dienstleistungsempfangsfreiheit) und der Leistung (Korrespondenzdienstleistungen), vgl. *Müller-Graff* in Streinz, 3. Aufl. 2018, Art. 56 AEUV Rn. 33 ff.; *Kluth* in Calliess/Ruffert, 6. Aufl. 2022, Art. 57 AEUV Rn. 26, 29 ff.; *Reimer* in Schaumburg/Englisch, Europäisches Steuerrecht, 2. Aufl. 2020, Rn. 7.85.

[27] Vgl. *Ukrow/Ress* in Grabitz/Hilf/Nettesheim, 75. EL 2022, Art. 63 AEUV Rn. 146; *Gramlich* in Pechstein/Nowak/Häde, Frankfurter Kommentar, Art. 63 AEUV Rn. 14.

[28] *Reimer* in Schaumburg/Englisch, Europäisches Steuerrecht, 2. Aufl. 2020, Rn. 7.99, 7.106 ff.; *Ukrow/Ress* in Grabitz/Hilf/Nettesheim, 75. EL 2022, Art. 63 AEUV Rn. 146; vgl. auch EuGH v. 13.11.2012 – C-35/11, Test Claimants in the FII Group Litigation, ECLI:EU:C:2012:707, Rn. 90 ff.

[29] *Sedlaczek/Züger* in Streinz, 3. Aufl. 2018, Art. 63 AEUV Rn. 20; *Korte* in Calliess/Ruffert, 6. Aufl. 2022, Art. 63 AEUV Rn. 27, 29; *Reimer* in Schaumburg/Englisch, Europäisches Steuerrecht, 2. Aufl. 2020, Rn. 7.100 (zur Behandlung des Steuervorbehalts in Art. 65 Abs. 1 Buchst. a AEUV siehe Rn. 7.101 ff.).

[30] *Kokott*, Das Steuerrecht der Europäischen Union, § 3 Rn. 89.

Art. 63 Abs. 1 AEUV in den Genuss der Niederlassungsfreiheit kommen.[31] So kommt der Kapitalverkehrsfreiheit im Lichte von Art. 65 Abs. 1 und 3 AEUV eine im Vergleich zu den anderen Grundfreiheiten eher geringere Schutzintensität zu, die dahin führt, dem freien Kapitalverkehr in der Abwägung mit den verfolgten Zielen der Mitgliedstaaten ein geringeres Gewicht einzuräumen als den anderen Grundfreiheiten.[32]

6.1.1.2 Einordnung der Mindeststeuerregelungen

Die im Rahmen der GloBE-Regeln verpflichteten Konzerneinheiten fallen in jedem Falle in den persönlichen Anwendungsbereich der soeben vorgestellten Grundfreiheiten, wenn sie als nach den Rechtsvorschriften eines Mitgliedstaats gegründete Gesellschaften qualifizieren und ihren satzungsmäßigen Sitz, ihre Hauptverwaltung oder ihre Hauptniederlassung innerhalb der EU haben. Ob sich der Schutz der Grundfreiheiten auch auf andere Konzerneinheiten erstreckt, hängt davon ab, ob diese sich auch auf die Kapitalverkehrsfreiheit berufen können.

Ausschlaggebend hierfür ist grundsätzlich der Gegenstand der jeweiligen nationalen Regelung.[33] In seiner ständigen Rechtsprechung ordnet der EuGH nationale Regelungen, die nur auf Beteiligungen anwendbar sind, die es ermöglichen, einen sicheren Einfluss auf die Entscheidungen einer Gesellschaft auszuüben und deren Tätigkeiten zu bestimmen, in den Anwendungsbereich der Niederlassungsfreiheit ein.[34] Führen solche Rechtsvorschriften daneben auch zu

---

[31] *Kokott*, Das Steuerrecht der Europäischen Union, § 3 Rn. 93; *Englisch* in *Tipke/Lang*, 24. Aufl. 2021, § 4 Rn. 82; *von Brocke* in FS Spiegelberger, 2009, S. 1671 (1679). Die Abgrenzung zwischen den einzelnen Grundfreiheiten ist im EU/EWR-Kontext im Übrigen wegen des einheitlichen Prüfungsmaßstabs nicht von Bedeutung, vgl. Schlussanträge der GA Kokott v. 21.12.2016 – C-646/15, Trustees of the P Panayi Accumulation & Maintenance Settlements, ECLI:EU:C:2016:1000, Rn. 41.

[32] *Kokott*, Das Steuerrecht der Europäischen Union, § 3 Rn. 94; GA Kokott v. 2.10.2014 zum Urt. v. 18.12.2014 – C 133/13, Q, ECLI:EU:C:2014:2460, Rn. 48. Zu den Auswirkungen des Steuervorbehalts in Art. 65 Abs. 1 Buchst. a) AEUV siehe etwa *Schwenke* in Wassermeyer, DBA, 156. EL 2022, Vor Art. 1 OECD-MA 2017 Rn. 97.

[33] Vgl. EuGH v. 24.11.2016 – C-464/14, SECIL, ECLI:EU:C:2016:896, Rn. 31.

[34] EuGH v. 20.9.2018 – C-685/16, EV, ECLI:EU:C:2018:743, Rn. 34; v. 10.6.2015 – C-686/13, X, ECLI:EU:C:2015:375, Rn. 18; v. 11.9.2014 – C 47/12, Kronos, ECLI:EU:C:2014:2200, Rn. 31; v. 5.2.2014 – C-385/12, Hervis Sport- és Divatkereskedelmi, ECLI:EU:C:2014:47, Rn. 22; v. 13.11.2012 – C-35/11, Test Claimants in the FII Group Litigation, ECLI:EU:C:2012:707, Rn. 91; v. 19.7.2012 – C-31/11, Scheunemann, ECLI:EU:C:2012:481, Rn. 23; v. 15.9.2011 – C-310/09, Accor, ECLI:EU:C:2011:581, Rn. 32; v. 10.2.2011 – C-436/08 und C-437/08, Haribo Lakritzen Hans Riegel und Österreichische Salinen, ECLI:EU:C:2011:61, Rn. 35; v. 21.10.2010 – C-81/09, Idryma Typou, ECLI:EU:C:2010:622, Rn. 47 ff.; v. 13.3.2007 – C-524/04, Test Claimants in the Thin

Beschränkungen des freien Dienstleistungsverkehrs und des freien Kapitalverkehrs, wird dies vom EuGH als unvermeidliche Konsequenz einer eventuellen Beschränkung der Niederlassungsfreiheit angesehen, die eine gesonderte Prüfung dieser Freiheiten nicht rechtfertigt.[35] Sollten die Regelungen demnach nur auf solche Beteiligungsverhältnisse beschränkt sein, die einen sicheren Einfluss gewährleisten, käme lediglich eine Verletzung der Niederlassungsfreiheit in Betracht. Wann ein sicherer Einfluss vorliegt, wird vom EuGH nicht generell definiert, sondern bestimmt sich nach den tatsächlichen Umständen sowie dem relevanten Gesellschaftsrecht.[36] Der EuGH hat in der Rechtssache *Baars* festgestellt, dass zumindest eine „100 %ige Beteiligung am Kapital einer Gesellschaft, die ihren Sitz in einem anderen Mitgliedstaat hat," zweifellos bewirkt, dass „auf diesen Steuerpflichtigen die Vertragsvorschriften über die Niederlassungsfreiheit Anwendung finden."[37] Auch eine unmittelbare Beteiligung am Gesellschaftskapital von mehr als 25 % (Sperrminorität) hat er bereits für die Bejahung sicheren Einflusses genügen lassen.[38] Andererseits hat er entschieden, dass eine Beteiligung von mindestens 15 % am Nennkapital einer Tochtergesellschaft noch nicht zwangsläufig bedeutet, dass die diese Beteiligung haltende Gesellschaft einen sicheren Einfluss auf die Tochtergesellschaft ausübt.[39]

Gelten nationale Regelungen nur für Beteiligungen, die allein zur Geldanlage erfolgen und bei denen kein Einfluss auf die Verwaltung und Kontrolle des Unternehmens genommen werden soll (sog. Portfoliobeteiligungen), sind diese Vorschriften nach der ständigen Rechtsprechung des EuGH dagegen allein

---

Cap Group Litigation, ECLI:EU:C:2007:161, Rn. 27; v. 12.9.2006 – C-196/04, Cadbury Schweppes, ECLI:EU:C:2006:544, Rn. 31 unter Verweis auf EuGH v. 21.11.2002 – C-436/00, X und Y, ECLI:EU:C:2002:704, Rn. 37 sowie v. 13.4.2000 – C-251/98, Baars, ECLI:EU:C:2000:205, Rn. 22.

[35] EuGH v. 13.3.2007 – C-524/04, Test Claimants in the Thin Cap Group Litigation, ECLI:EU:C:2007:161, Rn. 34; v. 12.9.2006 – C-196/04, Cadbury Schweppes, ECLI:EU:C:2006:544, Rn. 33 unter Verweis auf EuGH v. 14.10.2004 – C-36/02, Omega, ECLI:EU:C:2004:614, Rn. 27 (dort zum Verhältnis von Dienstleistungs- und Warenverkehrsfreiheit); vgl. auch *Forsthoff* in Grabitz/Hilf/Nettesheim, 75. EL 2022, Art. 49 AEUV Rn. 128; zum Verhältnis von Dienstleistungs- und Kapitalverkehrsfreiheit siehe EuGH v. 3.10.2006 – C-452/04, Fidium Finanz, ECLI:EU:C:2006:631, Rn. 48 f.

[36] *Ukrow/Ress* in Grabitz/Hilf/Nettesheim, 75. EL 2022, Art. 63 AEUV Rn. 392.

[37] EuGH v. 13.4.2000 – C-251/98, Baars, ECLI:EU:C:2000:205, Rn. 21.

[38] Vgl. EuGH v. 19.7.2012 – C-31/11, Scheunemann, ECLI:EU:C:2012:481, Rn. 25 ff.; siehe auch *Kainer* in Pechstein/Nowak/Häde, Frankfurter Kommentar, Art. 49 AEUV Rn. 24.

[39] Vgl. EuGH v. 20.9.2018 – C-685/16, EV, ECLI:EU:C:2018:743, Rn. 40; v. 20.12.2017 – C-504/16 und C-613/16, Deister Holding und Juhler Holding, ECLI:EU:C:2017:1009, Rn. 79 f.

6.1 Vereinbarkeit mit den Grundfreiheiten

anhand der Kapitalverkehrsfreiheit zu messen.[40] Dies wird bislang zumindest für Beteiligungsverhältnisse i. H. v. bis zu 10 % angenommen.[41] Im Falle neutraler, von einer Beteiligungshöhe unabhängiger Regelungen kommt es ansonsten auf den konkreten Einzelfall an.[42] Liegt in einem solchen Fall ein Beherrschungsverhältnis vor, kann die Regelung (auch) am Maßstab der Niederlassungsfreiheit geprüft werden,[43] während bei Drittstaatenbeteiligung stets nur die Kapitalverkehrsfreiheit einschlägig sein kann.[44]

6.1.1.2.1 Income Inclusion Rule

Die IIR führt zu einer Besteuerung der Konzernobergesellschaft oder einer anderen zwischengeschalteten Konzerneinheit (IPE oder POPE) mit Top-up Tax, wenn diese direkt oder indirekt zu irgendeinem Zeitpunkt des Wirtschaftsjahres eine Kapitalbeteiligung an einer niedrig besteuerten Konzerneinheit hält. Dementsprechend kann durch die IIR nur die Niederlassungs- oder Kapitalverkehrsfreiheit berührt werden, nicht aber die Dienstleistungsfreiheit, weil diese Regel keinen relevanten Zusammenhang zur Erbringung von Dienstleistungen aufweist. Dass nach der IIR stets nur solche Beteiligungen erfasst werden, die einen sicheren Einfluss i. S. d. EuGH-Rechtsprechung ermöglichen und die Regelung damit lediglich an der Niederlassungsfreiheit zu messen ist, ergibt sich nicht zwingend aus den Modellregeln. Schon im Blueprint wurde angeführt, dass die Eigenkapitalbeteiligung an einer niedrig besteuerten Konzerneinheit gerade nicht voraussetze, dass die jeweilige Muttergesellschaft diese Konzerneinheit

---

[40] EuGH v. 20.9.2018 – C-685/16, EV, ECLI:EU:C:2018:743, Rn. 35; v. 10.6.2015 – C-686/13, X, ECLI:EU:C:2015:375, Rn. 19; v. 11.9.2014 – C 47/12, Kronos, ECLI:EU:C:2014:2200, Rn. 32; v. 13.11.2012 – C-35/11, Test Claimants in the FII Group Litigation, ECLI:EU:C:2012:707, Rn. 92; v. 19.7.2012 – C-31/11, Scheunemann, ECLI:EU:C:2012:481, Rn. 23; v. 15.9.2011 – C-310/09, Accor, ECLI:EU:C:2011:581, Rn. 32; v. 10.2.2011 – C-436/08 und C-437/08, Haribo Lakritzen Hans Riegel und Österreichische Salinen, ECLI:EU:C:2011:61, Rn. 35 m. w. N.

[41] *Mörwald/Nreka*, EWS 2014, 76 (78).

[42] *Kokott*, Das Steuerrecht der Europäischen Union, § 3 Rn. 97; *Mörwald/Nreka*, EWS 2014, 76 (78 ff.); vgl. etwa auch EuGH v. 10.6.2015 – C-686/13, X, ECLI:EU:C:2015:375, Rn. 22 f.; v. 11.9.2014 – C 47/12, Kronos, ECLI:EU:C:2014:2200, Rn. 36 f., jeweils m. w. N.; v. 12.12.2006 – C-446/04, Test Claimants in the FII Group Litigation, ECLI:EU:C:2006:774, Rn. 37; *Forsthoff* in Grabitz/Hilf/Nettesheim, 75. EL 2022, Art. 49 AEUV Rn. 129; *Korte* in Calliess/Ruffert, 6. Aufl. 2022, Art. 49 AEUV Rn. 41.

[43] EuGH v. 13.4.2000 – C-251/98, Baars, ECLI:EU:C:2000:205, Rn. 18 ff., 22.

[44] EuGH v. 13.11.2012 – C-35/11, Test Claimants in the FII Group Litigation, ECLI:EU:C:2012:707, Rn. 93 ff.; v. 18.6.2012 – C-38/11, Amorim, ECLI:EU:C:2012:358, Rn. 38 ff., 45 ff.

auch beherrsche.[45] Vielmehr war es danach ausreichend, dass die niedrig besteuerte Konzerneinheit und die Muttergesellschaft (als Zwischengesellschaft) von derselben Konzernobergesellschaft eines multinationalen Konzerns beherrscht werden,[46] also beide als Konzerneinheiten qualifiziert werden.[47] Dies trifft nun auch auf die IIR i. S. d. Modellregeln zu. Die IIR findet demnach nicht – auch wenn dies dem Idealfall entspricht – ausschließlich auf Konzernobergesellschaften Anwendung, bei denen die Beteiligung es stets ermöglichen sollte, einen sicheren Einfluss auf die Entscheidungen anderer Konzerneinheiten auszuüben und deren Tätigkeiten zu bestimmen.[48] So besteuert die IIR beispielsweise auch zwei Zwischengesellschaften eines multinationalen Konzerns, die zu 95 % bzw. zu 5 % an einer niedrig besteuerten Konzerneinheit beteiligt sind, wenn das Land der Konzernobergesellschaft selbst keine IIR anwendet. Hieraus ist zu folgern, dass es für die Beurteilung der IIR auf den konkreten Einzelfall ankommt, ob diese im Rahmen der Niederlassungsfreiheit oder der Kapitalverkehrsfreiheit vorgenommen wird. Eine mögliche Berührung der Grundfreiheiten im Falle von Drittstaatenkonstellationen kann demnach grundsätzlich nicht ausgeschlossen werden.

---

[45] OECD (2020), Tax Challenges Arising from Digitalisation – Report on Pillar Two Blueprint, Rn. 426.

[46] OECD (2020), Tax Challenges Arising from Digitalisation – Report on Pillar Two Blueprint, Rn. 426.

[47] Als Konzerneinheit qualifizierte dem Blueprint zufolge (a) eine eigenständige Geschäftseinheit eines multinationalen Konzerns, die für Rechnungslegungszwecke in den Konzernabschluss des multinationalen Konzerns einbezogen wird oder darin einbezogen würde, wenn Eigenkapitalbeteiligungen an diesem multinationalen Konzern an einer öffentlichen Wertpapierbörse gehandelt würden, (b) eine solche Geschäftseinheit, die nur auf Grund ihrer Größe oder nur aus Wesentlichkeitsgründen nicht in den Konzernabschluss des multinationalen Konzerns einbezogen wird bzw. würde, oder (c) eine Betriebsstätte einer unter Buchstabe (a) oder (b) fallenden eigenständigen Geschäftseinheit eines multinationalen Konzerns, sofern die Geschäftseinheit für Rechnungslegungs-, Aufsichts-, Steuer- oder interne Steuerungszwecke einen Einzelabschluss für diese Betriebsstätte aufstellt, vgl. OECD (2020), Tax Challenges Arising from Digitalisation – Report on Pillar Two Blueprint, S. 23. Dies sollten grundsätzlich nur solche Unternehmen sein, die der Vollkonsolidierung unterliegen oder fiktiv so behandelt werden, vgl. OECD (2020), Tax Challenges Arising from Digitalisation – Report on Pillar Two Blueprint, S. 178 (Flow Chart 2.2.2.).

[48] Zur bisherigen Einordnung der IIR in der Literatur vgl. *Nogueira/Turina*, Pillar Two and EU Law, in: Perdelwitz/Turina, Global Minimum Taxation?, S. 287 ff.; *Englisch/Becker*, Implementing an International Effective Minimum Tax in the EU, Materialien aus Wirtschaft und Gesellschaft (AK Wien), Heft 224, Juli 2021, S. 48 ff.; *Brokelind*, BIT 2021, No. 5; *Nogueira*, WTJ 2020, 465 (469); *De Broe/Massant*, EC Tax Review 2021, 86 (89 f.); *Koerver Schmidt*, Intertax 2020, 983 (986 f.); *Devereux et al.*, The OECD Global Anti-Base Erosion Proposal, Oxford University Centre for Business Taxation, S. 47 f.

6.1 Vereinbarkeit mit den Grundfreiheiten

Zu einem anderen Ergebnis kommt man nur, wenn man sich von einer isolierten Betrachtung des Verhältnisses zwischen IIR-Steuerpflichtigem und niedrig besteuerter Konzerneinheit löst und stattdessen die Perspektive des Konzerns einnimmt. Die IIR belastet nämlich ausschließlich Konzerngesellschaften mit Beteiligungen an Konzerneinheiten i. S. d. GloBE-Regeln in Niedrigsteuerländern, nicht aber Beteiligungen an nicht beherrschten Gesellschaften, die nach den GloBE-Regeln nicht als Konzerneinheiten qualifizieren. Dass die GloBE-Regeln auf übergeordneter Ebene nur auf Konzerneinheiten anwendbar sind, also stets eine GloBE-spezifische Beherrschung vorliegen muss, und die IIR daher nicht greift, wenn eine Konzerneinheit in eine konzernfremde Gesellschaft investiert, könnte vom EuGH aufgegriffen werden, um die Regeln doch nur am Maßstab der Niederlassungsfreiheit zu messen.[49] Anderenfalls ist eine Überprüfung je nach konkretem Einzelfall sowohl am Maßstab der Niederlassungsfreiheit als auch am Maßstab der Kapitalverkehrsfreiheit möglich.

6.1.1.2.2 Switch-over Rule

Durch die SOR wird sichergestellt, dass der IIR-Staat die IIR auch auf Einkünfte von ausländischen Betriebsstätten anwenden kann, deren Besteuerung im Ansässigkeitsstaat des Stammhauses aufgrund einer DBA-Freistellung dieser Einkünfte bislang unzulässig wäre. Soweit die im Quellenstaat erzielten Erträge zu niedrig besteuert worden sind, erhält der IIR-Staat über die SOR das Besteuerungsrecht in begrenztem Ausmaß zurück und kann die IIR somit auch auf ausländische Betriebstätten anwenden. Die SOR ist folglich an dieselben Voraussetzungen wie die IIR gebunden und ist damit ebenfalls je nach Einzelfall entweder an der Niederlassungs- oder Kapitalverkehrsfreiheit zu messen.[50]

6.1.1.2.3 Undertaxed Payments Rule

Es ist bereits argumentiert worden, dass die UTPR aufgrund der Tatsache, dass sie nur Konzerneinheiten betreffe, lediglich an der Niederlassungsfreiheit zu überprüfen sei, da die UTPR damit nur auf Beteiligungen anwendbar sei, die

---

[49] Zu der Frage, ob das Beherrschungsverständnis von GloBE überhaupt dem vom EuGH vorausgesetzten sicheren Einfluss entspricht, siehe *Nogueira/Turina*, Pillar Two and EU Law, in: Perdelwitz/Turina, Global Minimum Taxation?, S. 287 ff. und *Englisch/Becker*, Implementing an International Effective Minimum Tax in the EU, Materialien aus Wirtschaft und Gesellschaft (AK Wien), Heft 224, Juli 2021, S. 48 ff.
[50] Ähnlich *Nogueira*, WTJ 2020, 467 (470), der im Falle steuerbefreiter Immobilien die Kapitalverkehrsfreiheit berührt sieht.

es ermöglichten, einen sicheren Einfluss auf die Entscheidungen einer Gesellschaft auszuüben.[51] Diese Ansicht entspricht der bereits oben zur IIR erörterten Konzernperspektive. Sie stellt damit auf die direkte bzw. indirekte Gesellschafterebene der UTPR-Steuerpflichtigen ab. Bei dieser Herangehensweise ist allerdings zu berücksichtigen, dass auch konzernfremde Dritte als Minderheitsgesellschafter der UTPR-steuerpflichtigen Konzerneinheit betroffen sein könnten, sodass bei hinreichend geringer Beteiligung für diese die Kapitalverkehrsfreiheit einschlägig wäre.

Nach Auffassung des Autors ist für die Einordnung der UTPR zudem nicht nur auf die Gesellschafterebene abzustellen. Auch die Grundfreiheiten der UTPR-steuerpflichtigen Konzerneinheit selbst könnten betroffen sein. Hierbei ist die Eigenschaft der UTPR-Steuerpflichtigen als Konzerneinheit nur eine Voraussetzung der UTPR. Die konkrete Ausgestaltung der Erhebungsweise kann ebenfalls dazu führen, dass verschiedene Grundfreiheiten betroffen sind. So könnte die Erhebung der einer UTPR-steuerpflichtigen Konzerneinheit zugeordneten Top-up Tax etwa zahlungsbezogen in Form einer Betriebsausgabenabzugsbeschränkung oder einer Quellensteuer erfolgen. Dabei wäre nicht zwingend vorauszusetzen, dass nur konzerninterne Zahlungen zum Gegenstand der Erhebung werden oder der UTPR-Steuerpflichtige von der anderen an der Zahlung beteiligten Konzerneinheit beherrscht wird bzw. umgekehrt der UTPR-Steuerpflichtige selbst diese beherrscht.[52] Je nachdem, welche Zahlungen der UTPR-Steuerpflichtigen hierbei berücksichtigt würden, könnte sich dies etwa auch auf die Dienstleistungs- oder Kapitalverkehrsfreiheit auswirken.[53] So wird in der Literatur etwa auch für die in gewissem Maß ähnliche Abzugsbeschränkung in § 4j EStG, die lediglich auf Lizenzzahlungen zwischen nahestehenden Personen i. S. d. § 1 Abs. 2 AStG

---

[51] Vgl. *De Broe/Massant*, EC Tax Review 2021, 86 (93); *Englisch/Becker*, Implementing an International Effective Minimum Tax in the EU, Materialien aus Wirtschaft und Gesellschaft (AK Wien), Heft 224, Juli 2021, 49; *Schnitger* in FS Kessler, 2021, S. 169 (176). Zu abweichenden Ergebnissen kamen bisher *Brokelind*, BIT 2021, No. 5; *Nogueira*, WTJ 2020, 465 (470); *De Broe*, OECD´s Global Anti-Base Erosion Proposal – Pillar Two Raises Fundamental Concerns of Compatibility with EU Law, 7; *Pinkernell/Ditz*, ISR 2020, 1 (13).

[52] Selbst wenn – wie beispielsweise im Rahmen des ersten Allokationsschlüssels des Blueprints – Geschäftsbeziehungen zwischen zwei Konzerneinheiten vorausgesetzt würden, die zu Zahlungen an eine niedrig besteuerte Konzerneinheit führen, könnte eine Besteuerung vorwiegend die erbrachten Dienstleistungen unattraktiv machen und nicht die vorgelagerte Niederlassung durch den Konzern oder Dritte.

[53] Bspw. könnte eine Abzugsbeschränkung nur auf grenzüberschreitende Zins- und Lizenzzahlungen oder andere BEPS-verdächtige Zahlungen angewendet werden.

6.1 Vereinbarkeit mit den Grundfreiheiten

Anwendung findet, vielfach sowohl die Niederlassungs- als auch die Dienstleistungsfreiheit herangezogen.[54] Für Abzugsbeschränkungen bei Zinsen hat der EuGH zwar die Niederlassungsfreiheit für einschlägig erachtet, allerdings behandelten die überprüften Regelungen nur Zinszahlungen zwischen verbundenen Unternehmen und die zugehörigen Darlehen wurden in diesen Fällen jeweils zur Finanzierung von Beteiligungserwerben aufgenommen,[55] sodass vorliegend durchaus von einer relevanten Abweichung auszugehen ist. Je nach Fassung der UTPR könnte demnach auch die Kapitalverkehrsfreiheit heranzuziehen sein.[56] Dementsprechend kommt es für die Frage, welche Grundfreiheiten betroffen sind, nach Ansicht des Autors auf die konkrete Ausgestaltung der UTPR und gegebenenfalls auch auf den konkreten Einzelfall an.

---

[54] Vgl. *Oellerich* in Musil/Weber-Grellet, Europäisches Steuerrecht, § 4j EStG Rn. 22; *Loschelder* in Schmidt, 41. Aufl. 2022, § 4j EStG Rn. 4; *Reddig* in Kirchhof/Söhn/Mellinghoff, 323. Lief. 2022, § 4j EStG Rn. A 61; *Quilitzsch* in Kirchhof/Kulosa/Ratschow, BeckOK EStG, 12. Edition, § 4j Rn. 31; *Hagemann/Kahlenberg* in Herrmann/Heuer/Raupach, 310. Lief. 2022, § 4j EStG Rn. 5. Zur Zinschranke siehe etwa *Hick* in Herrmann/Heuer/Raupach, 310. Lief. 2022, § 4h EStG Rn. 6.

[55] Vgl. zuletzt EuGH v. 20.1.2021 – C-484/19, Lexel, ECLI:EU:C:2021:34, Rn. 14, 39 ff. In diesem Fall wurde der schwedischen Gesellschaft Lexel, die ein Darlehen bei einer französischen Gesellschaft derselben Unternehmensgruppe aufgenommen hatte, der Betriebsausgabenabzug der Zinsen versagt. Siehe etwa auch EuGH v. 22.2.2018 – C-398/16 und 399/16, X und X, ECLI:EU:C:2018:110 und v. 13.3.2007 – C-524/04, Test Claimants in the Thin Cap Group Litigation, ECLI:EU:C:2007:161, Rn. 28, 95.

[56] Betrifft eine innerstaatliche Maßnahme sowohl die Dienstleistungsfreiheit als auch die Kapitalverkehrsfreiheit, ist zu prüfen, inwieweit die Maßnahme die Ausübung dieser Grundfreiheiten berührt und ob eine von ihnen hinter die andere zurücktritt. Eine Maßnahme wird vom EuGH grundsätzlich nur im Hinblick auf eine dieser beiden Freiheiten geprüft, wenn unter den Umständen des Einzelfalls eine der beiden Freiheiten der anderen gegenüber völlig zweitrangig ist und ihr zugeordnet werden kann, siehe hierzu EuGH v. 3.10.2006 – C-452/04, Fidium Finanz, ECLI:EU:C:2006:631, Rn. 34 m. w. N. der EuGH-Rspr.; v. 8.9.2009 – C-42/07, ECLI:EU:C:2009:519, Liga Portuguesa de Futebol Profissional und Bwin International, Rn. 47; FG Köln v. 14.11.2018 – 2 K 202/10, ECLI:DE:FGK:2018:1114.2K202.10.00, Rn. 53. Bei Lizenzgebühren etwa ist nur die Dienstleistungsfreiheit einschlägig, da der Transfer von Zahlungsmitteln keinen Kapitalverkehr i. S. d. Art. 63 AEUV darstellt, wenn diesem Transfer eine Zahlungsverpflichtung entspricht, die sich aus einer Transaktion auf dem Gebiet des Waren- und Dienstleistungsverkehrs ergibt, vgl. FG Köln v. 14.11.2018 – 2 K 202/10, ECLI:DE:FGK:2018:1114.2K202.10.00, Rn. 53; EuGH v. 31.1.1984 – C-286/82, Luisi und Carbone, ECLI:EU:C:1984:35, Rn. 22; v. 8.9.2009 – C-42/07, ECLI:EU:C:2009:519, Liga Portuguesa de Futebol Profissional und Bwin International, Rn. 47.

6.1.1.3 Zwischenergebnis

Die IIR und SOR sind nach Auffassung des Autors je nach konkretem Einzelfall entweder an der Niederlassungs- oder aber an der Kapitalverkehrsfreiheit zu überprüfen. Im Rahmen der UTPR kann zusätzlich und abhängig von der konkreten Ausgestaltung der Erhebungsregelung auch die Dienstleistungsfreiheit heranzuziehen sein. Die Annahme, dass eine Verletzung der Grundfreiheiten in Drittstaatenkonstellationen schon mangels Anwendbarkeit der Kapitalverkehrsfreiheit ausgeschlossen sei, kann demnach nicht in dieser Allgemeinheit unterstützt werden. Für die weitere Prüfung hat die Anwendbarkeit unterschiedlicher Grundfreiheiten dagegen keine besondere Bedeutung mehr, da der EuGH die Grundfreiheiten insbesondere im steuerrechtlichen Kontext konvergent gleichheitsrechtlich interpretiert.[57]

6.1.2 Beeinträchtigung der einschlägigen Grundfreiheiten

Die vorstehend erörterten Grundfreiheiten könnten durch die in nationales Recht übernommenen GloBE-Regeln beschränkt werden. Der Begriff der Beschränkung bzw. Beeinträchtigung ist hierbei als Oberbegriff für Diskriminierungen und diskriminierungsfreie Beschränkungen zu verstehen.[58] Eine Diskriminierung liegt – auch im Bereich der direkten Steuern – vor, wenn ein grenzüberschreitender Vorgang unmittelbar oder mittelbar ungünstiger behandelt wird als ein objektiv vergleichbarer innerstaatlicher Vorgang.[59] Im Falle einer unmittelbaren, offenen bzw. direkten Diskriminierung bezieht sich der Tatbestand einer Vorschrift ausdrücklich auf die Staatsangehörigkeit der betroffenen Personen bzw. bei Gesellschaften auf deren Sitz.[60] Eine mittelbare, versteckte bzw. indirekte Diskriminierung liegt vor, wenn eine Regelung an ein beliebiges

---

[57] *Englisch* in Tipke/Lang, Steuerrecht, 24. Aufl. 2021, § 4 Rn. 83.
[58] Vgl. *Kokott*, Das Steuerrecht der Europäischen Union, § 3 Rn. 101.
[59] Vgl. *Müller-Graff* in Streinz, 3. Aufl. 2018, Art. 49 AEUV Rn. 42; *Korte* in Calliess/Ruffert, 6. Aufl. 2022, Art. 49 AEUV Rn. 56, 116 m. w. N. Zur eingrenzenden Interpretation der Schumacker-Rspr., wonach sich im Bereich der direkten Steuern „Gebietsansässige und Gebietsfremde in der Regel nicht in einer vergleichbaren Situation" (EuGH v. 14.2.1995 – C-279/93, Schumacker, ECLI:EU:C:1995:31, Rn. 31) befänden, siehe *Reimer* in Schaumburg/Englisch, Europäisches Steuerrecht, 2. Aufl. 2020, Rn. 7.130 ff.
[60] Vgl. *Korte* in Calliess/Ruffert, 6. Aufl. 2022, Art. 49 AEUV Rn. 57; EuGH v. 8.7.1999 – C-254/97, Baxter, ECLI:EU:C:1999:368, Rn. 10; v. 13.7.1993 – C-330/91, Commerzbank, ECLI:EU:C:1993:303, Rn. 14; *Kokott*, Das Steuerrecht der Europäischen Union, § 3 Rn. 101 f.

6.1 Vereinbarkeit mit den Grundfreiheiten

Tatbestandsmerkmal anknüpft und damit EU-Ausländer bzw. grenzüberschreitende Sachverhalte faktisch schlechter behandelt als Inländer und vergleichbare Inlandskonstellationen.[61] Sinn und Zweck des Verbots der mittelbaren Diskriminierung ist das Erreichen der vollen Wirksamkeit der besonderen Diskriminierungsverbote, die ansonsten durch das Ausweichen auf scheinbar neutrale Unterscheidungsmerkmale umgangen werden könnten.[62] Ob dies der Fall ist, kann nur durch einen Vergleich der beiden grenzüberschreitenden und inländischen Konstellationen im Lichte der zu überprüfenden Vorschrift festgestellt werden, wobei im Einzelnen umstritten ist, welches Kriterium für die Feststellung einer de facto-Diskriminierung ausschlaggebend sein soll (siehe hierzu unten bei Abschn. 6.1.2.2).[63] Auch im Steuerrecht sind faktische oder mittelbare Diskriminierungen, die nicht unmittelbar an die Staatsangehörigkeit anknüpfen, aber im erhöhten Maße EU-Ausländer betreffen, unzulässig.[64]

Wesentliche Voraussetzung neben der steuerlichen Benachteiligung bzw. Ungleichbehandlung eines grenzüberschreitenden Vorgangs ist wie bereits erwähnt die objektive Vergleichbarkeit mit dem Inlandssachverhalt.[65] Hierbei muss darauf hingewiesen werden, dass der EuGH bei der Beurteilung dieses Kriteriums keiner klaren dogmatischen Linie folgt, sondern er sich vielmehr verschiedener Prüfungsmuster bedient, sofern er nicht punktuell ganz auf die Durchführung einer Vergleichbarkeitsprüfung verzichtet.[66] Dies hat in der Literatur bereits dazu geführt, dass die Vergleichspaarbildung als „black box" bezeichnet worden ist.[67] Immer häufiger stellt der EuGH allerdings auf den Gesetzeszweck der untersuchten Norm ab.[68] Diese Vorgehensweise ist ebenfalls kritisch zu betrachten, da der EuGH sich dadurch aufgrund nicht hinreichender Kenntnis der

---

[61] Vgl. *Korte* in Calliess/Ruffert, 6. Aufl. 2022, Art. 49 AEUV Rn. 57; EuGH v. 13.7.1993 – C-330/91, Commerzbank, ECLI:EU:C:1993:303, Rn. 14.

[62] *Koch/Nguyen*, EuR 2010, 364 (365); vgl. auch Schlussanträge der GA Kokott v. 13.6.2019 – C-75/18, Vodafone Magyarország, ECLI:EU:C:2019:492, Rn. 62.

[63] Vgl. *Korte* in Calliess/Ruffert, 6. Aufl. 2022, Art. 49 AEUV Rn. 57 mit Verweis auf Art. 18 AEUV Rn. 8 ff.

[64] *Kokott*, Das Steuerrecht der Europäischen Union, § 3 Rn. 79.

[65] Vgl. EuGH v. 20.1.2021 – C-484/19, Lexel, ECLI:EU:C:2021:34, Rn. 34; v. 22.2.2018 – C-398/16 und C-399/16, X und X, EU:C:2018:110, Rn. 20; v. 25.2.2010 – C-337/08, X Holding, EU:C:2010:89, Rn. 20; v. 12.12.2006 – C-446/04, Test Claimants in the FII Group Litigation, EU:C:2006:774, Rn. 167; *Korte* in Calliess/Ruffert, 6. Aufl. 2022, Art. 49 AEUV Rn. 116; *Englisch* in Tipke/Lang, Steuerrecht, 24. Aufl. 2021, § 4 Rn. 83.

[66] Vgl. hierzu die kritische Darstellung von *Englisch*, DStJG 41 (2018), 273 (278 ff.).

[67] So *Reimer* in Schaumburg/Englisch, Europäisches Steuerrecht, 2. Aufl. 2020, Rn. 7.134.

[68] Vgl. EuGH v. 20.1.2021 – C-484/19, Lexel, ECLI:EU:C:2021:34, Rn. 43; v. 22.2.2018 – C-398/16 und C-399/16, X und X, EU:C:2018:110, Rn. 33; v. 18.12.2014 – C-87/13, X,

nationalen Rechtsordnung und einer notwendigerweise vorzunehmenden Priorisierung bei Vorliegen verschiedener Regelungsziele selbst überfordern könnte, vor allem aber auch eine Unterminierung der Verhältnismäßigkeitsprüfung unter Preisgabe des Binnenmarktideals droht.[69] Die bisherige Rechtsprechung führt damit zu einiger Rechtsunsicherheit bei der Prüfung einer grundfreiheitlichen Diskriminierung.

Daneben ist bis heute ungeklärt, ob und wieweit auch im Steuerrecht dem weiten Beschränkungsbegriff des EuGH[70] gefolgt werden kann und die Grundfreiheiten diskriminierungsfreien Beschränkungen (z. B. vollständig unterschiedslosen Steuerbelastungen) entgegenstehen können.[71] Die Rechtsprechung des EuGH im steuerrechtlichen Kontext legt nahe, von einer solchen freiheitsrechtlichen Prüfung der Grundfreiheiten prinzipiell abzusehen und sich auf Ungleichbehandlungen zu beschränken.[72] Hierfür spricht auch, dass Steuern „per se" Beschränkungen sind und damit stets der Kontrolle des EuGH unterständen, was im Widerspruch zur Steuersouveränität der Mitgliedstaaten und dem Budgetrecht ihrer Legislative stünde.[73] Die vorliegende Arbeit nimmt davon Abstand, sich mit dieser grundsätzlichen Frage näher auseinanderzusetzen und prüft daher im Folgenden lediglich die Möglichkeiten einer Diskriminierung.

ECLI:EU:C:2014:2459, Rn. 27 und *Englisch*, DStJG 41 (2018), 273 (286) m. w. N. aus der Rechtsprechung des EuGH.

[69] Vgl. *Englisch*, DStJG 41 (2018), 273 (287 ff.) m. w. N.

[70] Vgl. zur sog. Gebhard-Formel: EuGH v. 6.12.2007 – C-298/05, Columbus Container Services, ECLI:EU:C:2007:754, Rn. 34; v. 30.11.1995 – C-55/94, Gebhard, ECLI:EU:C:1995:411, Rn. 37.

[71] *Reimer* in Schaumburg/Englisch, Europäisches Steuerrecht, 2. Aufl. 2020, Rn. 7.184; *Kokott*, Das Steuerrecht der Europäischen Union, § 3 Rn. 81, 117 ff.

[72] Vgl. EuGH v. 22.11.2018 – C-625/17, Vorarlberger Landes- und Hypothekenbank, ECLI:EU:C:2018:939, Rn. 32; v. 20.12.2017 – C-504/16, Deister Holding und Juhler Holding, ECLI:EU:C:2017:1009, Rn. 88 ff.; v. 25.10.2007 – C-240/06, Fortum Project Finance, ECLI:EU:C:2007:636, Rn. 27; v. 8.9.2005 – C-544/03 und C-545/03, Mobistar und Belgacom Mobile, ECLI:EU:C:2005:518, Rn. 31 ff.; v. 17.2.2005 – C-134/03, Viacom Outdoor, ECLI:EU:C:2005:94, Rn. 37 f.; v. 15.5.1997 – C-250/95, Futura Participations und Singer, ECLI:EU:C:1997:239, Rn. 24 ff.; Schlussanträge der GA Kokott v. 28.1.2016 – C-122/15, C, ECLI:EU:C:2016:65, Rn. 66 m. w. N.; *Kokott*, Das Steuerrecht der Europäischen Union, § 3 Rn. 119 m. w. N.; *Englisch* in Tipke/Lang, Steuerrecht, 24. Aufl. 2021, § 4 Rn. 85; *Reimer* in Schaumburg/Englisch, Europäisches Steuerrecht, 2. Aufl. 2020, Rn. 7.194; s. a. *Englisch*, WTJ 2019, 483 (526 f.).

[73] *Kokott*, Das Steuerrecht der Europäischen Union, § 3 Rn. 117.

6.1.2.1 Begrenzung der GloBE-Regeln auf grenzüberschreitende bzw. ausländische Sachverhalte

Im Rahmen dieser Prüfung wird hier zunächst unterstellt, dass die deutschen Regelungen allein auf grenzüberschreitende Sachverhalte angewendet werden. Bereits der Blueprint hat vorgesehen, dass weder die inländische IIR noch die inländische UTPR auf die niedrig besteuerten Einkünfte von Konzernunternehmen im Staat des Steuerpflichtigen, also im Inland, Anwendung finden soll.[74] Vielmehr sollte die auf diese niedrig besteuerten Konzerneinheiten entfallende Top-up Tax über die entsprechenden Mindeststeuerregeln anderer Länder erhoben werden. Hintergrund ist die wohl berechtigte Unterstellung, dass ein Staat die bei ihm ansässigen Konzerneinheiten aufgrund der bewusst herbeigeführten Niedrigbesteuerung wohl kaum der Mindeststeuer unterwerfen würde.[75] Auch die Modellregeln spiegeln diesen Gedanken in Art. 2.1.6 wider, denn danach soll die IIR auf eine Muttergesellschaft Anwendung finden bei niedrig besteuerten Konzerneinheiten, die nicht im IIR-Staat ansässig sind. Dieser Passus wäre überflüssig, wenn dem Regelungsanliegen nach auch inländische Fälle erfasst werden sollten. In einer auf der Seite law360.com geleakten Entwurfsversion der Modellregeln aus November 2021 sollte die IIR sogar explizit „nur" auf ausländische niedrig besteuerte Konzerneinheiten beschränkt werden.[76] Dieses Wort wurde vermutlich noch gestrichen, um dem Richtlinienvorhaben der EU nicht in zu deutlicher Weise aufzuzeigen, dass eine Ausweitung der GloBE-Regeln auf Inlandssachverhalte nicht den Zielen hinter den Regeln entspricht. Denn diese bestehen – wie bereits in Kap. 3 aufgezeigt – in der Bekämpfung verbleibender BEPS-Risiken und der Begrenzung des internationalen Steuerwettbewerbs und stellen dadurch auf grenzüberschreitende Sachverhalte begrenzte Anliegen dar. Ein Staat, der die durch ihn gesetzten Steueranreize und die dadurch herbeigeführte niedrige Besteuerung als unrichtig erachtet, der sich quasi als Mitverursacher der im IF behandelten Probleme betrachtet, kann diesen inländischen Zustand wesentlich einfacher durch Abänderung der allgemeinen Steuervorschriften als durch Einführung der komplexen GloBE-Regeln korrigieren.

---

[74] Vgl. OECD (2020), Tax Challenges Arising from Digitalisation – Report on Pillar Two Blueprint, Rn, 463.

[75] Siehe OECD (2020), Tax Challenges Arising from Digitalisation – Report on Pillar Two Blueprint, Rn. 466. Denn würde er die aktuelle Besteuerung im Inland für unzureichend erachten, könnte er dies schlicht über die Anpassung der allgemeinen Steuervorschriften ändern.

[76] Entwurf abrufbar unter: https://www.law360.com/articles/1448890/draft-min-tax-rules-apply-750m-threshold-over-2-of-4-years.

6.1.2.1.1 Income Inclusion Rule

Die IIR würde demzufolge ausschließlich auf im Inland ansässige Muttergesellschaften mit Beteiligungen an Konzerneinheiten in anderen Staaten Anwendung finden.[77] Zum einen setzt sie dann einen multinationalen Konzern voraus, zum anderen kann lediglich die Niedrigbesteuerung in einem anderen Steuerhoheitsgebiet die Erhebung der Top-up Tax über die IIR auslösen. Die IIR behandelt damit Muttergesellschaften eines multinationalen Konzerns mit Beteiligung an Konzerneinheiten, die in einem anderen niedrig besteuernden (Mitglied-) Staat ansässig sind, gegenüber solchen Muttergesellschaften, deren Konzerneinheiten sich ebenfalls im Inland befinden, schlechter.[78] Sie durchbricht die Abschirmwirkung der ausländischen Gesellschaft, was im reinen Inlandsfall nicht geschehen würde.[79] Die aus der IIR folgende steuerliche Mehrbelastung wie auch die damit verbundenen zusätzlichen Compliance-Kosten für die erstgenannte Art von Muttergesellschaften würden deren Niederlassungsfreiheit bzw. Kapitalverkehrsfreiheit beschränken, da sie diese davon abhalten können, „eine Tochtergesellschaft in einem [niedrig besteuernden] Mitgliedstaat zu gründen, zu erwerben oder zu behalten"[80]. Dies gilt grundsätzlich sowohl für das Verhältnis Mutter- zu Tochtergesellschaft als auch für das Verhältnis Stammhaus zu Betriebsstätte.[81] Allerdings werden in Deutschland Personengesellschaften wie auch Betriebsstätten als steuerlich transparent behandelt, sodass die von

---

[77] OECD (2020), Tax Challenges Arising from Digitalisation – Report on Pillar Two Blueprint, S. 110.

[78] So auch *Englisch/Becker*, Implementing an International Effective Minimum Tax in the EU, Materialien aus Wirtschaft und Gesellschaft (AK Wien), Heft 224, Juli 2021, 50; *Nogueira/Turina*, Pillar Two and EU Law, in: Perdelwitz/Turina, Global Minimum Taxation?, S. 289 ff.; *De Broe/Massant*, EC Tax Review 2021, 86 (89 f.); *Gebhardt*, IWB 2020, 958 (966); *Pinkernell/Ditz*, ISR 2020, 1 (12); *Schnitger* in FS Kessler, 2021, S. 169 (179); *Koerver Schmidt*, Intertax 2020, 983 (987 f.); *Nogueira*, WTJ 2020, 465 (470 ff.); *Devereux et al.*, The OECD Global Anti-Base Erosion Proposal, Oxford University Centre for Business Taxation, S. 49 f.; *Pinkernell/Ditz*, ISR 2020, 1 (12); *BDI*, Position, OECD-Consultation 8 November 2019 – 2 December 2019, S. 16; *De Broe/Danon/Chand*, Comments to Public Consultation Document: Global Anti-Base Erosion Proposal ("GloBE") – Pillar Two, 2.12.2019, S. 16 f.

[79] Vgl. *Musil* in Musil/Weber-Grellet, Europäisches Steuerrecht, Art. 49 AEUV Rn. 232.

[80] EuGH v. 12.9.2006 – C-196/04, Cadbury Schweppes, ECLI:EU:C:2006:544, Rn. 46.

[81] Siehe *Nogueira*, WTJ 2020, 465 (472); *Nogueira/Turina*, Pillar Two and EU Law, in: Perdelwitz/Turina, Global Minimum Taxation?, S. 290 unter Verweis auf EuGH v. 4.7.2013 – C-350/11, Argenta Spaarbank, ECLI:EU:C:2013:447, Rn. 22.

6.1 Vereinbarkeit mit den Grundfreiheiten

diesen Einheiten erzielten Gewinne regelmäßig[82] direkt ihren deutschen Muttergesellschaften bzw. Stammhäusern zugewiesen werden und auf deren Ebene bereits der deutschen Besteuerung unterfallen. Die Gewinne dieser Konzerneinheiten unterliegen demnach grundsätzlich unabhängig von Ansässigkeitsort im In- oder Ausland dem deutschen Steuerniveau. Nur sofern allein aufgrund des Jurisdictional Blending eine solche Konzerneinheit dennoch als niedrig besteuert behandelt wird, kann dies ggf. zu einer höheren steuerlichen Belastung der Muttergesellschaft führen als bei Beteiligung an einer inländischen Personengesellschaft oder Betriebsstätte und damit eine Ungleichbehandlung begründen. Den Einwand, dass die Muttergesellschaft dennoch bessergestellt sei, weil sie bei einer Gesamtbetrachtung unter Einbeziehung der Steuerlast ihrer Tochtergesellschaft weiterhin weniger Steuern zahle,[83] hat der EuGH im Fall einer britischen CFC-Regel (Controlled Foreign Corporation Rule) nicht zugelassen, sondern eine isolierte Betrachtung der zusätzlichen Belastung der betroffenen Muttergesellschaft vorgenommen.[84] Dem EuGH hat es also für die Annahme einer Ungleichbehandlung ausgereicht, dass inländische Muttergesellschaften auf niedrig besteuerte Gewinne ausländischer Tochtergesellschaften Steuern entrichten mussten, nicht jedoch auf die Gewinne inländischer Tochtergesellschaften oder solcher Tochtergesellschaften mit Sitz außerhalb des die Regel anwendenden Mitgliedstaats, die keinem niedrigen Besteuerungsniveau unterliegen. Demzufolge könnte eine offene Diskriminierung und damit auch eine Beschränkung der beiden einschlägigen Grundfreiheiten durch die IIR vorliegen.

Allerdings müssten die beiden unterschiedlich behandelten Sachverhalte auch objektiv miteinander vergleichbar sein. Vor dem Hintergrund der Zielsetzung der IIR könnte eine Ungleichbehandlung abgelehnt werden. Denn die IIR zielt auf die Bekämpfung von steuerlichen Gewinnverlagerungsstrategien und die Begrenzung des internationalen Steuerwettbewerbs ab. Eine Erfassung reiner Inlandskonstellationen erscheint demzufolge nicht zielführend, sodass die danach nicht von

---

[82] Es sei denn, dem steht ein Doppelbesteuerungsabkommen entgegen.

[83] Die der IIR unterliegende Muttergesellschaft hat in diesem Falle nämlich nach wie vor einen Anreiz, Tochtergesellschaften in anderen Staaten zu gründen, sodass eine Gefährdung des Binnenmarktes und die Beschränkung der Grundfreiheiten verneint werden könnte.

[84] EuGH v. 12.9.2006 – C-196/04, Cadbury Schweppes, ECLI:EU:C:2006:544, Rn. 45; siehe auch *Schön*, Taxing Multinationals in Europe, S. 8. Die Tatsache, dass die IIR möglicherweise eine Doppelbesteuerung bedingt, die sich aus der parallelen Ausübung der Steuerhoheit zweier Länder ergibt, führt nach der bisherigen Rechtsprechung des EuGH ebenfalls nicht zu einer Beschränkung der Grundfreiheiten, vgl. EuGH v. 16.7.2009 – C-128/08, Damseaux, ECLI:EU:C:2009:471, Rn. 27 ff.; v. 14.11.2006 – C-513/04, Kerckhaert und Morres, ECLI:EU:C:2006:713, Rn. 20 ff.

der IIR erfassten inländischen Konzerne bzw. Muttergesellschaften mit inländischen Tochtergesellschaften oder Betriebsstätten mangels BEPS-Risikos bzw. fehlender Partizipation an ausländischen Steuervorteilen als nicht hinreichend vergleichbar angesehen werden könnten. Dem ist jedoch entgegenzuhalten, dass zwei Muttergesellschaften auch dann miteinander im Wettbewerb stehen können, wenn die eine ihre Konzerneinheit im Inland und die andere ihre Konzerneinheit im Ausland hält. Auch im durchaus ähnlichen Fall *Cadbury Schweppes* und in nachfolgenden Urteilen zu Hinzurechnungsbesteuerungsregimen ist der EuGH ohne große Umschweife von einer vergleichbaren Situation ausgegangen.[85] Daher würde die IIR nach Auffassung des Autors eine offene Diskriminierung begründen.

6.1.2.1.2 Switch-over Rule

Die SOR kann ihrer Natur nach offensichtlich nur bei grenzüberschreitenden Sachverhalten zur Anwendung kommen. Eine Beeinträchtigung der Grundfreiheiten durch die SOR ist in der Literatur unter Verweis auf die EuGH-Entscheidung zu *Columbus Container Services* soweit eher abgelehnt worden.[86] In diesem Urteil hatte der EuGH über eine Umschaltklausel in § 20 Abs. 2 und 3 AStG 1993 zu befinden, welche die Anwendung der Anrechnungsmethode anstelle der im DBA vorgesehenen Befreiung vorschrieb, wenn die einer ausländischen Betriebsstätte zuzurechnenden Einkünfte im Ausland einer niedrigen Besteuerung i. S. v. § 8 Abs. 1 und 3 AStG 1993 unterlagen.[87] Der EuGH verneinte eine Diskriminierung, da durch die Anwendung der Anrechnungsmethode die Einkünfte dieser

---

[85] Vgl. EuGH v. 12.9.2006 – C-196/04, Cadbury Schweppes, ECLI:EU:C:2006:544, Rn. 43 ff.; v. 23.4.2008 – C-201/05, Test Claimants in the CFC and Dividend Group Litigation, ECLI:EU:C:2008:239, Rn. 70 ff.; v. 26.2.2019 – C-135/17, X, ECLI:EU:C:2019:136, Rn. 67 ff.

[86] *De Broe/Massant*, EC Tax Review 2021, 86 (90); *Devereux et al.*, The OECD Global Anti-Base Erosion Proposal, Oxford University Centre for Business Taxation, S. 51; *Englisch/Becker*, Implementing an International Effective Minimum Tax in the EU, Materialien aus Wirtschaft und Gesellschaft (AK Wien), Heft 224, Juli 2021, 50 f.; *Englisch*, Implementation of the GloBE common approach on minimum taxation by individual EU Member States in compliance with EU fundamental freedoms, S. 8; *Englisch*, EC Tax Review 2021, 136 (137); *Englisch*, WTJ 2019, 483 (527); *Koerver Schmidt*, Intertax 2020, 983 (988 f.); *Nogueira/Turina*, Pillar Two and EU Law, in: Perdelwitz/Turina, Global Minimum Taxation?, S. 298; *Nogueira*, WTJ 2020, 465 (473 f.); *Schnitger* in FS Kessler, 2021, S. 169 (181 f.).

[87] EuGH v. 6.12.2007 – C-298/05, Columbus Container Services, ECLI:EU:C:2007:754, Rn. 9, 35 f. Ziel dieser Regelung war die Verhinderung einer Umgehung der im AStG geregelten Hinzurechnungsbesteuerung durch Nutzung einer Betriebsstätte anstelle einer Tochtergesellschaft, vgl. *Nogueira/Turina*, Pillar Two and EU Law, in: Perdelwitz/Turina, Global Minimum Taxation?, S. 298.

6.1 Vereinbarkeit mit den Grundfreiheiten

Gesellschaften (im Fall handelte es sich um eine KG belgischen Rechts) lediglich demselben Steuersatz unterworfen würden wie die Gewinne von in Deutschland ansässigen Personengesellschaften.[88] Er stellte zudem fest, dass die Mitgliedstaaten aufgrund der ihnen derzeit (noch) zustehenden Steuerhoheit keineswegs durch die Niederlassungsfreiheit verpflichtet würden, „ihr eigenes Steuersystem den verschiedenen Steuersystemen der übrigen Mitgliedstaaten anzupassen, um zu gewährleisten, dass eine Gesellschaft, die beschlossen hat, sich in einem bestimmten Mitgliedstaat niederzulassen, auf nationaler Ebene genauso besteuert wird wie eine Gesellschaft, die sich dafür entschieden hat, sich in einem anderen Mitgliedstaat niederzulassen."[89] Er erklärte im Übrigen, dass die Mitgliedstaaten auch „Bedingungen und Höhe der Besteuerung der verschiedenen Niederlassungsformen von im Ausland tätigen inländischen Gesellschaften festlegen können, soweit sie ihnen eine Behandlung gewähren, die gegenüber vergleichbaren inländischen Niederlassungen nicht diskriminierend ist."[90]

Wie auch im angeführten Fall unterliegen inländische und ausländische Betriebsstätten aufgrund der unbeschränkten Steuerpflicht ihrer Gesellschafter in Deutschland grundsätzlich derselben Besteuerung. Lediglich aufgrund von DBA und der darin vorgesehenen Freistellungsmethode können sich Unterschiede zugunsten der ausländischen Betriebsstätte ergeben. Die aufgrund der SOR angeordnete Abkehr von der Freistellungsmethode mit der Folge, dass die Einkünfte der ausländischen Betriebsstätte im Inland nun doch über die IIR bis zur Höhe des Mindeststeuersatzes besteuert werden dürfen, führt jedoch nicht dazu, dass diese Einkünfte schlechter behandelt werden als vergleichbare, aber über eine inländische Betriebsstätte erzielte Gewinne. Denn letztere werden im Falle der Körperschaftsbesteuerung in der Regel mit rund 30 % effektiv besteuert[91] und nicht nur mit dem Mindeststeuersatz. Die SOR führt damit zwar zu einer höheren Besteuerung der ausländischen Betriebsstätteneinkünfte, nicht aber zu

---

[88] EuGH v. 6.12.2007 – C-298/05, Columbus Container Services, ECLI:EU:C:2007:754, Rn. 39 f.

[89] EuGH v. 6.12.2007 – C-298/05, Columbus Container Services, ECLI:EU:C:2007:754, Rn. 51.

[90] EuGH v. 6.12.2007 – C-298/05, Columbus Container Services, ECLI:EU:C:2007:754, Rn. 53.

[91] Auch im Falle der progressiven Einkommensbesteuerung sollte für die Gewinne der inländischen Betriebsstätten auch wegen der Gewerbesteuer grundsätzlich eine effektive Steuerquote oberhalb von 15 % erreicht werden. Sollte dies (aufgrund zu niedriger Einkünfte) nicht der Fall sein, müsste sichergestellt werden, dass die vergleichbaren ausländischen Einkünfte nicht höher besteuert werden.

einer Schlechterstellung gegenüber den Einkünften inländischer Betriebsstätten.[92] Folglich ist eine Beeinträchtigung der Grundfreiheiten durch die SOR abzulehnen. Gegen diesen Ansatz könnte höchstens eingewendet werden, dass die Nichtanwendung der Freistellungsmethode die Anwendung der möglichweise als unionsrechtswidrig beurteilten IIR gewährleistet, da die der ausländischen Betriebsstätte zugewiesenen Einkünfte dann nicht mehr vom IIR-Staat unberücksichtigt bleiben müssen. Die SOR ist gerade darauf angelegt, die Anwendung der IIR in Situationen zu ermöglichen, in denen ein DBA dem zunächst entgegensteht. Art. 4 Abs. 3 EUV könnte in diesem Fall gebieten, alles zu unterlassen, was die Anwendung der IIR fördert, sollte diese sich als unvereinbar mit den Grundfreiheiten herausstellen. In diesem Falle wäre die SOR jedoch schon aufgrund der Unanwendbarkeit der IIR überflüssig.

6.1.2.1.3 Undertaxed Payments Rule

Zuletzt könnte auch bei der UTPR das Erfordernis eines multinationalen Konzerns sowie zusätzlich die Form der Steuererhebung im Rahmen der UTPR für sich genommen eine direkte Diskriminierung begründen. Für die Erhebung der UTPR Top-up Tax kommt es darauf an, wie diese konkret ausgestaltet wird. Die Modellregeln sind diesbezüglich noch verhalten und sehen – wie schon der Blueprint[93] – lediglich vor, dass die Erhebung der einem UTPR-Staat zugewiesenen Top-up Tax mittels Beschränkung des Betriebsausgabenabzugs oder einer gleichwertigen Maßnahme im nationalen Recht erfolgen soll.[94] Es wird daher für Zwecke der hier vorzunehmenden Beurteilung der UTPR davon ausgegangen, dass die entsprechende Maßnahme auf bestimmte ausgehende Zahlungen des UTPR-Steuerpflichtigen angewendet wird. Diese könnte dabei einerseits nur auf konzerninterne Zahlungen Anwendung finden, andererseits aber auch auf solche an Dritte. Ebenso ist es denkbar, dass nur grenzüberschreitende Zahlungen an im Ausland ansässige Personen für die Erhebung der UTPR Top-up Tax berücksichtigt werden. So sah bereits der erste Allokationsschlüssel der UTPR des Blueprints vor, dass nur direkte Zahlungen an ausländische niedrig besteuerte Konzerneinheiten zur Zuweisung von Top-up Tax an den UTPR-Steuerpflichtigen führen sollten.[95] Denn einem UTPR-Steuerpflichtigen mit Ansässigkeit in einem

---

[92] Vgl. auch *Nogueira*, WTJ 2020, 465 (473).
[93] Vgl. OECD (2020), Tax Challenges Arising from Digitalisation – Report on Pillar Two Blueprint, Rn. 519 f.
[94] Siehe Art. 2.4.1 der Modellregeln.
[95] Vgl. OECD (2020), Tax Challenges Arising from Digitalisation – Report on Pillar Two Blueprint, S. 120. Die Allokation der Top-up Tax ist nicht zu verwechseln mit der konkreten Erhebung nach Zuweisung zu einem Steuerpflichtigen.

6.1 Vereinbarkeit mit den Grundfreiheiten

aus Konzernsicht niedrig besteuernden Staat sollte keine Top-up Tax zugewiesen werden.[96] Sollte der deutsche Gesetzgeber die Regel in dieser Art anwenden und die Top-up Tax nur bei grenzüberschreitenden Zahlungen via Abzugsbeschränkung oder Quellensteuer erheben, führte dies zu einer Schlechterstellung und würde eine (offene) Diskriminierung begründen, wie sie der EuGH in ähnlichen Fällen bereits vielfach angenommen hat.[97]

Denn für deutsche Gesellschaften eines multinationalen Konzerns mit niedrig besteuerten Konzerneinheiten könnte es im Falle einer Abzugsbeschränkung unattraktiv werden, Dienstleistungen von anderen Konzerneinheiten oder Dritten grenzüberschreitend zu beziehen, da die damit einhergehenden Betriebsausgaben in diesem Falle zumindest nicht vollständig steuerlich abzugsfähig sein könnten. Vergleichbare inländische Geschäfte würden dieser Beschränkung dagegen nicht unterliegen. Aus demselben Grund wäre es für diese Gesellschaft auch unattraktiv, Teil eines multinationalen Konzerns zu sein.

Bei einer Quellenbesteuerung im Abzugsverfahren könnte es ebenfalls zur Beschränkung der Grundfreiheiten kommen. Wird eine solche Steuer nur erhoben, wenn der Vergütungsempfänger Steuerausländer ist, stellt dies nach Auffassung des EuGH zunächst eine Diskriminierung des Vergütungsschuldners aufgrund des zusätzlichen Verwaltungsaufwands und der mit der Quellenbesteuerung verbundenen Haftungsrisiken dar.[98] Diese Folgen würden auch eine inländische Konzerneinheit in der Rolle des UTPR-Abzugsverpflichteten treffen, und zwar nur bei grenzüberschreitenden Geschäftsbeziehungen, sodass sie folglich offen

---

[96] Siehe OECD (2020), Tax Challenges Arising from Digitalisation – Report on Pillar Two Blueprint, S. 120: „No top-up tax is allocated to UTPR Taxpayers that are located in jurisdictions where the MNE's jurisdictional ETR is below the agreed minimum rate."

[97] Vgl. bspw. EuGH v. 20.1.2021 – C-484/19, Lexel, ECLI:EU:C:2021:34, Rn. 35 ff.; v. 5.7.2012 – C-318/10, SIAT, ECLI:EU:C:2012:415, Rn. 18 ff.; v. 26.6.2003 – C- 422/01, Skandia, ECLI:EU:C:2003:380, Rn. 9 f., 25 ff.; v. 26.10.1999 – C-294/97, Eurowings, ECLI:EU:C:1999:524, Rn. 33 ff. Die einzige Ausnahme hierzu stellt die Entscheidung im Fall *Schempp* dar (EuGH v. 12.7.2005 – C-403/03, Schempp, ECLI:EU:C:2005:446), deren Gegenstand allerdings als hinreichend anders beurteilt werden kann, vgl. hierzu *Englisch*, EC Tax Review 2021, 136 (137); *Englisch/Becker*, Implementing an International Effective Minimum Tax in the EU, Materialien aus Wirtschaft und Gesellschaft (AK Wien), Heft 224, Juli 2021, 50; *Schnitger* in FS Kessler, 2021, S. 169 (179 f.), a. A. *Nogueira*, WTJ 2020, 465 (478).

[98] Und zwar selbst dann, wenn etwa der zusätzliche Verwaltungsaufwand nur von geringer Tragweite oder geringfügiger Bedeutung ist, EuGH v. 18.10.2012 – C-498/10, X, ECLI:EU:C:2012:635, Rn. 28 ff.; v. 19.6.2014 – C-53/13 und C-80/13, Strojirny Prostejov und ACO Industries Tabor, ECLI:EU:C:2014:2011, Rn. 37 ff.

diskriminiert würde. Zum anderen könnte gegebenenfalls auch der Vergütungsempfänger (Konzerneinheit)[99] in seinen Grundfreiheiten beeinträchtigt werden, weil die Besteuerung nur für Gebietsfremde vorgenommen würde bzw. weil der Vergütungsempfänger durch die Quellensteuer höher belastet würde, da er keine Betriebsausgaben geltend machen kann (Bruttobesteuerung).[100] Rechtmäßigkeitskriterium hierbei ist, dass der ausländische Steuerpflichtige grundsätzlich keiner höheren Besteuerung unterliegt als der Steuerinländer, also keine strukturelle Benachteiligung des gebietsfremden Steuerpflichtigen angenommen werden kann.[101] Der EuGH hält eine Diskriminierung durch Bruttobesteuerung nur des Gebietsfremden (unter Nichtbeachtung des Leistungsfähigkeitsprinzips) für zulässig, soweit die endgültige Besteuerung beim Gebietsfremden nicht höher ist als die beim Gebietsansässigen.[102] Zwar bringt die Quellenbesteuerung selbst bei einer Berücksichtigung von Betriebskosten in einem etwaigen Erstattungsverfahren Liquiditätsnachteile mit sich, die eine strukturelle Benachteiligung darstellen.[103] Eine Verletzung der Grundfreiheiten kann im Falle der Quellenbesteuerung nur Gebietsfremder jedoch teils schon mit der Begründung fehlenden Vergleichbarkeit abgelehnt werden, weil der Zugriff der Steuerbehörden im Inland der sehr viel einfachere ist.[104] Gebietsansässige und Gebietsfremde befinden sich im Hinblick auf die direkten Steuern regelmäßig nicht in einer vergleichbaren Situation.[105] Ansonsten hinge es von der nach der konkreten UTPR maximal möglichen Belastung einer Zahlung an den nichtansässigen Zahlungsempfänger ab, ob tatsächlich eine Schlechterstellung gegenüber inländischen

---

[99] Wirklich denkbar ist hier nur, dass eine Quellensteuer lediglich bei Zahlungen an (niedrig besteuerte) Konzerneinheiten desselben Konzerns vorgenommen wird, da es anderenfalls in noch stärkerem Ausmaß an der Anknüpfung an Merkmale des Steuerpflichtigen fehlen würde.

[100] EuGH v. 13.7.2016 – C-18/15, Brisal und KBC Finance Ireland, ECLI:EU:C:2016:549, Rn. 20 f.; *Kokott*, Das Steuerrecht der Europäischen Union, § 5 Rn. 60. Siehe hierzu auch schon *Nogueira*, WTJ 2020, 465 (474 ff.).

[101] EuGH v. 19.11.2015 – C-632/13, Hirvonen, ECLI:EU:C:2015:765, Rn. 47 ff.; v. 17.9.2015 – C-10/14, C-14/14 und C-17/14, Miljoen, ECLI:EU:C:2015:608, Rn. 61; *Kokott*, Das Steuerrecht der Europäischen Union, § 5 Rn. 60.

[102] EuGH v. 12.6.2003 – C-234/01, Gerritse, ECLI:EU:C:2003:340, Rn. 55; *Kokott*, Das Steuerrecht der Europäischen Union, § 5 Rn. 62.

[103] Vgl. *Kokott*, Das Steuerrecht der Europäischen Union, § 5 Rn. 62.

[104] EuGH v. 22.12.2008 – C-282/07, Truck Center, ECLI:EU:C:2008:762, Rn. 38 f., 48 ff. *Kokott*, Das Steuerrecht der Europäischen Union, § 5 Rn. 63.

[105] EuGH v. 22.12.2008 – C-282/07, Truck Center, ECLI:EU:C:2008:762, Rn. 38; v. 14.2.1995 – C-279/93, Schumacker, ECLI:EU:C:1995:31, Rn. 31 ff.

6.1 Vereinbarkeit mit den Grundfreiheiten   163

Zahlungsempfängern angenommen werden kann.[106] Dabei wäre auch die steuerliche Belastung der Zahlung nach den allgemeinen Regeln mit einzubeziehen. Sollte die Belastung unter der UTPR beispielsweise maximal 15 % betragen, wäre aufgrund der ca. doppelt so hohen inländischen Ertragssteuerlast (bei Körperschaften, allerdings auf Nettobasis) eher nicht von einer Diskriminierung auszugehen.

In beiden Fällen würde es im Übrigen multinationalen Konzernen und ihren Gesellschaftern weniger erstrebenswert gemacht, sich in Deutschland mit einer Konzerneinheit niederzulassen bzw. diese dort zu halten, da diese dort steuerlichen Regelungen unterworfen würde, die eine vergleichbare Einheit eines inländischen Konzerns nicht belasten würden.[107]

Dementsprechend ist festzuhalten, dass die UTPR in der soeben vorgestellten Form zumindest die inländische UTPR-steuerpflichtige Konzerneinheit wie auch den dazugehörigen multinationalen Konzern bzw. deren Gesellschafter diskriminieren würde.[108]

6.1.2.2 Ausweitung der Regelungen auf das Inland

In der Literatur ist bereits diskutiert worden, ob die tatbestandliche Ausweitung der GloBE-Regeln auf rein inländische Sachverhalte eine (mittelbare) Diskriminierung verhindern kann.[109] In diesem Fall hinge die Erhebung der Top-up Tax

---

[106] So könnte etwa zunächst auf jede relevante Zahlung eine entsprechende Steuer einbehalten und abgeführt werden, die nach Ablauf des Jahres ggf. teilweise erstattet werden kann, wenn in einem Staat mehr Top-up Tax erhoben wurde, als diesem nach Art. 2.6 der Modellregeln zugewiesen worden ist.

[107] So auch *Gebhardt*, IWB 2020, 958 (967) zum UTPR-Entwurf (Stand: November 2019). Vgl. hierzu zudem EuGH v. 3.3.2020 – C 75/18, Vodafone Magyarország, ECLI:EU:C:2020:139, Rn. 40 f.; v. 1.4.2014 – C-80/12, Felixstowe Dock and Railway Company u. a., ECLI:EU:C:2014:200, Rn. 23; v. 6.9.2012 – C-18/11, Philips Electronics UK, ECLI:EU:C:2012:532, Rn. 39.

[108] Zu dem Ergebnis einer Grundfreiheitenbeschränkung durch die UTPR in ihren Fassungen vor Veröffentlichung der Modellregeln kommen etwa auch *Nogueira/Turina*, Pillar Two and EU Law, in: Perdelwitz/Turina, Global Minimum Taxation?, S. 299; *De Broe/Massant*, EC Tax Review 2021, 86 (93); *Pinkernell/Ditz*, ISR 2020, 1 (13 f.); *Devereux et al.*, The OECD Global Anti-Base Erosion Proposal, Oxford University Centre for Business Taxation, S. 54.

[109] Siehe hierzu *Englisch*, Implementation of the GloBE common approach on minimum taxation by individual EU Member States in compliance with EU fundamental freedoms, S. 9 ff.; *Nogueira/Turina*, Pillar Two and EU Law, in: Perdelwitz/Turina, Global Minimum Taxation?, S. 309 ff.; *Nogueira*, WTJ 2020, 465 (487 f.); *Koerver Schmidt*, Intertax 2020, 983 (993 f.); *Devereux et al.*, The OECD Global Anti-Base Erosion Proposal, Oxford University Centre for Business Taxation, S. 50 f.; *De Broe*, OECD´s Global Anti-Base Erosion Proposal – Pillar Two Raises Fundamental Concerns of Compatibility with EU Law,

nur noch von der Feststellung der Niedrigbesteuerung einer Konzerneinheit ab und nicht mehr zusätzlich von ihrem Ansässigkeitsort. Somit könnten auch deutsche Tochtergesellschaften und Betriebsstätten eines multinationalen wie auch eines rein inländischen Konzerns, sofern sie im Rahmen der länderbezogenen Betrachtung als niedrig besteuert anzusehen sind, die Erhebung von Top-up Tax über die IIR oder UTPR auslösen.[110] Im Übrigen würde die Top-up Tax im Rahmen der UTPR auch bei inländischen Zahlungsvorgängen erhoben werden können. Eine offene Diskriminierung würde demnach jedenfalls ausscheiden.[111] Ob eine solche tatbestandliche Ausweitung in Bezug auf die GloBE-Regeln aber im Allgemeinen – also ohne konkreten Bezug zu einem die GloBE-Regeln umsetzenden Mitgliedstaat – tatsächlich eine Möglichkeit darstellt, eine Beschränkung

---

S. 6; *Englisch/Becker*, WTJ 2019, 483 (525); *Mammen*, Ubg 2019, 394 (401). Zu weiteren Lösungsvorschlägen der Literatur, auf die vorliegend nicht weiter eingegangen werden soll, siehe *Englisch*, EC Tax Review 2021, 136 (139 ff.) und *Englisch/Becker*, Implementing an International Effective Minimum Tax in the EU, Materialien aus Wirtschaft und Gesellschaft (AK Wien), Heft 224, Juli 2021, S. 54 ff. (avoider pays principle); *Picciotto et al.*, For a Better GLOBE. METR: A Minimum Effective Tax Rate for Multinationals und *Englisch*, Compatibility of a European METR Minimum Tax with EU/EEA Free Movement Guarantees (METR); *De Broe*, OECD´s Global Anti-Base Erosion Proposal – Pillar Two Raises Fundamental Concerns of Compatibility with EU Law, S. 5 (Global Blending) sowie *Englisch/Becker*, WTJ 2019, 483 (526) mit dem Vorschlag, die Mindeststeuer über die IIR sowohl bei inländischen als auch bei ausländischen Tochtergesellschaften unabhängig von dem Merkmal der Niedrigbesteuerung zu erheben und eine Differenzierung über Anrechnung der auf Ebene der Tochtergesellschaft entrichteten Steuern herbeizuführen.

[110] Für eine steuerpolitische Beurteilung dieses Vorschlags vgl. *Nogueira/Turina*, Pillar Two and EU Law, in: Perdelwitz/Turina, Global Minimum Taxation?, S. 309 ff. und *Englisch*, Implementation of the GloBE common approach on minimum taxation by individual EU Member States in compliance with EU fundamental freedoms, S. 21 f.

[111] Vgl. etwa *Englisch*, Implementation of the GloBE common approach on minimum taxation by individual EU Member States in compliance with EU fundamental freedoms, S. 11 ff.

der Grundfreiheiten zu vermeiden, ist in der Wissenschaft umstritten[112] und geht auch aus der Rechtsprechung des EuGH nicht eindeutig hervor.[113]

6.1.2.2.1 Zum Prüfungsmaßstab: Quantitative oder qualitative Prüfung?

Denn es ist fraglich, ob bei der Beurteilung eines Unterscheidungskriteriums, welches zumindest keine direkte bzw. offene Diskriminierung begründet (hier die Niedrigbesteuerung einer Konzerneinheit aufgrund eines länderbezogen ermittelten effektiven Steuersatzes unterhalb von 15 %), ein quantitativer oder ein qualitativer Ansatz verfolgt werden soll. Begründete Zweifel an dem Erfolg einer Ausweitung der GloBE-Regeln auf inländische Konstellationen könnten sich zumindest aus einigen (älteren) Urteilen des EuGH ergeben, der dort einen quantitativen Ansatz zur Beurteilung von mittelbaren Diskriminierungen in Fällen scheinbar objektiver Unterscheidungskriterien verwendete und somit lediglich darauf abstellte, ob „in den meisten Fällen"[114], „mehrheitlich"[115], „zumeist"[116]

---

[112] Bejahend: *Nogueira/Turina*, Pillar Two and EU Law, in: Perdelwitz/Turina, Global Minimum Taxation?, S. 311. *Englisch*, Implementation of the GloBE common approach on minimum taxation by individual EU Member States in compliance with EU fundamental freedoms, S. 14 ff. *Koerver Schmidt*, Intertax 2020, 983 (994) sah für die IIR in der Fassung vor Erscheinen des Blueprints zumindest die Möglichkeit einer dadurch verhinderten Diskriminierung. Ablehnend dagegen: *Devereux et al.*, The OECD Global Anti-Base Erosion Proposal, Oxford University Centre for Business Taxation, S. 50 f.; *De Broe*, OECD´s Global Anti-Base Erosion Proposal – Pillar Two Raises Fundamental Concerns of Compatibility with EU Law, S. 6; *Englisch/Becker*, WTJ 2019, 483 (525); *Pinkernell/Ditz*, ISR 2020, 1 (13). Vgl. zur selben Diskussion bei Regelungen der Hinzurechnungsbesteuerung etwa *Schön*, Taxing Multinationals in Europe, S. 23 f. und *Maisto/Pistone*, European Taxation 2008, 503 (508 f.); s. a. die Empfehlung zu dieser Vorgehensweise in OECD (2015), Designing Effective Controlled Foreign Company Rules, Action 3 - 2015 Final Report, Rn. 22.

[113] Vgl. Schlussanträge der GA Kokott v. 13.6.2019 – C-75/18, Vodafone Magyarország, ECLI:EU:C:2019:492, Rn. 61.

[114] EuGH v. 22.11.2018 – C-625/17, Vorarlberger Landes- und Hypothekenbank, ECLI:EU:C:2018:939, Rn. 39; v. 26.4.2018 – C-234/16 und C-235/16, ANGED, ECLI:EU:C:2018:281, Rn. 23; v. 5.2.2014 – C-385/12, Hervis Sport- és Divatkereskedelmi, ECLI:EU:C:2014:47, Rn. 39 ff.

[115] EuGH v. 11.6.2015 – C-98/14, Berlington Hungary, ECLI:EU:C:2015:386, Rn. 38.

[116] EuGH v. 13.7.1993 – C-330/91, Commerzbank, ECLI:EU:C:1993:303, Rn. 15.

oder in der großen Mehrheit[117] Konstellationen mit Auslandsbezug von einer Vorschrift erfasst werden,[118] auch wenn er dies teilweise bereits einschränkte, indem er für die Prüfung dieser Voraussetzung forderte, dass auf den „Gesamtkontext, […] in dem die nationale Regelung ihre Wirkungen entfaltet"[119], abzustellen sei oder die Benachteiligung aus den Merkmalen der steuerlichen Regelung hervorgehen müsse.[120] Diese Rechtsprechung hat sich in den Folgejahren weiterentwickelt. In *Köln-Aktienfonds Deka* spezifizierte der EuGH unter Verweis auf die soeben geschilderte Rechtsprechung, dass nationale Rechtsvorschriften, die unterschiedslos für gebietsansässige und gebietsfremde Wirtschaftsteilnehmer gelten, eine Beschränkung von Grundfreiheiten (in diesem Fall der Kapitalverkehrsfreiheit) darstellen können, wenn sie die Gewährung eines Steuervorteils an Voraussetzungen knüpfen, die „ihrer Art nach oder de facto hauptsächlich von gebietsansässigen Investmentfonds erfüllt werden".[121] In zwei nachfolgenden Entscheidungen zu einer nach dem Umsatz bemessenen progressiven Sondersteuer in Ungarn stellte der EuGH sodann fest, dass der „Umstand, dass der größte Teil dieser Sondersteuer von Steuerpflichtigen getragen wird, deren Eigentümer natürliche oder juristische Personen aus anderen Mitgliedstaaten sind, […] für sich genommen keine Diskriminierung darstellen" könne, da diese Steuerpflichtigen den ungarischen Telekommunikationsmarkt dominierten und dort die

---

[117] EuGH v. 12.12.2002 – C-324/00, Lankhorst-Hohorst, ECLI:EU:C:2002:749, Rn. 28.
[118] Vgl. zu dieser Herangehensweise auch außerhalb des Steuerrechts etwa EuGH v. 20.1.2005 -C-306/03, Salgada Alonso, ECLI:EU:C:2005:44, Rn. 35 („häufiger"); v. 20.10.1993 – C-272/92, Spotti, ECLI:EU:C:1993:848, Rn. 18 („ganz überwiegend ausländische Staatsangehörige"); v. 2.8.1993 – C-259/91, C-331/91, C-332/91, Allué, ECLI:EU:C:1993:333, Rn. 12; v. 8.5.1990 – C-175/88, Biehl, ECLI:EU:C:1990:186, Rn. 14 („oft sind sie es nämlich"); v. 30.5.1989 – C-33/88, Allué, ECLI:EU:C:1989:222, Rn. 12 (nur 25 % der Betroffenen waren Inländer).
[119] EuGH v. 5.2.2014 – C-385/12, Hervis Sport- és Divatkereskedelmi, ECLI:EU:C:2014:47, Rn. 40.
[120] EuGH v. 22.11.2018 – C-625/17, Vorarlberger Landes- und Hypothekenbank, ECLI:EU:C:2018:939, Rn. 39; v. 26.4.2018 – C-234/16 und C-235/16, ANGED, ECLI:EU:C:2018:281, Rn. 23; vgl. aber auch schon EuGH v. 8.7.1999 – C-254/97, Baxter, ECLI:EU:C:1999:368, Rn. 13.
[121] EuGH v. 30.1.2020 – C-156/17, Köln-Aktienfonds Deka, ECLI:EU:C:2020:51, Rn. 56, 58, 60.

6.1 Vereinbarkeit mit den Grundfreiheiten

höchsten Umsätze erzielten.[122] Dieser Umstand stelle keinen zwingenden, sondern nur einen zufälligen Indikator für eine Ungleichbehandlung dar.[123] „Ihrem Wesen nach" führe die steuerliche Regelung aber nicht zu einer auf dem Sitz der Gesellschaft beruhenden Ungleichbehandlung von Steuerpflichtigen mit inländischen und ausländischen Eigentümern.[124] Daraus kann der Schluss gezogen werden, dass die Tatsache, dass eine Steuer hauptsächlich oder ausschließlich bei Ausländern oder den ausländischen Eigentümern einer ansässigen Gesellschaft erhoben wird (quantitatives Kriterium), für sich allein nicht (mehr) zwingend eine indirekte Diskriminierung begründet.[125] Dies wird auch von den Schlussanträgen der Generalanwältin *Kokott* zu diesen beiden Urteilen gestützt, in denen die Vorzüge einer qualitativen Bewertung ausführlicher beleuchtet werden.[126] Der Zweck eines qualitativen Kriteriums besteht darin, „rein zufällige quantitative Korrelationen aus dem Bereich der mittelbaren Diskriminierung auszunehmen" und dadurch auch die Steuerhoheit der Mitgliedstaaten vor dem Zufall geschuldeten Grundfreiheitsbeschränkungen zu schützen.[127] In qualitativer Hinsicht ist insofern erforderlich, dass das Unterscheidungsmerkmal seinem Wesen nach bzw. typischerweise ausländische Gesellschaften betrifft.[128] Auch im Schrifttum wird mehrheitlich eine typisierende Betrachtungsweise eingefordert, die auf den Inhalt

---

[122] EuGH v. 3.3.2020 – C-75/18, Vodafone Magyarország, ECLI:EU:C:2020:139, Rn. 52; v. 3.3.2020 – C-323/18, Tesco-Global Áruházak, ECLI:EU:C:2020:140, Rn. 72.

[123] EuGH v. 3.3.2020 – C-75/18, Vodafone Magyarország, ECLI:EU:C:2020:139, Rn. 52; v. 3.3.2020 – C-323/18, Tesco-Global Áruházak, ECLI:EU:C:2020:140, Rn. 72.

[124] EuGH v. 3.3.2020 – C-75/18, Vodafone Magyarország, ECLI:EU:C:2020:139, Rn. 54; v. 3.3.2020 – C-323/18, Tesco-Global Áruházak, ECLI:EU:C:2020:140, Rn. 74.

[125] *CFE*, Opinion Statement ECJ-TF 2/2020 on the CJEU decision of 3 March 2020 in Case C-75/18, Vodafone Magyarság Mobil Távközlési Zrt., on progressive turnover taxes, S. 16; *Englisch*, Implementation of the GloBE common approach on minimum taxation by individual EU Member States in compliance with EU fundamental freedoms, S. 16.

[126] Schlussanträge der GA Kokott v. 13.6.2019 – C-75/18, Vodafone Magyarország, ECLI:EU:C:2019:492, Rn. 61 ff. und v. 4.7.2019 – C-323/18, Tesco-Global Áruházak, ECLI:EU:C:2019:567, Rn. 57 ff.

[127] Schlussanträge der GA Kokott v. 13.6.2019 – C-75/18, Vodafone Magyarország, ECLI:EU:C:2019:492, Rn. 87 und v. 4.7.2019 – C-323/18, Tesco-Global Áruházak, ECLI:EU:C:2019:567, Rn. 83.

[128] Schlussanträge der GA Kokott v. 13.6.2019 – C-75/18, Vodafone Magyarország, ECLI:EU:C:2019:492, Rn. 74 und v. 4.7.2019 – C-323/18, Tesco-Global Áruházak, ECLI:EU:C:2019:567, Rn. 70.

der Regelungen abstellt.[129] Es gibt aber auch Stimmen, die eher eine quantitative Betrachtungsweise vorziehen.[130]

6.1.2.2.2 Anwendung dieser Prüfungsmaßstäbe auf die GloBE-Regeln

Folgt man einer rein quantitativen Sichtweise, ist lediglich die Frage entscheidend, ob die GloBE-Regeln bei Abstandnahme von Voraussetzungen der Auslandsansässigkeit oder grenzüberschreitender Geschäftsbeziehungen dennoch meistens zu einer Besteuerung von deutschen Konzerneinheiten multinationaler Konzerne mit niedrig besteuerten Konzerneinheiten im Ausland führen. Dies ist nach Auffassung des Autors eindeutig der Fall. Denn in Deutschland wird die effektive Steuerquote durch Einkommensteuer, Körperschaftsteuer (inkl. Solidaritätszuschlag) und Gewerbesteuer nahezu ausschließlich oberhalb des Mindeststeuersatzes liegen. Als erster Grund hierfür ist zunächst die im internationalen Vergleich herausstechende Höhe der deutschen Unternehmensteuersätze anzuführen, die Deutschland zu einem Hochsteuerland qualifiziert.[131] Für

---

[129] *Koch/Nguyen*, EuR 2010, 364 (365); *Behrens*, EuR 1992, 145 (154); *Steindorff*, JZ 1994, 94 (96); *Mühl*, Diskriminierung und Beschränkung, S. 105 f.; *Kingreen* in Ehlers, Europäische Grundrechte und Grundfreiheiten, 4. Aufl. 2014, § 13 Rn. 22; *Epiney* und *Korte* in Calliess/Ruffert, 6. Aufl. 2022, Art. 18 AEUV Rn. 13 und Art. 49 AEUV Rn. 58, die auf die inhaltliche Tragweite einer Regelung abstellen, also ob Personen einer anderen Staatsangehörigkeit den Tatbestand grundsätzlich leichter, also typischerweise, erfüllen. *Holoubek* in Schwarze, 4. Aufl. 2019, Art. 18 AEUV Rn. 7, stellt fest, dass es nicht auf ein quantitatives Kriterium im statistischen Sinne ankomme, sondern dass die entsprechende Regelung hinsichtlich ihrer typischen Regelungsfolgen Angehörige anderer Mitgliedstaaten treffe.

[130] *Müller-Graff* in Streinz, 3. Aufl. 2018, Art. 49 AEUV Rn. 48; *von Bogdandy* in Grabitz/Hilf/Nettesheim, 75. EL 2022, Art. 18 AEUV, Rn. 15; *Hintersteininger*, Binnenmarkt und Diskriminierungsverbot, S. 35 ff.; *Görlitz*, Struktur und Bedeutung der Rechtsfigur der mittelbaren Diskriminierung im System der Grundfreiheiten, S. 139 f.; *Plötscher*, Der Begriff der Diskriminierung im Europäischen Gemeinschaftsrecht, S. 278; *Kokott*, Das Steuerrecht der Europäischen Union, § 3 Rn. 102, die es dort noch für eine mittelbare Diskriminierung ausreichen ließ, dass eine neutral formulierte Vorschrift die benachteiligte Gruppe überproportional betrifft. So sollten auch dem Allgemeinen Programm zur Aufhebung der Beschränkungen der Niederlassungsfreiheit vom 15.1.1962 zufolge durch das Verbot der mittelbaren Diskriminierung Beschränkungen verhindert werden, die „ausschließlich oder vorwiegend Ausländer [...] behindern", ABl. Nr. 2 (1962) S. 36, Celex-Nr. 3 1961 X 1202.

[131] Der OECD zufolge landet Deutschland mit einer nominalen Gesamtsteuerbelastung bei Körperschaften von 29,94 % auf Rang 5 der OECD-Staaten (https://stats.oecd.org/index.aspx?DataSetCode=Table_II1, abgerufen am 26.10.2021). Auch im Jahr 2020 lag die nominale Steuerbelastung von Kapitalgesellschaften in Deutschland etwa 8 Prozentpunkte über dem OECD-Durchschnitt, vgl. BDI, Raus aus der Krise – BDI-Steuermodell der Zukunft, 12.1.2021, S. 6, 9. Ausführlich zur effektiven Steuerbelastung deutscher Kapitalgesellschaften *Huber/Maiterth*, StuW 2020, 18 ff. Vgl. auch *Linnemann/Weiß*, IStR 2019, 692 (693 ff.),

6.1 Vereinbarkeit mit den Grundfreiheiten

Kapitalgesellschaften beträgt der gesetzliche Steuersatz ca. 30 % und damit das Doppelte des Mindeststeuersatzes. Eine erst vor kurzem erschienene Feldstudie zeigt zudem für Deutschland auf, dass es nur in sehr begrenztem Umfang kritische Abweichungen in den deutschen Vorschriften zur Ermittlung der Steuerbemessungsgrundlage von denen zur Ermittlung der GloBE-Einkünfte gibt.[132] Daraus kann geschlossen werden, dass das Risiko, in Deutschland eine bei isolierter Betrachtung nach den GloBE-Regeln niedrig besteuerte Konzerneinheit auszuweisen, recht gering ist. Die Möglichkeit der Feststellung einer konzernbezogenen Niedrigbesteuerung in Deutschland wird darüber hinaus dadurch (erheblich) eingeschränkt, dass das Jurisdictional Blending bei der Ermittlung der effektiven Steuerquote etwaige Steuervorteile für einzelne Konzerneinheiten wieder ausgleichen kann.[133] Für Deutschland als Hochsteuerland wird somit nur sehr selten eine Niedrigbesteuerung der darin ansässigen Konzerneinheiten eines Konzerns festzustellen sein. Betrachtet man dagegen vor dem Hintergrund des Mindeststeuersatzes i. H. v. 15 % allein die gesetzlichen Körperschaftsteuersätze in den Mitgliedstaaten Bulgarien (10 %), Ungarn (10,8 %), Irland (12,5 %) und Zypern (12,5 %),[134] zeigt sich, dass eine deutsche Konzerngesellschaft, die eine Tochtergesellschaft oder Betriebsstätte in einem dieser Staaten errichten möchte, ohne Anpassung der dortigen Steuervorschriften grundsätzlich Top-up Tax entrichten müsste, die damit quasi zu einer Gebühr für die Wahrnehmung der Grundfreiheiten werden würde.[135] Auch beispielsweise aufgrund von (Nexus-konformen) Patentboxen, die in vielen EU-Mitgliedstaaten zur Verfügung stehen,[136] wird es

---

die für deutsche Kapitalgesellschaften auf eine durchschnittliche effektive Steuerbelastung von etwa 24 % kommen; IWB Kompakt, IWB 2019, 54: „Deutschlands effektiver Steuersatz für Unternehmen ist mit 27,3 % einer der höchsten aller entwickelten Staaten und zumal in der Europäischen Union."

[132] *Döllefeld et al.*, Tax Administrative Guidance: A Proposal for Simplifying Pillar Two, 22 ff.

[133] Dies ist nach Auffassung des Autors bislang in der Literatur unberücksichtigt geblieben, vgl. etwa *Nogueira*, WTJ 2020, 465 (469, 487 ff.), der in seinen Ausführungen von „entity blending (or no blending at all)" ausgeht.

[134] *DG Taxation and Customs Union*, Taxation Trends in the European Union, 2021 Edition, S. 45.

[135] Vgl. *Nogueira/Turina*, Pillar Two and EU Law, in: Perdelwitz/Turina, Global Minimum Taxation?, S. 291.

[136] Zu nennen sind hier Belgien, Frankreich, Griechenland, Irland, Litauen, Luxemburg, Malta, Niederlande, Polen, Portugal, Slowakei, Spanien und Ungarn, vgl. *Flamant/Godar/Richard*, New Forms of Tax Competition in the European Union, 28, 52.

dort wesentlich wahrscheinlicher zu einer Niedrigbesteuerung i. S. d. GloBE-Regeln kommen können als in Deutschland. Bei quantitativer Herangehensweise wird folglich eine versteckte Diskriminierung anzunehmen sein.

Doch kann dieses Ergebnis bei Heranziehung eines qualitativen Maßstabs bestätigt werden? Sprich: Handelt es sich bei der für Deutschland vorgefundenen Situation um eine rein zufällige, quantitative Korrelation oder entspringt die überwiegende Benachteiligung grenzüberschreitend tätiger Konzerne dem Wesen der GloBE-Regeln? Zunächst einmal kann zu dieser Frage allgemein auf den Geist der GloBE-Regeln[137] hingewiesen werden, wie er sich bis zum Zeitpunkt der Veröffentlichung der Modellregeln darstellt und hier zuvor schon erörtert wurde. Die GloBE-Regeln wurden im IF entwickelt, um auf Fälle ausländischer Niedrigbesteuerung reagieren zu können.[138] Dies entspricht dem Sinn und Zweck einer Steuer, die sich gegen Gewinnverlagerungen und einen als schädlich wahrgenommenen internationalen Steuerwettbewerb richtet. Dass etwaige Fälle inländischer Niedrigbesteuerung generell nicht in den Anwendungsbereich der inländischen IIR und UTPR geraten sollen, liegt nicht nur daran, dass den jeweiligen Staaten nicht zugetraut wird, die Top-up Tax in diesen Fällen tatsächlich auch zu erheben,[139] sondern auch an der wesentlich weniger komplexen Möglichkeit für diese Staaten, eine Mindestbesteuerung durch Anpassung ihrer allgemeinen Steuervorschriften sicherzustellen. Betrachtet man nun die Situation für Deutschland und wendet die von *Kokott* aufgestellten Grundsätze zur wesensmäßigen Korrelation auf die deutschen GloBE-Regeln an, müsste die Frage lauten, ob die Höhe der länderbezogenen effektiven Steuerquote bzw. das Merkmal der Niedrigbesteuerung mit dem ausländischen Sitz eines Unternehmens bzw. einer

---

[137] Vgl. zur Relevanz politischer Absichten die Schlussanträge der GA Kokott v. 13.6.2019 – C-75/18, Vodafone Magyarország, ECLI:EU:C:2019:492, Rn. 83 ff. und v. 4.7.2019 – C-323/18, Tesco-Global Áruházak, ECLI:EU:C:2019:567, Rn. 79 ff., die hierbei eine restriktive Handhabung einfordert.
[138] So auch *Ditz/Pinkernell*, ISR 2020, 1 (13), die unter Bezug auf die Entstehungsgeschichte und den Normzweck einen eindeutigen Fokus der GloBE-Regeln auf grenzüberschreitende Geschäftsvorfälle erkennen.
[139] Vgl. nur OECD (2020), Tax Challenges Arising from Digitalisation – Report on Pillar Two Blueprint, Rn. 466. Würde Vertrauen darin bestehen, hätte sich die IF-Gemeinschaft zumindest für den Kreis der teilnehmenden Staaten auch einfach darauf einigen können, eine effektive Mindestbesteuerung durch Anpassung des jeweiligen allgemeinen inländischen Steuerrechts sicherzustellen, und damit auf eine im Ausland vorzunehmende Ersatzbesteuerung verzichten können.

Konzerneinheit korreliert.[140] Zur Beantwortung dieser Frage ist noch einmal auf die besondere Situation Deutschlands als Hochsteuerland hinzuweisen. Zwar gibt es auch in Deutschland einige wenige steuerliche Vorteile, die bei der Anwendung der GloBE-Regeln zur Ermittlung einer niedrigeren effektiven Steuerquote einer Konzerneinheit führen können.[141] Diese sind allerdings nicht signifikant, insbesondere vor dem Hintergrund des Jurisdictional Blending. Das derzeitige deutsche Unternehmensteuerrecht führt dazu, dass es der Voraussetzung eines Auslandsbezugs bei den deutschen GloBE-Regeln kaum bedarf, da typischerweise ausländische Niedrigbesteuerungsfälle zur Erhebung von Top-up Tax in Deutschland führen werden. Der Hinweis, dass sich dies eventuell durch ein Anheben der Besteuerung in anderen Staaten ändern könnte und der Effekt daher rein zufällig sei,[142] schlägt nach Auffassung des Autors nicht durch, da dies gerade die gewünschte Wirkung der GloBE-Regeln ist. Naturgemäß wird GloBE sich nicht grundsätzlich auf alle Beteiligungen an Konzerneinheiten im Ausland auswirken, da bei konzernbezogener Betrachtung nicht jedes andere Land als Niedrigsteuerland einzuordnen ist. Die Regeln werden aber immer dort zur Anwendung kommen, wo Konzerneinheiten in Niedrigsteuerländern tätig werden und Deutschland qualifiziert grundsätzlich nicht als ein solches. Dem Wesen des neuen Steuerregimes nach werden die GloBE-Regeln in Deutschland typischerweise nur grenzüberschreitende Sachverhalte erfassen und daher nur dann multinationale Konzerne mit Konzerneinheiten in Deutschland zusätzlich belasten, wenn sie in anderen niedrig besteuernden Mitgliedstaaten eine Konzerneinheit halten. In diesem Rahmen soll auch auf die in der Literatur breit vertretene

---

[140] Vgl. Schlussanträge der GA Kokott v. 13.6.2019 – C-75/18, Vodafone Magyarország, ECLI:EU:C:2019:492, Rn. 79 und v. 4.7.2019 – C-323/18, Tesco-Global Áruházak, ECLI:EU:C:2019:567, Rn. 75.

[141] In Deutschland gibt es etwa die Forschungszulage i. H. v. maximal 15.000.000 Euro (§ 4 Abs. 2 FZulG), die nach § 10 FZulG auf die festgesetzte Einkommen- oder Körperschaftsteuer angerechnet wird bzw. im Falle eines Überschusses zugunsten des Steuerpflichtigen zu einer Steuererstattung führt. Die persönlichen und sachlichen Befreiungen in § 5 Abs. 1 KStG sind dagegen allenfalls ausnahmsweise einmal einschlägig und führen daher kaum zu einer Niedrigbesteuerung in Deutschland. Auch nach § 8b KStG steuerbefreite laufende Beteiligungserträge und Anteilsveräußerungen werden gemäß Art. 3.2.1 Buchst. (b) und (c) der Modellregeln bei der Ermittlung der effektiven Steuerquote bereits berücksichtigt und können daher keine Niedrigbesteuerung begründen. Investitionsabzugsbeträge nach § 7g EStG betreffen nur KMU mit einem Jahresgewinn von maximal 200.000 Euro.

[142] *Englisch*, Implementation of the GloBE common approach on minimum taxation by individual EU Member States in compliance with EU fundamental freedoms, S. 18.

Auffassung zur Einordnung der Lizenzschranke in § 4j EStG als versteckte Diskriminierung hingewiesen werden.[143] Diese knüpft zwar auch nicht formal an die Ansässigkeit einer Person an, setzt aber eine von der Regelbesteuerung abweichende, niedrige Besteuerung voraus (Präferenzregelung), die in Deutschland nicht vorzufinden ist und damit lediglich bei grenzüberschreitenden Sachverhalten (in diesem Falle Lizenzzahlungen) die Vornahme des Abzugsverbotes nach § 4j EStG begründen kann. Insofern besteht eine gewisse Vergleichbarkeit,[144] auch wenn § 4j EStG derzeit mangels entsprechender deutscher Präferenzregelung in keinem Fall bei Inlandskonstellationen greifen kann. Ebenfalls kurz eingegangen werden soll auf die dänische Hinzurechnungsbesteuerung, die 2007 in Reaktion auf das Cadbury-Urteil des EuGH[145] in der Weise verändert wurde, dass sie nun auch Fälle mit inländischen Tochtergesellschaften erfasst.[146] Die OECD hat in ihrem Abschlussbericht zu Aktionspunkt 3 (CFC Rules) darauf hingewiesen, dass diese Regel seit ihrer Anpassung nicht vor den EuGH gebracht worden sei und daher davon ausgegangen werden könne, dass ein solches Vorgehen mit den Grundfreiheiten vereinbar sei.[147] Dazu ist einerseits anzumerken, dass diese Haltung auch in diesem konkreten Fall keineswegs unumstritten ist.[148] Zum anderen ist die dänische Hinzurechnungsbesteuerung nicht mit den GloBE-Regeln bzw. der IIR vergleichbar. Denn anders als die Mindeststeuer setzt sie

---

[143] Vgl. *Hagemann/Kahlenberg*, FR 2017, 1125 (1128); *Heil/Pupeter*, BB 2017, 795 (800 f.); *Max/Thiede*, StB 2017, 175 (180); *Schneider/Junior*, DStR 2017, 417 (425); *Benz/Böhmer*, DB 2017, 206 (210); *Schnitger*, DB 2018, 147 (148 f.); *Drummer*, IStR 2017, 602 (603); *Loschelder* in Schmidt, 41. Aufl. 2022, § 4j EStG Rn. 4; *Hagemann/Kahlenberg* in Herrmann/Heuer/Raupach, 310. Lief. 2022, § 4j EStG Rn. 5; *Pohl* in Brandis/Heuermann, 160. EL 2021, § 4j EStG Rn. 18; a. A. *Pötsch*, IStR 2018, 417 (419 f.); teilweise auch *Link*, DB 2017, 2372 (2374 f.).
[144] Siehe auch *Pinkernell/Ditz*, ISR 2020, 1 (13).
[145] EuGH v. 12.9.2006 – C-196/04, Cadbury Schweppes, ECLI:EU:C:2006:544.
[146] Nach der dänischen Hinzurechnungsbesteuerung werden die Gewinne einer Tochtergesellschaft ihrer Muttergesellschaft entsprechend der Beteiligungshöhe hinzugerechnet, wenn die Muttergesellschaft direkt oder indirekt an der Tochtergesellschaft beteiligt ist, einen beherrschenden Einfluss auf sie hat, das sog. CFC Income (darunter fallen sowohl klassisch passive Einkünfte als auch bestimmte Einkünfte aus aktiven Wirtschaftstätigkeiten, z. B Versicherungsleistungen) mehr als 50 % des gesamten steuerbaren Gewinne der Tochtergesellschaft ausmacht und deren Finanzanlagen mehr als 10 % der gesamten Vermögenswerte betragen. Das Kriterium der Niedrigbesteuerung gibt es nicht. Vielmehr werden die von der Tochtergesellschaft gezahlten Steuern bei der Besteuerung der Muttergesellschaft angerechnet. Siehe hierzu *Koerver Schmidt*, European Taxation 2014, 3 (4).
[147] OECD (2015), Designing Effective Controlled Foreign Company Rules – Action 3: 2015 Final Report, S. 17 f., 20.
[148] Vgl. *Koerver Schmidt*, European Taxation 2014, 3 (4 ff.).

6.1 Vereinbarkeit mit den Grundfreiheiten

tatbestandsmäßig keine Niedrigbesteuerung voraus, sondern rechnet lediglich rechtsfolgenseitig die von der Tochtergesellschaft entrichteten Steuern auf die Steuerlast der Muttergesellschaft an.

Aus den genannten Gründen besteht nach Ansicht des Autors damit auch im Falle der tatbestandlichen Ausweitung der GloBE-Regeln auf rein deutsche Sachverhalte eine (mittelbare) Diskriminierung.

6.1.2.3 Diskriminierung durch Umsatzschwelle?

Zuletzt soll kurz die Frage diskutiert werden, ob die Voraussetzung der Konzernumsatzschwelle für die Anwendung der GloBE-Regeln für sich genommen eine versteckte Diskriminierung begründen könnte. Eine ähnliche Begrenzung war etwa schon im Entwurf der Digital Services Tax (DST) der EU-Kommission vorgesehen.[149] Ähnlich wie dort stellt sich bei der Umsatzschwelle die Frage, ob diese die Anwendung der Mindeststeuerregelungen auf multinational agierende Konzerne begrenzt und somit protektionistische Züge annimmt.[150] Denn regelmäßig wird ein Konzern, der in mindestens zwei der vorausgegangen vier Wirtschaftsjahre einen Konzernumsatz i. H. v. mindestens 750 Mio. Euro in seinen Konzernabschlüssen ausgewiesen hat, auch Niederlassungen in anderen Ländern unterhalten. Insofern läge bei quantitativer Betrachtung die Annahme einer mittelbaren Diskriminierung nahe.[151] Dagegen spricht bei qualitativer Betrachtung allerdings zunächst, dass die GloBE-Regeln mit der Umsatzschwelle eine solche begrenzende Wirkung nicht beabsichtigen. Die Umsatzschwelle begründet sich vielmehr aus rein pragmatischen Gründen, unter anderem der Nähe zum Country-by-Country Reporting, der Fähigkeit solch großer Konzerne zur Befolgung der GloBE-Regeln und der überproportionalen Zunahme an betroffenen Konzernen und Verwaltungsaufwand für die Finanzbehörden bei Herabsenkung der Umsatzschwelle.[152] Die Umsatzschwelle schützt somit zugleich kleinere multinationale Konzerne vor den administrativen und steuerlichen Belastungen

---

[149] EU-Kommission v. 21.3.2018, Vorschlag für eine Richtlinie des Rates zum gemeinsamen System einer Digitalsteuer auf Erträge aus der Erbringung bestimmter digitaler Dienstleistungen, Com(2018) 148 final, S. 30 (Art. 4 Nr. 1 Buchst. (a)).

[150] Vgl. hierzu auch *Nogueira/Turina*, Pillar Two and EU Law, in: Perdelwitz/Turina, Global Minimum Taxation?, S. 306 ff.

[151] Siehe auch *Englisch*, Implementation of the GloBE common approach on minimum taxation by individual EU Member States in compliance with EU fundamental freedoms, S. 19 f.

[152] Vgl. OECD (2020), Tax Challenges Arising from Digitalisation – Report on Pillar Two Blueprint, Rn. 12, 114 ff., *Englisch*, Implementation of the GloBE common approach on minimum taxation by individual EU Member States in compliance with EU fundamental freedoms, S. 20 f.

der GloBE-Regeln.[153] Zudem hat der EuGH bereits explizit festgestellt, dass er die Höhe des Umsatzes als neutrales Unterscheidungskriterium ansieht und die überproportionale Betroffenheit international tätiger Unternehmen daher als aleatorisch bewertet.[154] Dieser Einschätzung folgend ist festzustellen, dass die Umsatzschwelle im Rahmen von GloBE für sich genommen keine versteckte Diskriminierung begründet.

6.1.2.4 Zwischenergebnis

Sofern die deutsche IIR nur in Fällen der Niedrigbesteuerung im Ausland greift, begründet diese eine offene Diskriminierung und damit eine Beschränkung der einschlägigen Grundfreiheiten. Unter der Annahme, dass Top-up Tax über die UTPR mittels Betriebsausgabenabzugsverbot oder Quellensteuer im Abzugsverfahren auf ausgehende grenzüberschreitende Zahlungen des UTPR-Steuerpflichtigen erhoben wird, liegen ebenfalls offene Diskriminierungen zumindest der in Deutschland ansässigen, UTPR-steuerpflichtigen Konzerneinheit und ihrer unmittelbaren wie mittelbaren Gesellschafter vor. Sollte der Anwendungsbereich der deutschen IIR und UTPR in dem Sinne ausgeweitet werden, dass auch Fälle der Niedrigbesteuerung in Deutschland erfasst und besteuert werden, kommt eine offene Diskriminierung dagegen nicht in Betracht. Es ist aber sowohl unter der Anlegung eines quantitativen als auch eines qualitativen Maßstabs von einer versteckten bzw. mittelbaren Diskriminierung auszugehen. Sowohl die SOR als auch die Umsatzschwelle der GloBE-Regeln begründen im Übrigen für sich genommen jeweils keine Beschränkung der Grundfreiheiten.

6.1.3 Rechtfertigung

Die soeben festgestellten Beschränkungen der Grundfreiheiten könnten jedoch gerechtfertigt sein. Hierzu ist erforderlich, dass die GloBE-Regeln die im AEUV ausdrücklich vorgesehenen geschriebenen Schranken oder die ungeschriebenen „immanenten" Schranken konkretisieren und verhältnismäßig sind.[155] Der EuGH wendet auf Rechtfertigungsebene einen strengen Maßstab an und akzeptiert nur eine sehr begrenzte Anzahl an Rechtfertigungsgründen, da die Mitgliedstaaten

---

[153] Vgl. *Englisch*, Implementation of the GloBE common approach on minimum taxation by individual EU Member States in compliance with EU fundamental freedoms, S. 21.
[154] EuGH v. 3.3.2020 – C-75/18, Vodafone Magyarország, ECLI:EU:C:2020:139, Rn. 50, 52; v. 3.3.2020 – C-323/18, Tesco-Global Áruházak, ECLI:EU:C:2020:140, Rn. 70, 72.
[155] Vgl. *Kokott*, Das Steuerrecht der Europäischen Union, § 3 Rn. 130.

nur in Ausnahmefällen zum Schutz ihrer heimischen Wirtschaft vor dem binnenmarktbedingten freien Fluss grenzüberschreitender Geschäftstätigkeiten befugt sein sollen.[156] Im Falle einer direkten Diskriminierung aufgrund der Staatsangehörigkeit lehnt der EuGH zwar prinzipiell eine Rechtfertigung anhand der ungeschriebenen Rechtfertigungsgründe ab.[157] Soweit eine Ungleichbehandlung unmittelbar an den Unternehmenssitz anknüpft, soll diese restriktive Handhabung auf Rechtfertigungsebene allerdings nach Auffassung der Literatur nicht in demselben Maße gelten, da der Sitz anders als die Staatsangehörigkeit keine höchstpersönliche und unverfügbare Eigenschaft ist und dem Verbot solcher Ungleichbehandlungen nicht derselbe konstituierende Stellenwert für die Unionsrechtsordnung zukommt wie das Verbot einer Diskriminierung aufgrund der Staatsangehörigkeit.[158]

6.1.3.1 Geschriebene Rechtfertigungsgründe

Nach Art. 52 Abs. 1 AEUV können Beeinträchtigungen der Niederlassungsfreiheit aus Gründen der öffentlichen Ordnung, Sicherheit oder Gesundheit gerechtfertigt sein. Dies gilt über Art. 62 AEUV auch für Beschränkungen der Dienstleistungsfreiheit. Diese Rechtfertigungsgründe werden vom EuGH sehr eng ausgelegt und sind für das Steuerrecht daher kaum von Bedeutung.[159] Auch vorliegend können sie für Zwecke der GloBE-Regeln nach Auffassung des Autors nicht fruchtbar gemacht werden.[160]

Etwas anders gestaltet sich die Lage für steuerliche Beeinträchtigungen der Kapitalverkehrsfreiheit. Art. 63 Abs. 1 Buchst. a) AEUV sieht vor, dass die Mitgliedstaaten steuerrechtliche Vorschriften anwenden dürfen, die Steuerpflichtige mit unterschiedlichem Wohnort oder Kapitalanlageort unterschiedlich behandeln. Zudem darf ein Mitgliedstaat gemäß Art. 63 Abs. 1 Buchst. b) AEUV die

---

[156] *Schön*, Taxing Multinationals in Europe, S. 11.
[157] Vgl. bspw. EuGH v. 22.10.2014 – C-344/13 und 367/13., Blanco und Fabretti, ECLI:EU:C:2014:2311 Rn. 38; v. 6.10.2009 – C-153/08, Kommission/Spanien, ECLI:EU:C:2009:618, Rn. 36 f.; v. 18.7.2007 – C- 490/04, Kommission/Deutschland, ECLI:EU:C:2007:430, Rn. 86; *Englisch*, DStJG 41 (2018), 273 (304 f.).
[158] *Englisch*, DStJG 41 (2018), 273 (305); *Englisch* in Schaumburg/Englisch, Europäisches Steuerrecht, 2. Aufl. 2020, Rn. 7.204; *Kainer* in Pechstein/Nowak/Häde, Frankfurter Kommentar, Art. 49 AEUV Rn. 107 m. w. N. Siehe auch *Kokott*, Das Steuerrecht der Europäischen Union, § 3 Rn. 103, 135.
[159] Vgl. *Englisch* in Schaumburg/Englisch, Europäisches Steuerrecht, 2. Aufl. 2020, Rn. 7.204; *Kokott*, Das Steuerrecht der Europäischen Union, § 3 Rn. 131 ff.; *Korte* in Calliess/Ruffert, 6. Aufl. 2022, Art. 49 AEUV Rn. 120.
[160] So ausdrücklich auch *Gebhardt*, IWB 2020, 958 (966).

Maßnahmen treffen, die zur Verhinderung von Zuwiderhandlungen gegen innerstaatliches Steuerrecht – das sind insb. Steuerhinterziehungen[161] – unerlässlich oder aus Gründen der öffentlichen Ordnung oder Sicherheit gerechtfertigt sind. Allerdings sind diese steuerspezifischen Rechtfertigungsgründe nach Auffassung des EuGH unter Hinweis auf Art. 65 Abs. 3 AEUV lediglich als deklaratorisch einzuordnen,[162] sodass auch steuerliche Beeinträchtigungen der Kapitalverkehrsfreiheit grundsätzlich nur mithilfe zwingender Gründe des Allgemeinwohls zu rechtfertigen sind.[163]

Es soll aber darauf hingewiesen werden, dass das Europäische Parlament und der Rat gemäß Art. 51 Abs. 2 i. V. m. Art. 62 AEUV eine Bereichsausnahme für Zwecke der Umsetzung von GloBE beschließen könnten, sodass die Niederlassungs- und Dienstleistungsfreiheit nicht berührt wären. Von dieser sekundärrechtlichen Möglichkeit ist bislang allerdings noch nie Gebrauch gemacht worden und ein solches Vorgehen erscheint auch zweifelhaft.[164]

6.1.3.2 Ungeschriebene Rechtfertigungsgründe

Als ungeschriebene Rechtfertigungsgründe bzw. immanente Schranken zieht der EuGH in seiner ständigen Rechtsprechung zwingende Gründe des Allgemeininteresses heran („rule of reason").[165] Die damit einhergehende Erweiterung der Rechtfertigungsmöglichkeiten beruht auf einem Akt der Rechtsfortbildung durch den EuGH, der aus der Weiterentwicklung des Schutzes der Grundfreiheiten hervorgeht.[166] Der EuGH hat in seiner bisherigen Rechtsprechung zu steuerlichen Beschränkungen der Grundfreiheiten nur einige wenige Rechtfertigungsgründe anerkannt, darunter die Wahrung einer ausgewogenen Aufteilung

---

[161] Siehe *Englisch* in Schaumburg/Englisch, Europäisches Steuerrecht, 2. Aufl. 2020, Rn. 7.201.

[162] Vgl. bspw. EuGH v. 8.9.2005 – C-512/03, Blankaert, ECLI:EU:C:2005:516, Rn. 42; v. 7.9.2004 – C-319/02, Manninen, ECLI:EU:C:2004:484, Rn. 28 f.; v. 6.6.2000 – C-35/98, Verkooijen, ECLI:EU:C:2000:294, Rn. 44 ff.; *Englisch* in Schaumburg/Englisch, Europäisches Steuerrecht, 2. Aufl. 2020, Rn. 7.201; *Schönfeld*, StuW 2005, 158 (163); *Cordewener/Kofler/van Thiel*, CMLR 2009, 1951 (1968 f.) m. w. N.; *Dashwood/Dougan/Rodger et al.*, Wyatt and Dashwood's European Union Law, 2011, S. 596.

[163] Vgl. *Kokott*, Das Steuerrecht der Europäischen Union, § 3 Rn. 133.

[164] *Korte* in Calliess/Ruffert, 6. Aufl. 2022, Art. 51 AEUV Rn. 16; *Müller-Graff* in Streinz, 3. Aufl. 2018, Art. 51 AEUV Rn. 11.

[165] Vgl. statt vieler EuGH v. 20.1.2021 – C-484/19, Lexel, ECLI:EU:C:2021:34, Rn. 46; v 7.11.2013 – C-322/11, K, ECLI:EU:C:2013:716, Rn. 36; v. 12.9.2006 – C-196/04, Cadbury Schweppes, ECLI:EU:C:2006:544, Rn. 47.

[166] Siehe im Detail *Englisch* in Schaumburg/Englisch, Europäisches Steuerrecht, 2. Aufl. 2020, Rn. 7.202 f.

6.1 Vereinbarkeit mit den Grundfreiheiten

der Besteuerungsbefugnis, die Kohärenz des nationalen Steuersystems, die steuerliche Missbrauchsbekämpfung und die wirksame steuerliche Kontrolle und Durchsetzung des Steueranspruchs.[167] Drohende Steuerausfälle und andere reine Fiskalzwecke werden dagegen vom EuGH als zur Rechtfertigung ungeeignet angesehen.[168] Nur die zuvor aufgeführten Zwecke kommen vorliegend zumindest ansatzweise als Rechtfertigungsgründe in Betracht,[169] sodass nur auf diese nachfolgend eingegangen wird. Im Übrigen muss die Beschränkung verhältnismäßig sein, wobei der EuGH regelmäßig einen strengen Maßstab anlegt[170] und verlangt, dass die Beschränkung geeignet ist, die Erreichung des fraglichen Ziels zu gewährleisten, und nicht über das hinausgeht, was hierzu erforderlich ist.[171] Die Verhältnismäßigkeitsprüfung des EuGH ist demnach anders als in Deutschland nur zweistufig aufgebaut, wobei die im Rahmen der deutschen Angemessenheitsprüfung zu berücksichtigenden Kriterien (Wertung, etwa Wichtigkeit des betroffenen Schutzguts, Intensität der konkreten Bedrohung, Besonderheiten des Einzelfalles) bereits in die Erforderlichkeitsprüfung einfließen.[172]

---

[167] Vgl. etwa *Musil* in Musil/Weber-Grellet, Europäisches Steuerrecht, Einführung Rn. 112; *Englisch* in Schaumburg/Englisch, Europäisches Steuerrecht, 2. Aufl. 2020, Rn. 7.223 ff.; *Kokott*, Das Steuerrecht der Europäischen Union, § 3 Rn. 135; *Kainer* in Pechstein/Nowak/Häde, Frankfurter Kommentar, Art. 49 AEUV Rn. 108 ff.; *Sedlaczek/Züger* in Streinz, 3. Aufl. 2018, Art. 65 AEUV Rn. 32 für die Kapitalverkehrsfreiheit.

[168] Vgl. bspw. EuGH v. 5.2.2014 – C-385/12, Hervis Sport- és Divatkereskedelmi, ECLI:EU:C:2014:47, Rn. 44; v. 21.11.2002 – 436/00, X und Y, ECLI:EU:C:2002:704, Rn. 50; v. 6.6.2000 – C-35/98, Verkooijen, ECLI:EU:C:2000:294, Rn. 48. Siehe auch *Englisch* in Schaumburg/Englisch, Europäisches Steuerrecht, 2. Aufl. 2020, Rn. 7.208 ff. mit weiteren vom EuGH für grundsätzlich untauglich befundenen Rechtfertigungsgründen.

[169] Vgl. *Nogueira/Turina*, Pillar Two and EU Law, in: Perdelwitz/Turina, Global Minimum Taxation?, S. 292 ff., 299; *Englisch/Becker*, Implementing an International Effective Minimum Tax in the EU, Materialien aus Wirtschaft und Gesellschaft (AK Wien), Heft 224, Juli 2021, S. 51 f.; *Nogueira*, WTJ 2020, 465 (482); *Englisch/Becker*, WTJ 2019, 483 (525); *De Broe*, OECD´s Global Anti-Base Erosion, 7 f. Proposal – Pillar Two Raises Fundamental Concerns of Compatibility with EU Law, S. 5; *Devereux et al.*, The OECD Global Anti-Base Erosion Proposal, Oxford University Centre for Business Taxation, S. 51 ff., 55; *Schnitger* in FS Kessler, 2021, S. 169 (182 ff.).

[170] Vgl. *Englisch/Becker*, Implementing an International Effective Minimum Tax in the EU, Materialien aus Wirtschaft und Gesellschaft (AK Wien), Heft 224, Juli 2021, S. 51.

[171] Vgl. zur ständigen Rspr. etwa EuGH v. 20.1.2021 – C-484/19, Lexel, ECLI:EU:C:2021:34, Rn. 46; v. 13.3.2007 – C-524/04, Test Claimants in the Thin Cap Group Litigation, ECLI:EU:C:2007:161, Rn. 64; v. 12.9.2006 – C-196/04, Cadbury Schweppes, ECLI:EU:C:2006:544, Rn. 47; v. 13.12.2005 – C-446/03, Marks & Spencer, ECLI:EU:C:2005:763, Rn. 35 m. w. N.

[172] Vgl. *Leible/T. Streinz* in Grabitz/Hilf/Nettesheim, 75. EL 2022, Art. 34 AEUV Rn. 127.

6.1.3.2.1 Kohärenz des Steuersystems

Der EuGH hat bereits entschieden, „dass die Notwendigkeit, die Kohärenz des Steuersystems zu wahren, eine Regelung rechtfertigen kann, die geeignet ist, Grundfreiheiten einzuschränken".[173] Nach dem Kohärenzprinzip soll ein Steuerpflichtiger nicht einseitig einen Vorteil beanspruchen können, ohne damit unmittelbar verbundene Nachteile zu tragen, weil er in diesem Fall keine Gleichbehandlung i. S. d. Grundfreiheiten, sondern eine Besserbehandlung beanspruchen würde.[174] Die Unmittelbarkeit dieses Zusammenhangs muss anhand des Ziels der fraglichen Regelung beurteilt werden.[175] So ist etwa der Verlustabzug nur einem Staat zumutbar, der auch die entsprechenden Gewinne besteuern darf.[176] Gerade in Hinsicht auf Unternehmensgruppen ist der EuGH allerdings recht zurückhaltend, was diesen Rechtfertigungsgrund angeht.[177] Zudem wohnt der Kohärenz inne, dass sie als Ausprägung des Gleichheitssatzes grundsätzlich nur gegenüber ein und demselben Hoheitsträger wirkt, sodass der EuGH regelmäßig keine unilateral durch andere Staaten gewährten Steuervorteile berücksichtigt, es sei denn, diese sind in bilateralen Abkommen mit dem Besteuerungsstaat festgelegt.[178] Aus eben diesem Grunde kann eine Rechtfertigung hinsichtlich der durch die GloBE-Regeln verursachten Diskriminierungen nicht gelingen. Denn die Ersatz- bzw. Zusatzbesteuerung in Deutschland über IIR und UTPR soll die steuerlichen Vorteile, die ein anderes Land einem Konzern nach dessen nationalem Steuerrecht gewährt, begrenzen. Es fehlt zudem an

---

[173] Vgl. etwa EuGH v. 13.3.2014 – C-375/12, Bouanich, ECLI:EU:C:2014:138, Rn. 69; v. 13.11.2012 – C-35/11, Test Claimants in the FII Group Litigation, ECLI:EU:C:2012:707, Rn. 57 m. w. N. zur Rechtsprechung.

[174] Vgl. EuGH v. 30.06.2016 – C-123/15, Feilen, ECLI:EU:C:2016:496, Rn. 30; v. 27.11.2008 – C-418/07, Papillon, ECLI:EU:C:2008:659 Rn. 43 f.; v. 28.1.1992 – C-204/90, Bachmann, ECLI:EU:C:1992:35, Rn. 21 ff.; *Kokott*, Das Steuerrecht der Europäischen Union, § 5 Rn. 82 m. w. N. Siehe auch *Hey/Kirchhof/Ismer* in Herrmann/Heuer/Raupach, 310. Lief. 2022, Einführung zum EStG Rn. Rn. 438 und *Staringer*, DStJG 41 (2018), 365 (367 ff.).

[175] EuGH v. 30.06.2016 – C-123/15, Feilen, ECLI:EU:C:2016:496, Rn. 30; v. 7.11.2013 – C-322/11, K, ECLI:EU:C:2013:716, Rn. 66 m. w. N. zur Rechtsprechung; *Englisch* in Schaumburg/Englisch, Europäisches Steuerrecht, 2. Aufl. 2020, Rn. 7.279 f.

[176] *Kokott*, Das Steuerrecht der Europäischen Union, § 5 Rn. 87; vgl. etwa auch EuGH v. 7.9.2004 – C-319/02, Manninen, ECLI:EU:C:2004:484, Rn. 42.

[177] Vgl. *Schön*, Taxing Multinationals in Europe, S. 14 f.

[178] EuGH v. 10.4.2014 – C-190/12, Emerging Markets Series of DFA Investment Trust Company, ECLI:EU:C:2014:249, Rn. 94; v. 13.3.2014 – C-375/12, Bouanich, ECLI:EU:C:2014:138, Rn.70 ff.; *Kokott*, Das Steuerrecht der Europäischen Union, § 5 Rn. 83.

6.1 Vereinbarkeit mit den Grundfreiheiten

einem unmittelbaren, systematischen Zusammenhang zwischen dem jeweiligen steuerlichen Vorteil im Ausland und dessen Ausgleich durch die deutsche IIR bzw. UTPR.[179]

Auch soweit man im Falle eines „Nachteilsausgleichs" auf einen Rechtfertigungsgrund der internationalen Kohärenz zurückgreifen möchte,[180] kann dieser Grund nur sehr zurückhaltend angeführt werden. Vor- und Nachteil müssen denselben konkreten Besteuerungsvorgang bei demselben Steuerpflichtigen betreffen, sodass ein niedriges ausländisches Steuerniveau allein allgemein keine kompensierende Extra-Besteuerung rechtfertigt.[181] Dass ein Angehöriger eines Mitgliedstaates steuerliche Vorteile eines anderen Mitgliedstaates auf legalem Wege nutzt, kann ihm nicht die Berufung auf die Grundfreiheiten verwehren.[182] Dazu gehört auch, dass ein Mitgliedstaat die außergewöhnlich günstige Behandlung einer Tochtergesellschaft im EU-Ausland nicht durch eine weniger günstige steuerliche Behandlung der Muttergesellschaft ausgleichen darf.[183] Dies zeigt, dass Regelungen wie die unter GloBE, welche eine deutsche Zusatzbesteuerung von Konzerneinheiten aufgrund der Niedrigbesteuerung fremder Konzerneinheiten in anderen Staaten auslösen, nicht über den Grund der Kohärenz zu rechtfertigen sind.

6.1.3.2.2 Wirksamkeit der steuerlichen Überwachung und Effizienz der Steuerbeitreibung

Die Notwendigkeit der wirksamen steuerlichen Überwachung ist als zwingender Grund des Allgemeininteresses ebenfalls anerkannt, da diese die effektive Steuerbeitreibung gewährleistet.[184] Mitgliedstaaten müssen in der Lage sein, mit ihren

---

[179] Siehe zum Rechtfertigungsgrund der Kohärenz auch *Schnitger* in FS Kessler, 2021, S. 169 (182 f.).
[180] Vgl. hierzu ausführlich *Kokott*, Das Steuerrecht der Europäischen Union, § 5 Rn. 92 ff.
[181] *Kokott*, Das Steuerrecht der Europäischen Union, § 5 Rn. 95 f. m. w. N. Die internationale Kohärenz steht in einem Spannungsverhältnis zur Autonomie der Rechtsordnungen.
[182] EuGH v. 22.4.2010 – C-510/08, Mattner, ECLI:EU:C:2010:216, Rn. 41; v. 11.12.2003 – C-364/01, Barbier, ECLI:EU:C:2003:665, Rn. 71; *Kokott*, Das Steuerrecht der Europäischen Union, § 5 Rn. 96 m. w. N.
[183] EuGH v. 12.9.2006 – C-196/04, Cadbury Schweppes, ECLI:EU:C:2006:544, Rn. 49; v. 15.7.2004 – C-315/02, Lenz, ECLI:EU:C:2004:446, Rn. 41 ff.; v. 26.10.1999 – C-294/97, Eurowings, ECLI:EU:C:1999:524, Rn. 44; *Kokott*, Das Steuerrecht der Europäischen Union, § 5 Rn. 96.
[184] Vgl. EuGH v. 28.2.2013 – C-544/11, Petersen, ECLI:EU:C:2013:124, Rn. 50 m. w. N.; v. 25.10.2012 – C-387/11, Kommission/Belgien, ECLI:EU:C:2012:670, Rn. 80; v. 5.7.2012 – C-318/10, SIAT, ECLI:EU:C:2012:415, Rn. 36, 43 f.; v. 15.5.1997 – C-250/95, Futura Participations und Singer, ECLI:EU:C:1997:239, Rn. 31; v. 20.2.1979 – C-120/78, Rewe-Zentral,

Maßnahmen den Steuerpflichtigen, die Höhe der zu entrichtenden Beiträge und abziehbare Posten klar und eindeutig feststellen zu können.[185] Daher können etwa längere Nachforderungsfristen oder die Vorenthaltung von Steuervergünstigungen in Fällen mit Auslandsbezug gerechtfertigt sein.[186] Aufgrund des ebenfalls zur Gewährleistung der effektiven steuerlichen Kontrolle erlassenen Sekundärrechts (z. B. die Amtshilferichtlinie 2011/16/EU und die Antisteuervermeidungsrichtlinie (EU) 2016/1164), welches die Sachaufklärung durch die Steuerpflichtigen und das Instrument der Amtshilfe (Stichwort: automatischer Datenaustausch) deutlich verbessert hat, kann ein Rückgriff auf den Rechtfertigungsgrund der wirksamen steuerlichen Überwachung häufig mangels Verhältnismäßigkeit scheitern.[187] Die Gewährleistung einer wirksamen steuerlichen Kontrolle wird mit der Umsetzung der GloBE-Regeln jedoch schon gar nicht als Ziel anvisiert. Denn diese haben die Lösung einer materiellrechtlichen Problemstellung (nämlich der Niedrigbesteuerung im Ausland) zum Gegenstand, nicht die einer verfahrensrechtlichen. Die Ziele von GloBE haben keinen Bezug zu Problemen der Finanzverwaltung bei der Beschaffung steuerlich relevanter Informationen.[188]

Unabhängig davon muss den Mitgliedstaaten das Recht eingeräumt werden, Maßnahmen zur effizienten Steuererhebung ergreifen zu können, wozu beispielsweise auch die Erhebungsform der Quellenbesteuerung im Abzugsverfahren[189]

ECLI:EU:C:1979:42, Rn. 8; *Kokott*, Das Steuerrecht der Europäischen Union, § 5 Rn. 33 f. m. w. N.

[185] Vgl. etwa EuGH v. 10.3.2005 – C-39/04, Laboratoires Fournier, ECLI:EU:C:2005:161, Rn. 24; v. 8.7.1999 – C-254/97, Baxter, ECLI:EU:C:1999:368, Rn. 18; *Kokott*, Das Steuerrecht der Europäischen Union, § 5 Rn. 40.

[186] *Kokott*, Das Steuerrecht der Europäischen Union, § 5 Rn. 47, 43 ff.

[187] Vgl. *Kokott*, Das Steuerrecht der Europäischen Union, § 5 Rn. 34 m. w. N., Rn. 48 f., zu Beeinträchtigungen der Kapitalverkehrsfreiheit in Drittstaatenkonstellationen siehe Rn. 53 ff.

[188] Vgl. *Nogueira*, WTJ 2020, 465 (482 f.); *Nogueira/Turina*, Pillar Two and EU Law, in: Perdelwitz/Turina, Global Minimum Taxation?, S. 296; a. A. wohl *Blum*, Intertax 2019, 516 (520 f.) für Drittstaatenkonstellationen.

[189] Eine Quellensteuer ist eine Steuer auf Einkünfte, die direkt an der Quelle der Auszahlung von Leistungsvergütungen abgezogen und im Namen des Leistungserbringers und Vergütungsgläubigers an das Finanzamt abgeführt wird, *Kokott*, Das Steuerrecht der Europäischen Union, § 5 Rn. 58.

6.1 Vereinbarkeit mit den Grundfreiheiten

gehört.[190] Zu diesem Rechtfertigungsgrund gehört im Hinblick auf Beeinträchtigungen durch Quellensteuern im Abzugsverfahren auch die Verwaltungsvereinfachung zugunsten der Steuerbehörden wie auch der Steuerpflichtigen.[191] Die Abzugsteuer dient der sicheren Erhebung einer Steuer, weil sie beim liquiden Schuldner einer Vergütung erhoben wird, welcher auch gegenüber dem Fiskus haftet.[192] Nicht nur im Falle der grenzüberschreitenden Sachaufklärung, sondern auch bei der grenzüberschreitenden Steuererhebung kann jedoch ein effizientes Verfahren schon durch Amtshilfe gewährleistet sein, die damit ein milderes, gleich geeignetes Mittel darstellen kann.[193] Für eine etwaige Beeinträchtigung der Grundfreiheiten durch die UTPR als Quellensteuer käme der Rechtfertigungsgrund der effizienten Steuererhebung somit zwar vordergründig in Betracht. Damit wäre jedoch lediglich die Form der Erhebung der Top-up Tax zu rechtfertigen und nicht die Besteuerung als solche. Denn die UTPR würde nicht nur der Sicherstellung der Besteuerung der durch Steuerausländer erzielten inländischen Gewinne dienen, sondern die Steuerpflichtigkeit der GloBE-relevanten Einkünfte erst begründen.[194]

6.1.3.2.3 Missbrauchsbekämpfung
6.1.3.2.3.1 Prüfungsmaßstab
Als weiterer zwingender Grund des Allgemeininteresses ist die Bekämpfung von Missbrauch, Steuerflucht, Steuerumgehung und Steuerhinterziehung (Steuermissbrauch)[195] anerkannt, denn sie dient dem „evident legitimen Anliegen

---

[190] EuGH v. 12.7.2012 – C-269/09, Kommission/Spanien, ECLI:EU:C:2012:439, Rn. 64; v. 5.7.2007 – C-522/04, Kommission/Belgien, ECLI:EU:C:2007:405, Rn. 49–58; v. 3.10.2006 – C-290/94, FKP Scorpio Konzertproduktionen, ECLI:EU:C:2006:630, Rn. 35 f.

[191] *Kokott*, Das Steuerrecht der Europäischen Union, § 5 Rn. 63.

[192] Vgl. *Kokott*, Das Steuerrecht der Europäischen Union, § 5 Rn. 58.

[193] Vgl. hierzu *Kokott*, Das Steuerrecht der Europäischen Union, § 5 Rn. 56 f.: Selbst bei möglicher Amtshilfe kann die Quellenbesteuerung via Abzugsverfahren das mildere Mittel als die spätere Besteuerung im Ausland sein, da der mit der Abgabe einer Steuererklärung verbundene Aufwand des ausländischen Steuerpflichtigen insbesondere bei geringen oder einmaligen Steuerforderungen ebenfalls die Grenze der Verhältnismäßigkeit überschreiten kann.

[194] So auch *Nogueira*, WTJ 2020, 465 (482); a. A. wohl *De Broe*, OECD's Global Anti-Base Erosion Proposal – Pillar Two Raises Fundamental Concerns of Compatibility with EU Law, S. 7 f.

[195] Vgl. zur ausführlichen Darstellung dieser Begriffe *Kokott*, Das Steuerrecht der Europäischen Union, § 2 Rn. 97 ff.

des Schutzes des Steueraufkommens"[196] und kann zudem den Binnenmarkt verzerren.[197] Eine missbräuchliche Inanspruchnahme der Grundfreiheiten soll verhindert werden.[198] Um diesen Grund heranziehen zu können, ist es notwendig, dass das Steueraufkommen dem Staat, der die Schutzmaßnahmen trifft, auch zusteht, was eine hinreichende Verbindung zwischen diesem Staat und dem Besteuerungsobjekt voraussetzt.[199] Des Weiteren, und dies ist vorliegend entscheidend, müssen sich die Bekämpfungsmaßnahmen spezifisch auf rein künstliche, jeder wirtschaftlichen Realität bare Gestaltungen beziehen, deren einziger

---

[196] *Kokott*, Das Steuerrecht der Europäischen Union, § 5 Rn. 74; vgl. etwa auch EuGH v. 24.11.2016 – C-464/14, SECIL, ECLI:EU:C:2016:896, Rn. 58; v. 7.4.2011 – C-20/09, Kommission/Portugal, ECLI:EU:C:2011:214, Rn. 60; v. 11.10.2007 – C-451/05, ELISA, ECLI:EU:C:2007:594, Rn. 81; v. 12.9.2006 – C-196/04, Cadbury Schweppes, ECLI:EU:C:2006:544, Rn. 55.

[197] *Hey/Kirchhof/Ismer* in Herrmann/Heuer/Raupach, 310. Lief. 2022, Einführung zum EStG Rn. 442.

[198] Vgl. *Staringer*, DStJG 41 (2018), 365 (374).

[199] *Kokott*, Das Steuerrecht der Europäischen Union, § 5 Rn. 74.

6.1 Vereinbarkeit mit den Grundfreiheiten

oder wesentlicher[200] Zweck die Erzielung eines steuerlichen Vorteils[201] ist.[202] Vorschriften, die pauschal das Vorliegen von Steuermissbrauch unterstellen und neben rein künstlichen Gestaltungen auch „echte" wirtschaftliche Geschäfte erfassen, gehen über das für die Erreichung des Ziels Erforderliche hinaus und sind damit unzulässig.[203] Eine rein künstliche Gestaltung liegt etwa dann vor, wenn

---

[200] Der EuGH hat seine Anforderungen möglicherweise etwas gelockert, indem er es mittlerweile teils auch ausreichen lässt, dass die (künstliche) Erzielung eines Steuervorteils der Hauptzweck oder einer der Hauptzwecke ist und nicht nur der alleinige Zweck, vgl. EuGH v. 26.2.2019 – C-115/15, C-118/16, C-119/16 und C-299/16, N Luxembourg 1 u. a., ECLI:EU:C:2019:134, Rn. 107; v. 26.2.2019 – C-116/16 und C-117/16, T Danmark und Y Denmark Aps, ECLI:EU:C:2019:135, Rn. 79; *Englisch* in Schaumburg/Englisch, Europäisches Steuerrecht, 2. Aufl. 2020, Rn. 7.252. Andererseits wurde der Rechtfertigungsgrund der Missbrauchsbekämpfung etwa im Fall *Lexel* zuletzt abgelehnt, da der spezifische Zweck des dort geprüften schwedischen Abzugsverbots zwar in der Verhinderung erheblicher Steuervorteile bestand, die Regelung aber den Abzug bei bestimmten grenzüberschreitenden Transaktionen versagte, wenn die Verbindlichkeit hauptsächlich, also zu 75 % oder mehr aus steuerlichen Gründen begründet wurde, womit sie sich eindeutig nicht auf rein künstliche Gestaltungen beschränkte, vgl. EuGH v. 20.1.2021 – C-484/19, Lexel, ECLI:EU:C:2021:34, Rn. 52 ff. Zumindest für die Kapitalverkehrsfreiheit ist der Maßstab aufgrund der teils abweichenden Zielsetzung etwas niedriger anzusetzen, sodass es dort für das Vorliegen einer künstlichen Gestaltung ausreicht, dass „das Hauptziel oder eines der Hauptziele darin besteht, durch Tätigkeiten im Hoheitsgebiet eines Mitgliedsstaates erzielte Gewinne künstlich in Drittländer mit niedrigem Besteuerungsniveau zu transferieren", vgl. EuGH v. 26.2.2019 – C-135/17, X, ECLI:EU:C:2019:136, Rn. 84; *Hey/Kirchhof/Ismer* in Herrmann/Heuer/Raupach, 310. Lief. 2022, Einführung zum EStG Rn. 442. Weiterhin kann möglicherweise danach differenziert werden, ob eine Maßnahme der Bekämpfung legaler oder illegaler Praktiken dient, *Kokott*, Das Steuerrecht der Europäischen Union, § 5 Rn. 74 f. In letzterem Fall soll es nach *Kokott* ausreichen, dass die Steuerersparnis oder -vermeidung nur ein wesentliches Ziel der Gestaltung ist, während bei legalen Praktiken dieses Ziel der einzige Zweck sein muss.

[201] Damit ist das Entgehen der Steuer gemeint, „die normalerweise für durch Tätigkeiten im Inland erzielte Gewinne geschuldet wird", EuGH v. 7.11.2013 – C-322/11, K, ECLI:EU:C:2013:716, Rn. 61; v. 12.9.2006 – C-196/04, Cadbury Schweppes, ECLI:EU:C:2006:544, Rn. 55.

[202] Vgl. EuGH v. 12.9.2006 – C-196/04, Cadbury Schweppes, ECLI:EU:C:2006:544, Rn. 55; v. 20.1.2021 – C-484/19, Lexel, ECLI:EU:C:2021:34, Rn. 49; v. 22.2.2018 – C-398/16 und C-399/16, X und X, ECLI:EU:C:2018:110, Rn. 46; v. 24.11.2016 – C-464/14, SECIL, ECLI:EU:C:2016:896, Rn. 58; v. 17.9.2009 – C-182/08, Glaxo Wellcome, ECLI:EU:C:2009:559, Rn. 89; *Kokott*, Das Steuerrecht der Europäischen Union, § 5 Rn. 77. Die „Cadbury Doktrin" wird von der Finanzverwaltung derzeit unberechtigterweise in Zweifel gezogen, vgl. *Schönfeld*, DStJG 41 (2018), 493 (498 f., 519 ff.).

[203] EuGH v. 7.9.2017 – C-6/16, Eqiom und Enka, ECLI:EU:C:2017:641, Rn. 31 f.; v. 19.6.2014 – C-53/13 und C-80/13, Strojirny Prostejov und ACO Industries Tabor, ECLI:EU:C:2014:2011, Rn. 56 m. w. N.; v. 7.11.2013 – C-322/11, K, ECLI:EU:C:2013:716,

neben dem „subjektiven Element, das in dem Streben nach einem Steuervorteil besteht"[204], aus objektiven Anhaltspunkten hervorgeht, dass die Gründung einer beherrschten ausländischen Gesellschaft nicht mit einer tatsächlichen Ansiedlung zusammenhängt, „deren Zweck darin besteht, wirklichen wirtschaftlichen Tätigkeiten im Aufnahmemitgliedstaat nachzugehen".[205] Solche Anhaltspunkte sind u. a. das Ausmaß des greifbaren Vorhandenseins der Konzerneinheit in Form von Geschäftsräumen, Personal und Ausrüstungsgegenständen.[206] Der (persönliche) Anwendungsbereich einer Steuermissbrauchsbekämpfungsvorschrift muss genau definiert und darf nicht zu weit gefasst sein.[207] Der EuGH hat bereits entschieden, dass ein niedriges Besteuerungsniveau oder die Erzielung passiver Einkünfte im Ausland für sich genommen nicht ausreichen, um grenzüberschreitende Tätigkeiten als künstliche Gestaltungen bzw. missbräuchlich einzuordnen.[208] Insofern muss dem Steuerpflichtigen zusätzlich die reale Möglichkeit eingeräumt werden, Beweise für die wirtschaftlichen Gründe seiner Gestaltung vorzubringen, wobei übermäßige Anforderungen unzulässig sind.[209] So muss eine Maßnahme dem nationalen Gericht auch ermöglichen, „eine Einzelfallprüfung unter Berücksichtigung der Besonderheiten jedes Falles durchzuführen und sich dabei für die Berücksichtigung von missbräuchlichem oder betrügerischem Verhalten der

---

Rn. 62; v. 5.5.2011 – C-267/09, Kommission/Portugal, ECLI:EU:C:2011:273, Rn. 42 f., 46; v. 28.10.2010 – C-72/09, Etablissements Rimbaud, ECLI:EU:C:2010:645, Rn. 34; v. 19.11.2009 – C-540/07, Kommission/Italien, ECLI:EU:C:2009:717, Rn. 58 f.; v. 6.10.2009 – C-153/08, Kommission/Spanien, ECLI:EU:C:2009:618, Rn. 39; v. 11.10.2007 – C-451/05, ELISA, ECLI:EU:C:2007:594, Rn. 91; v. 13.3.2007 – C-524/04, Test Claimants in the Thin Cap Group Litigation, ECLI:EU:C:2007:161, Rn. 79; v. 12.9.2006 – C-196/04, Cadbury Schweppes, ECLI:EU:C:2006:544, Rn. 50; Schlussanträge des GA Mischo v. 26.9.2002 – C-324/00, Lankhorst-Hohorst, ECLI:EU:C:2002:545, Rn. 89 ff.; v. 26.9.2000 – C-478/98, Kommission/Belgien, ECLI:EU:200:497, Rn. 45; *Kokott*, Das Steuerrecht der Europäischen Union, § 5 Rn. 77.

[204] EuGH v. 12.9.2006 – C-196/04, Cadbury Schweppes, ECLI:EU:C:2006:544, Rn. 64.

[205] EuGH v. 12.9.2006 – C-196/04, Cadbury Schweppes, ECLI:EU:C:2006:544, Rn. 66.

[206] EuGH v. 12.9.2006 – C-196/04, Cadbury Schweppes, ECLI:EU:C:2006:544, Rn. 67.

[207] *Kokott*, Das Steuerrecht der Europäischen Union, § 5 Rn. 77 mit Verweis auf EuGH v. 9.11.2006 – C-433/04, Kommission/Belgien, ECLI:EU:C:2006:702, Rn. 36 ff. und Schlussanträge des GA Mazák v. 26.4.2007 – C-451/05, ELISA, ECLI:EU:C:2007:253, Rn. 130 f.

[208] Vgl. EuGH v. 26.2.2019 – C-135/17, X, ECLI:EU:C:2019:136, Rn.86; *Kollruss*, SWI 2020, 542 f. Siehe dazu auch EuGH v. 12.9.2006 – C-196/04, Cadbury Schweppes, ECLI:EU:C:2006:544, Rn. 38; *Pinkernell/Ditz*, ISR 2020, 1 (12).

[209] EuGH v. 20.1.2021 – C-484/19, Lexel, ECLI:EU:C:2021:34, Rn. 50; v. 23.4.2008 – C-201/05, Test Claimants in the CFC and Dividend Group Litigation, ECLI:EU:C:2008:239, Rn. 84; v. 11.10.2007 – C-451/05, ELISA, ECLI:EU:C:2007:253, Rn. 92 ff.; v. 13.3.2007 – C-524/04, Test Claimants in the Thin Cap Group Litigation, ECLI:EU:C:2007:161, Rn. 82.

betroffenen Personen auf objektive Elemente zu stützen."[210] Unwiderlegbare gesetzliche Vermutungen einer missbräuchlichen Gestaltung betrachtet der EuGH generell als unverhältnismäßig.[211] Auf Rechtsfolgenseite ist die Verhältnismäßigkeit weiterhin grundsätzlich nur gewahrt, wenn die Vorschrift lediglich den Mehrgewinn abschöpft, der spezifisch auf den Missbrauch zurückzuführen ist.[212]

6.1.3.2.3.2 Anwendung auf die GloBE-Regeln

Die GloBE-Regeln richten sich in ihrer grundlegenden Zielsetzung auch, aber nicht nur gegen die Gewinnverlagerung durch multinationale Konzerne in niedrig besteuernde Hoheitsgebiete. Es soll verhindert werden, dass über nach wie vor bestehende Gewinnverlagerungsmöglichkeiten eine effektive Steuerquote von weniger als 15 % erreicht werden kann. Dabei ist die Verhinderung von Gewinnverlagerungen zumindest im Rahmen von GloBE nicht gleichzusetzen mit der Verhinderung von steuermissbräuchlichem Verhalten, sondern schließt letzteres Ziel nur mit ein.[213] Denn die Bekämpfung verbleibender BEPS-Möglichkeiten soll radikal gelöst werden, indem die IF-Staaten und damit auch Deutschland BEPS-auslösende Steuervorteile neutralisieren, die im Rahmen des Steuerwettbewerbs hervorgerufen wurden. Dadurch verfolgen die GloBE-Regeln zumindest auch das legitime Ziel, gegen Steuermissbrauch vorzugehen.

Die GloBE-Regeln sind insoweit geeignet, in gewissem Umfang Steuerumgehungen zu unterbinden, die nicht bereits nach den bestehenden Anti-BEPS-Regeln verhindert werden, da der Anreiz zu solchen unternehmerischen Aktivitäten durch die Mindeststeuer gemindert wird. Auch wenn die Differenz zwischen dem Mindeststeuersatz und der effektiven Steuerlast in Deutschland regelmäßig weiterhin recht groß sein dürfte, ist GloBE zumindest geeignet, missbräuchliche Gewinnverlagerungen wirtschaftlich unattraktiver zu machen und dadurch zu einer weiteren Reduktion des Phänomens BEPS beizutragen. Dies könnte auch daraus resultieren, dass Konzerne ihr Geschäft möglicherweise so umstrukturieren, dass sie erst gar nicht in den Anwendungsbereich der GloBE-Regeln mit dem damit verbundenen erheblichen Mehraufwand geraten, etwa unter Nutzung der noch zu erarbeitenden Safe-Harbour-Regelungen.

---

[210] EuGH v. 17.9.2009 – C-182/08, Glaxo Wellcome, ECLI:EU:C:2009:559, Rn. 99.
[211] Vgl. *Englisch* in Schaumburg/Englisch, Europäisches Steuerrecht, 2. Aufl. 2020, Rn. 7.257.
[212] Vgl. EuGH v. 20.1.2021 – C-484/19, Lexel, ECLI:EU:C:2021:34, Rn. 51; v. 13.3.2007 – C-524/04, Test Claimants in the Thin Cap Group Litigation, ECLI:EU:C:2007:161, Rn. 83; *Kokott*, Das Steuerrecht der Europäischen Union, § 5 Rn. 80 f.
[213] Vgl. *Nogueira/Turina*, Pillar Two and EU Law, in: Perdelwitz/Turina, Global Minimum Taxation?, S. 292.

Bei der Prüfung der Erforderlichkeit ist allerdings zu konstatieren, dass das Design der GloBE-Regeln entsprechend der Modellregeln nicht die strengen Vorgaben des EuGH erfüllt, die notwendigerweise zu beachten wären, um eine Rechtfertigung aus Gründen der Missbrauchsbekämpfung stützen zu können. Schon bei den Entwürfen der GloBE-Regeln hat sich dieses Ergebnis eines nicht hinreichend spezifizierten Regimes in der Literatur klar abgezeichnet. So wurde aus diesem Grund gefordert, eine etwaige Substanzausnahme müsse auch immaterielle Vermögenswerte als Faktor berücksichtigen und den betroffenen Konzerneinheiten die Möglichkeit zum Gegenbeweis wirtschaftlicher Gründe für ihre Gestaltungen einräumen bzw. die Substanzausnahme müsse wie in Art. 7 Abs. 2 ATAD I entsprechend der Kriterien der (gelockerten) Cadbury-Doktrin ausgestaltet werden, wobei zugleich festgehalten wurde, dass dies insbesondere dem Ziel der Begrenzung des internationalen Steuerwettbewerbs, aber auch dem Ziel der Vermeidung abstrakter (und nicht konkreter) BEPS-Risiken zuwiderlaufen würde.[214] Wohl auch aus jenem Grund ist das IF dieser EU-rechtlich fundierten Forderung nicht gefolgt. Eine Eingrenzung etwa auf passive Einkünfte, die im besonderen Verdacht missbräuchlicher Gestaltungen stehen,[215] ist nicht erfolgt. Die GloBE-Regeln lassen keine Möglichkeit des Nachweises zu, die dem IIR- oder UTPR-Steuerpflichtigen die Geltendmachung wirtschaftlicher Gründe für die Strukturen ermöglicht, welche eine Niedrigbesteuerung bedingen, und die auch einem nationalen Gericht die Möglichkeit einräumen, anhand von objektiven Kriterien bestimmen zu können, ob eine Gestaltung rein künstlich ist und die Umgehung der inländischen Besteuerung der alleinige oder wesentliche Zweck dieser Gestaltung ist. Demzufolge müssten die neuen Regeln so ausgestaltet sein, dass sie in jedem Einzelfall stets nur missbräuchliche Gestaltungen erfassen. Dies ist aber nicht der Fall. Die GloBE-Regeln sind schon von der Zielsetzung her nicht mit den Anforderungen des EuGH übereinzubringen. Eine

---

[214] Vgl. *Englisch*, EC Tax Review 2021, 136 (138). Siehe auch *De Broe*, OECD´s Global Anti-Base Erosion Proposal – Pillar Two Raises Fundamental Concerns of Compatibility with EU Law, S. 5, 7; *Nogueira/Turina*, Pillar Two and EU Law, in: Perdelwitz/Turina, Global Minimum Taxation?, S. 289; *De Broe/Massant*, EC Tax Review 2021, 86 (93); *Koerver Schmidt*, Intertax 2020, 983 (989 f.); *Pinkernell/Ditz*, ISR 2020, 1 (14); *Devereux et al.*, The OECD Global Anti-Base Erosion Proposal, Oxford University Centre for Business Taxation, S. 52 f.; *Blum*, Intertax 2019, 516 (521). Im Übrigen könnte eine Eingrenzung des Tatbestands die Regeln möglicherweise überflüssig machen, da sie den bereits bestehenden Anti-BEPS-Maßnahmen wie bspw. den §§ 7 ff. AStG immer weiter angenähert würden, vgl. *BDI*, Position, OECD-Consultation 8 November 2019 – 2 December 2019, S. 16 f.; *De Broe/Danon/Chand*, Comments to Public Consultation Document: Global Anti-Base Erosion Proposal ("GloBE") – Pillar Two, 2.12.2019, S. 16 f.; *Pinkernell/Ditz*, ISR 2020, 1 (13).

[215] So die Forderung von *Schnitger* in FS Kessler, 2021, S. 169 (184).

6.1 Vereinbarkeit mit den Grundfreiheiten

Begrenzung der GloBE-Regeln auf rein künstliche Gestaltungen würde das zweite Ziel der Mindeststeuer, die Begrenzung des internationalen Steuerwettbewerbs, konterkarieren. Wie bereits in der verfassungsrechtlichen Prüfung herausgearbeitet, weisen die GloBE-Regeln lediglich Typisierungstendenzen hinsichtlich missbräuchlicher bzw. künstlicher Gestaltungen auf. Dazu gehören die Beschränkung des persönlichen Anwendungsbereichs auf große multinationale Konzerne und die von diesen beherrschten Konzerneinheiten, die Befreiung der Excluded Entities sowie die De-minimis-Ausnahme. Ebenfalls zu einer Eingrenzung führt das Element des staatenbezogen zu ermittelnden Übergewinns, der die Grundlage für die zu erhebende Top-up Tax bildet und von der Substanzausnahme geprägt wird. Diese Substanzausnahme verhindert jedoch weiterhin nicht, dass auch auf echten wirtschaftlichen Tätigkeiten beruhende Gewinne etwa aus Forschung und Entwicklung oder der Verwertung (selbst geschaffenen) geistigen Eigentums in den Übergewinn einfließen können, welcher die Grundlage für die Top-up Tax bildet.[216] Sie ist vielmehr, wie ihr Name im Blueprint („formulaic substance-based carve-out") schon verraten hat, nur formelhaft und beschränkt sich mit dieser Pauschalentlastung keinesfalls auf rein künstliche Gestaltungen.[217] Nach Auffassung des Autors ist es durchaus möglich, Übergewinne zu erzielen, ohne dass diese in Verbindung zu rein künstlichen Gestaltungen stehen. Im Übrigen entspricht die staatenbezogene – und nicht einheitsbezogene – Ermittlung des Übergewinns, welche eine Verrechnung der Substanz einer Konzerneinheit mit einer substanzlosen Konzerneinheit ermöglicht, nicht der Forderung des EuGH nach einem einzelfallbezogenen Substanz- bzw. Motivtest. Daneben soll auf die Ausführungen zur verfassungsrechtlichen Rechtfertigung verwiesen werden, bereits aufgezeigt haben, dass die Substanzausnahme und auch allgemein die GloBE-Regeln in ihrem jetzigen Zustand bei Umsetzung durch Deutschland nach Auffassung des Autors keine hinreichende Missbrauchstypisierung begründen würden. Hinzukommt, dass der Prüfungsmaßstab des EuGH sogar noch strengere Anforderungen an die Rechtfertigung stellt als der des BVerfG, da eine Typisierung ohne Ausnahmen für nicht missbräuchliche Gestaltungen von ihm als unzulässig beurteilt wird. Die GloBE-Regeln finden grundsätzlich in Bezug auf alle Konzerneinheiten Anwendung, die in einem Niedrigsteuerstaat ansässig sind, unabhängig davon, ob deren Ansiedlung dort und die konzerninternen Geschäftsbeziehungen auf einer rein künstlichen Gestaltung oder auf wirtschaftlichen Gründen beruhen. Beispielsweise wird ein Unternehmen, dass in Ungarn

---

[216] Vgl. schon *De Broe/Massant*, EC Tax Review 2021, 86 (92).
[217] Vgl. auch *Nogueira/Turina*, Pillar Two and EU Law, in: Perdelwitz/Turina, Global Minimum Taxation?, S. 294; *Nogueira*, WTJ 2020, 465 (483).

tätig ist, aufgrund des dortigen Steuerniveaus stets als niedrig besteuert gelten. Es kommt somit grundsätzlich zur Erhebung von Top-up Tax, wenn das Unternehmen dort Gewinne erzielt, die als Übergewinn einzuordnen sind. Auch wenn die Niedrigbesteuerung zumindest ein Indiz für künstliche Gestaltungen sein kann, wird dies durch das sog. Jurisdictional Blending konterkariert, da ein konkreter Steuervorteil für eine einzelne Konzerneinheit nicht nachgewiesen werden muss. Zuletzt soll darauf hingewiesen werden, dass die Ausweitung auf inländische Fälle zur Vermeidung einer versteckten Diskriminierung in diesem Fall sogar einen gegenteiligen Effekt hätte. Würden im Inland gesetzlich beabsichtigte Vergünstigungen erfasst, ließe dies eine Missbrauchsvermutung unglaubhaft werden.

Die GloBE-Regeln beschränken sich demnach nicht auf die Unterbindung rein künstlicher Gestaltungen, deren einziger oder wesentlicher Zweck die Erzielung eines steuerlichen Vorteils ist. Dementsprechend gelingt eine Rechtfertigung der oben aufgeführten Beschränkungen der Grundfreiheiten aus Gründen der Missbrauchsbekämpfung nicht.

6.1.3.2.4 Wahrung einer ausgewogenen Aufteilung der Besteuerungsbefugnis zwischen den Mitgliedstaaten

6.1.3.2.4.1 Prüfungsmaßstab

Die Inanspruchnahme, Ausübung und Aufteilung von Besteuerungsbefugnissen ist zwar Sache der Mitgliedstaaten, darf jedoch die Grundfreiheiten nicht verletzen.[218] Insofern unterstützt der EuGH die Mitgliedstaaten seit seiner Entscheidung in der Rechtssache *Marks & Spencer* im Jahr 2005,[219] indem er die „Wahrung einer ausgewogenen Aufteilung der Besteuerungsbefugnis" als Rechtfertigungsgrund anerkennt.[220] Tatsächlich hat sich dieser zum wohl wichtigsten Rechtfertigungsgrund in der Rechtsprechung des EuGH entwickelt.[221] Hiernach kann eine Beschränkung gerechtfertigt sein, „wenn die betreffende Regelung bezweckt, Verhaltensweisen vorzubeugen, die das Recht eines Mitgliedstaats, seine Besteuerungsbefugnis in Bezug auf Tätigkeiten in seinem

---

[218] *Kokott*, Das Steuerrecht der Europäischen Union, § 5 Rn. 10.
[219] EuGH v. 13.12.2005 – C-446/03, Marks & Spencer, ECLI:EU:C:2005:763.
[220] Vgl. *Kokott*, Das Steuerrecht der Europäischen Union, § 5 Rn. 10; *Staringer*, DStJG 41 (2018), 365 (371). Dieser Grundsatz entspringt dem Territorialitätsprinzip, vgl. *Kainer* in Pechstein/Nowak/Häde, Frankfurter Kommentar, Art. 49 AEUV Rn. 121; *Müller-Graff* in Streinz, 3. Aufl. 2018, Art. 49 AEUV Rn. 89.
[221] Vgl. *Musil* in Musil/Weber-Grellet, Europäisches Steuerrecht, Einführung Rn. 114; *Englisch* in Schaumburg/Englisch, Europäisches Steuerrecht, 2. Aufl. 2020, Rn. 7.224.

6.1 Vereinbarkeit mit den Grundfreiheiten

Hoheitsgebiet auszuüben, beeinträchtigen könnten".[222] Die drei wesentlichen Fallgruppen stellen dabei Auslandsverlust-Fälle, Fälle der Bekämpfung von Steuerflucht und Steuerumgehung[223] und Fälle der Wegzugsbesteuerung dar.[224] So kann es „erforderlich sein, auf die wirtschaftliche Tätigkeit der in einem dieser [Mitglied-]Staaten niedergelassenen Gesellschaften sowohl in Bezug auf Gewinne als auch in Bezug auf Verluste nur dessen Steuerrecht anzuwenden".[225] Beispielsweise wurde dieser Rechtfertigungsgrund anerkannt, „wenn der Zugang zu einer bestimmten steuerlichen Regelung an ein Sitzerfordernis geknüpft wird, um zu verhindern, dass der Steuerpflichtige nach Belieben bestimmen kann, in welchem Staat ein Gewinn besteuert oder ein Verlust berücksichtigt wird, und die Möglichkeit hat, die Steuerbemessungsgrundlage nach Belieben von einem Mitgliedstaat in den anderen zu verlagern".[226] Auch im Zusammenhang mit Verrechnungspreisen kommt diesem Rechtfertigungsgrund besondere Bedeutung zu.[227] Dem EuGH steht es nicht zu, die Besteuerungsrechte zwischen den Mitgliedstaaten selbst aufzuteilen, sondern er orientiert sich bei der Beurteilung der Ausgewogenheit an der internationalen Staatenpraxis[228] und prüft sodann in strenger

---

[222] EuGH v. 20.1.2021 – C-484/19, Lexel, ECLI:EU:C:2021:34, Rn. 59; v. 26.2.2019 – C-135/17, X, EU:C:2019:136, Rn. 72 m. w. N.; v. 31.5.2018 – C-382/16, Hornbach-Baumarkt, ECLI:EU:C:2018:366, Rn. 43 m. w. N.; v. 13.12.2005 – C-446/03, Marks & Spencer, ECLI:EU:C:2005:763, Rn. 46.

[223] Siehe hierzu bereits oben die Ausführungen zur Missbrauchsbekämpfung. Zum Verhältnis dieser beiden Rechtfertigungsgründe vgl. *Staringer*, DStJG 41 (2018), 365 (376 ff.).

[224] Vgl. *Staringer*, DStJG 41 (2018), 365 (371); *Englisch* in Schaumburg/Englisch, Europäisches Steuerrecht, 2. Aufl. 2020, Rn. 7.226, jeweils mit Nachweisen aus der Rechtsprechung des EuGH.

[225] EuGH v. 20.1.2021 – C-484/19, Lexel, ECLI:EU:C:2021:34, Rn. 60; v. 21.1.2010 – C-311/08, SGI, ECLI:EU:C:2010:26, Rn. 61; v. 15.5.2008 – C-414/06, Lidl Belgium, ECLI:EU:C:2008:278, Rn. 31; v. 13.12.2005 – C-446/03, Marks & Spencer, ECLI:EU:C:2005:763, Rn. 45.

[226] Vgl. in diesem Sinne EuGH v. 20.1.2021 – C-484/19, Lexel, ECLI:EU:C:2021:34, Rn. 61; v. 25.2.2010 – C-337/08, X Holding, ECLI:EU:C:2010:89, Rn. 29 bis 33; v. 21.1.2010 – C-311/08, SGI, ECLI:EU:C:2010:26, Rn. 62 m. w. N.; v. 18.7.2007 – C-231/05, Oy AA, ECLI:EU:C:2007:439, Rn. 56.

[227] Vgl. EuGH v. 8.10.2020 – C-558/19, Impresa Pizzarotti, ECLI:EU:C:2020:806, Rn. 34; v. 31.5.2018 – C-382/16, Hornbach-Baumarkt, ECLI:EU:C:2018:366, Rn. 47; v. 21.1.2010 – C-311/08, SGI, ECLI:EU:C:2010:26, Rn. 63 f.; *De Broe/Massant*, EC Tax Review 2021, 86 (91). Dabei verschwimmt die Rechtfertigung mit den Anforderungen des Rechtfertigungsgrunds der Missbrauchsbekämpfung.

[228] Dazu gehören insbesondere die konkreten Doppelbesteuerungsabkommen, aber etwa auch das Sekundärrecht der EU und das OECD-MA, vgl. *Staringer*, DStJG 41 (2018), 365 (373 f.) sowie insb. zum OECD-MA EuGH v. 13.3.2007 – C-524/04, Test Claimants in

Weise, ob die grundfreiheitsbeschränkende Maßnahme des Mitgliedstaates der unter dessen Beteiligung vorgenommen Aufteilung der Besteuerung entspricht.[229] Aus diesem Grunde ist der Zweck, die Aushöhlung der nationalen Besteuerungsgrundlage zu verhindern, auch nicht mit dem Erfordernis zu verwechseln, die ausgewogene Aufteilung der Besteuerungsbefugnis zwischen den Mitgliedstaaten zu wahren.[230] Denn die Einordnung des Rückgangs von Steuereinnahmen als zwingender Grund des Allgemeininteresses würde es den Mitgliedstaaten erlauben, allein aus diesem Grund die Niederlassungsfreiheit zu beschränken.[231] Die willkürliche Inanspruchnahme der Steuerhoheit und eine daraus resultierende unausgewogene Aufteilung wird vom EuGH nicht als Rechtfertigungsgrund anerkannt werden.[232]

6.1.3.2.4.2 Anwendung auf die GloBE-Regeln

Die GloBE-Regeln betreffen in ihrer Zielsetzung nicht die Sicherstellung der ausgewogenen Aufteilung der Besteuerungsrechte. Sie beziehen sich vielmehr auf die sich anschließende Ausübung der einem Staat zugewiesenen Besteuerungsbefugnis, welche nun unter bestimmten Umständen nach Auffassung der IF-Staaten als ungenügend qualifiziert wird, und bezwecken folglich die Nachbesteuerung im Falle nicht hinreichend ausgeübter Besteuerungsrechte eines anderen Staates. Die Regeln zielen demnach nicht darauf ab, sicherzustellen, dass ein Staat die Einkünfte, die durch wirtschaftliche Tätigkeiten in seinem Hoheitsgebiet erzielt wurden, effektiv besteuern kann, sondern betreffen Gewinne, die andernorts erwirtschaftet wurden.[233] Die Besteuerungsbefugnis Deutschlands wird nicht berührt, wenn in einem anderen Land erwirtschaftete Gewinne dort niedrig besteuert werden. Soweit sich IIR und UTPR gegen verbleibende

---

the Thin Cap Group Litigation, ECLI:EU:C:2007:161, Rn. 49; v. 7.9.2006 – C-470/04, N, ECLI:EU:C:2006:525, Rn. 42 ff.; *Kokott*, Das Steuerrecht der Europäischen Union, § 5 Rn. 10.

[229] Vgl. *Staringer*, DStJG 41 (2018), 365 (374); *Müller-Graff* in Streinz, 3. Aufl. 2018, Art. 49 AEUV Rn. 89.

[230] Vgl. EuGH v. 20.1.2021 – C-484/19, Lexel, ECLI:EU:C:2021:34, Rn. 67.

[231] Vgl. EuGH v. 20.1.2021 – C-484/19, Lexel, ECLI:EU:C:2021:34, Rn. 68; v. 13.12.2005 – C-446/03, Marks & Spencer, ECLI:EU:C:2005:763, Rn. 44; v. 7.9.2004 – C-319/02, Manninen, ECLI:EU:C:2004:484, Rn. 49 m. w. N.

[232] Vgl. *Kokott*, Das Steuerrecht der Europäischen Union, § 5 Rn. 10. Die Inanspruchnahme der Steuerhoheit ist willkürlich, wenn eine Verbindung zwischen besteuerndem Staat und dem besteuerten Vorgang fehlt.

[233] Vgl. *Englisch*, EC Tax Review 2021, 136 (138); *Nogueira/Turina*, Pillar Two and EU Law, in: Perdelwitz/Turina, Global Minimum Taxation?, S. 295 f., 299; *Nogueira*, WTJ 2020, 465 (484 f.).

6.1 Vereinbarkeit mit den Grundfreiheiten

BEPS-Risiken richten, ist den obigen Ausführungen zur Missbrauchsbekämpfung zu folgen.[234] So ist die Vermeidung von Steuerumgehungen und Missbrauch bislang stets der vom EuGH hauptsächlich erwogene Rechtfertigungsgrund in seinen Urteilen zu Hinzurechnungsbesteuerungsvorschriften gewesen.[235] Auch bei der Überprüfung anderer Anti-BEPS-Regelungen wie zuletzt der schwedischen Zinsschranke im Fall *Lexel* stand zunächst die mögliche Rechtfertigung aus Missbrauchsbekämpfungszwecken im Vordergrund.[236] Die Wahrung der ausgewogenen Aufteilung der Besteuerungsbefugnis sah der EuGH dagegen schon gar nicht als einschlägigen Rechtfertigungsgrund an, da der ausdrückliche Zweck in der Verhinderung der Aushöhlung der schwedischen Besteuerungsgrundlage lag.[237] Der Rückgang von Steuereinnahmen wird vom EuGH jedoch nicht als zwingender Grund des Allgemeininteresses akzeptiert.[238] Der vorliegend überprüfte Rechtfertigungsgrund wurde folglich bislang nur in anderen, nicht vergleichbaren Sachverhalten[239] akzeptiert und rechtfertigt nicht solche steuerlichen Diskriminierungen, die zum Ausgleich einer als nicht hinreichend hoch beurteilten Steuerbelastung von Konzerneinheiten (im Ausland) erfolgen.[240]

6.1.3.2.5 Zwischenergebnis nach Berücksichtigung der herkömmlichen Rechtfertigungsgründe des EuGH

Es ist dementsprechend festzuhalten, dass die bisher vom EuGH als zwingende Gründe des Allgemeininteresses anerkannten Rechtfertigungsgründe nicht zum Tragen kommen. Weder die Kohärenz des Steuersystems noch die Wirksamkeit der steuerlichen Überwachung und Effizienz der Steuerbeitreibung oder die

---

[234] Die fehlende Zielgenauigkeit führt zur Unverhältnismäßigkeit, da die Regeln nicht nur solche Fälle erfassen, in denen konkret über nicht fremdübliche Verrechnungspreise oder andere künstliche Strukturen Gewinne von Deutschland in ein anderes Land verlagert werden, vgl. *De Broe/Massant*, EC Tax Review 2021, 86 (91, 93).

[235] Vgl. EuGH v. 26.2.2019 – C-135/17, X, ECLI:EU:C:2019:136, Rn. 70 ff.; v. 23.4.2008 – C-201/05, Test Claimants in the CFC and Dividend Group Litigation, ECLI:EU:C:2008:239, Rn. Rn. 76 ff.; v. 12.9.2006 – C-196/04, Cadbury Schweppes, ECLI:EU:C:2006:544, Rn. 51 ff.; siehe zudem EFTA-Gerichtshof v. 9.7.2014 – E-3/13 und E-20/13, Olsen, Rn, 164 ff.; *Koerver Schmidt*, Intertax 2020, 983 (991). Allgemein: *Musil* in Musil/Weber-Grellet, Europäisches Steuerrecht, Art. 49 AEUV Rn. 234.

[236] EuGH v. 20.1.2021 – C-484/19, Lexel, ECLI:EU:C:2021:34, Rn. 48 ff.

[237] EuGH v. 20.1.2021 – C-484/19, Lexel, ECLI:EU:C:2021:34, Rn. 67.

[238] EuGH v. 20.1.2021 – C-484/19, Lexel, ECLI:EU:C:2021:34, Rn. 68; v. 13.12.2005 – C-446/03, Marks & Spencer, ECLI:EU:C:2005:763, Rn. 44 m. w. N.

[239] Vgl. bspw. EuGH v. 23.1.2014 – C-164/12, DMC, ECLI:EU:C:2014:20, Rn. 58; v. 29.11.2011 – C-371/10, National Grid Indus, ECLI:EU:C:2011:785, Rn. 43 ff.

[240] Vgl. *Schnitger* in FS Kessler, 2021, S. 169 (184 f.)

Wahrung einer ausgewogenen Aufteilung der Besteuerungsbefugnis zwischen den Mitgliedstaaten können als Rechtfertigungsgründe tatsächlich herangezogen werden. Das Ziel der Missbrauchsbekämpfung wird zwar in geeigneter Weise durch die GloBE-Regeln verfolgt. Diese können jedoch die strengen Anforderungen der Erforderlichkeitsprüfung nicht erfüllen, da sie sich nicht ausschließlich gegen rein künstliche Gestaltungen richten, deren einziger oder wesentlicher Zweck die Erzielung eines steuerlichen Vorteils ist.

6.1.3.2.6 Zur Möglichkeit eines neuen Rechtfertigungsgrundes

Auch in diesem Rahmen stellt sich daher die Frage, ob der EuGH seine Rechtsprechung nicht fortentwickeln sollte, um das auch von den EU-Staaten mitgetragene Konzept der Mindeststeuer nicht an den Grundfreiheiten scheitern zu lassen. Denn wie schon in der verfassungsrechtlichen Prüfung gilt auch hier, dass die Primärziele und Hintergründe der GloBE-Regeln im Rahmen der bisher vom EuGH anerkannten Rechtfertigungsgründe nach Auffassung des Autors nicht hinreichend gewürdigt werden können. Aus diesem Grunde wird nachfolgend geprüft, ob die „Begrenzung[241] des internationalen Steuerwettbewerbs auf ein faires Mindestmaß im Rahmen eines internationalen Konsensprozesses" als zwingender Grund des Allgemeininteresses anzuerkennen ist und in diesem Falle die Diskriminierungen durch IIR und UTPR zu rechtfertigen vermag.

6.1.3.2.6.1 Begrenzung des internationalen Steuerwettbewerbs auf ein faires Mindestmaß im Rahmen eines internationalen Konsensprozesses als zwingender Grund des Allgemeininteresses

Es existiert kein „numerus clausus" steuerlicher Rechtfertigungsgründe.[242] Die Frage, ob der EuGH die Bekämpfung schädlichen Steuerwettbewerbs als zwingenden Grund des Allgemeininteresses anerkennen sollte, wird vorliegend daher nicht zum ersten Mal gestellt. So hat sich etwa *Schönfeld* bereits im Jahr 2005 mit dieser Frage unter Bezug auf die damalige Hinzurechnungsbesteuerung intensiv auseinandergesetzt und dies grundsätzlich befürwortet.[243] Auch in der jüngeren Literatur ist diese Überlegung etwa vor dem Hintergrund der

---

[241] „Pillar Two does not eliminate tax competition, but it does set multilaterally agreed limitations on it", OECD (2021), Highlights brochure: Two-Pillar Solution to Address the Tax Challenges Arising from the Digitalisation of the Economy – October 2021, S. 4.

[242] *Kokott*, Das Steuerrecht der Europäischen Union, § 5 Rn. 1; *Nogueira*, WTJ 2020, 465 (482).

[243] Vgl. *Schönfeld*, Hinzurechnungsbesteuerung und Europäisches Gemeinschaftsrecht, 2005, S. 302 ff.; *Schönfeld*, StuW 2005, 158 (165 ff.).

6.1 Vereinbarkeit mit den Grundfreiheiten

Lizenzschranke[244] und auch schon in Bezug auf die GloBE-Regeln andiskutiert worden.[245] *Schönfeld* hat richtigerweise darauf hingewiesen, dass die Schädlichkeit von Besteuerungsregeln je nach Land unterschiedlich beurteilt werden kann und es daher erforderlich sei, zur Gewährleistung einer einheitlichen Rechtsanwendung ein gemeinsames Verständnis zu entwickeln, wobei

---

[244] Dort andeutungsweise *Link*, DB 2017, 2372 (2375 f.), *Pötsch*, IStR 2018, 417 (420), *Pohl* in Brandis/Heuermann, 160. EL 2021, § 4j EStG Rn. 18; siehe auch *Benz/Böhmer*, DStR 2017, 206 (210), die eine Ausweitung des Rechtfertigungsgrundes der Kohärenz auf grenzüberschreitende Konstellationen für möglich halten; kritisch: *Schnitger*, DB 2018, 147 (150). Insbesondere *Müllmann* diskutiert in seiner kürzlich erst erschienen Dissertation zur Lizenzschranke den Rechtfertigungsgrund der Eindämmung schädlichen Steuerwettbewerbs durch Implementierung international anerkannter Besteuerungsstandards, vgl. *Müllmann*, Die Lizenzschranke als Abwehrmaßnahme im Steuerwettbewerb, 2021, S. 306 ff. Vgl. zudem *Woitok*, IStR 2021, 777 (783), welcher im Kontext des Erwerbsaufwendungsabzugsverbots nach § 8 Satz 1 StAbwG der Bekämpfung unfairer Steuerwettbewerbs eine grundsätzliche Rechtfertigungseignung zuspricht.

[245] Vgl. *Devereux et al.*, The OECD Global Anti-Base Erosion Proposal, Oxford University Centre for Business Taxation, S. 53; *Koerver Schmidt*, Intertax 2020, 983 (991); *Englisch*, EC Tax Review 2021, 136 (138); *Englisch* in Schaumburg/Englisch, Europäisches Steuerrecht, 2. Aufl. 2020, Rn. 7.263 und 7.253; *Benecke/Rieck*, IStR 2021, 692 (695 f.) sowie etwas ausführlicher zur „Herstellung eines ‚level playing fields'" *Schnitger* in FS Kessler, 2021, S. 169 (186 ff.). In eine andere Richtung geht dagegen der nach Auffassung des Autors aufgrund des endgültigen Designs der GloBE-Regeln überholte Vorschlag der Sicherstellung einer Einmalbesteuerung von *Nogueira*, WTJ 2020, 465 (485 f.). Vgl. zudem *Korte* in Calliess/Ruffert, 6. Aufl. 2022, Art. 49 AEUV Rn. 122.

er sich diesbezüglich auf den am 1.12.1997 vom ECOFIN-Rat verabschiedeten Verhaltenskodex für die Unternehmensbesteuerung[246] bezogen hat.[247] Der EuGH hat sich dem gegenüber bisher verschlossen.[248] Allerdings hat Generalanwalt *Léger* sich in seinen Schlussanträgen in der Rs. *Cadbury Schweppes* hierzu näher geäußert. Er hat dort angeführt, dass es innerhalb der EU „bedauerlicherweise [...] zu einem schrankenlosen [Steuer-]Wettbewerb zwischen den Mitgliedstaaten" komme, es sich dabei jedoch um ein politisches Problem handele, dass etwa über die Harmonisierung der Steuersätze für Unternehmensgewinne gelöst werden könne.[249] Der Verhaltenskodex könne sich nicht auf die den Wirtschaftsteilnehmern verliehenen Grundfreiheiten auswirken, da es sich hierbei lediglich um eine politische Verpflichtung handele.[250] Selbst wenn eine Steuerregelung eines Mitgliedstaats gegen Vorschriften des Primärrechts

---

[246] Entschließung des Rates und der im Rat vereinigten Vertreter der Regierungen der Mitgliedstaaten vom 1. Dezember 1997 über einen Verhaltenskodex für die Unternehmensbesteuerung, ABl. C 2 vom 6.1.1998, S. 2 ff. Nach dem Verhaltenskodex sind steuerliche Maßnahmen potenziell schädlich, die gemessen an den üblicherweise in dem betreffenden Mitgliedstaat geltenden Besteuerungsniveaus eine deutlich niedrigere Effektivbesteuerung, einschließlich einer Nullbesteuerung, bewirken. Für die Schädlichkeit einer Maßnahme soll unter anderem zu berücksichtigen sein, „1. ob die Vorteile ausschließlich Gebietsfremden oder für Transaktionen mit Gebietsfremden gewährt werden oder 2. ob die Vorteile völlig von der inländischen Wirtschaft isoliert sind, so daß sie keine Auswirkungen auf die innerstaatliche Steuergrundlage haben oder 3. ob die Vorteile gewährt werden, auch ohne daß ihnen eine tatsächliche Wirtschaftstätigkeit und substantielle wirtschaftliche Präsenz in dem diese steuerlichen Vorteile bietenden Mitgliedstaat zugrunde liegt oder 4. ob die Regeln für die Gewinnermittlung bei Aktivitäten innerhalb einer multinationalen Unternehmensgruppe von international allgemein anerkannten Grundsätzen, insbesondere von den von der OECD vereinbarten Regeln, abweichen oder 5. ob es den steuerlichen Maßnahmen an Transparenz mangelt, einschließlich der Fälle einer laxeren und undurchsichtigen Handhabung der Rechtsvorschriften auf Verwaltungsebene." Die Mitgliedstaaten verpflichten sich politisch, keine neuen in diesem Sinne schädlichen Maßnahmen zu treffen und bestehende Maßnahmen so bald wie möglich aufzuheben (Stillhalte- und Rücknahmeverpflichtung).

[247] Vgl. *Schönfeld*, StuW 2005, 158 (166).

[248] In der Rs. *Felixstowe* hat der EuGH zwar in einem Satz angedeutet, dass das Ziel der Bekämpfung von Steueroasen grundsätzlich als legitimer Zweck in Betracht käme, dann jedoch die nationale Maßnahme wieder anhand der strengen Maßstäbe zur Missbrauchsbekämpfung geprüft, EuGH v. 1.4.2014 – C-80/12, Felixstowe Dock and Railway Company u. a., ECLI:EU:C:2014:200, Rn. 32.

[249] Schlussanträge des GA Léger v. 2.5.2006 – C-196/04, Cadbury Schweppes, ECLI:EU:C:2006:278, Rn. 55, 60; vgl. auch *De Broe/Massant*, EC Tax Review 2021, 86 (90).

[250] Schlussanträge des GA Léger v. 2.5.2006 – C-196/04, Cadbury Schweppes, ECLI:EU:C:2006:278, Rn. 57.

6.1 Vereinbarkeit mit den Grundfreiheiten

der Gemeinschaft verstoße, gebe dies einem anderen Mitgliedstaat „nicht das Recht, einseitig Maßnahmen zu treffen, mit denen die Wirkungen dieser Regelung durch eine Beschränkung der Grundfreiheiten bekämpft werden sollen."[251] Zudem könne auch eingewendet werden, „dass das Problem der in den allgemein geltenden Regelungen der Mitgliedstaaten festgelegten unterschiedlichen Steuersätze ungelöst" bliebe, da der Verhaltenskodex sich lediglich auf besondere oder spezifische Regelungen beziehe.[252]

Vor dem Hintergrund dieser Argumentation gibt es nach Auffassung des Autors gewichtige Gründe, warum der EuGH eine international koordinierte Einführung der GloBE-Regeln in Deutschland unter Erweiterung seiner Rechtfertigungsdogmatik billigen und als mit den Grundfreiheiten vereinbar erklären sollte. Die Vorteile einer Begrenzung des internationalen Steuerwettbewerbs auf ein faires Mindestmaß im Rahmen eines internationalen Konsensprozesses sind bereits in Kap. 3 und in der verfassungsrechtlichen Begründung dieses Ziels als legitimer Zweck ausführlich dargestellt worden.[253] Von wesentlicher Bedeutung ist hier daher vor allem der internationale Rahmen, der die GloBE-Regeln und das ihnen zugrundeliegende Ziel der Begrenzung des internationalen Steuerwettbewerbs umfasst und sie somit von bisherigen unilateralen, teils auf den Verhaltenskodex gestützten Maßnahmen unterscheidet. Zwar teilt die GloBE-Initiative mit dem Verhaltenskodex die Eigenschaft, dass sie „nur" auf einer politischen Einigung beruht und sie damit keine rechtliche Bindungswirkung gegenüber den IF-Staaten entfaltet („soft law"). Auch treffen beide eine Wertentscheidung hinsichtlich der Definition von schädlichem Steuerwettbewerb. Im Unterschied zum Verhaltenskodex etablieren die GloBE-Regeln jedoch einen neuen Standard der internationalen Besteuerung. Sie definieren nicht nur allgemeingültig, unter welchen Umständen ein multinationaler Konzern nicht hinreichend in einem Land besteuert wird und daher dort staatlicherseits von einem schädlich geführten Steuerwettbewerb auszugehen ist. Sie geben den Mitgliedstaaten des IF auch konkret vor, mit welchen Maßnahmen die Staaten gemeinsam gegen diese Fälle der Niedrigbesteuerung vorgehen können, um den Steuerwettbewerb zwischen den Staaten

---

[251] Schlussanträge des GA Léger v. 2.5.2006 – C-196/04, Cadbury Schweppes, ECLI:EU:C:2006:278, Rn. 58.

[252] Schlussanträge des GA Léger v. 2.5.2006 – C-196/04, Cadbury Schweppes, ECLI:EU:C:2006:278, Rn. 59.

[253] Auch die Union und ihr Binnenmarkt profitieren beispielsweise dadurch von der Begrenzung des Steuerwettbewerbs, dass Ressourcen dann eher dort genutzt werden, wo sie wirtschaftlich optimal eingesetzt werden können, vgl. *Musil* in Musil/Weber-Grellet, Europäisches Steuerrecht, Vor Art. 1 Anti-BEPS-RL Rn. 5; *Pross/Radmanesh* in FS Wassermeyer, 2015, S. 535 (Rn. 6).

auf ein faires Mindestmaß zu begrenzen. Unkoordinierte Alleingänge werden nicht ermöglicht. Der sog. common approach in der Einigung vom 8. Oktober 2021 sieht vor, dass die Mitglieder des IF die GloBE-Regeln im Einklang mit den Ergebnissen des IF zu Säule 2 einschließlich der Modellregeln und der hierzu entwickelten Leitlinien des IF umzusetzen und zu verwalten haben, wenn sie sich dazu entscheiden, die GloBE-Regeln umzusetzen, und im Übrigen die Anwendung der GloBE-Regeln durch andere IF-Mitglieder anerkennen.[254] Die Regelungswirkung der GloBE-Regeln ist somit wesentlich umfassender als der Verhaltenskodex und entspricht auch der Auffassung der Generalanwältin *Kokott*, nach der das Problem der „Bekämpfung schädlichen Steuerwettbewerbs" nur supra- oder international gelöst werden könne.[255] Die Umsetzung der GloBE-Regeln dient vorwiegend nicht dem Schutz des inländischen Steuersubstrats vor konkreten Gewinnverlagerungsstrategien oder gar dem Ziel der „Wiederherstellung des inländischen Besteuerungsniveaus"[256], sondern verfolgt die Lösung eines globalen Problems. 137 Staaten, darunter alle G20-Staaten und 26 EU-Mitgliedstaaten, haben „stellvertretend für die billig und gerecht denkenden Steuerzahler"[257] entschieden, dass multinationale Konzerne – wenn auch nur in dem engen Anwendungsbereich der Mindeststeuerregelungen – effektiv mit mindestens 15 % zu besteuern sind und dass Staaten, die dies nicht sicherstellen, sich schädlich verhalten. Wie bereits erwähnt, orientiert sich der EuGH schon im Rahmen der Wahrung einer ausgewogenen Aufteilung der Besteuerungsbefugnis zwischen den Mitgliedstaaten an internationalen Standards (OECD-MA). Dass diese Standards nun über die Modellregeln erweitert werden, indem ein Mindestmaß für die Unternehmensbesteuerung festgelegt wird, ist vom EuGH anzuerkennen. Setzt Deutschland die GloBE-Regeln entsprechend den Modellregeln um, kann der Bundesrepublik nicht vorgeworfen werden, im Alleingang und lediglich zum Schutz drohender Steuerausfälle, der eigenen Wirtschaft oder

---

[254] OECD (2021), Statement on a Two-Pillar Solution to Address the Tax Challenges Arising from the Digitalisation of the Economy v. 8.10.2021, S. 3.

[255] *Kokott*, Das Steuerrecht der Europäischen Union, § 5 Rn. 111. Zum Bedürfnis einer internationalen bzw. globalen Herangehensweise siehe auch *Hidien/Versin*, GmbHR 2019, 759 (767).

[256] *Kokott*, Das Steuerrecht der Europäischen Union, § 5 Rn. 112.

[257] So *Link*, DB 2017, 2372 (2376) zu der durch OECD und G20 vorgenommenen Einstufung von Präferenzregimen als steuerschädlich i. R. d. verfassungsrechtlichen Beurteilung des § 4j EStG.

6.1 Vereinbarkeit mit den Grundfreiheiten

aus anderen protektionistischen und vom EuGH als untauglich befundenen Gründen[258] tätig zu werden.[259] Denn auch hier gilt, dass Deutschland idealerweise gar nicht über die Anwendung der GloBE-Regeln zu neuen Steuereinnahmen gelangt, sondern lediglich wie alle anderen Staaten und deren Bürger und Unternehmen indirekt von den durch das gemeinsame und koordinierte Vorgehen verbesserten, weil nicht mehr schrankenlosen Wettbewerbsbedingungen profitiert. Auf Grund des international abgestimmten Vorgehens bzw. der international getroffenen Wertentscheidung durch eine so gewichtige Zahl von Staaten ist es nach Auffassung des Autors auch nicht schädlich, dass Zypern als 27. Mitgliedstaat der EU sich der Einigung vom 8.10.2021 nicht angeschlossen hat. Es bedarf keiner Harmonisierung dieser Wertentscheidung, um sie als zwingenden Grund des Allgemeininteresses anerkennen zu können.[260] Dementsprechend ist das Einstimmigkeitserfordernis des Art. 115 AEUV hier nicht von Belang. Deutschland verfolgt daher ein legitimes Ziel, wenn es die GloBE-Regeln in deutsches Recht umsetzt.

6.1.3.2.6.2 Geeignetheit

Die Einführung der GloBE-Regeln in Deutschland ist auch geeignet, das soeben dargestellte Ziel zumindest zu fördern.[261] Wie bereits in der verfassungsrechtlichen Verhältnismäßigkeitsprüfung zu diesem Rechtfertigungsgrund dargestellt wurde, ist zur dauerhaften Gewährleistung des international angestrebten Ziels notwendig, dass möglichst viele Staaten die GloBE-Regeln umsetzen. Deutschland leistet durch Einführung der GloBE-Regeln einen tauglichen Beitrag zur Begrenzung des internationalen Steuerwettbewerbs auf ein faires Mindestmaß. Sofern die GloBE-Regeln den Modellregeln des IF entsprechend implementiert

---

[258] Vgl. bspw. EuGH v. 5.2.2014 – C-385/12, Hervis Sport- és Divatkereskedelmi, ECLI:EU:C:2014:47, Rn. 44; v. 21.11.2002 – 436/00, X und Y, ECLI:EU:C:2002:704, Rn. 50; v. 6.6.2000 – C-35/98, Verkooijen, ECLI:EU:C:2000:294, Rn. 48. Siehe auch *Englisch* in Schaumburg/Englisch, Europäisches Steuerrecht, 2. Aufl. 2020, Rn. 7.208 ff. mit weiteren vom EuGH für grundsätzlich untauglich befundenen Rechtfertigungsgründen.

[259] Vgl. auch *Benecke/Rieck*, IStR 2021, 692 (695 f.).

[260] Die GloBE-Regeln werden in den Modellregeln und in den dazu noch auszuarbeitenden Leitlinien ohnehin bereits sehr konkret dargelegt, sodass die Umsetzung innerhalb der EU über eine Richtlinie lediglich aufgrund der von ihr ausgehenden rechtlichen Verbindlichkeit erstrebenswert wäre.

[261] Vgl. zu dieser Voraussetzung bspw. *Müller-Graff* in Streinz, 3. Aufl. 2018, Art. 49 AEUV Rn. 94; *Korte* in Calliess/Ruffert, 6. Aufl. 2022, Art. 49 AEUV Rn. 79.

werden, wird dem Gesetzgeber auch nicht der Vorwurf fehlender Kohärenz oder Systematik gemacht werden können.[262]

6.1.3.2.6.3 Erforderlichkeit

Ein im Hinblick auf die Beschränkung der Grundfreiheiten milderes, zur Verwirklichung des verfolgten Ziels gleich geeignetes Mittel ist nicht ersichtlich.[263] Insbesondere die Ausweitung des Anwendungsbereichs des GloBE-Regeln auf inländische Sachverhalte führt nicht zu einem milderen Eingriff, da die Diskriminierungen nach Auffassung des Autors bestehen bleiben (s. o. Abschn. 6.1.2.2). Eine Begrenzung der GloBE-Regeln auf niedrig besteuerte Konzerneinheiten in Drittstaaten wäre demgegenüber weniger wirksam und ließe zudem nicht die Beeinträchtigungen der Kapitalverkehrsfreiheit entfallen. Im Übrigen wird auf die Erforderlichkeitsprüfung im verfassungsrechtlichen Teil dieser Arbeit verwiesen, sodass ein milderes, gleich geeignetes Mittel nicht ersichtlich ist.

Wie bereits in den einleitenden Worten zu den ungeschriebenen Rechtfertigungsgründen erwähnt, prüft der EuGH innerhalb der Erforderlichkeit jedoch auch, ob die Beschränkung der Grundfreiheiten in angemessenem Verhältnis zum Beitrag der beschränkungsbegründenden Maßnahme zur Verwirklichung des zwingenden Allgemeininteresses steht.[264] Dabei ist eine Abwägung zwischen dem Schweregrad der Beeinträchtigung der einschlägigen Grundfreiheiten und dem Grad und der Gewichtigkeit des Zielgewinns der Maßnahme unter Einbeziehung sämtlicher relevanter Gesichtspunkte vorzunehmen.[265] Die Beeinträchtigungen der Grundfreiheiten durch IIR und UTPR sind den Vorteilen der (internationalen) Begrenzung des Steuerwettbewerbs gegenüberzustellen. Hierbei ist zunächst festzuhalten, dass die Erhebung von Top-up Tax bei in Deutschland

---

[262] Vgl. hierzu EuGH v. 11.3.2010 – C-384/08, Attanasio Group, ECLI:EU:C:2010:133, Rn. 51; v. 6.11.2003 – C-243/01, Gambelli, ECLI:EU:C:2003:597, Rn. 67, 69; v. 12.3.1987 – C-178/84, Kommission/Deutschland, ECLI:EU:C:1987:126, Rn. 49 *Müller-Graff* in Streinz, 3. Aufl. 2018, Art. 49 AEUV Rn. 94; *Kainer* in Pechstein/Nowak/Häde, Frankfurter Kommentar, Art. 49 AEUV Rn. 86.

[263] Vgl. zu dieser Voraussetzung bspw. *Müller-Graff* in Streinz, 3. Aufl. 2018, Art. 49 AEUV Rn. 95; *Korte* in Calliess/Ruffert, 6. Aufl. 2022, Art. 49 AEUV Rn. 81.

[264] Vgl. etwa für Beschränkungen der Niederlassungsfreiheit *Müller-Graff* in Streinz, 3. Aufl. 2018, Art. 49 AEUV Rn. 97; *Kainer* in Pechstein/Nowak/Häde, Frankfurter Kommentar, Art. 49 AEUV Rn. 90; *Korte* in Calliess/Ruffert, 6. Aufl. 2022, Art. 49 AEUV Rn. 102.

[265] Vgl. *Müller-Graff* in Streinz, 3. Aufl. 2018, Art. 49 AEUV Rn. 97.

6.1 Vereinbarkeit mit den Grundfreiheiten

ansässigen Konzerneinheiten grundsätzlich eine recht hohe Intensität aufweisen kann,[266] insbesondere in Fällen, in denen die zu verteilende Top-up Tax aus einem Auslandsengagement eine beachtliche Höhe erreicht (z. B. aufgrund hoher Übergewinne oder eines hohen Top-up-Tax-Prozentsatzes) und nur von wenigen oder nur einer Konzerneinheit zu tragen ist. Denn die einzelne IIR- oder UTPR-steuerpflichtige Konzerneinheit kann hierdurch wirtschaftlich so stark beeinträchtigt werden, dass sie bzw. der Konzern von grenzüberschreitenden Beziehungen zu Niedrigsteuerländern gänzlich Abstand nehmen muss. Andererseits ist anzunehmen, dass die Anhebung des Steuerniveaus in diesen Staaten aufgrund der weltweiten, nicht nur in der EU vollzogenen Implementierung der GloBE-Regeln kurz- bis mittelfristig die Belastungen durch die deutsche IIR und UTPR nicht unerheblich reduzieren sollte. Zudem führt die international abgestimmte Einführung der GloBE-Regeln dazu, dass ein Konzern bei jeder seiner grenzüberschreitenden Tätigkeiten mit Top-up Tax belastet werden wird, wenn er sowohl in einem Niedrigsteuerstaat als auch in einem die GloBE-Regeln umsetzenden Staat eine Konzerneinheit hält. Die länderbezogene Mindestbelastung mit einem effektiven Steuersatz von 15 % wird für die von den Regeln erfassten multinationalen Konzerne zum internationalen Standard. Sofern die IIR zur Steuererhebung bei Konzerneinheiten führt, denen aufgrund ihrer Konzernsteuerungsfunktion die Verantwortung dafür zugewiesen werden kann, dass der Konzern entgegen der Wertentscheidung des IF mit effektiven Steuerquoten von weniger als 15 % in einem Land unfaire bzw. schädliche Steuervorteile bezieht, und die als Gesellschafter selbst von der Niedrigbesteuerung dort profitieren, ist die Diskriminierung als weniger intensiv zu erachten. In den verbleibenden Fällen kann die wirtschaftliche Einbettung der von IIR und UTPR betroffenen Konzerneinheiten in umsatzstarke multinationale Konzerne nicht unbeachtet bleiben. Grundsätzlich kann erwartet werden, dass die zusätzliche Steuerlast der betroffenen Konzerneinheit im Rahmen einer konzerninternen Verantwortungsübernahme wirtschaftlich ausgeglichen wird, gerade weil die Ursache der Besteuerung nicht in der Konzerneinheit selbst, sondern in der Struktur des Konzerns liegt.

Demgegenüber ist die hohe Bedeutung des verfolgten Ziels bereits in der verfassungsrechtlichen Prüfung dieses Rechtfertigungsgrundes dargelegt worden. Ein besonderes Gewicht erhält das Ziel im unionsrechtlichen Kontext zusätzlich dadurch, dass auch die Union selbst und ihr Binnenmarkt durch die international koordinierte Begrenzung des Steuerwettbewerbs positiv beeinflusst werden.[267]

---

[266] Siehe auch *Gebhardt*, IWB 2020, 958 (966).
[267] So schon *Rieck/Fehling*, IStR 2022, 51 (54); *Englisch* in Schaumburg/Englisch, Europäisches Steuerrecht, 2. Aufl. 2020, Rn. 7.263.

So reduzieren die GloBE-Regeln steuerbedingte Wettbewerbsverzerrungen zwischen den Unternehmen und fördern die Effizienz unternehmerischer Tätigkeiten, indem der Stellenwert steuerlicher Motive gesenkt wird und Ressourcen häufiger dort genutzt werden, wo sie wirtschaftlich am optimalsten eingesetzt werden können.[268] Viele Staaten der EU können derzeit – zusammen mit den Entwicklungsländern – als Hauptverlierer von durch den unbegrenzten Steuerwettbewerb ermöglichten Gewinnverlagerungen angesehen werden.[269] Da ein Zweck des Binnenmarktes auch in der Sicherung der Wettbewerbsfähigkeit der EU besteht,[270] fördert die Umsetzung der GloBE-Regeln in Deutschland und anderen Mitgliedstaaten sogar den Binnenmarkt. Auch beugen IIR und UTPR protektionistischen und unilateralen Maßnahmen der Mitgliedstaaten vor, die zwar ggf. nicht mit dem Unionsrecht vereinbar sind, deren (höchst-)richterliche Klärung jedoch viel Zeit in Anspruch nehmen und damit die Rechtssicherheit gefährden und unternehmerische Entscheidungen innerhalb des Binnenmarktes hemmen kann.[271] Die Stabilisierung des internationalen Steuerrechts durch die Mindeststeuer verhindert wirtschaftsfeindliche Entwicklungen, die das Wachstum der europäischen Wirtschaft einschränken könnten, z. B. durch wirtschaftliche Doppelbesteuerung oder einen höherer Befolgungsaufwand. Im Übrigen wird der europäische Gemeinschaftsgedanke strapaziert, wenn das steuerliche Wettbewerbsverhalten einiger Mitgliedstaaten – auch international – als schädlich oder unfair beurteilt wird. Ein international als schädlich qualifizierter Steuerwettbewerb innerhalb der EU fördert weder den Binnenmarkt noch die Gemeinschaft. Der bisherige Zustand des schrankenlosen Steuerwettbewerbs zwischen den Mitgliedstaaten der Union ist daher in der Tat bedauernswert,[272] kann aber über die Einführung der GloBE-Regeln auch durch Deutschland wirkungsvoll in dem Maße begrenzt werden, wie

---

[268] Vgl. auch *Nogueira*, WTJ 2020, 465 (467); *Musil* in Musil/Weber-Grellet, Europäisches Steuerrecht, Vor Art. 1 Anti-BEPS-RL Rn. 5; *Pross/Radmanesh* in FS Wassermeyer, 2015, S. 535 (Rn. 6).

[269] Vgl. *Tørsløv/Wier/Zucman*, The Missing Profits of Nations, NBER Working Paper 24701 (2018), S. 3, 32.

[270] Vgl. *Piepenschneider* in Bergmann, Handlexikon der Europäischen Union, 6. Auflage 2022, „Binnenmarkt", IV. Kritische Würdigung.

[271] „The implementation of the Two-Pillar Solution will avoid trade wars and prevent uncertainty that would adversely impact trade and investment.", OECD (2021), Highlights brochure: Two-Pillar Solution to Address the Tax Challenges Arising from the Digitalisation of the Economy – October 2021, S. 13.

[272] Die gesetzlichen Körperschaftsteuersätze innerhalb der EU lagen im Jahr 2021 zwischen 31,5 % in Portugal und 9 % in Ungarn, OECD, Tax Database, Table II.1. Statutory corporate income tax rate, abrufbar unter: https://stats.oecd.org/index.aspx?DataSetCode=TABLE_II1 (zuletzt abgerufen am 8.9.2021). Es bestehen kaum Zweifel, dass der Unterschied zwischen

6.1 Vereinbarkeit mit den Grundfreiheiten

er allgemein nach dem Konsens der 137 IF-Mitglieder als nicht mehr hinnehmbar bewertet wird. Vor diesem Hintergrund kommt der Autor zu der Auffassung, dass das im Rahmen eines internationalen Konsensprozesses verfolgte Ziel der Begrenzung des internationalen Steuerwettbewerbs auf ein faires Mindestmaß höher zu gewichten ist als die durch die Umsetzung verursachten Beschränkungen der Grundfreiheiten. Die Einführung der GloBE-Regeln in Deutschland ist folglich auch erforderlich, sodass die im Rahmen von IIR und UTPR festgestellten Diskriminierungen gerechtfertigt sind.

6.1.4 Zwischenergebnis

Wird die IIR in Deutschland in der Weise implementiert, dass sie nur Fälle ausländischer Niedrigbesteuerung erfasst und besteuert, führt dies zu einer offenen Diskriminierung und begründet dadurch eine Beschränkung der einschlägigen Grundfreiheiten. Dies gilt ebenso für die UTPR, sollte über sie Top-up Tax mittels Betriebsausgabenabzugsverbot oder Quellensteuer im Abzugsverfahren nur auf ausgehende grenzüberschreitende Zahlungen des UTPR-Steuerpflichtigen erhoben werden. Wird der Anwendungsbereich der deutschen IIR und UTPR auf inländische Fälle der Niedrigbesteuerung ausgeweitet, kann dies zwar keine offene Diskriminierung begründen; sowohl unter der Anlegung eines quantitativen als auch eines qualitativen Maßstabs wird eine versteckte bzw. mittelbare Diskriminierung jedoch nicht vermieden. Die SOR wie auch die Umsatzschwelle der GloBE-Regeln begründen im Übrigen für sich genommen jeweils keine Beschränkung der Grundfreiheiten. Eine Rechtfertigung der vorliegenden Diskriminierungen über die bisher vom EuGH als zwingende Gründe des Allgemeininteresses anerkannten Rechtfertigungsgründe gelingt nicht. Insbesondere der Rechtfertigungsgrund der Missbrauchsbekämpfung kann mangels verhältnismäßiger Verfolgung dieses Ziels nicht herangezogen werden, da sich die GloBE-Regeln nicht ausschließlich gegen rein künstliche Gestaltungen richten, deren einziger oder wesentlicher Zweck die Erzielung eines steuerlichen Vorteils ist. Bei Anerkennung der Begrenzung des internationalen Steuerwettbewerbs auf ein faires Mindestmaß im Rahmen eines internationalen Konsensprozesses als zwingenden Grund des Allgemeininteresses ist eine Rechtfertigung der verschiedenen Diskriminierungen möglich und vorliegend gegeben.

---

den jeweiligen effektiven Steuersätzen soger höher als die 23,02 % bei den Nominalsteuersätzen ist, vgl. *Nogueira*, WTJ 2020, 465 (467).

6.2 Allgemeines Diskriminierungsverbot und allgemeines Freizügigkeitsrecht nicht einschlägig

Die Anwendung des allgemeinen Diskriminierungsverbots (Art. 18 AEUV) und des allgemeinen Freizügigkeitsrechts (Art. 21 AEUV) hängt davon ab, ob sich Personen „aus Gründen, die nicht mit der Ausübung einer wirtschaftlichen Tätigkeit zusammenhängen,"[273] grenzüberschreitend betätigen.[274] Lediglich wenn die Grundfreiheiten in keinerlei ersichtlicher Weise berührt sind, also ein wirtschaftlicher Bezug nicht hergestellt werden kann, ist ein Sachverhalt auf seine Vereinbarkeit mit Art. 18 und 21 AEUV zu überprüfen.[275] Dies ist jedoch bei den meisten steuerlichen Konstellationen[276] und auch – wie soeben gezeigt – bei den GloBE-Regeln nicht der Fall.

6.3 Keine Verletzung der Unionsgrundrechte

Dagegen kommt eine Verletzung der Grundrechte der EU-Grundrechte-Charta (GRC)[277] grundsätzlich in Betracht. Nach Art. 51 Abs. 1 Satz 1 GRC binden die in der GRC festgelegten Grundrechte „die Mitgliedstaaten ausschließlich bei der Durchführung des Rechts der Union." Werden die Mitgliedstaaten also allein im Rahmen ihrer nationalen Zuständigkeit tätig, finden die Grundrechte der GRC generell keine Anwendung.[278] Zum Recht der Union zu zählen sind im steuerlichen Kontext allerdings nicht nur beispielsweise das sekundärrechtliche

---

[273] EuGH v. 1.12.2011 – C-253/09, Kommission/Ungarn, ECLI:EU:C:2011:795, Rn. 45.
[274] EuGH v. 7.9.2006 – C-470/04, N, ECLI:EU:C:2006:525, Rn. 21 ff.; *Kokott*, Das Steuerrecht der Europäischen Union, § 3 Rn. 261.
[275] Vgl. *Kokott*, Das Steuerrecht der Europäischen Union, § 3 Rn. 262.
[276] *Kokott*, Das Steuerrecht der Europäischen Union, § 3 Rn. 261.
[277] Charta der Grundrechte der Europäischen Union (2012/C 326/02) v. 26.10.2012.
[278] Vgl. *Jarass* in Jarass, 4. Aufl. 2021, Art. 51 GRC Rn. 22; BSG v. 20.7.2011 – B 13 R 40/10 R, Rn. 36; *Sendke*, StuW 2020, 219 (226); *Goldsmith*, CMLR 2001, 1202 (1205); Siehe auch *Pache* in Pechstein/Nowak/Häde, Frankfurter Kommentar, 1. Aufl. 2017, Art. 6 EUV Rn. 34.

6.3 Keine Verletzung der Unionsgrundrechte

Steuerrecht der Union[279] und bestimmte Konstellationen im grenzüberschreitenden Verfahren (entschieden für ein Amtshilfeersuchen auf Basis der EU-Amtshilferichtlinie)[280], sondern auch die Grundfreiheiten des Binnenmarkts.[281] Von einer Durchführung des Unionsrechts ist zumindest dann auszugehen, wenn eine Beschränkung der Grundfreiheiten vorliegt „und der betreffende Mitgliedstaat sich [...] auf unionsrechtlich anerkannte zwingende Gründe des Allgemeininteresses beruft, um eine solche Beeinträchtigung zu rechtfertigen.[282] Dies wäre vorliegend der Fall, sollte Deutschland die GloBE-Regeln annahmegemäß einführen.

Im Anschluss an die Feststellung der grundsätzlichen Anwendbarkeit der europäischen Grundrechte stellt sich jedoch die Frage, welche Wirkungen davon auf die GloBE-Regeln ausgehen. Hierbei ist zu konstatieren, dass die Grundrechte der GRC in Bezug auf das Steuerrecht bislang noch längst nicht dieselbe Durchschlagskraft erlangt haben wie die Grundfreiheiten oder das Beihilferecht.[283] Denn im Falle einer Beschränkung der Grundfreiheiten können die Unionsgrundrechte nur einerseits zur Rechtfertigung nationaler Beschränkungen der Grundfreiheiten herangezogen werden[284] und andererseits die Funktion der Schranken-Schranke übernehmen, um sicherzustellen, dass die Rechtfertigungsgründe ihrerseits grundrechtskonform sind.[285] Eine weitergehende, eigenständige Geltungswirkung der Unionsgrundrechte soll daraus hingegen nicht abgeleitet

---

[279] Vgl. EuGH v. 26.2.2013 – C-617/10, Åkerberg Fransson, ECLI:EU:C:2013:105, Rn. 25 bis 27.

[280] Siehe EuGH v. 22.10.2013 – C-276/12, Sabou, ECLI:EU:C:2013:678, Rn. 26 f.

[281] Vgl. *Kokott/Dobratz* in Schön/Heber, Grundfragen des Europäischen Steuerrechts, S. 25 (26 ff.); *Jarass* in Jarass, 4. Aufl. 2021, Art. 51 GRC Rn. 20, 32.

[282] Vgl. EuGH v. 21.5.2019 – C-235/17, Kommission/Ungarn, ECLI:EU:C:2019:432, Rn. 64 f.; v. 30.4.2014 – C-390/12, Pfleger u. a., ECLI:EU:C:2014:281, Rn. 35 f.; *Kokott/Dobratz* in Schön/Heber, Grundfragen des Europäischen Steuerrechts, S. 25 (30 f.); a. A. *Englisch* in Schön/Beck, Zukunftsfragen des deutschen Steuerrechts, S. 39 (45). Zur höchst umstrittenen Frage, ob bereits die beschränkungsfreie Ausübung der Grundfreiheiten für sich genommen die Anwendbarkeit der GRC eröffnet, siehe ausführlich *Kofler* in DStJG 41 (2018), 125 (172 ff.) m. w. N.

[283] Vgl. *Hey/Kirchhof/Ismer* in Herrmann/Heuer/Raupach, 310. Lief. 2022, Einführung zum EStG Rn. 530.

[284] Vgl. EuGH v. 12.6.2003 – C-112/00, Schmidberger, ECLI:EU:C:2003:333, Rn. 74.

[285] Grundlegend EuGH v. 18.6.1991 – C-260/89, ERT, ECLI:EU:C:1991:254, Rn. 43; nachfolgend sodann bspw. EuGH v. 11.7.2002 – C-60/00, Carpenter, ECLI:EU:C:2002:434, Rn. 40; v. 20.4.2014 – C-390/12, Pfleger, ECLI:EU:C:2014:281, Rn. 35; v. 10.3.2016 – C-235/14, Safe Interenvios, ECLI:EU:C:2016:154, Rn. 109; v. 21.5.2019 – C-235/17, Kommission/Ungarn, ECLI:EU:C:2019:432, Rn. 64. Vgl. auch *Kokott/Dobratz* in Schön/Heber, Grundfragen des Europäischen Steuerrechts, S. 25 (30); *Sendke*, StuW 2020, 219 (221); *Zorn/*

werden können, da die Grundrechte andernfalls nahezu unbegrenzt auf das nationale Steuerrecht der Mitgliedstaaten Anwendung fänden.[286] Im Übrigen hat der EuGH bislang im Bereich des Ertragsteuerrechts keine Konkretisierung und Effektuierung der Unionsgrundrechte vorgenommen; es fehlt an steuerrechtlichen Prüfungsmaßstäben, wie sie das BVerfG über die vergangenen Jahrzehnte aus den Grundrechten des deutschen GG entwickelt hat.[287] Insbesondere der allgemeine Gleichheitssatz in Art. 20 GRC hat bis heute keine eigenständige Bedeutung im Bereich der direkten Steuern gewonnen.[288] Inwieweit er Bedeutung für das Steuerrecht der Mitgliedstaaten entwickeln kann, gehört nach wie vor zu den unbeantworteten Grundfragen des Europäischen Steuerrechts.[289] Dementsprechend ist der EuGH in seinen bisherigen Urteilen zu ähnlichen Anti-BEPS-Regelungen[290] auf mögliche Verletzungen der Grundrechte nicht eingegangen. Aus diesem Grund soll auch die vorliegende Arbeit es bei den vorstehenden Ausführungen belassen.[291] Es ist aktuell nicht anzunehmen, dass der

---

Twardosz, DStR 2007, 2185 (2190 ff.); *Kofler* in DStJG 41 (2018), 125 (154 ff.). Ablehnend *Englisch* in Schön/Beck, Zukunftsfragen des deutschen Steuerrechts, S. 39 (45) wie auch *Kingreen* in Calliess/Ruffert, 6. Aufl. 2022, Art. 51 GRC Rn. 22 f.

[286] Vgl. ausführlich hierzu die kritische Stellungnahme von *Engler*, Steuerverfassungsrecht im Mehrebenensystem, S. 104 ff.; *Sendke*, StuW 2020, 219 (221); *Lehner*, IStR 2016, 265 (269 f.).

[287] Vgl. *Sendke*, StuW 2020, 219 (224). *Hey*, StuW 2017, 248 (254 f.) spricht von einem verfassungsrechtlichen Vakuum auf Unionsebene. Sollte die Harmonisierung der direkten Steuern in Zukunft weiter voranschreiten, ist nicht abzusehen, inwieweit die deutschen Grundrechtsstandards in die Rechtsprechung des EuGH Eingang finden, vgl. BVerfG v. 6.11.2019 – 1 BvR 276/17, BVerfG 152, 216 (233 ff.). So hat der EuGH zwar bereits den Gedanken der Leistungsfähigkeit aufgegriffen (vgl. etwa EuGH v. 12.6.2018 – C-650/16, Bevola und Jens W. Trock, ECLI:EU:C:2018:424, Rn. 39, 49 f.), ein Gleichlauf in der tieferen Ausgestaltung dieses Prinzips ist damit aber keinesfalls gesichert. Siehe hierzu auch *Lehner*, IStR 2016, 265 (270); *Valta/Gerbracht*, StuW 2019, 118 ff. und rechtsvergleichend *Ohlendorf*, Grundrechte als Maßstab des Steuerrechts in der Europäischen Union, S. 114 ff. Zum „ernüchternden" Freiheitsschutz durch die Charta vgl. ebenfalls *Ohlendorf*, Grundrechte als Maßstab des Steuerrechts in der Europäischen Union, S. 408.

[288] *Hey/Kirchhof/Ismer* in Herrmann/Heuer/Raupach, 310. Lief. 2022, Einführung zum EStG Rn. 532; *Kokott*, Das Steuerrecht der Europäischen Union, § 3 Rn. 78.

[289] Vgl. *Kokott/Dobratz* in Schön/Heber, Grundfragen des Europäischen Steuerrechts, S. 25. Kritisch hierzu *Lehner*, IStR 2019, 277 (284).

[290] Vgl. zuletzt EuGH v. 20.1.2021 – C-484/19, Lexel, ECLI:EU:C:2021:34 und EuGH v. 26.2.2019 – C-135/17, X, EU:C:2019:136.

[291] Auch die bisherige Literatur zu den GloBE-Regeln schweigt bis auf *Nogueira*, WTJ 2020, 465 (495 f.), welcher ebenfalls keine Verletzung der GRC erkennt, hierzu.

EuGH bei Überprüfung der GloBE-Regeln eine der oben vorgenommenen verfassungsrechtlichen Prüfung vergleichbar strenge Grundrechtsprüfung durchführen wird, die zu dem Ergebnis der Unvereinbarkeit mit der GRC kommt.

6.4 Verstoß gegen das Beihilfeverbot?

Auch wenn ein Verstoß gegen das in den Art. 107 bis 109 AEUV geregelte Verbot staatlicher Beihilfen bei oberflächlicher Betrachtung aufgrund der generellen Belastungswirkung der GloBE-Regeln nicht auf der Hand zu liegen scheint, ist nach Auffassung des Autors eine nähere Betrachtung sehr wohl angeraten.[292] Denn die GloBE-Regeln unterwerfen nicht alle Unternehmen gleichermaßen der Mindestbesteuerung, sondern halten Ausnahmen bereit,[293] die nachfolgend beleuchtet werden sollen.

6.4.1 Überblick

Art. 107 Abs. 1 AEUV untersagt staatliche oder aus staatlichen Mitteln gewährte Beihilfen gleich welcher Art, die durch die Begünstigung bestimmter Unternehmen oder Produktionszweige den Wettbewerb verfälschen oder zu verfälschen drohen, soweit sie den Handel zwischen Mitgliedstaaten beeinträchtigen. Gemäß Art. 108 Abs. 3 Satz 1 AEUV unterliegt jede als Beihilfe einzuordnende Norm grundsätzlich der Notifizierungspflicht[294] und damit einem präventiven Verbot mit Erlaubnisvorbehalt.[295] Stellen sich mitgliedstaatliche Regelungen demnach als mit dem Binnenmarkt unvereinbar heraus, beschließt die Kommission nach

---

[292] So ist die Beihilfekontrolle im Bereich des Steuerrechts in der vergangenen Zeit insbesondere vor dem Hintergrund des inneuropäischen Steuerwettbewerbs auch immer bedeutsamer geworden, vgl. *Hey/Kirchhof/Ismer* in Herrmann/Heuer/Raupach, 310. Lief. 2022, Einführung zum EStG Rn. 510.
[293] Dies wurde bereits in einem frühen Entwicklungsstadium der GloBE-Regeln von *Devereux et al.* als möglicher Konflikt identifiziert, *Devereux et al.*, The OECD Global Anti-Base Erosion Proposal, Oxford University Centre for Business Taxation, S. 57. *Brokelind* betrachtete die Regeln unter Bezug auf den Blueprint als in mehrerer Hinsicht problematisch. Sie führt hierbei zum einen die Umsatzschwelle, zum anderen aber auch die Befreiung bestimmter Konzernobergesellschaften und Holdings an, *Brokelind*, BIT 2021, No. 5.
[294] Siehe auch *Musil* in Musil/Weber-Grellet, Europäisches Steuerrecht, Einführung Rn. 142; *Kühling/Rüchardt* in Streinz, 3. Aufl. 2018, Art. 108 AEUV Rn. 14.
[295] *Hey* in Tipke/Lang, Steuerrecht, 24. Aufl. 2021, § 19 Rn. 81.

Art. 108 Abs. 2 AEUV, dass der entsprechende Mitgliedstaat diese aufzuheben oder umzugestalten hat und kann bei nicht fristgerechtem Nachkommen den EuGH anrufen.[296] Dem EuGH zufolge können auch steuerliche Vorschriften unter das Beihilfeverbot fallen.[297] Denn der Begriff der Beihilfe nach Art. 107 Abs. 1 AEUV umfasst nicht nur Direktsubventionen wie beispielsweise verlorene Zuschüsse, sondern auch sog. Verschonungssubventionen (z. B. gesetzliche Steuervergünstigungen für Unternehmen).[298]

6.4.2 Gewährung aus staatlichen Mitteln und auf staatliche Veranlassung hin

Eine verbotene Beihilfe kann vorliegend nicht schon mit der Begründung abgelehnt werden, dass sie keinem Mitgliedstaat zuzurechnen sei („Staatliche Beihilfe") oder nicht aus staatlichen Mitteln gewährt werde.[299] Denn eine Umsetzung der GloBE-Regeln durch Deutschland im rein nationalen Wege wäre ohne Zweifel allein Deutschland zuzurechnen.[300] Ein Fragezeichen könnte dagegen im ersten Moment an das Kriterium der Gewährung aus staatlichen Mitteln gesetzt werden, da im Rahmen der Steuervergünstigung bzw. Nichterhebung von Top-up Tax aufgrund einer Ausnahmeregelung keine Leistungen des Staates an Unternehmen erbracht werden. Allerdings verzichtet der Staat im Falle

---

[296] Zu der hierbei drohenden „juristischen Teufelsküche" vgl. *Kokott*, Das Steuerrecht der Europäischen Union, § 3 Rn. 229 ff.

[297] Grundlegend EuGH v. 23.2.1961 – C-30/59, De Gezamenlijke Steenkolenmijnen in Limburg, ECLI:EU:C:1961:2, S. 42 zum Beihilfenverbot der Europäischen Gemeinschaft für Kohle und Stahl; zur seitdem st. Rspr. vgl. EuGH v. 27.6.2017 – C-74/16, Congregación de Escuelas Pías Provincia Betania, ECLI:EU:C:2017:496, Rn. 66; v. 15.11.2011 – C-106/09 P und C-107/09 P, Kommission und Spanien/Gibraltar und Vereinigtes Königreich, ECLI:EU:C:2011:732, Rn. 71; v. 8.11.2001 – C-143/99, Adria-Wien Pipeline und Wietersdorfer & Peggauer Zementwerke, ECLI:EU:C:2001:598, Rn. 38; *Musil* in Musil/Weber-Grellet, Europäisches Steuerrecht, Einführung Rn. 140.

[298] *Englisch* in Schaumburg/Englisch, Europäisches Steuerrecht, 2. Aufl. 2020, Rn. 9.4; *Kokott*, Das Steuerrecht der Europäischen Union, § 3 Rn. 140 ff.

[299] Vgl. zum kumulativen Erfordernis EuGH v. 16.5.2002 – C-482/99, Frankreich/Kommission, ECLI:EU:C:2002:294, Rn. 24.

[300] Das Kriterium der staatlichen Beihilfe dient insbesondere der Abgrenzung zur nicht unter Art. 107 Abs. 1 AEUV fallenden Unionsbeihilfe, vgl. hierzu weiter *Englisch* in Schaumburg/Englisch, Europäisches Steuerrecht, 2. Aufl. 2020, Rn. 9.39 ff. Siehe auch *Kokott*, Das Steuerrecht der Europäischen Union, § 3 Rn. 150.

der Ausnahmen im Anwendungsbereich der GloBE-Regeln auf Steuereinnahmen, was einer Verwendung staatlicher Mittel im Rahmen von Steuerausgaben grundsätzlich gleichzusetzen ist.[301]

6.4.3 Gewährung eines selektiven Vorteils

Im Rahmen der Überprüfung einer steuerlichen Maßnahme anhand des Beihilfeverbots ist daher nun zu untersuchen, ob die GloBE-Regeln bestimmten Unternehmen oder Produktionszweigen einen selektiven Vorteil in Form einer steuerlichen Entlastung gewähren.[302]

6.4.3.1 Vorteil

Als staatliche Beihilfen im Rahmen steuerlicher Maßnahmen kommen etwa die Minderung der Bemessungsgrundlage durch Gewährung erhöhter Abschreibungen, ein Steuererlass, besondere Verrechnungspreisregelungen, der Verzicht auf die übliche Quellenbesteuerung, Steuersatzermäßigungen und Steuerbefreiungen in Betracht.[303] Die Erhebung von Top-up Tax im Rahmen der GloBE-Regeln führt für sich genommen zwar zu keiner Begünstigung, sondern ganz im Gegenteil zu einer Belastung der im Anwendungsbereich befindlichen Unternehmen. Eine Beihilfe i. S. d. Art. 107 Abs. 1 AEUV kann aber auch (ausnahmsweise) in der gezielten steuerlichen Mehrbelastung von unmittelbaren Wettbewerbern

---

[301] Vgl. bspw. EuGH v. 19.9.2000 – C-156/98, Deutschland/Kommission, ECLI:EU:C:2000:467, Rn. 26; v. 15.3.1994 – C-387/92, Banco Exterior de España, ECLI:EU:C:1994:100, Rn. 13 f.; siehe auch EuGH v. 1.12.1998 – C-200/97, Ecotrade, ECLI:EU:C:1998:579, Rn. 45; v. 2.7.1974 – C-173/73, Italien/Kommission, ECLI:EU:C:1974:71, Rn. 33, 35; Bekanntmachung der Kommission zum Begriff der staatlichen Beihilfe im Sinne des Artikels 107 Absatz 1 des Vertrags über die Arbeitsweise der Europäischen Union, ABl. EU 2016/C 262/01, Rn. 51; *Hey/Kirchhof/Ismer* in Herrmann/Heuer/Raupach, 310. Lief. 2022, Einführung zum EStG Rn. 512.
[302] Siehe *Englisch* in Schaumburg/Englisch, Europäisches Steuerrecht, 2. Aufl. 2020, Rn. 9.7 ff.
[303] Vgl. EuGH v. 24.1.2013 – C-73/11 P, Frucona Košice, ECLI:EU:C:2013:32; v. 22.6.2006 – C-182/03 und C-217/03, Belgien und Forum 187, ECLI:EU:C:2006:416, Rn. 95 ff., 109 ff.; EuG v. 9.9.2009 – T-227/01 u. a., Territorio Histórico de Álava u. a., ECLI:EU:T:2009:315, Rn. 126. Für weitere Beispiele steuerlicher Beihilfemöglichkeiten vgl. *Englisch* in Schaumburg/Englisch, Europäisches Steuerrecht, 2. Aufl. 2020, Rn. 9.12.

gesehen werden.[304] Die GloBE-Regeln können hierbei in der Hinsicht als Beihilfe bzw. als Gewährung eines Vorteils angesehen werden, als der Großteil aller Unternehmen[305] aufgrund der Umsatzschwelle von den neuen Vorschriften und der Erhebung von Top-up Tax unberührt bleibt. Auch wenn die IIR dem Statement vom 8.10.2021 zufolge von einem Staat ebenfalls auf Konzerne mit einem geringeren Umsatz angewendet werden kann,[306] ist nicht ausgemacht, dass Deutschland von dieser Option Gebrauch machen würde. Zum anderen bestünden dann zumindest im Hinblick auf die UTPR noch dieselben Bedenken. Eine Vorteilsgewährung liegt demnach in jedem Falle vor.[307] Einen weiteren Vorteil erhalten zudem Unternehmen, die als Excluded Entities trotz Zugehörigkeit zu einem die Umsatzschwelle überschreitenden Konzern von der Anwendung der Mindeststeuer verschont bleiben.

6.4.3.2 Selektivität

Anschließend ist jedoch zu beurteilen, ob auch das Kriterium der Selektivität erfüllt ist, also eine steuerliche Maßnahme zu einem selektiven Vorteil führt, der bestimmte Unternehmen oder Produktionszweige gegenüber anderen Unternehmen oder Produktionszweigen begünstigt, obwohl diese sich angesichts des Zwecks der Maßnahme rechtlich und tatsächlich in einer vergleichbaren Situation befinden.[308] Die Prüfung erfolgt hierbei grundsätzlich dreistufig. Zunächst ist das nationale Referenzsystem, also die in dem betreffenden Mitgliedstaat geltende allgemeine oder „normale" Steuerregelung (Regelbesteuerung) zu bestimmen, welche den Maßstab der weiteren Prüfungsebenen bestimmt

---

[304] *Englisch* in Schaumburg/Englisch, Europäisches Steuerrecht, 2. Aufl. 2020, Rn. 9.14; *Hey/Kirchhof/Ismer* in Herrmann/Heuer/Raupach, 310. Lief. 2022, Einführung zum EStG Rn. 513.

[305] Allein von den multinationalen Konzernen sollen ca. 85 % bis 90 % aufgrund der Umsatzschwelle aus dem Anwendungsbereich der GloBE-Regeln fallen, vgl. OECD (2020), Tax Challenges Arising from Digitalisation – Report on Pillar Two Blueprint, Rn. 117. Dieser Wert wird sich aufgrund der laut Modellregeln nun vorzunehmenden Vierjahresbetrachtung nicht signifikant ändern.

[306] OECD (2021), Statement on a Two-Pillar Solution to Address the Tax Challenges Arising from the Digitalisation of the Economy v. 8.10.2021, S. 4.

[307] In diesem Kontext kann bspw. auch auf Steuerbefreiungen in § 5 KStG verwiesen werden, bei denen das Vorliegen einer Beihilfe ebenfalls vertreten wird, vgl. *Märtens* in Gosch, 4. Aufl. 2020, § 5 KStG Rn. 15 f.; *Böwing-Schmalenbrock* in Brandis/Heuermann, 160. EL 2021, § 5 KStG Rn. 13a.

[308] EuGH v. 8.11.2001 – C-143/99, Adria-Wien Pipeline und Wietersdorfer & Peggauer Zementwerke, ECLI:EU:C:2001:598, Rn. 41; *Hey/Kirchhof/Ismer* in Herrmann/Heuer/Raupach, 310. Lief. 2022, Einführung zum EStG Rn. 514.

6.4 Verstoß gegen das Beihilfeverbot?

("benchmarking").[309] In einem zweiten Schritt ist festzustellen, ob hiervon eine Ausnahme bzw. Abweichung besteht, die dazu führt, dass Unternehmen unterschiedlich behandelt werden, obwohl sie sich im Hinblick auf das mit der Referenzsteuerregelung verfolgte Ziel in einer rechtlich und tatsächlich vergleichbaren Lage befinden.[310] Abschließend ist zu prüfen, ob die Abweichung durch die Natur oder den inneren Aufbau des entsprechenden Systems gerechtfertigt werden kann, weil sie unmittelbar auf dessen Grund- und Leitprinzipien beruht.[311]

Bereits die Beantwortung der Frage nach dem Referenzsystem ist wegweisend für die Feststellung einer Beihilfe, eröffnet zugleich aber Spielräume, die ein gewisses Maß an Beliebigkeit entstehen lassen.[312] Im Hinblick auf die GloBE-Regeln kommen grundsätzlich zwei Möglichkeiten in Betracht. So kann einerseits die allgemeine Unternehmensbesteuerung (nach EStG und KStG) als Referenzsystem angeführt werden, zum anderen die Besteuerung nach den speziellen GloBE-Regeln. Soweit die allgemeine Ertragsbesteuerung von Unternehmen als Maßstab genutzt wird, kann die Ausnahme bestimmter Unternehmen vom Anwendungsbereich der GloBE-Regeln nicht als Abweichung vom Referenzsystem betrachtet werden, da die Unternehmen gerade dann wieder den allgemeinen Regeln unterliegen. Anders stellt sich dies dar, wenn die GloBE-Regeln als Bezugsrahmen festgelegt werden.[313] In diesem Fall könnte einerseits in der

---

[309] EuGH v. 18.7.2013 – C-6/12, P Oy, ECLI:EU:C:2013:525, Rn. 19; v. 8.9.2011 – C-78/08 bis C-80/08, Paint Graphos u. a., ECLI:EU:C:2011:550, Rn. 49; *Hey/Kirchhof/Ismer* in Herrmann/Heuer/Raupach, 310. Lief. 2022, Einführung zum EStG Rn. 514; *Kokott*, Das Steuerrecht der Europäischen Union, § 3 Rn. 171.

[310] EuGH v. 18.7.2013 – C-6/12, P Oy, ECLI:EU:C:2013:525, Rn. 19; v. 8.9.2011 – C-78/08 bis C-80/08, Paint Graphos u. a., ECLI:EU:C:2011:550, Rn. 49. Nach *Schön* liegt keine solche Ausnahme bei Änderungen des allgemeinen (Referenz-)Steuersystems vor, also z. B. bei der Einführung, Abschaffung, Erhöhung oder Senkung einer Steuer, selbst wenn diese nur für bestimmte Unternehmen gelten, *Schön*, CMLR 1999, 911 (924 f.).

[311] Vgl. EuGH v. 19.12.2018 – C-374/17, FA B/A-Brauerei, ECLI:EU:C:2018:1024, Rn. 44, 48; v. 18.7.2013 – C-6/12, P Oy, ECLI:EU:C:2013:525, Rn. 22; v. 8.11.2001 – C-143/99, Adria-Wien-Pipeline und Wietersdorfer & Peggauer Zementwerke, ECLI:EU:C:2001:598, Rn.42; zudem Bekanntmachung der Kommission zum Begriff der staatlichen Beihilfe im Sinne des Artikels 107 Absatz 1 des Vertrags über die Arbeitsweise der Europäischen Union, ABl. EU 2016/C 262/01, Rn. 138.

[312] Vgl. *Kokott*, Das Steuerrecht der Europäischen Union, § 3 Rn. 172 ff. und *Soltész*, EuZW 2017, 51 (54 f.), der das Selektivitätskriterium letztlich als „Büchse der Pandora" bezeichnet. Zur konfliktgetragenen Bestimmung des Referenzsystem im Falle der deutschen Sanierungsklausel (§ 8c Abs. 1a KStG) vgl. *Eisendle*, ISR 2018, 315 (317 f.).

[313] Ein belastendes Sonderregime kann nämlich als eigenständiges Referenz(sub)system qualifiziert werden, wenn es eigenen, die allgemeinen Grundsätze ergänzenden Leitprinzipien folgt, vgl. Kommissionsbeschluss v. 2.4.2019, C(2019) 2526 final, Rn. 106 zum

Umsatzschwelle und andererseits in der Befreiung der Excluded Entities eine von den Leitgedanken dieses Referenzsystems abweichende Regelung gesehen werden. Beide Abweichungen würden dieser Annahme zufolge eine materielle Selektivität de jure (a priori) begründen.[314]

Die Befreiung von bestimmten Konzernobergesellschaften und ihrer Holdings ist allerdings dann nicht als selektiver Vorteil anzusehen, wenn ihnen keine in rechtlicher und tatsächlicher Hinsicht vergleichbaren anderen Unternehmen gegenüberstehen, die den GloBE-Regeln unterliegen und dadurch einen Wettbewerbsnachteil erleiden. Nach Auffassung des Autors dürfte dies zumindest überwiegend der Fall sein. Es entspricht zudem dem Wesen der GloBE-Regeln, Steuerbegünstigungen, die in vielen Staaten aus besonderen Gründen gewährt werden und der Zielsetzung der Mindestbesteuerung nicht entgegenstehen, weil sie weder zum internationalen Steuerwettbewerb beitragen noch Anreize zur Gewinnverlagerung bieten, von der Anwendung der Regel auszunehmen. So wurde bereits im Blueprint ausgeführt, dass die Excluded Entities aufgrund von verschiedenen Grundprinzipien („key principles") von der Anwendung der GloBE-Regeln befreit werden, nämlich weil die steuerpolitischen Gründe hinter der nationalen Niedrig- oder Nichtbesteuerung solcher Unternehmen und Organisationen mit den steuerpolitischen Zielen von GloBE nicht in Konflikt stehen[315] und sie zudem eine Vereinfachung der Regeln bewirken.[316] Nach Auffassung des Autors stellt die besondere Behandlung der Excluded Entities demnach mangels selektiver Vorteilsgewährung keine verbotene Beihilfe dar.

CFC-Regime des Vereinigten Königreichs; *Englisch* in Schaumburg/Englisch, Europäisches Steuerrecht, 2. Aufl. 2020, Rn. 9.29. In ähnlicher Form ist auch die Ausnahmeregelung des § 4j Abs. 1 Satz 4 EStG als potenzielle Beihilfe betrachtet worden, weil als Referenzsystem die besondere Bestimmung des § 4j EStG (Abzugsbeschränkung) gewählt werden könne, vgl. *Max/Thiede*, StB 2017, 175 (180). Ablehnend in diesem Fall *Hagemann/Kahlenberg* in Herrmann/Heuer/Raupach, 310. Lief. 2022, § 4j EStG Rn. 5.

[314] Vgl. Bekanntmachung der Kommission zum Begriff der staatlichen Beihilfe im Sinne des Artikels 107 Absatz 1 des Vertrags über die Arbeitsweise der Europäischen Union, ABl. EU 2016/C 262/01, Rn. 120 f.

[315] So verfolgt etwa die nationale Steuerbegünstigung von Investmentfonds nicht das Ziel, Unternehmensgewinne ins eigene Land zu locken, sondern die Investoren so zu stellen, als hätten sie genauso wie andere Marktteilnehmer direkt in das entsprechende Unternehmen investiert, OECD (2020), Tax Challenges Arising from Digitalisation – Report on Pillar Two Blueprint, Rn. 76 f.

[316] OECD (2020), Tax Challenges Arising from Digitalisation – Report on Pillar Two Blueprint, Rn. 73; siehe auch *Nogueira/Turina*, Pillar Two and EU Law, in: Perdelwitz/Turina, Global Minimum Taxation?, S. 306.

6.4 Verstoß gegen das Beihilfeverbot?

Soweit die GloBE-Regeln zur Folge haben, dass Unternehmen, die miteinander unmittelbar im Wettbewerb stehen, aber aufgrund der Umsatzschwelle i. H. v. 750 Mio. Euro nicht gleichermaßen in den Anwendungsbereich der GloBE-Regeln fallen, unterschiedlich behandelt werden, ist hingegen von einer selektiven Begünstigung der nicht erfassten Unternehmen auszugehen.[317] Dass damit tatsächlich ein Großteil aller (multinational agierenden) Unternehmen von den GloBE-Regeln ausgeschlossen wird und somit eher von einer „selektiven Benachteiligung der Minderheit"[318] gesprochen werden kann, schadet nach ständiger Rechtsprechung des EuGH nicht.[319] Eine Rechtfertigung dieses a priori selektiven Vorteils kommt allerdings in Betracht, wenn dieser Vorteil das folgerichtige Ergebnis der Grund- oder Leitprinzipien des Referenzsteuersystems darstellt.[320] Hierbei kann eine Rechtfertigung einerseits damit begründet werden, dass der Steuervorteil lediglich im Rahmen einer folgerichtigen Anpassung des allgemeinen Systems an die besonderen Merkmale einer Branche, bestimmter Unternehmen oder Transaktionen gewährt wird.[321] Andererseits kann sich die

---

[317] Anders als von *Brokelind*, BIT 2021, No. 5 zu Säule 1 vertreten, kann die neuste Rspr. des EuGH v. 16.3.2021 – C-562/19, Kommission/Polen, ECLI:EU:C:2021:201 im Rahmen von Säule 2 nicht herangezogen werden, um im Falle einer Umsatzschwelle generell von der Vereinbarkeit mit dem Beihilfeverbot ausgehen zu können. Denn das Urteil dort hatte eine progressive polnische Einzelhandelssteuer zum Gegenstand, bei welcher der monatliche Umsatz die Bemessungsgrundlage bildete. Damit besteht keine Vergleichbarkeit zu den GloBE-Regeln.

[318] *Kokott*, Das Steuerrecht der Europäischen Union, § 3 Rn. 169.

[319] Vgl. EuGH v. 19.12.2018 – C-374/17, FA B/A-Brauerei, ECLI:EU:C:2018:1024, Rn. 25 ff.; v. 21.12.2016 – C-20/15 P, World Duty Free, ECLI:EU:C:2016:981, Rn. 70 f., 80; v. 8.9.2011 – C-279/08 P, Kommission/Niederlande, ECLI:EU:C:2011:511, Rn. 50; v. 13.2.2003 – C-409/00, Spanien/Kommission, ECLI:EU:C:2003, Rn. 48; *Englisch* in Tipke/Lang, Steuerrecht, 24. Aufl. 2021, § 4 Rn. 117 m. w. N.

[320] Vgl. z. B. EuGH v. 8.9.2011 – C-78/08 bis C-80/08, Paint Graphos u. a., ECLI:EU:C:2011:550, Rn. 69 f.; v. 6.9.2006 – C-88/03, Portugal/Kommission, ECLI:EU:C:2006:511, Rn. 81. Zur Folgerichtigkeit siehe auch die Bekanntmachung der Kommission zum Begriff der staatlichen Beihilfe im Sinne des Artikels 107 Absatz 1 des Vertrags über die Arbeitsweise der Europäischen Union, ABl. EU 2016/C 262/01, Rn. 129. Siehe zudem *Englisch* in Schaumburg/Englisch, Europäisches Steuerrecht, 2. Aufl. 2020, Rn. 9.23.

[321] Vgl. etwa EuGH v. 15.12.2005 – C-66/02, Italien/Kommission, ECLI:EU:C:2005:768, Rn. 101. Externe politische Ziele, die dem System nicht immanent sind, können dagegen nicht geltend gemacht werden, vgl. Bekanntmachung der Kommission zum Begriff der staatlichen Beihilfe im Sinne des Artikels 107 Absatz 1 des Vertrags über die Arbeitsweise der Europäischen Union, ABl. EU 2016/C 262/01, Rn. 138.

Rechtfertigung auch daraus ergeben, dass die begünstigend wirkenden Steuervorschriften als Vereinfachungszwecknormen einen effektiven und verhältnismäßigen Steuervollzug sicherstellen sollen.[322] Im Falle der Umsatzschwelle ist hierbei zunächst festzustellen, dass sich allein aus den Grund- und Leitprinzipien des Referenzsteuersystems keine systemimmanente Rechtfertigung ableiten lässt. Denn die Ziele der GloBE-Regeln sehen vor, dass der Steuerwettbewerb zwischen den Staaten begrenzt und verbleibende Gewinnverlagerungsmöglichkeiten unterbunden werden. Dementsprechend müssten bei konsequenter Verfolgung dieser Ziele aber grundsätzlich alle multinational agierenden Unternehmen und Konzerne von den Regeln erfasst werden, die in der Lage sind, die sich aus dem internationalen Steuerwettbewerb für sie ergebenden Vorteile durch Gewinnverlagerungsmaßnahmen zu nutzen,[323] und dadurch wiederum gewillten Staaten einen Grund liefern, für neue Steueranreize zu sorgen. Denn auch kleinere Konzerne mit einem Umsatz von weniger als 750 Mio. Euro sind durchaus in der Lage, die Effekte des internationalen Steuerwettbewerbs für sich zu nutzen und sich dadurch Wettbewerbsvorteile zu sichern.[324] Es ist allerdings nicht zu leugnen, dass die Umsatzschwelle der Vereinfachung dient. Der Blueprint hat hierbei gleich vier Gründe angeführt, die für die Wahl dieser Grenze sprechen. So werden Synergien erzeugt, weil die GloBE-Regeln über die Umsatzschwelle an die CbCR-Regeln mit ähnlichem Anwendungsbereich angelehnt und weit überwiegend Konzerne erfasst werden, die bereits nach bestehendem Recht zur Konzernbilanzierung verpflichtet sind.[325] Bei diesen großen Konzernen ist folglich schon ein Grundstock der (Ausgangs-)Daten vorhanden, die zur Befolgung und Verwaltung der GloBE-Vorschriften notwendig sind und anderenfalls erst neu gewonnen werden müssten. Hierbei und auch bei den weiteren komplexen Berechnungsschritten könnten kleinere Konzerne über Gebühr belastet werden,

---

[322] Vgl. Bekanntmachung der Kommission zum Begriff der staatlichen Beihilfe im Sinne des Artikels 107 Absatz 1 des Vertrags über die Arbeitsweise der Europäischen Union, ABl. EU 2016/C 262/01, Rn. 138 ff. und 182 sowie z. B. Kommissionsbeschluss v. 2.4.2019, C(2019) 2526 final, Rn. 160 zum CFC-Regime des Vereinigten Königreichs; *Englisch* in Schaumburg/Englisch, Europäisches Steuerrecht, 2. Aufl. 2020, Rn. 9.23.

[323] Vgl. zur besonderen Behandlung von Missbrauchsbekämpfungsvorschriften auch Bekanntmachung der Kommission zum Begriff der staatlichen Beihilfe im Sinne des Artikels 107 Absatz 1 des Vertrags über die Arbeitsweise der Europäischen Union, ABl. EU 2016/C 262/01, Rn. 183; *Kokott*, ISR 2017, 395 (396).

[324] Abgegrenzt werden muss hierbei von rein national agierenden Unternehmen, die diese Möglichkeiten nicht haben und folglich eher einen Wettbewerbsnachteil gegenüber ihrer international tätigen Konkurrenz erleiden.

[325] Vgl. OECD (2020), Tax Challenges Arising from Digitalisation – Report on Pillar Two Blueprint, Rn. 115 f.

6.4 Verstoß gegen das Beihilfeverbot? 213

ohne dass dies in erheblichem Maße zu einer Verbesserung der mit GloBE anvisierten Effekte führen würde.[326] Zwar kann sicherlich bestritten werden, dass die Umsatzschwelle in der Höhe von 750 Mio. Euro tatsächlich notwendig ist und nicht auch niedriger angesetzt werden könnte, um einen effektiven und verhältnismäßigen Steuervollzug sicherzustellen. Dem deutschen Gesetzgeber ist allerdings aufgrund des breiten Anwendungsbereichs der Ausnahmeregelung eine nicht unerhebliche Wertungsprärogative zuzugestehen,[327] die die aktuell anvisierte Grenzsetzung decken dürfte.

Auch soweit man die Rechtsprechung des EuGH in den Rechtssachen *Ferring*[328] und *Laboratoires Boiron*[329] dahingehend versteht, dass eine abgabenrechtliche Sonderbelastung zumindest dann als verbotene Beihilfe angesehen werden kann, wenn die sonderbelasteten und die davon ausgenommenen Unternehmen in unmittelbarem Wettbewerb miteinander stehen und der Gesetzgeber mit der Sonderabgabe auch das Ziel verfolgt, auf diese Wettbewerbssituation Einfluss zu nehmen,[330] ist eine Beihilfe im Hinblick auf die Umsatzschwelle abzulehnen. Denn die GloBE-Regeln haben gerade nicht das Ziel, auf den unmittelbaren Wettbewerb zwischen verschiedenen multinationalen Konzernen Einfluss zu nehmen, da diesen grundsätzlich unabhängig von ihrem Umsatz zumindest vergleichbare Möglichkeiten zur legalen Steuervermeidung zur Verfügung stehen und insofern kein Handlungsbedarf des Gesetzgebers erwächst. Im Fokus steht aus wettbewerblicher Perspektive vielmehr die Benachteiligung von rein inländisch tätigen Unternehmen, denen eine auf Gewinnverlagerungsmöglichkeiten beruhende Reduzierung der Steuerlast nicht zur Verfügung steht. Zudem kann in diesem Sinne wie bei der EuGH-Entscheidung zur Kernbrennstoffsteuer eine verbotene Beihilfe verneint werden, wenn die Steuer daneben noch andere Ziele verfolgt, die die Begrenzung des Anwendungsbereichs rechtfertigen.[331] Dies ist

---

[326] Vgl. OECD (2020), Tax Challenges Arising from Digitalisation – Report on Pillar Two Blueprint, Rn. 117 f.

[327] Vgl. hierzu *Englisch* in Schaumburg/Englisch, Europäisches Steuerrecht, 2. Aufl. 2020, Rn. 9.30.

[328] EuGH v. 22.11.2001 – C-53/00, Ferring, ECLI:EU:C:2001:627, Rn. 14 ff.

[329] EuGH v. 7.9.2006 – C-526/04 – Laboratoires Boiron, ECLI:EU:C:2006:528, Rn. 27 ff.

[330] So *Englisch* in Schaumburg/Englisch, Europäisches Steuerrecht, 2. Aufl. 2020, Rn. 9.14. Denn zumindest unter diesen Voraussetzungen könne eine punktuelle Sonderbelastung bei den nicht davon erfassten Konkurrenten Wettbewerbsvorteile begründen, die auch Auswirkungen auf deren Position im Binnenmarkthandel haben könnten.

[331] *Englisch* in Schaumburg/Englisch, Europäisches Steuerrecht, 2. Aufl. 2020, Rn. 9.14 unter Verweis auf EuGH v. 4.6.2015 – C-5/14, Kernkraftwerke Lippe-Ems, ECLI:EU:C:2015:354, Rn. 77 ff. und m. w. N. zu den zuvor vertretenen Ansichten.

den obigen Ausführungen im vorgehenden Absatz zufolge bei der Mindeststeuer der Fall.

Folglich darf auch aus der Umsatzschwelle kein selektiver Vorteil abgeleitet werden. Auf die beiden Voraussetzungen der Beeinträchtigung des Handels zwischen den Mitgliedstaaten und der Wettbewerbsverfälschung[332] sowie die größtenteils ohnehin nicht einschlägigen Ausnahmen in Art. 107 Abs. 2 und 3 AEUV kommt es daher nicht mehr an. Der Rat könnte die oben genannte Beihilfe anderenfalls allerdings gemäß Art. 107 Abs. 3 Buchst. e) AEUV durch Beschluss auf Vorschlag der Kommission als mit dem Binnenmarkt vereinbar erklären. Dies wäre vor dem Hintergrund, dass derzeit ein EU-Richtlinienvorschlag im Raum steht, welcher die GloBE-Regeln ebenfalls mit diesen Ausnahmen vorsieht, nicht unwahrscheinlich.

6.4.4 Zwischenergebnis

Es würde einen gewissen Widerspruch in sich bergen, wenn das Beihilfeverbot, welches derzeit vermehrt von der Kommission herangezogen wird, um fairen Steuerwettbewerb zu ermöglichen,[333] nun eine von der Zielsetzung gleichgerichtete Maßnahme gerade an diesem Maßstab scheitern lassen würde. Wie soeben gezeigt, ist allerdings das Kriterium der Selektivität im Falle der Ausnahmen vom Anwendungsbereich der GloBE-Regeln nicht erfüllt, sodass die Frage nach einem Verstoß gegen das Beihilfeverbot zu verneinen ist. Dies ist auch vor dem Hintergrund positiv zu bewerten, dass die Kommission ihre Kapazitäten nach Implementierung der GloBE-Regeln für die Überprüfung neuer Direktsubventionen bereithalten kann, welche die im internationalen Standortwettbewerb dann nicht mehr so attraktiven Steueranreize möglicherweise zu kompensieren versuchen.[334]

---

[332] Diese beiden Voraussetzungen werden grundsätzlich sehr weit ausgelegt und sind daher bislang fast stets bejaht worden, vgl. *Hey/Kirchhof/Ismer* in Herrmann/Heuer/Raupach, 310. Lief. 2022, Einführung zum EStG Rn. 515, *Kokott*, Das Steuerrecht der Europäischen Union, § 3 Rn. 209, siehe dort aber auch zu den neueren Entwicklungen die Rn. 210 ff.

[333] Vgl. *Kokott*, Das Steuerrecht der Europäischen Union, § 3 Rn. 243.

[334] Eine solche Entwicklung erwarten auch *Esakova/Rapp*, DStR 2021, 2047 (2051).

6.5 Zur Vereinbarkeit mit ausgewählten Richtlinien

Nachfolgend wird untersucht, inwiefern auch das Sekundärrecht der Europäischen Union einer Umsetzung der GloBE-Regeln in nationales Recht entgegenstehen könnte. Hierzu soll das Verhältnis der GloBE-Regeln zur Mutter-Tochter-Richtlinie, zur Zins- und Lizenzrichtlinie und zur Anti-Steuervermeidungsrichtlinie untersucht werden.

6.5.1 Mutter-Tochter-Richtlinie

6.5.1.1 Regelungsinhalt

Die Mutter-Tochter-Richtlinie (MTRL)[335] hat die steuerneutrale Behandlung von grenzüberschreitenden Gewinnausschüttungen zwischen Mutter- und Tochterkapitalgesellschaften (und deren Betriebsstätten) innerhalb der EU zum Ziel, um eine steuerliche Mehrfachbelastung sowie Kaskadeneffekte zu vermeiden und hierdurch Zusammenschlüsse von Gesellschaften innerhalb der EU zu erleichtern.[336] Hierzu wird die ausschüttende Tochtergesellschaft einerseits vom Quellensteuerabzug in ihrem Ansässigkeitsstaat befreit, sodass die beschränkt steuerpflichtige Muttergesellschaft dort keiner Besteuerung unterliegt (Art. 5 MTRL). Andererseits muss der Ansässigkeitsstaat der Muttergesellschaft grenzüberschreitend ausgeschüttete Gewinne entweder von der Besteuerung freistellen oder eine indirekte Anrechnung gewähren (Art. 4 Abs. 1 MTRL). Gemäß Art. 3 Abs. 1 Buchst. a) MTRL muss die Muttergesellschaft dafür jedoch zu mindestens 10 % an der Tochtergesellschaft beteiligt sein (Stimmrechte oder Kapitalanteile). Nur dann bleibt es bei der einmaligen Besteuerung der Unternehmensgewinne auf Ebene der Tochtergesellschaft.

---

[335] RL 2011/96/EU; zuletzt geändert durch RL 2015/121/EU. Die Richtlinie wurde in Deutschland über §§ 8b EStG für die empfangende Muttergesellschaft und über §§ 43b und 50c Abs. 2 EStG für die ausschüttende Tochtergesellschaft umgesetzt, vgl. *Weggenmann/ Köstler* in Pelka/Petersen, Beck´sches Steuerberater-Handbuch 2021/2022, H. Steuerrecht europäischer Staaten und anderer wichtiger Industriestaaten, Rn. 28 ff.; *Weber-Grellet* in Musil/Weber-Grellet, Europäisches Steuerrecht, Vor Art. 1 Mutter-Tochter-RL, Rn. 45; *Kofler* in Schaumburg/Englisch, Europäisches Steuerrecht, 2. Aufl. 2020, Rn. 14.89 ff.

[336] *Weggenmann/Köstler* in Pelka/Petersen, Beck´sches Steuerberater-Handbuch 2021/2022, H. Steuerrecht europäischer Staaten und anderer wichtiger Industriestaaten, Rn. 27; *Kofler* in Schaumburg/Englisch, Europäisches Steuerrecht, 2. Aufl. 2020, Rn. 14.3; *Hey/Kirchhof/ Ismer* in Herrmann/Heuer/Raupach, 310. Lief. 2022, Einführung zum EStG Rn. 541; *Schiefer*, IWB 2015, 352.

6.5.1.2 Verhältnis zu GloBE

Da sich die Anwendungsbereiche der MTRL und der GloBE-Regeln zumindest überschneiden,[337] besteht Konfliktpotential. Bei Betrachtung der IIR, die zu einer Art Hinzurechnungsbesteuerung führt und damit (noch) nicht ausgeschüttete Gewinne im Ansässigkeitsstaat der Muttergesellschaft besteuert, stellt sich die Frage, ob diese mit Art. 4 MTRL vereinbar ist.[338] Denn die Hinzurechnung von Gewinnen führt wirtschaftlich zu demselben Ergebnis wie die tatsächliche Ausschüttung an die Muttergesellschaft.[339] Folglich besteht die Gefahr einer Umgehung der MTRL, sollte diese nicht eine steuerliche Befreiung oder Anrechnung auch bei fiktiven Gewinnausschüttungen im Rahmen der IIR vorsehen. Der EuGH hat dies zumindest im Fall *Cadbury Schweppes* nicht aufgegriffen und ist damit stillschweigend den Ausführungen des Generalanwalts *Léger* gefolgt, welcher die MTRL für nicht einschlägig erachtete, da die in diesem Fall zur Überprüfung gestellte Hinzurechnungsbesteuerung des Vereinigten Königreichs anders als die MTRL nicht „auf die Einführung eines gemeinsamen Systems zur Besteuerung von einer Tochtergesellschaft ausgeschütteter Gewinne gerichtet" sei.[340] Wird dieser formalen Betrachtungsweise weiterhin gefolgt, wäre auch die IIR mit Art. 4 MTRL vereinbar. Eine Lösung über die Ausnahmeregelung des Art. 1 Abs. 2 MTRL, die in solchen Fällen in der Literatur vertreten wird und einen Gleichlauf zwischen Art. 1 Abs. 2 MTRL und dem Rechtfertigungsgrund der Missbrauchsbekämpfung herstellt,[341] scheidet vorliegend dagegen aus, da die IIR nicht auf rein künstliche Gestaltungen beschränkt ist. Auch die Ausnahmeregelung des Art. 4 Abs. 4 MTRL ist nicht einschlägig, da durch die rein nationale Umsetzung von GloBE kein umfassendes Körperschaftsteuersystem innerhalb der Union geschaffen wird. Gegen die Unvereinbarkeit mit Art.

---

[337] Der Anwendungsbereich der MTRL ist insoweit weiter gefasst, als er ein Mutter-Tochter-Verhältnis bereits ab einer Kapitalbeteiligung bzw. Stimmrechtsinhaberschaft i. H. v. 10 % annimmt, und insofern enger, als es bei der Beteiligung auf eine Mindesthaltezeit ankommen kann, vgl. Art. 3 MTRL.

[338] *De Broe*, OECD´s Global Anti-Base Erosion Proposal – Pillar Two Raises Fundamental Concerns of Compatibility with EU Law, S. 8 verneint dies. Ebenfalls kritisch: *Nogueira*, WTJ 2020, 465 (491), der das Einfügen einer Ausnahmeregelung in die MTRL für erforderlich hält.

[339] Vgl. *Lampert* in Musil/Weber-Grellet, Europäisches Steuerrecht, § 14 AStG Rn. 22 zum Verhältnis zwischen der deutschen Hinzurechnungsbesteuerung in §§ 7 ff. AStG und der MTRL.

[340] Schlussanträge des GA Léger v. 2.5.2006 – C-196/04, Cardbury Schweppes, ECLI:EU:C:2006:278, Rn. 7; *Lampert* in Musil/Weber-Grellet, Europäisches Steuerrecht, § 14 AStG Rn. 22.

[341] Vgl. *Lampert* in Musil/Weber-Grellet, Europäisches Steuerrecht, § 14 AStG Rn. 22.

6.5 Zur Vereinbarkeit mit ausgewählten Richtlinien

4 MTRL spricht jedoch auch, dass der Zweck der MTRL durch die Anwendung der IIR häufig wohl nicht gefährdet wird. Dieser liegt in der Sicherstellung einer einmaligen Besteuerung der Unternehmensgewinne auf Ebene der Tochtergesellschaft, um steuerliche Mehrfachbelastungen zu vermeiden. Besteuert der Quellenstaat die von der Tochtergesellschaft erzielten Gewinne überhaupt nicht oder nicht ausreichend i. S. d. Mindeststeuersatzes, kompensiert die IIR lediglich den Besteuerungsausfall auf Ebene der Tochtergesellschaft. Die spätere Gewinnausschüttung bleibt durch die IIR dagegen unberührt, sodass es zu keiner Mehrfachbelastung i. S. d. MTRL kommt. Anders sieht dies aus, wenn die Einkünfte der Tochtergesellschaft lediglich aufgrund der Niedrigbesteuerung anderer Konzerneinheiten im Quellenstaat (Jurisdictional Blending) der Muttergesellschaft über die IIR hinzugerechnet werden. In diesem Fall wären die Einkünfte der Tochtergesellschaft bereits hinreichend vorbesteuert und ein Konflikt von IIR und Art. 4 MTRL denkbar.[342]

Bzgl. der SOR wird es dagegen in keinem Fall zu einer Kollision mit der MTRL kommen, da diese auf andere Anwendungsfälle ausgerichtet ist. Denn die SOR betrifft nur die Verhältnisse zwischen ausländischen Betriebsstätten und ihren Stammhäusern, nicht aber Mutter-Tochter-Verhältnisse i. S. v. Art. 4 Abs. 1.

Bei der Implementierung der UTPR, die im Staat einer Tochtergesellschaft zur Anwendung kommen kann, ist zu differenzieren. Im Falle der Umsetzung über eine Betriebsausgabenabzugsbeschränkung besteht schon aus zwei Gründen kein Konflikt mit der MTRL. Zum einen beträfe ein Abzugsverbot lediglich die Besteuerung der ausschüttenden Tochtergesellschaft, die von der Richtlinie jedoch nicht berührt wird.[343] Zum anderen sind Gewinnausschüttungen nach deutschem Recht nicht als Betriebsausgaben abzugsfähig,[344] sodass eine Abzugsbeschränkung ohnehin ins Leere liefe. Anders könnte dies im Falle einer UTPR-Quellensteuer aussehen, sollte diese auch auf an die Muttergesellschaft ausgeschüttete Gewinne erhoben werden. Dieser Erhebungsform stünde Art. 5 MTRL theoretisch entgegen, soweit der Anwendungsbereich der MTRL betroffen

---

[342] So im Ergebnis auch *Englisch/Becker*, Implementing an International Effective Minimum Tax in the EU, Materialien aus Wirtschaft und Gesellschaft (AK Wien), Heft 224, Juli 2021, S. 77.

[343] Vgl. Schlussanträge des GA Mengozzi v. 31.1.2008 – C-284/06, Burda, ECLI:EU:2008:60, Rn. 55; *Obser*, IStR 2005, 799 (804); *Kofler* in Schaumburg/Englisch, Europäisches Steuerrecht, 2. Aufl. 2020, Rn. 14.82 m. w. N.

[344] Denn diese gehören zur außerbetrieblichen Sphäre der Einkommensverteilung, § 8 Abs. 3 Satz 1 KStG. Vgl. *Hey* in Tipke/Lang, Steuerrecht, 24. Aufl. 2021, § 11 Rn. 45.

wäre.[345] Sollte es allerdings dabei bleiben, dass die UTPR wie schon im Blueprint[346] nur im Falle von abzugsfähigen Zahlungen die Erhebung von Top-up Tax ermöglicht, könnte die UTPR mangels Abzugsfähigkeit von Gewinnausschüttungen in Deutschland nicht zu einer Quellenbesteuerung dieser Zahlungen führen,[347] sodass ein Konflikt ausbliebe.

6.5.2 Zins- und Lizenzrichtlinie

6.5.2.1 Regelungsinhalt

Art. 1 Abs. 1 der Zins- und Lizenzrichtlinie (ZLRL)[348] bestimmt, dass Zinsen und Lizenzgebühren im Quellenstaat von allen darauf erhebbaren Steuern zu befreien sind, sofern der Nutzungsberechtige dieser Zahlungen ein Unternehmen eines anderen Mitgliedstaats oder eine in einem anderen Mitgliedstaat belegene Betriebsstätte eines Unternehmens eines Mitgliedstaats ist. Nach Art. 1 Abs. 7 ZLRL findet dies jedoch nur Anwendung auf verbundene Unternehmen und deren Betriebsstätten. Verbundene Unternehmen sind gemäß Art. 3 Buchst. b) ZLRL

---

[345] So auch *Nogueira*, WTJ 2020, 465 (491); Zum umfassenden Ausschluss einer Quellenbesteuerung siehe auch *Kofler* in Schaumburg/Englisch, Europäisches Steuerrecht, 2. Aufl. 2020, Rn. 14.80 f.; *Hemmerich*, IStR 2019, 294 (295).

[346] Vgl. OECD (2020), Tax Challenges Arising from Digitalisation – Report on Pillar Two Blueprint, Rn. 482, 486. Gewinnausschüttungen begründen grundsätzlich keine abzugsfähigen Zahlungen i. S. d. ersten Allokationsschlüssels und werden daher auch nicht im Nettoaufwand i. S. d. zweiten Allokationsschlüssels berücksichtigt. Abweichende Ansicht hinsichtlich des Blueprints, der nach Auffassung der Autoren keine Quellensteuer vorsehe, *Englisch/Becker*, Implementing an International Effective Minimum Tax in the EU, Materialien aus Wirtschaft und Gesellschaft (AK Wien), Heft 224, Juli 2021, S. 76. Diese Möglichkeit steht nach Ansicht der Autors jedoch auch nach Veröffentlichung der Modellregelungen durchaus noch im Raum.

[347] So auch *Englisch/Becker*, Implementing an International Effective Minimum Tax in the EU, Materialien aus Wirtschaft und Gesellschaft (AK Wien), Heft 224, Juli 2021, S. 76.

[348] RL 2003/49/EG; zuletzt geändert durch RL 2013/13/EU. Die Richtlinie wurde in Deutschland über § 50g und § 50h EStG umgesetzt. Diese Vorschriften sehen vor, dass auf Antrag keine Quellensteuer auf Zins- und Lizenzzahlungen deutscher Unternehmen an verbundene Unternehmen oder deren Betriebsstätten in anderen Mitgliedstaaten erhoben werden, vgl. auch *Weggenmann/Köstler* in Pelka/Petersen, Beck´sches Steuerberater-Handbuch 2021/2022, H. Steuerrecht europäischer Staaten und anderer wichtiger Industriestaaten, Rn. 35 und *Musil* in Musil/Weber-Grellet, Europäisches Steuerrecht, Vor Art. 1 Zinsen-Lizenzgebühren-RL Rn. 7, der die innerstaatliche Wirkung der ZLRL als begrenzt ansieht, da es teilweise günstigere Regelungen des deutschen Rechts und des Abkommensrechts gebe, die nach Art. 9 ZLRL unberührt blieben.

6.5 Zur Vereinbarkeit mit ausgewählten Richtlinien 219

nur solche Unternehmen, die im Gemeinschaftsgebiet niedergelassen sind, und bei denen das eine Unternehmen am anderen eine unmittelbare Kapitalbeteiligung bzw. Stimmrechte i. H. v. mindestens 25 % hält bzw. bei denen dieses Kriterium von einem dritten Unternehmen erfüllt wird.

6.5.2.2 Verhältnis zu GloBE

Hieraus ergibt sich ein potenzieller Konflikt mit der UTPR. Diese ermöglicht dem Quellenstaat die Erhebung von noch nicht über die IIR vereinnahmter Top-up Tax, indem bei der UTPR-steuerpflichtigen Konzerneinheit entweder der Betriebsausgabenabzug eingeschränkt oder auf von ihr ausgehende Zahlungen eine Quellensteuer erhoben wird. Soweit in Deutschland die UTPR als Betriebsausgabenabzugsbeschränkung implementiert werden sollte, steht dem die ZLRL nicht entgegen. Der EuGH hat das Richtlinienziel insofern konkretisiert, als durch das Besteuerungsverbot im Quellenstaat nur die rechtliche und nicht die wirtschaftliche Doppelbesteuerung vermieden werden soll und damit allein der Gläubiger durch die Richtlinie geschützt wird.[349] Der Gläubiger wäre im Falle der UTPR-Abzugsbeschränkung jedoch gar nicht betroffen, da sich diese Rechtsfolge lediglich auf den Vergütungsschuldner auswirkt.[350] Im Falle einer Quellenbesteuerung kann jedoch ein Verstoß gegen Art. 1 Abs. 1 ZLRL gegeben sein, wenn die weiteren Voraussetzungen der ZLRL ebenfalls vorliegen.[351] So ist es möglich, dass eine entsprechende Zins- oder Lizenzzahlung an eine verbundene Person i. S. d. ZLRL geleistet und dadurch die UTPR-Quellensteuer ausgelöst wird. Festzuhalten ist aber auch, dass nicht jede Zins- oder Lizenzzahlung an

---

[349] EuGH v. 21.7.2011 – C-397/09, Scheuten Solar Technology, ECLI:EU:C:2011:499, Rn. 28; BFH v. 7.12.2011 – I R 30/08, DStR 2012, 509 (510); vgl. auch *Musil* in Musil/Weber-Grellet, Europäisches Steuerrecht, Vor Art. 1 Zinsen-Lizenzgebühren-RL Rn. 1; *Hagemann/Kahlenberg*, FR 2017, 1125 (1127).

[350] Zu demselben Ergebnis kommt auch die Literatur hinsichtlich der Abzugsbeschränkungen in § 4j EStG und § 4h EStG, vgl. etwa *Ditz/Quilitzsch*, DStR 2017, 1561 (1567); *Schneider/Junior*, DStR 2017, 417 (425); *Heil/Pupeter*, BB 2017, 795 (800); *Pohl* in Brandis/Heuermann, 160. EL 2021, § 4j EStG Rn. 17; *Max/Thiede*, StB 2017, 175 (180); *Benz/Böhmer*, DB 2017, 206 (210); *van Lück*, IStR 2017, 388 (390); *Oellerich* in Musil/Weber-Grellet, Europäisches Steuerrecht, § 4j EStG Rn. 26 und § 4h EStG Rn. 41; *Hiller*, BB 2011, 2715 (2717); *Hemmerich*, IStR 2019, S. 294 (296); kritisch: *Hagemann/Kahlenberg*, FR 2017, 1125 (1127), die in dem Wechsel zur Abzugsbeschränkung eine Umgehung des Quellensteuerverbots erblicken.

[351] So auch *De Broe*, OECD´s Global Anti-Base Erosion Proposal – Pillar Two Raises Fundamental Concerns of Compatibility with EU Law, S. 8; *Englisch/Becker*, Implementing an International Effective Minimum Tax in the EU, Materialien aus Wirtschaft und Gesellschaft (AK Wien), Heft 224, Juli 2021, S. 79 f.

eine andere Konzerneinheit innerhalb der EU in den Anwendungsbereich der ZLRL fallen wird, da die Voraussetzung des verbundenen Unternehmens in Art. 3 Buchst. b) ZLRL die unmittelbare Beteiligung aneinander oder dieselbe Muttergesellschaft voraussetzt. Dennoch führt dieses Ergebnis zu der Empfehlung, die UTPR zumindest im Anwendungsbereich der ZLRL als Betriebsausgabenabzugsbeschränkung auszugestalten. Die Einführung der UTPR als Quellensteuer wäre ohne Änderung der ZLRL nur möglich, wenn sichergestellt wäre, dass sie sich auf Transaktionen beschränkt, bei denen gemäß Art. 5 Abs. 2 ZLRL zumindest einer der hauptsächlichen Beweggründe die Steuerhinterziehung, Steuerumgehung oder der Missbrauch ist. Legt man hierbei dieselben Kriterien an, die der EuGH im Rahmen der Rechtfertigung von Grundfreiheitsbeschränkungen verwendet (Beschränkung auf rein künstliche Gestaltungen),[352] kann dies bezweifelt werden. Alternativ könnte die ZLRL unter Berücksichtigung des Einstimmigkeitserfordernisses um eine Ausnahme (etwa in Art. 4 oder 5 ZLRL) erweitert werden, um eine Besteuerung der Zahlungsempfängerin durch den Quellenstaat i. R. d. UTPR zu ermöglichen.

6.5.3 Anti-Steuervermeidungsrichtlinie

6.5.3.1 Regelungsinhalt

Die Anti-Steuervermeidungsrichtlinie (ATAD)[353] verfolgt das Ziel, unfairen Steuerwettbewerb und aggressive Steuergestaltungen zu unterbinden[354] und kann als Kind des BEPS-Projekts betrachtet werden. Sie enthält hierfür fünf überwiegend voneinander unabhängige Regelungen, und zwar zur Begrenzung der Abzugsfähigkeit von Zinsaufwendungen (Art. 4 ATAD), zur Wegzugsbesteuerung (Art. 5 ATAD), zur Hinzurechnungsbesteuerung (Art. 7 und 8 ATAD),

---

[352] So *Musil* in Musil/Weber-Grellet, Europäisches Steuerrecht, Art. 5 ZLRL Rn. 5; *Kofler* in Schaumburg/Englisch, Europäisches Steuerrecht, 2. Aufl. 2020, Rn. 15.27 f.

[353] RL 2016/1164/EU (ATAD I), geändert durch RL 2017/952/EU vom 29. Mai 2017 (ATAD II). ATAD steht für „Anti Tax Avoidance Directive". Der Anpassungsbedarf im deutschen Steuerrecht war als eher moderat anzusehen, da Deutschland bereits zuvor relativ robuste steuerliche Abwehrregelungen besaß, die den Mindestanforderungen der ATAD mehr oder weniger entsprachen, vgl. etwa § 4h EStG i. V. m. 8a KStG (Zinsschranke), 42 AO (allgemeine Anti-Missbrauchsregelung), §§ 7 ff. AStG (Hinzurechnungsbesteuerung), siehe auch *Fehling* in Schaumburg/Englisch, Europäisches Steuerrecht, 2. Aufl. 2020, Rn. 17.105 ff. Der größte Neuregelungsbedarf ist vermutlich im Bereich der hybriden Gestaltungen zu sehen, dem der Gesetzgeber mit Einführung des § 4k EStG nachgekommen sein dürfte.

[354] *Fehling* in Schaumburg/Englisch, Europäisches Steuerrecht, 2. Aufl. 2020, Rn. 17.27.

zur Bekämpfung hybrider Gestaltungen (Art. 9 bis 9b ATAD) sowie eine allgemeine Anti-Missbrauchsregelung (Art. 6 ATAD). Der Anwendungsbereich ist nach Art. 1 Abs. 1 ATAD auf in einem Mitgliedstaat körperschaftsteuerpflichtige Körperschaften und Betriebsstätten begrenzt.[355]

6.5.3.2 Verhältnis zu GloBE

Anders als die beiden zuvor behandelten Richtlinien enthält die ATAD keine Besteuerungsverbote für die Mitgliedstaaten, sondern schreibt umgekehrt in bestimmten Missbrauchsfällen die Besteuerung vor. Hierbei begründen die einzelnen Regelungen der ATAD lediglich ein Mindestschutzniveau und schließen insofern strengere Vorschriften durch die Mitgliedstaaten nicht aus, Art. 3 Abs. 3 ATAD. Daraus folgt, dass die Erhebung der Top-up Tax i. R. d. GloBE-Regeln grundsätzlich nicht in Konflikt mit der ATAD geraten dürfte. So begründen die Bestimmungen in Art. 4 ATAD zur Zinsschranke etwa nicht die Schlussfolgerung, dass die UTPR nicht auf Zinszahlungen zwischen Konzerneinheiten angewendet werden darf. Auch stehen die Art. 7 und 8 ATAD zur Hinzurechnungsbesteuerung nicht der Anwendung der IIR entgegen.[356] Die Regelungen treten vielmehr nebeneinander. Es kann daher jedoch zu Überschneidungen der Anwendungsbereiche kommen, sodass sichergestellt werden muss, dass die ins nationale Recht umgesetzten ATAD-Vorschriften zuerst Anwendung finden bzw. die in diesem Rahmen erhobenen Steuern in der ETR-Ermittlung nach GloBE berücksichtigt werden, um Doppelbesteuerung zu vermeiden.[357] Nach Auffassung des Autors ist dies aufgrund der Regelung in Art. 4 (insb. Art. 4.2 sowie 4.3.2 und 4.3.3) der Modellregeln gewährleistet.

---

[355] Diese Begrenzung ist insofern nachvollziehbar, als Personengesellschaften außerhalb Deutschlands bei grenzüberschreitenden Sachverhalten keine wesentliche Bedeutung zukommt und ihre Einbeziehung daher unverhältnismäßig wäre, *Musil* in Musil/Weber-Grellet, Europäisches Steuerrecht, Art. 1 BEPS-RL Rn. 1 f. Siehe aber Art. 1 Abs. 2 ATAD zur Einbeziehung steuerlich transparents behandelter Unternehmen i. R. v. Art. 9a ATAD.

[356] So bedarf es nach Auffassung des Autors auch keines Aktivitätstests in der IIR wie in Art. 7 Abs. 2 Satz 2 ATAD, da das Regelungsanliegen und die Herangehensweise der IIR eine andere ist und der Aktivitätstest als Ausnahmeregelung spezifisch auf den Katalog passiver Einkünfte in Abs. 2 Buchst. a zugeschnitten ist.

[357] So auch *Nogueira*, WTJ 2020, 465 (490). Für eine ausführliche Analyse mit Bezug zum Blueprint siehe *Englisch/Becker*, Implementing an International Effective Minimum Tax in the EU, Materialien aus Wirtschaft und Gesellschaft (AK Wien), Heft 224, Juli 2021, S. 67 ff.

6.5.4 Zwischenergebnis

In Bezug auf die MTRL dürfte es bei Beibehaltung der formalen Betrachtungsweise durch den EuGH zu keinem Konflikt zwischen einer deutschen IIR und Art. 4 MTRL kommen. Dies trifft auch auf eine mögliche SOR zu. Die UTPR führt aufgrund ihres auf abzugsfähige Zahlungen beschränkten Anwendungsbereichs ebenfalls zu keinem Verstoß gegen die MTRL. Hinsichtlich der ZLRL ist festzustellen, dass für die rechtssichere Implementierung der UTPR derzeit nur die Erhebungsform der Abzugsbeschränkung in Betracht kommt. Für die Einführung der UTPR in Form einer Quellensteuer bedürfte es dagegen der Änderung der ZLRL, die jedoch gemäß Art. 115 AEUV Einstimmigkeit der Mitgliedstaaten voraussetzt.[358] Im Hinblick auf die ATAD bestehen für die Umsetzung der GloBE-Regeln in deutsches Recht keine rechtlichen Bedenken.

6.6 Ergebnis der unionsrechtlichen Untersuchung

IIR und SOR sind je nach konkretem Einzelfall entweder an der Niederlassungs- oder an der Kapitalverkehrsfreiheit zu messen. Dies trifft auch auf die UTPR zu, für welche abhängig von der konkreten Ausgestaltung der Erhebungsregelung zudem die Dienstleistungsfreiheit einschlägig sein kann. Sofern IIR und UTPR in Deutschland nur bei grenzüberschreitenden Konstellationen bzw. in Fällen ausländischer Niedrigbesteuerung zur Anwendung kommen, führt dies zu einer offenen Diskriminierung und begründet dadurch eine Beschränkung der einschlägigen Grundfreiheiten. Wird der Anwendungsbereich der beiden Regelungen auf inländische Fälle der Niedrigbesteuerung ausgeweitet, begründet dies sowohl unter der Anlegung eines quantitativen als auch eines qualitativen Maßstabs eine versteckte bzw. mittelbare Diskriminierung. Die SOR wie auch die Umsatzschwelle der GloBE-Regeln begründen im Übrigen für sich genommen jeweils keine Beschränkung der Grundfreiheiten. Eine Rechtfertigung der vorliegenden Diskriminierungen über die bisher vom EuGH als zwingende Gründe des Allgemeininteresses anerkannten Rechtfertigungsgründe gelingt nicht. Insbesondere der Rechtfertigungsgrund der Missbrauchsbekämpfung kann mangels verhältnismäßiger Verfolgung dieses Ziels nicht herangezogen werden, da sich

---

[358] Im Übrigen sollte dann sichergestellt werden, dass durch die Änderung des bestehenden Sekundärrechts kein Spielraum für Mitgliedstaaten geschaffen wird, der weitere Regelungen über den Zweck von Säule 2 hinaus ermöglicht, *Nogueira/Turina*, Pillar Two and EU Law, in: Perdelwitz/Turina, Global Minimum Taxation?, S. 286.

6.6 Ergebnis der unionsrechtlichen Untersuchung

die GloBE-Regeln nicht ausschließlich gegen rein künstliche Gestaltungen richten, deren einziger oder wesentlicher Zweck die Erzielung eines steuerlichen Vorteils ist. Allerdings ist eine Rechtfertigung der verschiedenen Diskriminierungen bei Anerkennung der Begrenzung des internationalen Steuerwettbewerbs auf ein faires Mindestmaß im Rahmen eines internationalen Konsensprozesses als zwingenden Grund des Allgemeininteresses möglich und vorliegend gegeben.

Von einer Verletzung des allgemeinen Diskriminierungsverbots (Art. 18 AEUV), des allgemeinen Freizügigkeitsrechts (Art. 21 AEUV) oder der Unionsgrundrechte durch die GloBE-Regeln ist nicht auszugehen.

Ein Verstoß gegen das Beihilfeverbot ist ebenfalls nicht gegeben. Zwar begründen die Umsatzschwelle und die Ausnahmeregelung für sog. Excluded Entities einen Vorteil. Allerdings ist das Kriterium der Selektivität nicht erfüllt. In Bezug auf die von den Regeln ausgenommenen Konzernobergesellschaften und deren Holdings sind überwiegend keine in rechtlicher und tatsächlicher Hinsicht vergleichbaren anderen Unternehmen auszumachen, die den GloBE-Regeln unterliegen und dadurch einen Wettbewerbsnachteil erleiden. Zudem führt diese Ausnahmeregelung zu einer Vereinfachung, die der Zielsetzung der GloBE-Regeln nicht entgegensteht. Der a priori selektive Vorteil aus der Umsatzschwelle ist demgegenüber gerechtfertigt, weil diese Regelung ebenfalls der Vereinfachung dient und nicht das Ziel verfolgt, auf die Wettbewerbssituation zwischen den durch die Umsatzschwelle ein- und ausgeschlossenen Konzernen Einfluss zu nehmen.

In Bezug auf die Vereinbarkeit der GloBE-Regeln mit den wenigen die direkten Steuern betreffenden Richtlinien der EU ist zunächst festzuhalten, dass es bei Beibehaltung der formalen Betrachtungsweise durch den EuGH zu keinem Konflikt zwischen einer deutschen IIR und Art. 4 MTRL kommen dürfte. Dies gilt ebenso für eine mögliche SOR. Auch die UTPR begründet aufgrund ihres auf abzugsfähige Zahlungen beschränkten Anwendungsbereichs in Deutschland keinen Verstoß gegen die MTRL. Demgegenüber führt die ZLRL dazu, dass für die rechtssichere Implementierung der UTPR derzeit nur die Erhebungsform der Abzugsbeschränkung in Betracht kommt. Für die Einführung der UTPR in Form einer Quellensteuer bedürfte es dagegen der Änderung der ZLRL, die allerdings gemäß Art. 115 AEUV Einstimmigkeit der Mitgliedstaaten voraussetzt. Hinsichtlich der ATAD bestehen für die Umsetzung der GloBE-Regeln in deutsches Recht keine rechtlichen Bedenken.

Open Access Dieses Kapitel wird unter der Creative Commons Namensnennung 4.0 International Lizenz (http://creativecommons.org/licenses/by/4.0/deed.de) veröffentlicht, welche die Nutzung, Vervielfältigung, Bearbeitung, Verbreitung und Wiedergabe in jeglichem Medium und Format erlaubt, sofern Sie den/die ursprünglichen Autor(en) und die Quelle ordnungsgemäß nennen, einen Link zur Creative Commons Lizenz beifügen und angeben, ob Änderungen vorgenommen wurden.

Die in diesem Kapitel enthaltenen Bilder und sonstiges Drittmaterial unterliegen ebenfalls der genannten Creative Commons Lizenz, sofern sich aus der Abbildungslegende nichts anderes ergibt. Sofern das betreffende Material nicht unter der genannten Creative Commons Lizenz steht und die betreffende Handlung nicht nach gesetzlichen Vorschriften erlaubt ist, ist für die oben aufgeführten Weiterverwendungen des Materials die Einwilligung des jeweiligen Rechteinhabers einzuholen.

7 Vereinbarkeit mit deutschen Doppelbesteuerungsabkommen

7.1 Grundlagen des Doppelbesteuerungsrechts

Das Doppelbesteuerungsrecht ist – wie auch das Außensteuerrecht – wesentlicher Bestandteil des internationalen Steuerrechts.[1] Als internationales Steuerrecht kann die Gesamtheit der steuerlichen Normen verstanden werden, die sich auf grenzüberschreitende Auslands- und Inlandssachverhalte beziehen.[2] Das Doppelbesteuerungsrecht wird in Abkommen, insbesondere in Doppelbesteuerungsabkommen (DBA), normiert.[3] Die darin enthaltenen Normen dienen vorwiegend der Vermeidung internationaler Doppelbesteuerung[4], können aber

---

[1] Vgl. *Wassermeyer/Schwenke* in Wassermeyer, DBA, 156. EL 2022, Vor Art. 1 OECD-MA 2017 Rn. 6; *Lehner* in Vogel/Lehner, DBA, 7. Aufl. 2021, Grundlagen des Abkommensrechts Rn. 3.

[2] *Wassermeyer/Schwenke* in Wassermeyer, DBA, 156. EL 2022, Vor Art. 1 OECD-MA 2017 Rn. 6.

[3] Vgl. auch *Wassermeyer/Schwenke* in Wassermeyer, DBA, 156. EL 2022, Vor Art. 1 OECD-MA 2017 Rn. 6.

[4] Der Begriff der Doppelbesteuerung ist kein „terminus technicus" (vgl. *Wassermeyer/Schwenke* in Wassermeyer, DBA, 156. EL 2022, Vor Art. 1 OECD-MA 2017 Rn. 1; *Schönfeld/Häck* in Schönfeld/Ditz, 2. Aufl. 2019, Systematik der Doppelbesteuerungsabkommen Rn. 3) und unterliegt im Schrifttum einer weiten Ausdifferenzierung, vgl. hierzu *Schaumburg* in Schaumburg, Internationales Steuerrecht, 4. Aufl. 2017, Rn. 15.1 m. w. N. Am weitesten verbreitet ist die Unterscheidung zwischen juristischer und wirtschaftlicher Doppelbesteuerung. Die juristische Doppelbesteuerung meint Sachverhalte, in denen mindestens zwei Staaten von demselben Steuerpflichtigen (Steuersubjekt) für denselben Steuergegenstand (Steuerobjekt) und in demselben Zeitraum eine gleichartige Steuer erheben. Im Falle

---

© Der/die Autor(en) 2024
N. Steinmeister, *Die Mindestbesteuerung multinationaler Konzerne*,
PwC-Studien zum Unternehmens- und Internationalen Steuerrecht 13,
https://doi.org/10.1007/978-3-658-44059-6_7

beispielsweise auch die Bekämpfung von Steuerverkürzungen und doppelten Nichtbesteuerungen zum Gegenstand haben.[5]

7.1.1 DBA als völkerrechtliche Verträge

DBA sind völkerrechtliche Verträge.[6] Sie binden die Vertragsstaaten, begründen aber auch Rechte und Pflichten der im Rahmen von Art. 1 OECD-MA 2017 abkommensberechtigten Personen.[7] Das Zustandekommen eines DBA richtet sich nach dem Wiener Übereinkommen über das Recht der Völkerverträge vom 23.5.1969 (WÜRV).[8] Es muss zudem in Deutschland gemäß Art. 59 Abs. 2 GG durch ein Zustimmungsgesetz implementiert werden.[9] Nach § 2 Abs. 1 AO gehen die in den DBA geregelten Vereinbarungen, soweit sie unmittelbar anwendbares innerstaatliches Recht geworden sind, den Steuergesetzen grundsätzlich vor.

---

der wirtschaftlichen Doppelbesteuerung wird dasselbe Steuerobjekt bei verschiedenen Steuersubjekten (Fehlen der Steuersubjektidentität) von mindestens zwei Staaten besteuert. Vgl. hierzu etwa *Lehner* in Vogel/Lehner, DBA, 7. Aufl. 2021, Grundlagen des Abkommensrechts Rn. 7 ff. m. w. N. und *Schönfeld/Häck* in Schönfeld/Ditz, 2. Aufl. 2019, Systematik der Doppelbesteuerungsabkommen Rn. 1 ff.

[5] Vgl. *Schönfeld/Häck* in Schönfeld/Ditz, 2. Aufl. 2019, Systematik der Doppelbesteuerungsabkommen Rn. 1, 12 ff.; *Wassermeyer/Schwenke* in Wassermeyer, DBA, 156. EL 2022, Vor Art. 1 OECD-MA 2017 Rn. 6; Einleitung Nr. 16 OECD-MK 2017 sowie Art. 26 OECD-MA 2017.

[6] Vgl. *Wassermeyer/Schwenke* in Wassermeyer, DBA, 156. EL 2022, Art. 1 OECD-MA 2017 Rn. 6; *Lehner* in Vogel/Lehner, DBA, 7. Aufl. 2021, Grundlagen des Abkommensrechts Rn. 4a. Völkerrechtliche Verträge bestehen aus einer ausdrücklichen oder konkludenten Willenseinigung zwischen zwei oder mehreren Völkerrechtssubjekten, durch welche Rechte und Pflichten zwischen den Vertragsstaaten als den Völkerrechtssubjekten begründet werden, vgl. *Krumm*, AöR 2013, 363 (364). Zum Rangverhältnis völkerrechtlicher Normen vgl. etwa *Schwenke* in Wassermeyer, DBA, 156. EL 2022, Vor Art. 1 OECD-MA 2017 Rn. 16 ff.

[7] *Lehner* in Vogel/Lehner, DBA, 7. Aufl. 2021, Grundlagen des Abkommensrechts Rn. 4a; *Schönfeld/Häck* in Schönfeld/Ditz, 2. Aufl. 2019, Systematik der Doppelbesteuerungsabkommen Rn. 28.

[8] *Schönfeld/Häck* in Schönfeld/Ditz, 2. Aufl. 2019, Systematik der Doppelbesteuerungsabkommen Rn. 71 ff.; *Schwenke* in Wassermeyer, DBA, 156. EL 2022, Vor Art. 1 OECD-MA 2017 Rn. 9, siehe dort auch zu den verschiedenen Stufen des Zustandekommens eines völkerrechtlichen Vertrages. Das WÜRV ist in Deutschland am 20.8.1987 in Kraft getreten, BGBl. II 1987, 757.

[9] Vgl. auch *Schönfeld/Häck* in Schönfeld/Ditz, 2. Aufl. 2019, Systematik der Doppelbesteuerungsabkommen Rn. 75.

Ist ein DBA gemäß Art. 24 WÜRV in Kraft getreten, bindet es die Vertragsparteien nach dem völkerrechtlichen Grundsatz „pacta sunt servanda" und ist von ihnen nach Treu und Glauben zu erfüllen (Art. 26 WÜRV). Nach Art. 27 WÜRV können sich die Vertragsparteien zur Rechtfertigung der Nichterfüllung des DBA nicht auf ihr innerstaatliches Recht berufen. Im Falle einer erheblichen Vertragsverletzung ist eine Vertragspartei gemäß Art. 60 Abs. 1 WÜRV berechtigt, das DBA zu beenden oder es ganz oder teilweise zu suspendieren.

7.1.2 Internationale Musterabkommen und die deutsche Verhandlungsgrundlage

Neben den bilateral ausgehandelten DBA sind auf internationaler Ebene Musterabkommen entwickelt worden, namentlich das OECD-MA, das UN-MA sowie das Anden-MA.[10] Diesen kommt – wie auch dem OECD-Musterkommentar (OECD-MK) – nicht der Status eines völkerrechtlichen Vertrages zu, sondern lediglich Empfehlungscharakter, um die Staaten beim Abschluss von DBA und deren Auslegung zu unterstützen.[11] Das OECD-MA erhält allerdings durch die regelmäßige Berücksichtigung bei Abkommensverhandlungen mit nur punktuellen Abweichungen eine herausgehobene Bedeutung, die auch das Heranziehen des OECD-MK in gewissem Ausmaße rechtfertigt.[12] Für abgeschlossene DBA kann widerlegbar vermutet werden, dass sie im Sinne des zum Zeitpunkt ihres Abschlusses oder ihrer Revision geltenden OECD-MA und OECD-MK auszulegen sind, wenn und soweit sie in ihrer Konzeption, ihrem Aufbau und ihren Formulierungen dem OECD-MA folgen und die Vertragsstaaten keine Auslegungsvorbehalte angemeldet bzw. Bemerkungen angebracht haben.[13]

---

[10] Vgl. *Schönfeld/Häck* in Schönfeld/Ditz, 2. Aufl. 2019, Systematik der Doppelbesteuerungsabkommen Rn. 31, 34; *Schwenke/Wassermeyer* in Wassermeyer, DBA, 156. EL 2022, Vor Art. 1 OECD-MA 2017 Rn. 22 ff.

[11] Vgl. *Schönfeld/Häck* in Schönfeld/Ditz, 2. Aufl. 2019, Systematik der Doppelbesteuerungsabkommen Rn. 32, 69; *Schwenke* in Wassermeyer, DBA, 156. EL 2022, Vor Art. 1 OECD-MA 2017 Rn. 37.

[12] Vgl. *Schönfeld/Häck* in Schönfeld/Ditz, 2. Aufl. 2019, Systematik der Doppelbesteuerungsabkommen Rn. 70, 114 f.

[13] *Wassermeyer/Schwenke* in Wassermeyer, DBA, 156. EL 2022, Vor Art. 1 OECD-MA 2017 Rn. 37, 51 ff.; *Schaumburg/Häck* in Schaumburg, Internationales Steuerrecht, 4. Aufl. 2017, Rn. 19.76 ff. Zum Verhältnis von MA und MK zu früher abgeschlossenen Abkommen siehe *Wassermeyer/Schwenke* in Wassermeyer, DBA, 156. EL 2022, Vor Art. 1 OECD-MA 2017 Rn. 60.

Für Deutschland von besonderer Bedeutung ist daneben die deutsche „Verhandlungsgrundlage für Doppelbesteuerungen im Bereich der Steuern vom Einkommen und Vermögen" (DE-VG) aus dem Jahr 2013, welche die Grundlage für weitere Abkommensverhandlungen bildet, die Verhandlungsposition Deutschlands stärken und die deutsche Abkommenspolitik möglichst vereinheitlichen soll.[14] Die DE-VG orientiert sich zwar stark am OECD-MA.[15] Die Änderungen des OECD-MA im Jahr 2017, welche insbesondere die Empfehlungen des BEPS-Projekts bzw. die Regelungen aus dem MLI[16] umfassen, sind hingegen bislang nicht darin aufgenommen worden.[17]

7.1.3 Allgemeiner Aufbau von Doppelbesteuerungsabkommen

OECD-MA, UN-MA und ein großer Teil der geltenden DBA sind in sieben Abschnitte eingeteilt.[18] Die DE-VG folgt diesem Aufbau ebenso, auch wenn sie nicht förmlich in Abschnitte unterteilt ist. Die Abschnitte I und II enthalten Bestimmungen für den Geltungsbereich[19] und zu den wesentlichen Begriffen.[20] Der in seiner Bedeutung herausgehobene[21] Abschnitt III umfasst die

---

[14] Vgl. *Müller-Gatermann*, FR 2012, 1032; *Schwenke* in Wassermeyer, DBA, 156. EL 2022, Vor Art. 1 OECD-MA 2017 Rn. 175, zu den wesentlichen Abweichungen zum OECD-MA siehe Rn. 177.

[15] *Müller-Gatermann*, FR 2012, 1032.

[16] Das multilaterale Instrument (MLI, mit deutscher Übersetzung zu finden im MLI-Umsetzungsgesetz v. 20.11.2020, BGBl. II 2020, 946 ff.) ist ein unter anderem auch von Deutschland unterzeichneter multilateraler, völkerrechtlicher Vertrag, der zum einen die im Rahmen des BEPS-Projekts erforderlich gewordenen Anpassungen von DBA ermöglichen soll und zum anderen eine Alternative zu den herkömmlichen bilateralen Verfahren mit ihren langen Zeitspannen bildet, indem er eine flexible Rahmenordnung zur Anpassung bestehender DBA schafft, vgl. hierzu ausführlich m. w. N. *Schwenke/Drüen* in Wassermeyer, DBA, 156. EL 2022, Vor Art. 1 OECD-MA 2017 Rn. 178 ff.; *Lehner* in Vogel/Lehner, DBA, 7. Aufl. 2021, Grundlagen des Abkommensrechts Rn. 220 ff.

[17] Vgl. *Schönfeld/Häck* in Schönfeld/Ditz, 2. Aufl. 2019, Systematik der Doppelbesteuerungsabkommen Rn. 83.

[18] Vgl. *Lehner* in Vogel/Lehner, DBA, 7. Aufl. 2021, Grundlagen des Abkommensrechts Rn. 76.

[19] Art. 1 und 2 OECD-MA bzw. Art. 1 und 2 DE-VG.

[20] Art. 3 bis 5 OECD-MA bzw. Art. 3 bis 5 DE-VG.

[21] Vgl. *Lehner* in Vogel/Lehner, DBA, 7. Aufl. 2021, Grundlagen des Abkommensrechts Rn. 76.

7.1 Grundlagen des Doppelbesteuerungsrechts

Verteilungsnormen für die Besteuerung des Einkommens.[22] Abschnitt IV enthält die für Deutschland nahezu irrelevante[23] Verteilungsnorm für die Besteuerung des Vermögens.[24] Abschnitt V regelt ergänzend zu Abschnitt III und IV die Methoden zur Vermeidung der Doppelbesteuerung im Ansässigkeitsstaat für den Fall, dass in den Verteilungsnormen keine abschließende Rechtsfolge enthalten ist.[25] Abschnitt VI umfasst weitere Bestimmungen, u. a. Diskriminierungsverbote,[26] Vorschriften für ein Verständigungsverfahren,[27] den Austausch von Informationen[28] und zur Amtshilfe bei der Erhebung von Steuern.[29] Die Schlussbestimmungen in Abschnitt VII normieren das Inkrafttreten und die Kündigung des DBA.[30]

---

[22] Art. 6 bis 21 OECD-MA bzw. Art. 6 bis 20 DE-VG. Innerhalb der Verteilungsnormen ist zu unterscheiden zwischen solchen mit abschließender und solchen mit offener Rechtsfolge. Während Verteilungsnormen mit abschließender Rechtsfolge („können nur in ... besteuert werden") die Freistellung der Einkünfte im anderen Staat anordnet, wird im Falle der Verteilungsnormen mit offener Rechtsfolge („können in ... besteuert werden") die Rechtsfolge erst durch die Methodenartikel bestimmt, vgl. *Lehner* in Vogel/Lehner, DBA, 7. Aufl. 2021, Grundlagen des Abkommensrechts Rn. 82. Zur Wirkung der Verteilungsnormen vgl. *Drüen* in Wassermeyer, DBA, 156. EL 2022, Vor Art. 6 bis 22 OECD-MA 2017 Rn. 12. Ein DBA weist einem Vertragsstaat das Besteuerungsrecht zu bzw. enthält die Regeln, nach denen entschieden wird, wann welcher der involvierten Staaten sein Besteuerungsrecht anwenden darf. Dieser Vertragsstaat darf dann vollumfänglich besteuern. Das DBA begründet aber keine Besteuerungsrechte (diese werden durch die nationalen Steuerrechte begründet), sondern schränkt die Besteuerungsrechte nur ein. Die Einschränkung des Besteuerungsrechts des anderen Vertragsstaates erfolgt über die Freistellungs- oder Anrechnungsmethode.

[23] Vgl. *Drüen* in Wassermeyer, DBA, 156. EL 2022, Vor Art. 6 bis 22 OECD-MA 2017 Rn. 1.

[24] Art. 22 OECD-MA bzw. Art. 21 DE-VG.

[25] Art. 23 A und 23B OECD-MA bzw. Art. 22 DE-VG, sog. Methodenartikel. Vgl. auch *Lehner* in Vogel/Lehner, DBA, 7. Aufl. 2021, Grundlagen des Abkommensrechts Rn. 76.

[26] Art. 24 OECD-MA bzw. Art. 23 DE-VG.

[27] Art. 25 OECD-MA bzw. Art. 24 DE-VG.

[28] Art. 26 OECD-MA bzw. Art. 25 DE-VG.

[29] Art. 27 OECD-MA bzw. Art. 26 DE-VG. In diesem Abschnitt bestehen jedoch auch Abweichungen zwischen den beiden Mustern. So enthält die DE-VG anders als das OECD-MA keine Bestimmungen zur Beschränkung des Anspruchs auf Abkommensvergünstigungen (Art. 29 OECD-MA) und zur Ausdehnung des räumlichen Geltungsbereichs (Art. 30 OECD-MA). Zusätzlich umfasst die DE-VG dagegen Verfahrensregeln für die Quellenbesteuerung (Art. 27 DE-VG), Bestimmungen zur Anwendung des Abkommens in bestimmten Fällen (Art. 28 DE-VG) und die Aufnahme eines Protokolls (Art. 30 DE-VG).

[30] Art. 31 und 32 OECD-MA bzw. DE-VG.

7.2 Überprüfung der GloBE-Regeln

Auch wenn ein Treaty Override spätestens seit dem Beschluss des BVerfG vom 15. Dezember 2015[31] als mit dem Grundgesetz vereinbar anzusehen ist (vgl. Abschn. 5.4) und sich insofern ein Verstoß der in deutsches Recht umzusetzenden GloBE-Regeln gegen die von Deutschland geschlossenen DBA verfassungsrechtlich nicht negativ auswirkt, ist ein völkerrechtlicher Vertragsbruch[32] dennoch nicht erstrebenswert. So kann dieser nicht nur zu internationalen Vertrauenseinbußen und zwischenstaatlichen Spannungen führen. Die Einhaltung der deutschen DBA i. R. d. Mindeststeuerumsetzung ist auch deshalb so wichtig, weil sie bei den betroffenen Unternehmen für Rechtssicherheit sorgt, Konflikte mit den Finanzbehörden vermeidet und dadurch deren wirtschaftliche Tätigkeiten nicht unnötig behindert.[33] Der Steuerpflichtige soll sich auf ein DBA als Rechtsquelle verlassen können. Daher soll in diesem Kapitel untersucht werden, wie sich die GloBE-Regeln auf die deutsche Doppelbesteuerungspraxis auswirken, ob Konflikte entstehen und inwiefern hieraus ggf. ein Anpassungsbedarf für deutsche DBA erwächst. Als Maßstab soll dabei die deutsche Verhandlungsgrundlage dienen.

7.2.1 Grundsätzliche Bewertung durch den Blueprint

Der im Oktober 2020 veröffentlichte Blueprint zu Säule 2 verweist in dieser Frage zunächst auf den langjährigen, nun in Art. 1 Abs. 3 OECD-MA als sog. Saving Clause kodifizierten Grundsatz, nach dem Doppelbesteuerungsabkommen das Besteuerungsrecht eines Staates hinsichtlich der bei ihm ansässigen Personen prinzipiell nicht beschränken sollen, und folgert schon daraus eine grundsätzliche Vereinbarkeit von IIR und UTPR mit den Bestimmungen in Doppelbesteuerungsabkommen.[34] Nach *Hierstetter* ist die Frage der Vereinbarkeit mit DBA damit aber richtigerweise nicht final geklärt.[35] Denn schon bei DBA ohne eine solche

---

[31] BVerfG v. 15.12.2015 – 2 BvL 1/12, BVerfGE 141, 1.
[32] So *Schwenke* in FS Wassermeyer, 2015, S. 23 (Rn. 11) m. w. N.
[33] *Andrade Rodrígues/Nouel*, Interaction of Pillar Two with Tax Treaties, in: Perdelwitz/Turina, Global Minimum Taxation? An Analysis of the Global Anti-Base Erosion Initiative, 2021, S. 262.
[34] OECD (2020), Tax Challenges Arising from Digitalisation – Report on Pillar Two Blueprint, Rn. 679 f.
[35] *Hierstetter*, IStR 2020, 874 (879).

Saving Clause i. S. d. Art. 1 Abs. 3 OECD-MA gestaltet sich die Bewertung nicht mehr eindeutig.[36] Dies wird nachfolgend überprüft.

7.2.2 GloBE-Regeln im Geltungsbereich der DBA

Um die GloBE-Regeln auf ihre Vereinbarkeit mit deutschem Abkommensrecht untersuchen zu können, müssten die Regelungen zunächst in den Geltungsbereich der DBA fallen. In der Literatur ist die Frage aufgeworfen worden, ob die i. R. v. GloBE erhobene Top-up Tax überhaupt als unter das Abkommen fallende Steuer gemäß Art. 2 OECD-MA eingeordnet werden könne.[37] Dies soll nachfolgend kurz unter Bezug auf Art. 2 DE-VG erörtert werden. Nach Art. 2 Abs. 1 DE-VG sollen die deutschen DBA ohne Rücksicht auf die Art der Erhebung für Steuern vom Einkommen gelten, die für Rechnung eines Vertragsstaates, einer seiner Länder oder einer ihrer Gebietskörperschaften erhoben werden. Abs. 2 konkretisiert dies dahingehend, dass als Steuern vom Einkommen alle Steuern gelten, die vom Gesamteinkommen oder von Teilen des Einkommens erhoben werden, einschließlich der Steuern auf Veräußerungsgewinne, Lohnsummensteuern und Steuern vom Vermögenszuwachs. Hierunter fallen in der Bundesrepublik Deutschland gemäß Abs. 3 insbesondere die Einkommen-, Körperschaft- und Gewerbesteuer und nach Abs. 4 Satz 1 auch alle Steuern gleicher oder im Wesentlichen ähnlicher Art, die nach der Unterzeichnung des Abkommens neben den bestehenden Steuern oder an deren Stelle erhoben werden.

Die im Rahmen der IIR und UTPR erhobene Top-up Tax basiert einerseits auf dem Einkommen von niedrig besteuerten Konzerneinheiten[38] und wird andererseits ggf. auf die Gewinne von IIR- oder UTPR-steuerpflichtigen Konzerneinheiten erhoben, sodass die Top-up Tax als Steuer vom Einkommen i. S. v. Art. 2 Abs. 1 und 2 DE-VG eingeordnet werden kann. Je nach Design in der Umsetzung wäre sie als Körperschaft- bzw. Einkommensteuer i. S. d. Art. 2 Abs. 3 DE-VG oder als daneben tretende, im Wesentlichen ähnliche Steuer i. S. v. Art.

---

[36] *Arnold*, BIT 2019, 631 (645); *da Silva*, Frontiers of Law in China 2020, 111 (132).

[37] *Andrade Rodrígues/Nouel*, Interaction of Pillar Two with Tax Treaties, in: Perdelwitz/Turina, Global Minimum Taxation? An Analysis of the Global Anti-Base Erosion Initiative, 2021, S. 235. Der Blueprint setzt dies in seiner Analyse stillschweigend voraus, vgl. OECD (2020), Tax Challenges Arising from Digitalisation – Report on Pillar Two Blueprint, Rn. 679 ff.

[38] Vgl. *Andrade Rodrígues/Nouel*, Interaction of Pillar Two with Tax Treaties, in: Perdelwitz/Turina, Global Minimum Taxation? An Analysis of the Global Anti-Base Erosion Initiative, 2021, 236.

2 Abs. 4 Satz 1 Alt. 2 DE-VG zu qualifizieren.[39] Eine explizite Aufnahme in den Katalog der unter das DBA fallenden Steuern erscheint insofern für Abkommen, die diesbezüglich mit der DE-VG übereinstimmen, nicht notwendig.[40]

7.2.3 Vereinbarkeit der IIR mit DBA

Da die GloBE-Regeln somit grundsätzlich in den Geltungsbereich deutscher DBA fallen, könnte die IIR mit den Verteilungsnormen in Konflikt geraten, die den Art. 7 Abs. 1 Satz 1 DE-VG[41] und Art. 10 Abs. 5 DE-VG[42] nachgebildet sind. Denn es ist schon für rechtsfolgenseitig recht vergleichbare CFC Rules und auch die deutsche Hinzurechnungsbesteuerung vertreten worden, dass diesen die genannten Abkommensklauseln entgegenstehen könnten.[43] Nach Art. 7 Abs. 1 Satz 1 DE-VG können Gewinne eines Unternehmens eines Vertragsstaates nur in diesem Staat besteuert werden, wenn nicht im anderen Staat eine Betriebsstätte unterhalten wird. Art. 10 Abs. 5 DE-VG lautet: „Bezieht eine in einem

---

[39] Aktuell sind die deutschen DBA anzuwenden auf EStG, KStG, GewStG, EStDV, LStDV, KStDV, GewStDV, SolZG, UmwStG, AStG, Kapitalerhöhungsgesetz, Sachbezugsverordnung, InvStG und GrStG, *Wassermeyer* in Wassermeyer, DBA, 156. EL 2022, Art. 2 OECD-MA 2017 Rn. 57. Ebenso erfasst sein müsste auch das StAbwG v. 25.6.2021. IIR und UTPR sind einigen Regelungen in EStG (diverse Abzugsbeschränkungen, §§ 4h ff.), KStG (Zinsschranke, § 8a), AStG (Hinzurechnungsbesteuerung, §§ 7 ff.) und StAbwG (diverse Abwehrmaßnahmen, §§ 8 ff.) in gewissem Maße vergleichbar, sodass auch schon deswegen die Einordnung als Steuer vom Einkommen i. S. v. Art. 2 Abs. 1 und 2 DE-VG naheliegt.
[40] Deutsche DBA, die eine Bestimmung wie Art. 2 Abs. 2 DE-VG nicht enthalten (dies betrifft die DBA mit Ecuador, Frankreich, Griechenland, Hongkong, Japan, Jersey, Neuseeland, Portugal, Sri Lanka, Uruguay und den USA, vgl. *Ismer* in Vogel/Lehner, DBA, 7. Aufl. 2021, Art. 2 OECD-MA Rn. 41), könnten dagegen eine Einordnung der IIR (auch aufgrund der darin vorgenommenen Besteuerung fiktiver Einkünfte) nicht ganz so eindeutig ausfallen lassen, sodass die ausdrückliche Aufnahme der IIR in diesen DBA für Abhilfe sorgen könnte, siehe hierzu *Andrade Rodrígues/Nouel*, Interaction of Pillar Two with Tax Treaties, in: Perdelwitz/Turina, Global Minimum Taxation? An Analysis of the Global Anti-Base Erosion Initiative, 2021, 236 ff.
[41] Dies entspricht der Regelung in Art. 7 Abs. 1 OECD-MA, vgl. *Hemmelrath* in Vogel/Lehner, DBA, 7. Aufl. 2021, Art. 7 OECD-MA Rn. 48a.
[42] Dies entspricht der Regelung in Art. 10 Abs. 5 OECD-MA, vgl. *Tischbirek/Specker* in Vogel/Lehner, DBA, 7. Aufl. 2021, Art. 10 OECD-MA Rn. 267a.
[43] Vgl. Art. 1 Rn. 81 OECD-MK; *Wassermeyer* in Wassermeyer, DBA, 156. EL 2022, Art. 1 OECD-MA 2017 Rn. 76 f.; *Andrade Rodrígues/Nouel*, Interaction of Pillar Two with Tax Treaties, in: Perdelwitz/Turina, Global Minimum Taxation? An Analysis of the Global Anti-Base Erosion Initiative, 2021, S. 239 ff.

Vertragsstaat ansässige Gesellschaft Gewinne oder Einkünfte aus dem anderen Vertragsstaat, so darf dieser andere Staat weder die von der Gesellschaft gezahlten Dividenden besteuern, es sei denn, dass diese Dividenden an eine im anderen Staat ansässige Person gezahlt werden oder dass die Beteiligung, für die die Dividenden gezahlt werden, tatsächlich zu einer im anderen Staat gelegenen Betriebsstätte gehört, noch Gewinne der Gesellschaft einer Steuer für nicht ausgeschüttete Gewinne unterwerfen, selbst wenn die gezahlten Dividenden oder die nicht ausgeschütteten Gewinne ganz oder teilweise aus im anderen Staat erzielten Gewinnen oder Einkünften bestehen."

7.2.3.1 Bisherige Beurteilung durch den Blueprint und die Literatur

Der Blueprint verweist hinsichtlich der IIR auf die hohe Vergleichbarkeit zu bestehenden Hinzurechnungsbesteuerungsregimen (CFC Rules), welche daher die gleichen abkommensrechtlichen Fragen aufwerfen würden und ausweislich Art. 1 Rn. 81 OECD-MK nicht im Konflikt mit etwaigen DBA stünden.[44] Die dort aufgeführte Begründung sei nämlich auf die IIR übertragbar, sofern die DBA-Bestimmungen am OECD-MA ausgerichtet seien.[45] Nach Art. 1 Rn. 81 OECD-MK[46] seien CFC Rules international als legitimes Instrument zum Schutz

---

[44] OECD (2020), Tax Challenges Arising from Digitalisation – Report on Pillar Two Blueprint, Rn. 681 f.

[45] OECD (2020), Tax Challenges Arising from Digitalisation – Report on Pillar Two Blueprint, Rn. 683.

[46] Art. 1 Rn. 81 OECD-MK lautet: „A significant number of countries have adopted controlled foreign company provisions to address issues related to the use of foreign base companies. Whilst the design of this type of legislation varies considerably among countries, a common feature of these rules, which are now internationally recognised as a legitimate instrument to protect the domestic tax base, is that they result in a Contracting State taxing its residents on income attributable to their participation in certain foreign entities. It has sometimes been argued, based on a certain interpretation of provisions of the Convention such as paragraph 1 of Article 7 and paragraph 5 of Article 10, that this common feature of controlled foreign company legislation conflicted with these provisions. Since such legislation results in a State taxing its own residents, paragraph 3 of Article 1 confirms that it does not conflict with tax conventions. The same conclusion must be reached in the case of conventions that do not include a provision similar to paragraph 3 of Article 1; for the reasons explained in paragraphs 14 of the Commentary on Article 7 and 37 of the Commentary on Article 10, the interpretation according to which these Articles would prevent the application of controlled foreign company provisions does not accord with the text of paragraph 1 of Article 7 and paragraph 5 of Article 10. It also does not hold when these provisions are read in their context. Thus, whilst some countries have felt it useful to expressly clarify, in their conventions,

der inländischen Steuerbemessungsgrundlage anerkannt. Da Staaten mit der Hinzurechnungsbesteuerung ihre eigenen Staatsangehörigen besteuern würden, sei über Art. 1 Abs. 3 OECD-MA[47] klargestellt, dass dies nicht im Konflikt mit den aufgeführten Artikeln stehe. Selbst ohne eine Saving Clause sei diese Schlussfolgerung zutreffend, was sowohl aus Art. 7 Abs. 14 OECD-MK[48] und Art. 10 Abs. 37 OECD-MK[49] als auch aus den Vorschriften selbst und ihrem Kontext hervorgehe. Dass einige Staaten in ihren DBA ausdrücklich klarstellen, dass CFC Rules von den DBA nicht berührt werden, sei daher nicht notwendig. Teile der Literatur folgen dieser Sichtweise bislang.[50] *Andrade Rodrígues* und *Nouel* halten dagegen eine weniger formale, wirtschaftliche Betrachtungsweise für möglich, nach der die Gewinne des Tochterunternehmens über die IIR zumindest mittelbar im Ansässigkeitsstaat der Gesellschafter besteuert würden und damit durchaus

---

that controlled foreign company legislation did not conflict with the Convention, such clarification is not necessary. It is recognised that controlled foreign company legislation structured in this way is not contrary to the provisions of the Convention."

[47] Art. 1 Abs. 3 OECD-MA lautet: „Dieses Abkommen berührt nicht die Besteuerung einer in einem Vertragsstaat ansässigen Person durch einen Vertragsstaat mit Ausnahme der nach Artikel 7 Absatz 3, Artikel 9 Absatz 2 und den Artikeln 19, 20, 23, 24, 25 und 28 gewährten Vergünstigungen/Vorteilen." Zum historischen Hintergrund der Saving Clause, die schließlich aus BEPS-Aktionspunkt 6 hervorging, vgl. *Andrade Rodrígues/Nouel*, Interaction of Pillar Two with Tax Treaties, in: Perdelwitz/Turina, Global Minimum Taxation? An Analysis of the Global Anti-Base Erosion Initiative, 2021, S. 239.

[48] „The purpose of paragraph 1 is to limit the right of one Contracting State to tax the business profits of enterprises of the other Contracting State. As confirmed by paragraph 3 of Article 1, the paragraph does not limit the right of a Contracting State to tax its own residents under controlled foreign companies provisions found in its domestic law even though such tax imposed on these residents may be computed by reference to the part of the profits of an enterprise that is resident of the other Contracting State that is attributable to these residents' participation in that enterprise. Tax so levied by a State on its own residents does not reduce the profits of the enterprise of the other State and may not, therefore, be said to have been levied on such profits (see also paragraph 81 of the Commentary on Article 1)."

[49] „As confirmed by paragraph 3 of Article 1, paragraph 5 cannot be interpreted as preventing the State of residence of a taxpayer from taxing that taxpayer, pursuant to its controlled foreign companies legislation or other rules with similar effect, on profits which have not been distributed by a foreign company. Moreover, it should be noted that the paragraph is confined to taxation at source and, thus, has no bearing on the taxation at residence under such legislation or rules. In addition, the paragraph concerns only the taxation of the company and not that of the shareholder."

[50] Vgl. *Englisch/Becker*, Implementing an International Effective Minimum Tax in the EU, Materialien aus Wirtschaft und Gesellschaft (AK Wien), Heft 224, Juli 2021, S. 60; *Englisch/Becker*, WTJ 2019, 483 (517 f.); *Chand/Elliffe*, BIT 2020, 303 (318); zumindest im Grundsatz auch *Arnold*, BIT 2019, 631 (645).

einen Konflikt zu Art. 7 Abs. 1 OECD-MA begründen könnten, wenn nicht eine Saving Clause in das jeweilige DBA eingefügt würde.[51]

7.2.3.2 Übertragbarkeit auf deutsche DBA
Diese Ausführungen sind jedoch nicht ohne Weiteres auf deutsche DBA übertragbar.

7.2.3.2.1 Keine Saving Clause
Denn die sog. Saving Clause, wie sie in Art. 1 Abs. 3 OECD-MA normiert und in ähnlicher Form zudem auch in Art. 11 Abs. 1 MLI enthalten ist,[52] ist dem deutschen Abkommensrecht grundsätzlich fremd.[53] So hat sich Deutschland in Art. 1 Rn. 117 OECD-MK ausdrücklich vorbehalten, Art. 1 Abs. 3 OECD-MA nicht in seine DBA aufzunehmen. Dementsprechend ist eine allgemeingültige Saving Clause auch nur in Art. 1 Abs. 4, 5 DBA-USA zu finden, und dort auch nur einseitig zugunsten der USA.[54] Zudem enthält Art. 1 Abs. 2 Satz 2 DBA-Japan 2015 eine spezielle Saving Clause für Fälle hybrider Gestaltungen.[55] Im Übrigen hat sich Deutschland dazu entschieden, die Option in Art. 11 Abs. 3 Buchst. a) MLI auszuüben, sodass der gesamte Art. 11 MLI mit der darin enthaltenen Saving Clause ebenfalls nicht für unter das Übereinkommen fallende Steuerabkommen gilt.[56]

7.2.3.2.2 Dennoch kein Konflikt?
Folgte man der Argumentation in Art. 1 Rn. 81 OECD-MK, wäre ein Konflikt zwischen IIR und deutschen DBA jedoch auch ohne Saving Clause nicht gegeben, da weder die Art. 7 Abs. 1 OECD-MA entsprechenden Klauseln noch solche i. S. v. Art. 10 Abs. 5 OECD-MA die innerstaatlichen Regelungen berührten.

---

[51] Andrade Rodrígues/Nouel, Interaction of Pillar Two with Tax Treaties, in: Perdelwitz/Turina, Global Minimum Taxation? An Analysis of the Global Anti-Base Erosion Initiative, 2021, S. 242. Siehe auch da Silva, Frontiers of Law in China 2020, 111 (132).
[52] Vgl. hierzu auch das zugehörige Explanatory Statement, OECD (2016), Explanatory Statement to the Multilateral Convention to Implement Tax Treaty Related Measures to Prevent Base Erosion and Profit Shifting, Rn. 147 ff.
[53] Vgl. Weggenmann/Nehls in Vogel/Lehner, DBA, 7. Aufl. 2021, Art. 1 OECD-MA Rn. 86 ff.
[54] Weggenmann/Nehls in Vogel/Lehner, DBA, 7. Aufl. 2021, Art. 1 OECD-MA Rn. 86b.
[55] Vgl. Weggenmann/Nehls in Vogel/Lehner, DBA, 7. Aufl. 2021, Art. 1 OECD-MA Rn. 86 f.
[56] Weggenmann/Nehls in Vogel/Lehner, DBA, 7. Aufl. 2021, Art. 1 OECD-MA Rn. 3c.; Dremel in Schönfeld/Ditz, 2. Aufl. 2019, Art. 1 DBA Rn. 103.

Ob dem tatsächlich gefolgt werden kann, war (und ist teilweise noch) im Hinblick auf die allgemeine Hinzurechnungsbesteuerung sowohl in Deutschland[57] als auch international[58] umstritten und führte in Deutschland letztlich im Jahr 1992 zur Einführung des § 20 Abs. 1 AStG, der in vorbeugender Art und Weise als potenzieller Treaty Override festlegt, dass die §§ 7 bis 18 AStG durch die DBA nicht berührt werden.[59] Folglich ist entscheidend, ob die IIR als Art Hinzurechnungsbesteuerung mit den beiden genannten Abkommensklauseln in Widerspruch steht. Wie Art. 10 Abs. 37 OECD-MK richtigerweise feststellt, gilt das Verbot der Erhebung einer Sondersteuer auf nichtausgeschüttete Gewinne in Art. 10 Abs. 5 DE-VG nur gegenüber dem Nichtansässigkeitsstaat (und nicht gegenüber dem Ansässigkeitsstaat) und betrifft zudem lediglich die Besteuerung der thesaurierenden Gesellschaft (und nicht ihrer Gesellschafter),[60] sodass die IIR, die im Ansässigkeitsstaat beim Gesellschafter erhoben wird, diesbezüglich kein Konfliktpotential bietet. Kritischer zu sehen ist dagegen das Verhältnis zu Art. 7 Abs. 1 DE-VG. Hierzu wird hinsichtlich der deutschen Hinzurechnungsbesteuerung durchaus vertreten, dass diese (unter Ausblendung des nun geltenden § 20 Abs. 1 AStG) mit der entsprechenden Abkommensvorschrift kollidiere,[61] sodass auch die IIR eine Regelungskollision begründen könnte. Hierfür kann auch angeführt werden, dass die IIR anders als die bisherige Hinzurechnungsbesteuerung nicht die Gewinne der Tochtergesellschaft hinzurechnet und

---

[57] Vgl. hierzu *Wassermeyer* in Wassermeyer, DBA, 156. EL 2022, Art. 1 OECD-MA 2017 Rn. 76 ff.; *Linn* in FS Wassermeyer, 2015, S. 115 (Rn. 9); *Reiche* in Haase, 3. Aufl. 2016, § 7 AStG Rn. 20.

[58] Vgl. *Chand/Elliffe*, BIT 2020, 303 (317); *Andrade Rodrígues/Nouel*, Interaction of Pillar Two with Tax Treaties, in: Perdelwitz/Turina, Global Minimum Taxation? An Analysis of the Global Anti-Base Erosion Initiative, 2021, S. 240 ff. Dort ist von Kritikern etwa auch angeführt worden, dass CFC Rules zu Doppelbesteuerung führten, welche durch DBA gerade verhindert werden soll.

[59] *Wassermeyer* in Wassermeyer, DBA, 156. EL 2022, Art. 1 OECD-MA 2017 Rn. 78.

[60] Vgl. *Wassermeyer/Kaeser* in Wassermeyer, DBA, 156. EL 2022, Art. 10 OECD-MA 2017 Rn. 188; *Andrade Rodrígues/Nouel*, Interaction of Pillar Two with Tax Treaties, in: Perdelwitz/Turina, Global Minimum Taxation? An Analysis of the Global Anti-Base Erosion Initiative, 2021, S. 241; *Schaumburg/Häck* in Schaumburg, Internationales Steuerrecht, 4. Aufl. 2017, Rn. 19.354; *Tischbirek/Specker* in Vogel/Lehner, DBA, 7. Aufl. 2021, Art. 10 OECD-MA Rn. 255 m. w. N; *Lang*, IStR 2002, 717 (722).

[61] *Kraft* in Kraft, Außensteuergesetz, 2. Aufl. 2019, Vorbemerkungen zu §§ 7–14 AStG Rn. 30; *Kraft* in FS Wassermeyer, 2015, S. 311 (Rn. 16 ff.); a. A. *Lampert* in Musil/Weber-Grellet, Europäisches Steuerrecht, § 14 AStG Rn. 11; *Schmidt* in Schmidt, Außensteuergesetz, § 7 AStG Rn. 2. Siehe auch *Köhler* in Strunk/Kaminski/Köhler, 60. Lief. 2022, Vierter Teil Beteiligungen an ausländischen Zwischengesellschaften Rn. 69 ff.

dann der allgemeinen deutschen Besteuerung unterwirft, sondern nur die Steuerpflicht hinsichtlich der bereits auf Ebene der niedrig besteuerten Konzerneinheit vollständig und nach eigenständigen Regelungen ermittelten Top-up Tax der IIR-steuerpflichtigen Konzerngesellschaft zuweist. Eine Besteuerung der Gewinne der vom IIR-Steuerpflichtigen gehaltenen Konzerneinheit i. S. d. Art. 7 Abs. 1 Satz 1 DE-VG liegt insofern trotz der allgemein vergleichbaren Funktionsweise[62] etwas näher als bei den bisherigen Hinzurechnungsregelungen. Ein Verstoß gegen Art. 7 Abs. 1 Satz 1 DE-VG kann daher nicht mit Sicherheit ausgeschlossen werden.

7.2.3.2.3 Konfliktlösung zumindest über Art. 28 Abs. 1 DE-VG

Herangezogen werden kann in dieser Frage jedoch häufig die Vorbehaltsklausel des Art. 28 DE-VG.[63] Gemäß Art. 28 Abs. 1 DE-VG soll ein deutsches Abkommen nicht so auszulegen sein, dass es a) einen Vertragsstaat daran hindere, seine innerstaatlichen Rechtsvorschriften zur Verhinderung der Steuerumgehung oder Steuerhinterziehung anzuwenden, oder b) die Bundesrepublik Deutschland daran hindere, die Beträge zu besteuern, die nach dem Vierten, Fünften und Siebten Teil des deutschen AStG in die Einkünfte einer in der Bundesrepublik Deutschlands ansässigen Person einzubeziehen sind (Hinzurechnungsbesteuerung).[64]

Weil die IIR als Bestandteil der GloBE-Regeln aufgrund ihrer trotz der ähnlichen Erhebungstechnik unterschiedlichen Funktionsweise und aufgrund des allgemeinen Umfangs der GloBE-Regeln sehr wahrscheinlich nicht in die aufgeführten Abschnitte des AStG aufgenommen werden wird, kommt eine Entschärfung möglicher Konflikte mit deutschen DBA nur über Buchst. a) in Betracht. Der darin normierte Missbrauchsvorbehalt erfasst für den Bereich der Steuerumgehung sowohl allgemeine Missbrauchsbekämpfungsvorschriften (z. B. § 42 AO) als auch spezielle Missbrauchsvorschriften wie etwa § 50d Abs. 3 EStG.[65]

---

[62] Denn beide Steuervorschriften führen zu einer zusätzlichen Steuerbelastung der inländischen Muttergesellschaft unter Bezug auf die von einer Tochtergesellschaft in einem anderen Staat erzielten Gewinne, vgl. *Englisch/Becker*, WTJ 2019, 483 (517 f.).

[63] Dieser entspricht der langjährigen Abkommenspolitik Deutschlands, vgl. *Lüdicke*, IStR 2013, Beihefter zu Heft 10, 26 (43). Zu den DBA, die einen solchen Vorbehalt für innerstaatliche Missbrauchsklauseln enthalten, vgl. *Weggenmann/Nehls* in Vogel/Lehner, DBA, 7. Aufl. 2021, Art. 1 OECD-MA Rn. 135 ff.

[64] Hierdurch kann sichergestellt werden, dass es bei der Anwendung dieser Vorschriften nicht zu einem Treaty Override kommt, vgl. *Schwenke* in Wassermeyer, DBA, 156. EL 2022, Art. 1 OECD-MA 2017 Rn. 81 f.

[65] *Schwenke* in Wassermeyer, DBA, 156. EL 2022, Art. 1 OECD-MA 2017 Rn. 81; *Lüdicke*, IStR 2013, Beihefter zu Heft 10, 26 (43).

Ausschlaggebend ist das individuelle Missbrauchsverständnis des jeweiligen Vertragsstaates.[66] Auch die Hinzurechnungsbesteuerung nach den §§ 7 ff., 20 AStG wird als Missbrauchsbekämpfungsvorschrift eingeordnet und fällt daher bereits in den Anwendungsbereich des Buchst. a).[67] Dies dürfte ebenso für die IIR gelten. Denn diese verfolgt neben (und auch mit) der Begrenzung des Steuerwettbewerbs die Verhinderung verbleibender BEPS-Risiken. Unabhängig davon, ob die IIR den verfassungs- und EU-rechtlichen Anforderungen an eine gerechtfertigte Missbrauchsbekämpfungsvorschrift entspricht, ist die Verhinderung von Missbrauch und Steuerumgehung in jedem Fall eines der primären Regelungsanliegen der Vorschrift. Denn auch über die Begrenzung des Steuerwettbewerbs und der damit einhergehenden Eingrenzung steuerlicher Anreize sollen missbräuchliche Gestaltungen zur Steuerumgehung verhindert werden. Folglich findet der Missbrauchsvorbehalt in Art. 28 Abs. 1 Buchst. a) Anwendung. Dementsprechend sind die angeführten DBA-Verteilungsnormen nicht so auszulegen, dass sie der Anwendung der IIR entgegenstehen.

7.2.3.3 Zwischenergebnis

Der IIR sollten in den Fällen, in denen deutsche DBA eine mit Art. 28 Abs. 1 Buchst. a) DE-VG vergleichbare Klausel beinhalten, die anderen Abkommensregelungen nicht entgegenstehen. Ist dies nicht der Fall, wäre ein Konflikt mit Art. 7 Abs. 1 Satz 1 DE-VG denkbar. Daher sollte Deutschland in solchen Abkommen einen Missbrauchsvorbehalt wie Art. 28 Abs. 1 Buchst. a) DE-VG nachverhandeln, eine für die IIR separate und insofern mit Buchst. b) vergleichbare Klausel einarbeiten oder die Saving Clause aus Art. 1 Abs. 3 OECD-MA übernehmen[68].

7.2.4 Switch-over Rule

In Bezug auf die Switch-over Rule ist zunächst noch einmal darauf hinzuweisen, dass sie ins Leere laufen würde, sollte sie zwecks Anwendung der IIR in Fällen ausländischer niedrig besteuerter Betriebsstätten einfach nur einen Wechsel

---

[66] Vgl. *Linn* in FS Wassermeyer, S. 115 (Rn. 11). Denn bei solchen Vorbehaltsklauseln steht der Wunsch eines Vertragsstaates im Vordergrund, dass das DBA der Anwendung nationaler Vorschriften, welche auch kurzfristig unilateral geschaffen oder geändert werden können, nicht entgegensteht.

[67] So *Schwenke* in Wassermeyer, DBA, 156. EL 2022, Art. 1 OECD-MA 2017 Rn. 82.

[68] So *Andrade Rodrígues/Nouel*, Interaction of Pillar Two with Tax Treaties, in: Perdelwitz/Turina, Global Minimum Taxation? An Analysis of the Global Anti-Base Erosion Initiative, 2021, S. 242.

der Freistellungsmethode zur Anrechnungsmethode anordnen. Denn damit würden die im Niedrigsteuerstaat entrichteten Steuern auf die i. R. d. IIR erhobene Top-up Tax angerechnet werden, sodass die finale Steuerlast regelmäßig erneut unterhalb des Mindeststeuersatzes liegen würde, was nicht im Sinne der GloBE-Regeln ist. Die IIR selbst berücksichtigt bereits die im Ausland gezahlten Steuern. Es ergeben sich daher zwei Möglichkeiten, wie eine SOR zukünftig ausgestaltet sein könnte. Zum einen könnte die SOR in Fällen niedrig besteuerter ausländischer Betriebsstätten die Anwendung der Freistellungsmethode ausschließen und damit schlicht die IIR zulassen, ohne eine vermeintliche Doppelbesteuerung über die Anrechnungsmethode zu beseitigen.[69] Alternativ könnte sie zulassen, dass nach allgemeinem inländischem Recht (und nicht über die IIR) die GloBE-Einkünfte der ausländischen Betriebsstätte (nur) mit 15 % besteuert werden, um über die Anrechnung der ausländischen Steuern dann ebenfalls auf eine finale Effektivsteuerquote in Höhe des Mindeststeuersatzes zu kommen.

Da Deutschland in seinen DBA regelmäßig dem Betriebsstättenstaat ein Besteuerungsrecht auf Unternehmensgewinne zuweist (vgl. Art. 7 DBA DE-VG) und für Betriebsstätteneinkünfte die Freistellungsmethode vorsieht (vgl. Art. 22 Abs. 1 Nr. 1 DBA DE-VG),[70] ist die SOR für Deutschland durchaus von Bedeutung. Zwar sollte nach Auffassung des Autors auch im Falle niedrig besteuerter ausländischer Betriebsstätten grundsätzlich eine Art. 28 Abs. 1 Nr. 1 DE-VG entsprechende Abkommensklausel die Anwendbarkeit der IIR sicherstellen. Sofern eine solche Klausel jedoch nicht in den deutschen DBA enthalten ist, wäre unabhängig davon, wie die SOR letztlich ausgestaltet sein wird, offensichtlich, dass sie aufgrund der abweichenden Regelung mit DBA in Konflikt stehen wird, die die Freistellungsmethode vorsehen.[71] Sollte die SOR lediglich einfachgesetzlich ins nationale Recht eingeführt werden, würde sie damit einen Treaty Override begründen. Aus diesem Grund sollte die SOR zumindest in die deutschen DBA eingefügt werden, die keine Art. 28 DE-VG entsprechende Klausel enthalten.

---

[69] Siehe hierzu auch den Formulierungsvorschlag für eine Änderung des Art. 23 A Abs. 4 OECD-MA in *Pistone et al.*, The OECD Public Consultation Document „GlobalAnti-Base Erosion (GloBE) Proposal – Pillar Two": An Assessment, S. 16. Ein Hinweis auf dieses Verständnis der SOR findet sich auch in *Andrade Rodrígues/Nouel*, Interaction of Pillar Two with Tax Treaties, in: Perdelwitz/Turina, Global Minimum Taxation? An Analysis of the Global Anti-Base Erosion Initiative, 2021, S. 247. Dies darf dann aber nicht zur Folge haben, dass Art. 23B OECD-MA entsprechende Anrechnungsmethoden zur Anwendung kommen.

[70] Vgl. *Schmidt* in Schmidt, Außensteuergesetz, § 20 AStG Rn. 6; *Schön*, Taxing Multinationals in Europe, S. 2.

[71] So auch *Blum*, Intertax 2019, 516 (520); *Englisch/Becker*, WTJ 2019, 483 (518) unter dem Verständnis der SOR als einfachem Wechsel von der Freistellungs- zur Anrechnungsmethode.

240   7 Vereinbarkeit mit deutschen Doppelbesteuerungsabkommen

Alternativ und unter Verzicht auf die SOR könnte zumindest für Betriebsstättenkonstellationen anstelle der Freistellungsmethode die Anrechnungsmethode etabliert werden.[72]

7.2.5 Regelungskollision der UTPR als Abzugsbeschränkung mit Art. 9 Abs. 1 und Art. 7 Abs. 2 DE-VG

Die UTPR könnte bei ihrer Umsetzung als Betriebsausgabenabzugsbeschränkung möglicherweise mit Art. 9 Abs. 1 und Art. 7 Abs. 2 DE-VG entsprechenden DBA-Klauseln kollidieren. Art. 9 Abs. 1 DE-VG[73] bestimmt als Gewinnkorrekturvorschrift, dass ein Vertragsstaat Einkünfte zwischen verbundenen und in den Vertragsstaaten ansässigen Unternehmen korrigieren darf, soweit die vereinbarten Verrechnungspreise nicht dem Fremdvergleichsgrundsatz genügen.[74] Art. 7 Abs. 2 DE-VG[75] hat parallel hierzu die Betriebstättengewinnabgrenzung zum Gegenstand und ordnet an, dass die Gewinne nach dem Fremdvergleichsgrundsatz zwischen Stammhaus und Betriebsstätte aufzuteilen sind.[76]

7.2.5.1 Bisherige Einordnung durch Blueprint und Literatur

Da eine Abzugsbeschränkung i. R. d. UTPR zu einer höheren Steuerbemessungsgrundlage führen kann als bei alleiniger Orientierung am Fremdvergleichsgrundsatz, diskutiert der Blueprint selbst einen Verstoß gegen Art. 9 Abs. 1 OECD-MA bzw. im Fall der UTPR-Anwendung auf eine Betriebsstätte einen Verstoß gegen Art. 7 Abs. 2 OECD-MA.[77] Er kontert die hierin liegenden Bedenken einer Sperrwirkung allerdings mit der Begründung, es sei allgemein anerkannt, dass – wenn

---

[72] So auch *Andrade Rodrígues/Nouel*, Interaction of Pillar Two with Tax Treaties, in: Perdelwitz/Turina, Global Minimum Taxation? An Analysis of the Global Anti-Base Erosion Initiative, 2021, S. 247; *Englisch/Becker*, Implementing an International Effective Minimum Tax in the EU, Materialien aus Wirtschaft und Gesellschaft (AK Wien), Heft 224, Juli 2021, S. 61.
[73] Art. 9 Abs. 1 DE-VG entspricht Art. 9 Abs. 1 OECD-MA wörtlich, *Eigelshoven* in Vogel/Lehner, DBA, 7. Aufl. 2021, Art. 9 OECD-MA Rn. 145a.
[74] Vgl. *Ditz* in Schönfeld/Ditz, 2. Aufl. 2019, Art. 9 DBA Rn. 2, 35.
[75] Art. 7 Abs. 2 DE-VG entspricht Art. 7 Abs. 2 OECD-MA jedenfalls inhaltlich, *Hemmelrath* in Vogel/Lehner, DBA, 7. Aufl. 2021, Art. 7 OECD-MA Rn. 91.
[76] Vgl. *Ditz* in Schönfeld/Ditz, 2. Aufl. 2019, Art. 7 DBA (2017) Rn. 2.
[77] OECD (2020), Tax Challenges Arising from Digitalisation – Report on Pillar Two Blueprint, Rn. 689.

Gewinne erst einmal dem Fremdvergleich entsprechend zugeordnet seien – die jeweilige Art der Besteuerung den einzelnen Staaten frei obliege, was etwa an der in vielen Staaten existierenden Regel zur Abzugsbeschränkung für „entertainment expenses" zu beobachten sei.[78] Hierzu bezieht sich der Blueprint erneut auf die Saving Clause in Art. 1 Abs. 3 OECD-MA und zusätzlich auf Art. 7 Abs. 30 OECD-MK, der im Falle der in Art. 7 Abs. 2 OECD-MA angeordneten Betriebstättengewinnabgrenzung klarstellt, dass die Beschränkung des Betriebsausgabenabzugs vorbehaltlich anderer Bestimmungen des Übereinkommens (insb. Art. 24 Abs. 3 OECD-MA) eine Frage des nationalen Rechts sei.[79]

Auch in der Literatur ist diesbezüglich vertreten worden, dass eine Kollision mit Art. 9 Abs. 1 OECD-MA nur unter der Annahme bejaht werden könne, dass diese Klausel jegliche Abzugsbeschränkungen für fremdübliche Zahlungen unabhängig von ihrer Zielsetzung und Ausgestaltung untersage.[80] Einer solch weiten Sperrwirkung widersprechen die Autoren *Englisch* und *Becker* sowie *da Silva* jedoch.[81] Art. 9 Abs. 1 OECD-MA berühre nicht solche Fälle, in denen der steuerliche Abzug von Zahlungen an verbundene Unternehmen aus anderen Gründen als dem Fremdvergleichsgrundsatz beschränkt werde.[82] Die UTPR (in ihrer 2019 noch deutlich vom Blueprint abweichenden Fassung) berühre aber nicht die Frage der fremdvergleichskonformen Gewinnaufteilung zwischen verbundenen Unternehmen, sondern die nicht ausreichend hohe Besteuerung der Gewinne

---

[78] OECD (2020), Tax Challenges Arising from Digitalisation – Report on Pillar Two Blueprint, Rn. 689.

[79] OECD (2020), Tax Challenges Arising from Digitalisation – Report on Pillar Two Blueprint, Rn. 689. So auch *Andrade Rodrígues/Nouel*, Interaction of Pillar Two with Tax Treaties, in: Perdelwitz/Turina, Global Minimum Taxation? An Analysis of the Global Anti-Base Erosion Initiative, 2021, S. 244. Art. 7 Abs. 30 OECD-MK lautet: „Paragraph 2 determines the profits that are attributable to a permanent establishment for the purposes of the rule in paragraph 1 that allocates taxing rights on these profits. Once the profits that are attributable to a permanent establishment have been determined in accordance with paragraph 2 of Article 7, it is for the domestic law of each Contracting State to determine whether and how such profits should be taxed as long as there is conformity with the requirements of paragraph 2 and the other provisions of the Convention. Paragraph 2 does not deal with the issue of whether expenses are deductible when computing the taxable income of the enterprise in either Contracting State. The conditions for the deductibility of expenses are a matter to be determined by domestic law, subject to the provisions of the Convention and, in particular, paragraph 3 of Article 24 (see paragraphs 33 and 34 below)."

[80] *Englisch/Becker*, WTJ 2019, 483 (519).

[81] *Englisch/Becker*, WTJ 2019, 483 (519 f.); *Englisch/Becker*, Implementing an International Effective Minimum Tax in the EU, Materialien aus Wirtschaft und Gesellschaft (AK Wien), Heft 224, Juli 2021, S. 62 f.; *da Silva*, Frontiers of Law in China 2020, 111 (134 f.).

[82] *Englisch/Becker*, WTJ 2019, 483 (520).

eines ausländischen Unternehmens.[83] Dies spiegele sich auch darin wieder, dass die im Rahmen der UTPR herbeigeführte Steuerbelastung (deutlich) geringer ausfalle als die gewöhnliche Steuerlast auf Gewinne des ansässigen Unternehmens.[84] Zudem bestehe keine Gefahr wirtschaftlicher Doppelbesteuerung, welche ebenfalls durch Art. 9 OECD-MA verhindert werden solle.[85] Andere Stimmen verhalten sich zu der Frage einer möglichen Sperrwirkung gegenüber der UTPR dagegen kritischer.[86]

7.2.5.2 Einordnung aus deutscher Perspektive

Wie bereits zur IIR ausgeführt, greift die von Blueprint und Literatur[87] angeführte Saving Clause im Falle deutscher Abkommen nicht. Soweit sich die Anwendungsbereiche von Art. 9 Abs. 1 bzw. Art. 7 Abs. 2 DE-VG („verbundene Unternehmen") und UTPR überschneiden, ist daher fraglich, ob von den DBA-Vorschriften tatsächlich eine relevante Sperrwirkung ausgeht. Der BFH hat eine Sperrwirkung der Art. 9 OECD-MA entsprechenden Klauseln zunächst in drei Entscheidungen angenommen,[88] ist hiervon jedoch mit seiner Grundsatzentscheidung v. 27.2.2019 wieder abgewichen.[89] Die herrschende Literatur in Deutschland entnimmt Art. 9 Abs. 1 OECD-MA dagegen eine allgemeine Sperrwirkung gegenüber einer weitergehenden Besteuerung nach nationalen Rechtsnormen, da anderenfalls die DBA-Gewinnkorrekturklauseln ihres Sinnes

---

[83] *Englisch/Becker*, WTJ 2019, 483 (521).
[84] *Englisch/Becker*, WTJ 2019, 483 (521).
[85] *Englisch/Becker*, WTJ 2019, 483 (521).
[86] Vgl. *Andrade Rodrígues/Nouel*, Interaction of Pillar Two with Tax Treaties, in: Perdelwitz/Turina, Global Minimum Taxation? An Analysis of the Global Anti-Base Erosion Initiative, 2021, S. 243 f.
[87] Siehe *Englisch/Becker*, WTJ 2019, 483 (520 f.); *Andrade Rodrígues/Nouel*, Interaction of Pillar Two with Tax Treaties, in: Perdelwitz/Turina, Global Minimum Taxation? An Analysis of the Global Anti-Base Erosion Initiative, 2021, S. 244.
[88] BFH v. 11.10.2012 – I R 75/11, BStBl. II 2013, 1046 zum sog. formellen Fremdvergleich i. R. e. verdeckten Gewinnausschüttung; v. 17.12.2014 – I R 23/13, BStBl. II 2016, 261 (Rn. 18) zu § 1 AStG a. F.; v. 24.6.2015 – I R 29/14, BStBl. II 2016, 258 zur Rückgängigmachung einer Teilwertabschreibung eines unbesichert begebenen Darlehens im Konzern.
[89] BFH v. 27.2.2019 – I R 73/2019, BStBl. II 2019, 394. Nur an der Sperrwirkung des sog. formellen Fremdvergleichs im Rahmen einer verdeckten Gewinnausschüttung hat er festgehalten, s. a. *Schwenke/Greil* in Wassermeyer, DBA, 156. EL 2022, Art. 9 OECD-MA 2017 Rn. 15, 163a. *Eigelshoven* in Vogel/Lehner, DBA, 7. Aufl. 2021, Art. 9 OECD-MA Rn. 20a geht dagegen davon aus, dass die neuere BFH-Auffassung die Sperrwirkung durch Art. 9 OECD-MA weiterhin anerkennt.

entleert würden.[90] Dieser bestehe darin, das innerstaatliche Recht zu beschränken und sicherzustellen, dass Unternehmensgewinne in dem Staat besteuert werden, in dem sie entstanden sind, was nur gewährleistet werden könne, wenn beide Vertragsstaaten gemäß Art. 9 OECD-MA an einen verbindlichen Berichtigungsmaßstab gebunden seien.[91] So wird beispielsweise auch gegenüber der Lizenzschranke in § 4j EStG vertreten, dass deren Anwendung durch Art. 9 Abs. 1 OECD-MA gesperrt sei.[92] Für Art. 7 Abs. 2 OECD-MA wird eine solche Sperrwirkung dagegen – soweit ersichtlich – trotz des ebenfalls darin normierten Fremdvergleichsgrundsatzes nicht angenommen.[93] Dennoch zeigt sich, dass die UTPR als Abzugsbeschränkung nach der soeben vorgestellten Auffassung zumindest gegenüber Art. 9 Abs. 1 DE-VG Konfliktpotential aufweist.

Nach Auffassung des Autors berührt die UTPR die Frage der Gewinnzuordnung nach dem Fremdvergleichsgrundsatz hingegen nicht. Denn diese setzt vielmehr erst nach der Gewinnzuordnung an und führt – ohne die Gewinnzuordnung zwischen zahlender und zahlungsempfangender Konzerneinheit neu ordnen zu wollen – zu einer Nachbesteuerung im Inland, wenn fremdübliche Zahlungen an eine niedrig besteuerte Konzerneinheit geleistet werden. Als innerstaatliche Einkünfteermittlungsvorschrift steht die UTPR dem ersten Zugriffsrecht des anderen Vertragsstaats daher nicht im Wege und stellt den primär anzuwendenden

---

[90] Vgl. *Ditz* in Schönfeld/Ditz, 2. Aufl. 2019, Art. 9 DBA Rn. 20; *Schaumburg/Häck* in Schaumburg, Internationales Steuerrecht, 4. Aufl. 2017, Rn. 19.293 ff.; *Gosch*, ISR 2018, 289 (290); *Gosch*, DStR 2019, 2441 (2446 ff.); *Rasch* in Gosch/Kroppen/Grotherr/Kraft, DBA-Kommentar, 49. EL 2022, Art. 9 OECD-MA Rn. 1, 32 ff.; *Jacobs/Endres/Spengel* in Jacobs, Internationale Unternehmensbesteuerung, 8. Aufl. 2016, S. 669; *Eigelshoven* in Vogel/Lehner, DBA, 7. Aufl. 2021, Art. 9 OECD-MA Rn. 20 m. w. N.; a. A. *Hebammer*, IStR 2016, 525 (, 527, 530 f.).

[91] *Eigelshoven* in Vogel/Lehner, DBA, 7. Aufl. 2021, Art. 9 OECD-MA Rn. 20.

[92] *Ditz* in Schönfeld/Ditz, 2. Aufl. 2019, Art. 9 DBA Rn. 31; *Ritzer/Stangl/Karnath*, DK 2017, 68 (77); *Hagemann/Kahlenberg* in Herrmann/Heuer/Raupach, 310. Lief. 2022, § 4j EStG Rn. 14; *Müllmann*, Die Lizenzschranke als Abwehrmaßnahme im Steuerwettbewerb, 2021, S. 230 f.; vgl. im Übrigen zur Zinsschranke beispielsweise *Mattern*, IStR 2014, 558 (560); a. A. *Loschelder* in Schmidt, 41. Aufl. 2022, § 4j EStG Rn. 11; FG Hamburg v. 9.2.2017 – 5 K 9/15, IStR 2020, 233 (237 f.), welches die Sperrwirkung bei nur auf den inländischen Sachverhalt bezogenen spezialgesetzlichen Missbrauchsvorschriften verneint; *Schnitger*, IStR 2017, 214 (221) qualifiziert § 4j EStG lediglich als „innerstaatliche Einkünfteermittlungsvorschrift"; vgl. auch *Reddig* in Kirchhof/Söhn/Mellinghoff, 323. Lief. 2022, § 4j EStG Rn. A 69.

[93] Vgl. *Ditz* in Schönfeld/Ditz, 2. Aufl. 2019, Art. 7 DBA Rn. 13; siehe auch *Schaumburg/Häck* in Schaumburg, Internationales Steuerrecht, 4. Aufl. 2017, Rn. 19.265; *Niehaves* in Haase, 3. Aufl. 2016, Art. 7 OECD-MA 2010 Rn. 52; *Jacobs/Endres/Spengel* in Jacobs, Internationale Unternehmensbesteuerung, 8. Aufl. 2016, S. 775.

Fremdvergleichsgrundsatz nicht in Frage. Aus diesem Grund ist im Rahmen der UTPR auch keine Gegenkorrekturvorschrift i. S. d. Art. 9 Abs. 2 DE-VG[94] vorgesehen. Sofern man dem nicht folgen möchte, wird ein Konflikt mit Art. 9 Abs. 1 DE-VG dennoch umgangen, wenn das einschlägige DBA eine Vorbehaltsnorm vergleichbar Art. 28 Abs. 1 Buchst. a) DE-VG beinhaltet. Denn auch die UTPR hat als Missbrauchsbekämpfungsvorschrift wie die IIR zumindest auch die Verhinderung von Steuerumgehungen zum Gegenstand. Sie soll zum einen weiterhin bestehende BEPS-Risiken beseitigen, zum anderen soll sie verhindern, dass Konzerne durch Verlegung ihrer Konzernmuttergesellschaften eine Besteuerung durch die IIR umgehen.

7.2.6 Regelungskollision der UTPR mit Verteilungsnormen gemäß Art. 7 Abs. 1 Satz 1, Art. 11 Abs. 1 und Art. 12 Abs. 1 DE-VG

Im Übrigen stellt sich die Frage, ob es zu einer Regelungskollision der UTPR als Abzugsbeschränkung mit Verteilungsnormen wie Art. 7 Abs. 1 Satz 1, Art. 11 Abs. 1 und Art. 12 Abs. 1 DE-VG kommen könnte, da die UTPR regelmäßig auf die in diesen Verteilungsnormen geregelten Zahlungen (Zinsen, Lizenzgebühren und andersartige abzugsfähige Zahlungen) Anwendung finden wird, die Verteilungsnormen aber dem Vertragsstaat des Zahlungsempfängers das ausschließliche Besteuerungsrecht zuweisen. Hiervon ist jedoch nicht auszugehen. Denn diese Artikel haben allesamt die Verteilung des Besteuerungsrechts an den Einnahmen beim Zahlungsempfänger zum Gegenstand und nicht den Abzug der entsprechenden Ausgaben beim Zahlungsleistenden.[95]

Anders sieht dies im Falle der UTPR in der Form einer Quellensteuer aus. Diese dürfte regelmäßig mit den schon genannten Verteilungsartikeln in Konflikt

---

[94] Vgl. *Schwenke/Greil* in Wassermeyer, DBA, 156. EL 2022, Art. 9 OECD-MA 2017 Rn. 190 f.

[95] Vgl. für Art. 7 Abs. 1 Satz 1 DE-VG etwa *Wassermeyer* in Wassermeyer, DBA, 156. EL 2022, Art. 7 OECD-MA 2017 Rn. 164 und *Ditz* in Schönfeld/Ditz, 2. Aufl. 2019, Art. 7 DBA (2017) Rn. 15 f. Für Art. 11 Abs. 1 DE-VG vgl. *Wassermeyer* in Wassermeyer, DBA, 156. EL 2022, Art. 11 OECD-MA 2017 Rn. 1 f., 40; *Lohbeck/Ruß* in Vogel/Lehner, DBA, 7. Aufl. 2021, Art. 11 OECD-MA Rn. 2. Für Art. 12 Abs. 1 DE-VG vgl. *Benz/Böhmer*, DB 2017, 206 (211); *Loschelder* in Schmidt, 41. Aufl. 2022, § 4j EStG Rn. 11; *Grotherr*, Ubg 2017, 233 (245); *Pohl* in Brandis/Heuermann, 160. EL 2021, § 4j EStG, Rn. 21; siehe auch *Hagemann/Kahlenberg* in Herrmann/Heuer/Raupach, 310. Lief. 2022, § 4j EStG Rn. 14; *Reddig* in Kirchhof/Söhn/Mellinghoff, 323. Lief. 2022, § 4j EStG Rn. A 68.

stehen.[96] Denn bei dieser Erhebungsform hat die UTPR tatsächlich die Besteuerung der eingehenden Zahlungen auf Ebene der als niedrig besteuert eingestuften Konzerneinheit zum Gegenstand und eben nicht den Abzug der jeweiligen Ausgaben bei der die Zahlung leistenden inländischen Konzerneinheit. Auch in dieser Situation ist allerdings wieder auf Art. 28 Abs. 1 Buchst. a) DE-VG zu verweisen, der einer Regelungskollision entgegengehalten werden kann.

7.2.7 Verstoß der UTPR gegen Art. 23 DE-VG

Darüber hinaus ist im Blueprint und in der Literatur ein Verstoß der UTPR gegen die abkommensrechtlichen Diskriminierungsverbote in Art. 24 Abs. 3 und 4 OECD-MA diskutiert worden. Art. 23 DE-VG stimmt mit Art. 24 OECD-MA vollständig überein.[97] Die in Art. 23 DE-VG formulierten Diskriminierungsverbote sind absolut, d. h. eine Ungleichbehandlung nach den in den einzelnen Absätzen genannten Kriterien kann nicht durch sachliche Gründe gerechtfertigt werden.[98]

7.2.7.1 Art. 23 Abs. 3 DE-VG

Nach Art. 23 Abs. 3 Satz 1 DE-VG darf eine Betriebsstätte, die ein Unternehmen eines Vertragsstaats in einem anderen Vertragsstaat hat, im anderen Vertragsstaat steuerlich nicht schlechter behandelt werden als dort ansässige Unternehmen, die der gleichen Tätigkeit nachgehen. Der Blueprint verneint eine verbotene Ungleichbehandlung in diesem Sinne durch die UTPR.[99] Denn nach der im Blueprint geäußerten Auffassung werde eine grenzüberschreitende (fiktive) Zahlung einer Betriebsstätte an ihr Stammhaus im Rahmen der UTPR nicht anders

---

[96] So auch *Englisch/Becker*, WTJ 2019, 483 (518) zum damals noch abweichenden UTPR-Entwurf unter Verweis auf OECD (2019), Public Consultation Document, Addressing the Tax Challenges of the Digitalisation of the Economy, 13 February – 6 March 2019, S. 27 f. Allgemein zum Verhältnis der Besteuerung beschränkt steuerpflichtiger Einkünfte zu DBA vgl. etwa *Loschelder* in Schmidt, 41. Aufl. 2022, § 49 EStG Rn. 6. Siehe auch *Max/Thiede*, StB 2017, 175 (176).

[97] Vgl. *Rust* in Vogel/Lehner, DBA, 7. Aufl. 2021, Art. 24 OECD-MA Rn. 62, 83, 114, 139, 157, 167.

[98] Vgl. *Rust* in Vogel/Lehner, DBA, 7. Aufl. 2021, Art. 24 OECD-MA Rn. 4; *Hageböke* in Strunk/Kaminski/Köhler, 60. Lief. 2022, Art. 24 OECD-MA Rn. 6; *Wassermeyer/Schwenke* in Wassermeyer, DBA, 156. EL 2022, Art. 24 OECD-MA 2017 Rn. 26; BFH v. 10.3.2005 – II R 51/03, IStR 2005, 745 (746).

[99] OECD (2020), Tax Challenges Arising from Digitalisation – Report on Pillar Two Blueprint, Rn. 696.

behandelt als eine solche Zahlung zwischen zwei Konzernunternehmen, und zwar unabhängig vom anzuwendenden Allokationsschlüssel oder Erhebungsmechanismus (Abzugsbeschränkung bzw. Quellensteuer).[100] Die UTPR besteuere gleichermaßen Betriebsstätten und Gesellschaften eines multinationalen Konzerns, da beide als Konzerneinheiten anzusehen seien.[101] Dem wird in der Literatur gefolgt.[102] Auch der Autor möchte sich dieser Auffassung anschließen. Ist eine Betriebsstätte unter den Begriff der Konzerneinheit subsumierbar, findet keine weitere Differenzierung zwischen Betriebsstätten und etwaigen Gesellschaften eines Konzerns statt, weder in der Ermittlung der ETR noch in der Erhebung der Top-up Tax.

7.2.7.2 Art. 23 Abs. 4 DE-VG

Gemäß Art. 23 Abs. 4 Satz 1 DE-VG sind, sofern nicht Art. 9 Abs. 1, Art. 11 Abs. 4 oder Art. 12 Abs. 4 DE-VG anzuwenden ist, Zinsen, Lizenzgebühren und andere Entgelte, die ein Unternehmen eines Vertragsstaats an eine im anderen Vertragsstaat ansässige Person zahlt, bei der Ermittlung der steuerpflichtigen Gewinne dieses Unternehmens unter den gleichen Bedingungen wie Zahlungen an eine im erstgenannten Staat ansässige Person zum Abzug zuzulassen. Die im Rahmen der UTPR möglicherweise vorzunehmende Abzugsbeschränkung könnte einen Verstoß gegen diese Bestimmung darstellen.

---

[100] OECD (2020), Tax Challenges Arising from Digitalisation – Report on Pillar Two Blueprint, Rn. 694 ff.

[101] Im Blueprint wird zudem auf Art. 24 Abs. 3 OECD-MK verwiesen, welcher lautet: „The various provisions of Article 24 prevent differences in tax treatment that are solely based on certain specific grounds (e.g. nationality, in the case of paragraph 1). Thus, for these paragraphs to apply, other relevant aspects must be the same. The various provisions of Article 24 use different wording to achieve that result (e.g. "in the same circumstances" in paragraphs 1 and 2; "carrying on the same activities" in paragraph 3; "similar enterprises" in paragraph 5). Also, whilst the Article seeks to eliminate distinctions that are solely based on certain grounds, it is not intended to provide foreign nationals, non-residents, enterprises of other States or domestic enterprises owned or controlled by non-residents with a tax treatment that is better than that of nationals, residents or domestic enterprises owned or controlled by residents (see, for example, paragraph 34 below)."

[102] *Andrade Rodrígues/Nouel*, Interaction of Pillar Two with Tax Treaties, in: Perdelwitz/Turina, Global Minimum Taxation? An Analysis of the Global Anti-Base Erosion Initiative, 2021, S. 245 f.

7.2.7.2.1 Bisherige Einordnung durch Blueprint und Literatur

Der Blueprint hat einen Verstoß der UTPR gegen das Diskriminierungsverbot des Art. 24 Abs. 4 OECD-MA abgelehnt.[103] Im Falle des darin noch enthaltenen ersten Allokationsschlüssels könne die danach vorzunehmende Abzugsbeschränkung zwar nur grenzüberschreitende Sachverhalte erfassen,[104] jedoch knüpfe diese nicht unmittelbar an die Ansässigkeit des Zahlungsempfängers an, sondern an die Einordnung des Staates des Zahlungsempfängers als hoch oder niedrig besteuernd aufgrund der staatenbezogenen Konzern-ETR im relevanten Zeitraum.[105] Im Falle des zweiten Allokationsschlüssels ergebe sich die Ablehnung einer relevanten Ungleichbehandlung dagegen schon daraus, dass dieser sowohl bei inländischen als auch bei grenzüberschreitenden Zahlungen an andere Konzerneinheiten eine Abzugsbeschränkung herbeiführe, da er sich allein am konzerninternen Nettoaufwand des zahlenden Unternehmens orientiere.[106]

In der Literatur wurde im Falle des ersten Allokationsschlüssels hingegen eine Diskriminierung bejaht, da Art. 24 Abs. 4 OECD-MA lediglich auf Situationen abstelle, in denen die Zahlung an einen Gebietsfremden erfolge, und zwar unabhängig davon, wie der entsprechende Gebietsansässige besteuert werde.[107] Andere Stimmen leiten aus den bestehenden Auslegungsmöglichkeiten zumindest ein hinreichendes Maß an Rechtsunsicherheit in dieser Frage ab, die eine Klarstellung im Rahmen des OECD-MK oder eine Anpassung der einzelnen DBA wünschenswert mache.[108]

---

[103] OECD (2020), Tax Challenges Arising from Digitalisation – Report on Pillar Two Blueprint, Rn. 693.

[104] Denn die UTPR könne nur angewendet werden, wenn die Zahlung von einem Land, welches für den Konzern im entsprechenden Zeitraum als hochbesteuernd einzuordnen ist, in ein Land erfolge, welches für den Konzern im entsprechenden Zeitraum als niedrig besteuernd einzuordnen ist. Ein Land könne aber nicht gleichzeitig in diesem Sinne als niedrig- und hochbesteuernd qualifiziert werden.

[105] OECD (2020), Tax Challenges Arising from Digitalisation – Report on Pillar Two Blueprint, Rn. 691.

[106] OECD (2020), Tax Challenges Arising from Digitalisation – Report on Pillar Two Blueprint, Rn. 692. Dem zustimmend *Andrade Rodrígues/Nouel*, Interaction of Pillar Two with Tax Treaties, in: Perdelwitz/Turina, Global Minimum Taxation? An Analysis of the Global Anti-Base Erosion Initiative, 2021, S. 245.

[107] *Andrade Rodrígues/Nouel*, Interaction of Pillar Two with Tax Treaties, in: Perdelwitz/Turina, Global Minimum Taxation? An Analysis of the Global Anti-Base Erosion Initiative, 2021, S. 245, 262. Die Autoren folgern daraus, dass eine abkommensrechtliche Klausel zum Ausschluss dieses Konflikts in den DBA oder im MLI aufgenommen werden sollte. Siehe zuvor auch schon *da Silva*, Frontiers of Law in China 2020, 111 (139 f.).

[108] *Englisch/Becker*, WTJ 2019, 483 (521 ff.).

7.2.7.2.2 Einordnung aus deutscher Perspektive

Die Modellregeln zur UTPR haben sich scheinbar von den bisherigen Allokationsschlüsseln gelöst, beschreiben derzeit aber nur die Aufteilung der insgesamt bei einem Konzern i. R. d. UTPR zu erhebenden Top-up Tax zwischen den einzelnen UTPR-Staaten. Welchen Anteil daran die einzelne UTPR-steuerpflichtige Konzerneinheit zu tragen hat und bei welchen Zahlungen das Abzugsverbot greifen soll, ist dagegen nicht geregelt. Denkbar ist hier vielerlei.

Unter anderem könnte für die Aufteilung der UTPR Top-up Tax unter den einzelnen UTPR-steuerpflichtigen Konzerneinheiten eines UTPR-Staates derselbe Verteilungsschlüssel verwendet werden wie bei der Allokation zwischen den einzelnen Staaten. Es käme also auf die Anzahl der Arbeitnehmer und die Buchwerte der Sachanlagen jeder einzelnen UTPR-steuerpflichtigen Konzerneinheit an. Sodann könnte die einer UTPR-steuerpflichtigen Konzerneinheit zugewiesene Top-up Tax entweder – wie schon im Blueprint vorgesehen – lediglich bei konzerninternen Zahlungsvorgängen[109] oder aber auch bei Zahlungen der Konzerneinheit an Dritte über ein Abzugsverbot indirekt erhoben werden.[110] In beiden Fällen wäre – außer bei Beschränkung des Abzugsverbotes auf grenzüberschreitende Zahlungen – keine Diskriminierung i. S. d. Art. 23 Abs. 4 DE-VG gegeben, da lediglich der Umstand einer vorgenommenen Zahlung die Abzugsbeschränkung bedingen würde.

Anders könnte sich dies darstellen, sollte für die UTPR doch noch auf die beiden Allokationsschlüssel des Blueprints zurückgegriffen werden. Denn die in den Modellregeln enthaltenen Vorgaben zur Aufteilung der insgesamt bei einem Konzern i. R. d. UTPR zu erhebenden Top-up Tax zwischen den einzelnen UTPR-Staaten schließt diese Vorgehensweise nicht aus. Demnach könnten zunächst Direktzahlungen der UTPR-Steuerpflichtigen an niedrig besteuerte Konzerneinheiten der Abzugsbeschränkung unterliegen, um die einem UTPR-Staat zugewiesene Top-up Tax zu erheben (Erster Allokationsschlüssel). Der danach noch nicht verteilte Top-up Tax-Betrag könnte anschließend entsprechend dem Verhältnis des konzerninternen Nettoaufwands der einzelnen UTPR-Steuerpflichtigen in einem Staat allokiert und erhoben werden (Zweiter Allokationsschlüssel). Unter diesen Umständen käme eine Diskriminierung i. S. d. Art. 23 Abs. 4 DE-VG deutlich eher in Betracht. Jedenfalls die Art. 9 Abs. 1, Art. 11 Abs. 4 und Art.

---

[109] Vgl. OECD (2020), Tax Challenges Arising from Digitalisation – Report on Pillar Two Blueprint, Rn. 495.
[110] Betriebsausgaben würden in diesem Falle ggf. so lange nicht zum Abzug zugelassen, bis die der UTPR-steuerpflichtigen Konzerneinheit zugewiesene Top-up Tax vollständig erhoben wurde. Alternativ könnte die UTPR Top-up Tax auf alle relevanten Betriebsausgaben innerhalb des Wirtschaftsjahres aufgeschlüsselt werden.

7.2 Überprüfung der GloBE-Regeln

12 Abs. 4 DE-VG stehen in diesem Falle einer Anwendung des Art. 23 Abs. 4 Satz 1 DE-VG grundsätzlich nicht entgegen. Das Diskriminierungsverbot findet in diesen Fällen lediglich auf den angemessenen Teil der Zahlungen Anwendung,[111] was in der UTPR bereits berücksichtigt wird. Generell sind Art. 23 Abs. 4 Satz 1 DE-VG entsprechende Klauseln häufig, aber längst nicht in allen deutschen DBA vorzufinden.[112] Soweit sie vorhanden sind, wäre bei der UTPR im soeben aufgezeigten Sinne tatsächlich fraglich, ob diese entgeltliche Zahlungen an eine im anderen Vertragsstaat ansässige Person „unter den gleichen Bedingungen" zum Abzug zulässt wie entsprechende innerstaatlich vorgenommene Zahlungen. Das verbotene Unterscheidungskriterium ist die Ansässigkeit des Zahlungsempfängers. Somit wäre eine Diskriminierung in jedem Falle zu bejahen, falls der Anwendungsbereich der UTPR wie schon bei der IIR generell lediglich auf grenzüberschreitende Sachverhalte begrenzt wäre und ein Abzugsverbot tatbestandlich Zahlungen an nichtansässige Konzerneinheiten voraussetzen würde.[113] Von einem solchen Regeldesign ist allerdings nicht auszugehen.

Stattdessen käme es auf die Frage an, ob eine Klausel i. S. d. Art. 23 Abs. 4 DE-VG auch indirekten oder versteckten Diskriminierungen entgegensteht. Diese Frage wird zumindest in der deutschen Literatur nicht einheitlich beantwortet. So wird teils vertreten, dass ein Schutz vor Ungleichbehandlungen durch Vorschriften, die nicht auf die Ansässigkeit des Vergütungsempfängers abstellen, nicht bestehe.[114] Aus diesem Grund sei etwa bei der Lizenzschranke, die eine Beschränkung des Betriebsausgabenabzugs nur im Falle der Niedrigbesteuerung im Empfängerstaat und eben nicht bei fehlender Ansässigkeit im Staat des Lizenznehmers vorsieht, gar keine relevante Ungleichbehandlung festzustellen, sodass es auch nicht des darin offen formulierten Treaty Overrides bedurft hätte.[115] Eine Differenzierung nach anderen Merkmalen als dem der Ansässigkeit

---

[111] *Schaumburg* in Schaumburg, Internationales Steuerrecht, 4. Aufl. 2017, Rn. 4.63; *Rust* in Vogel/Lehner, DBA, 7. Aufl. 2021, Art. 24 OECD-MA Rn. 125 ff.

[112] Siehe *Rust* in Vogel/Lehner, DBA, 7. Aufl. 2021, Art. 24 OECD-MA Rn. 138.

[113] In diesem Falle wäre auch kein Unterschied zwischen dem ersten und zweiten Allokationsschlüssel zu machen.

[114] Vgl. *Hageböke* in Strunk/Kaminski/Köhler, 60. Lief. 2022, Art. 24 OECD-MA Rn. 6, 98; *Wassermeyer/Schwenke* in Wassermeyer, DBA, 156. EL 2022, Art. 24 OECD-MA 2017 Rn. 73; *von Pannwitz* in Haase, 3. Aufl. 2016, Art. 24 OECD-MA Rn. 3, 31; *van Lück*, IStR 2017, 388 (392); *Quilitzsch* in Kirchhof/Kulosa/Ratschow, BeckOK EStG, 12. Edition, § 4j Rn. 28 f.

[115] *Quilitzsch* in Kirchhof/Kulosa/Ratschow, BeckOK EStG, 12. Edition, § 4j Rn. 28; *van Lück*, IStR 2017, 388 (392); *Ditz/Quilitzsch*, DStR 2017, 1561 (1567); *Hummel/Knebel/Born*, IStR 2014, 832 (838); a. A. *Ritzer/Stangl/Karnath*, DK 2017, 68 (77 f.); *Benz/Böhmer*, DB

wäre demnach auch im Rahmen der UTPR zulässig und würde keine verbotene Ungleichbehandlung begründen.

Rust differenziert hingegen weiter danach, ob bei unterstellter Inlandsansässigkeit des Zahlungsempfängers – und ansonsten identischer Sachverhaltslage – gleichzeitig auch die Benachteiligung aufgrund des anderen Merkmals entfallen würde.[116] Dieser Sichtweise folgend wäre bezüglich des ersten Allokationsschlüssels festzuhalten, dass bei unterstellter Inlandsansässigkeit des Zahlungsempfängers – und ansonsten identischer Sachverhaltslage – die Benachteiligung (Abzugsbeschränkung) aufgrund des anderen Merkmals (direkte Zahlung an niedrig besteuerte Konzerneinheit) nicht immer, aber zumindest regelmäßig entfallen würde, da ein Konzern in Deutschland wohl nur in seltenen Fällen eine länderbezogene ETR unterhalb des Mindeststeuersatzes erreichen wird. Soll dieses typische Bild ausreichen, wäre zumindest bei DBA, die mit einem Staat geschlossen werden, in dem etwa aufgrund des niedrigen Körperschaftsteuersatzes immer oder fast immer eine Niedrigbesteuerung vorliegt, von einer Diskriminierung durch die UTPR auszugehen. Der zweite Allokationsschlüssel würde dagegen keine verbotene Diskriminierung begründen, da die UTPR in diesem Fall nur vom konzerninternen Nettoaufwand des UTPR-Steuerpflichtigen abhängt und sich dieser auch bei hypothetischer Inlandsansässigkeit nicht verändern wird, sodass eine Abzugsbeschränkung dennoch vorgenommen würde.

2017, 206 (211); *Hagemann/Kahlenberg* in Herrmann/Heuer/Raupach, 310. Lief. 2022, § 4j EStG Rn. 14; *Pohl* in Brandis/Heuermann. 160. EL 2021, § 4j EStG, Rn. 22; *Oellerich* in Musil/Weber-Grellet, Europäisches Steuerrecht, § 4j EStG Rn. 3; *Heil/Pupeter*, BB 2017, 795 (800); wohl auch *Holle/Weiss*, FR 2017, 217 (219). Vgl. zudem die Gesetzesbegründung zu § 4j EStG in BT-Drs. 18/11233, 13. *Max/Thiede*, StB 2017, 175 (181) halten einen Verstoß gegen Art. 24 Abs. 4 OECD-MA zumindest für denkbar.
[116] *Rust* in Vogel/Lehner, DBA, 7. Aufl. 2021, Art. 24 OECD-MA Rn. 132; dem folgend *Reddig* in Kirchhof/Söhn/Mellinghoff, 323. Lief. 2022, § 4j EStG Rn. A 72.

7.2 Überprüfung der GloBE-Regeln

Nach *Bruns* ist bei der aufgeworfenen Frage zwischen mittelbaren und verdeckten Formen der Diskriminierung zu unterscheiden.[117] Die verdeckte Diskriminierung, also die Anknüpfung an einen das „verbotene" Differenzierungsmerkmal umschreibenden „erlaubten" Begriff, sei demnach ebenso untersagt wie eine offene, direkte Ungleichbehandlung.[118] Versteht man diese Auffassung in dem Sinne, dass erlaubtes und verbotenes Unterscheidungsmerkmal stets miteinander einhergehen müssen, ist eine verdeckte Diskriminierung zu verneinen. Denn die Nichtansässigkeit in Deutschland tritt keinesfalls immer zusammen mit der Niedrigbesteuerung der zahlungsempfangenden Konzerneinheit auf. Auch besteht kein Gleichlauf zwischen konzerninternem Nettoaufwand einer Konzerneinheit und deren Ansässigkeit, sodass nach diesem Verständnis des Art. 23 Abs. 4 Satz 1 DE-VG eine Ungleichbehandlung abzulehnen wäre.

Damit zeigt sich in der deutschen Literatur ein hinsichtlich des ersten Allokationsschlüssels nicht ganz einheitliches Bild. Art. 24 Abs. 1 OECD-MK merkt diesbezüglich an, dass der Diskriminierungsbegriff nicht übermäßig ausgedehnt werden sollte, um auch indirekte Diskriminierung zu erfassen, da die Nichtdiskriminierungsbestimmungen des Artikels versuchten, ein Gleichgewicht zwischen dem Erfordernis, ungerechtfertigte Diskriminierung zu verhindern, und der Notwendigkeit, legitime Unterschiede in der Besteuerung zu berücksichtigen, herzustellen. Dies spricht dafür, dass eine solche indirekte (oder verdeckte) Ungleichbehandlung nicht generell untersagt ist, sondern in gewissem Ausmaße möglich sein kann. Die Forderung nach einer nicht übermäßigen Ausdehnung legt eine zurückhaltende Auslegung nahe, die im Falle einer nur typischerweise auftretenden Benachteiligung die Annahme eines Verstoßes gegen Art. 23 Abs. 4 Satz 1 DE-VG eher ausschließt. Sofern eine verdeckte Diskriminierung dennoch anerkannt und auch im Falle der UTPR bejaht wird, kann dieser im Übrigen wieder Art. 28 Abs. 1 Buchst. a) DE-VG entgegengehalten werden.[119]

---

[117] *Bruns* in Schönfeld/Ditz, 2. Aufl. 2019, Art. 24 DBA Rn. 5, 142.
[118] *Bruns* in Schönfeld/Ditz, 2. Aufl. 2019, Art. 24 DBA Rn. 5, 142.
[119] Dieser deutsche Missbrauchsvorbehalt ist – soweit ersichtlich – in Bezug auf § 4j EStG wohl nicht diskutiert worden, da das Ziel der Lizenzschranke vorwiegend darin besteht, die Nutzung von Patent- und Lizenzboxen im Ausland einzuschränken und dadurch entsprechend den Vereinbarungen im Abschlussbericht zu BEPS-Aktionspunkt 5 eine „faire Besteuerung" sicherzustellen, vgl. BT-Drs. 18/11233, 9; *Loschelder* in Schmidt, 41. Aufl. 2022, § 4j EStG Rn. 1. Folglich richtet sich die Lizenzschranke gegen den „Steuerwettbewerb durch Etablierung von Vorzugsbesteuerungsregimen für Einkünfte aus Rechtsüberlassungen im Ausland" (*Hagemann/Kahlenberg* in Herrmann/Heuer/Raupach, 310. Lief. 2022, § 4j EStG Rn. 1) und nicht gegen aus sich heraus missbräuchliche Gestaltungen zur Steuerumgehung (a. A. *Gosch* in Kirchhof/Seer, 21. Aufl. 2022, § 4j EStG Rn. 2).

7.3 Ergebnis der DBA-rechtlichen Untersuchung

Die im Rahmen von GloBE erhobenen Steuern fallen unter den Steuerbegriff der deutschen DBA, sodass die GloBE-Regeln auf ihre Vereinbarkeit mit den weiteren Abkommensvorschriften untersucht werden können. Die vorstehend durchgeführte Untersuchung hat durchaus Konfliktpotenzial aufgezeigt. So kann in Bezug auf die IIR eine Regelungskollision mit Art. 7 Abs. 1 Satz 1 DE-VG nicht mit Sicherheit ausgeschlossen werden. Die Anwendung der SOR könnte deutschen DBA und den darin enthaltenen Freistellungsmethodenartikeln widersprechen, sollte die SOR nicht selbst in das jeweilige DBA aufgenommen werden. Die UTPR in der Erhebungsform der Quellensteuer dürfte regelmäßig mit den Art. 7 Abs. 1 Satz 1, Art. 11 Abs. 1 und Art. 12 Abs. 1 DE-VG kollidieren. Auch können je nach Auslegung des Abkommensrechts und Ausgestaltung der UTPR Konflikte zwischen der UTPR als Abzugsbeschränkung mit Art. 9 Abs. 1 und Art. 23 Abs. 4 DE-VG entstehen. Während die im Blueprint angeführte Saving Clause nicht zur deutschen Abkommenspraxis gehört und folglich keine der angeführten Konflikte zu lösen vermag, sollten Abkommensregelungen i. S. d. Art. 28 Abs. 1 DE-VG eine Regelungskollision der GloBE-Regeln mit bestehenden deutschen DBA verhindern. Für Fälle, in denen eine solche Klausel nicht Teil des deutschen DBA ist, wird eine Änderung der entsprechenden Abkommen zur rechtssicheren Umsetzung empfohlen.

Open Access Dieses Kapitel wird unter der Creative Commons Namensnennung 4.0 International Lizenz (http://creativecommons.org/licenses/by/4.0/deed.de) veröffentlicht, welche die Nutzung, Vervielfältigung, Bearbeitung, Verbreitung und Wiedergabe in jeglichem Medium und Format erlaubt, sofern Sie den/die ursprünglichen Autor(en) und die Quelle ordnungsgemäß nennen, einen Link zur Creative Commons Lizenz beifügen und angeben, ob Änderungen vorgenommen wurden.

Die in diesem Kapitel enthaltenen Bilder und sonstiges Drittmaterial unterliegen ebenfalls der genannten Creative Commons Lizenz, sofern sich aus der Abbildungslegende nichts anderes ergibt. Sofern das betreffende Material nicht unter der genannten Creative Commons Lizenz steht und die betreffende Handlung nicht nach gesetzlichen Vorschriften erlaubt ist, ist für die oben aufgeführten Weiterverwendungen des Materials die Einwilligung des jeweiligen Rechteinhabers einzuholen.

Zusammenfassung der Ergebnisse 8

Im Nachfolgenden werden die Ergebnisse der verfassungs-, unions- und DBA-rechtlichen Untersuchung noch einmal zusammenfassend dargestellt.

8.1 Zur Vereinbarkeit der GloBE-Regeln mit dem Grundgesetz

Die verfassungsrechtliche Untersuchung hat zunächst ergeben, dass der Bund nach Art. 105 Abs. 2 Satz 2 Alt. 1 i. V. m. Art. 106 Abs. 3 GG für die gesetzgeberische Umsetzung der GloBE-Regeln zuständig ist. Das aus der Anwendung der deutschen GloBE-Regeln hervorgehende Steueraufkommen steht allgemein Bund und Ländern hälftig zu. Für die Verwaltung der Mindeststeuer wären grundsätzlich die Landesfinanzbehörden zuständig.

Führt Deutschland die GloBE-Regeln den Modellregeln entsprechend ein, begründet die Anwendung von IIR, UTPR und SOR in jedem Falle eine Durchbrechung des Trennungsprinzips, welche grundsätzlich den in Art. 3 Abs. 1 GG verankerten Grundsatz der Steuergerechtigkeit verletzt und damit rechtfertigungsbedürftig ist. Sollte der Gesetzgeber sich dazu entscheiden, die UTPR als Betriebsausgabenabzugsbeschränkung auszugestalten, begründet dies zudem eine Durchbrechung des objektiven Nettoprinzips und damit ebenfalls eine rechtfertigungsbedürftige Ungleichbehandlung. Das Argument des Systemwechsels kann nach Auffassung des Autors nicht zur Neutralisierung der Verstöße gegen das Folgerichtigkeitsgebot herangezogen werden. Im Rahmen einer strengeren Verhältnismäßigkeitsprüfung kommt der Autor zu dem Ergebnis, dass die bislang vom BVerfG anerkannten Rechtfertigungsgründe (außerfiskalische Förderungs- und Lenkungszwecke, Vereinfachungs- und Typisierungszwecke und das Ziel der Missbrauchsabwehr) eine Rechtfertigung der verschiedenen Durchbrechungen steuerlicher Grundprinzipien nicht begründen können. Unter der nach Ansicht des Autors gebotenen Anerkennung der Begrenzung des internationalen Steuerwettbewerbs auf ein faires Mindestmaß im Rahmen eines internationalen Konsensprozesses als legitimen Zweck ist eine Rechtfertigung der verschiedenen verfassungsrechtlichen Durchgriffe jedoch unter Beachtung des Verhältnismäßigkeitsgrundsatzes möglich und vorliegend gegeben.

Im Übrigen wird festgestellt, dass etwaige mit der Einführung der GloBE-Regeln verbundene Treaty Overrides keine Verletzung des Grundgesetzes zur Folge haben.

8.2 Zur Vereinbarkeit der GloBE-Regeln mit Unionsrecht

IIR und SOR sind nach Auffassung des Autors je nach konkretem Einzelfall entweder an der Niederlassungs- oder aber an der Kapitalverkehrsfreiheit zu messen. Im Rahmen der UTPR kann zusätzlich und abhängig von der konkreten Ausgestaltung der Erhebungsregelung auch die Dienstleistungsfreiheit heranzuziehen sein. Eine Verletzung der Grundfreiheiten auch in Drittstaatenkonstellationen kann demnach nicht im Vorhinein ausgeschlossen werden. Wird die IIR in Deutschland in der Weise implementiert, dass sie nur Fälle ausländischer Niedrigbesteuerung erfasst und besteuert, führt dies zu einer offenen Diskriminierung und begründet dadurch eine Beschränkung der einschlägigen Grundfreiheiten. Dies gilt ebenso für die UTPR, sollte über sie Top-up Tax mittels Betriebsausgabenabzugsverbot oder Quellensteuer im Abzugsverfahren nur auf ausgehende grenzüberschreitende Zahlungen des UTPR-Steuerpflichtigen erhoben werden. Wird der Anwendungsbereich der deutschen IIR und UTPR auf inländische Fälle der Niedrigbesteuerung ausgeweitet, kann dies zwar keine offene Diskriminierung begründen; sowohl unter der Anlegung eines quantitativen als auch eines qualitativen Maßstabs wird eine versteckte bzw. mittelbare Diskriminierung jedoch nicht vermieden. Die SOR wie auch die Umsatzschwelle der GloBE-Regeln begründen im Übrigen für sich genommen jeweils keine Beschränkung der Grundfreiheiten. Eine Rechtfertigung der vorliegenden Diskriminierungen über die bisher vom EuGH als zwingende Gründe des Allgemeininteresses anerkannten Rechtfertigungsgründe gelingt nicht. Insbesondere der Rechtfertigungsgrund der Missbrauchsbekämpfung kann mangels verhältnismäßiger Verfolgung dieses Ziels nicht herangezogen werden, da sich die GloBE-Regeln nicht ausschließlich gegen rein künstliche Gestaltungen richten, deren einziger oder wesentlicher

8.2 Zur Vereinbarkeit der GloBE-Regeln mit Unionsrecht

Zweck die Erzielung eines steuerlichen Vorteils ist. Allerdings sind die verschiedenen Grundfreiheitsbeschränkungen durch IIR und UTPR bei Erweiterung der zwingenden Gründe des Allgemeininteresses um die Begrenzung des internationalen Steuerwettbewerbs auf ein faires Mindestmaß im Rahmen eines internationalen Konsensprozesses nach Auffassung des Autors gerechtfertigt.

Von einer Verletzung des allgemeinen Diskriminierungsverbots (Art. 18 AEUV), des allgemeinen Freizügigkeitsrechts (Art. 21 AEUV) oder der Unionsgrundrechte durch die GloBE-Regeln ist nicht auszugehen.

Ein Verstoß gegen das Beihilfeverbot ist ebenfalls nicht gegeben. Zwar begründen die Umsatzschwelle und die Ausnahmeregelung für sog. Excluded Entities einen Vorteil. Allerdings ist das Kriterium der Selektivität nicht erfüllt. In Bezug auf die von den Regeln ausgenommenen Konzernobergesellschaften und deren Holdings sind überwiegend keine in rechtlicher und tatsächlicher Hinsicht vergleichbaren anderen Unternehmen auszumachen, die den GloBE-Regeln unterliegen und dadurch einen Wettbewerbsnachteil erleiden. Zudem führt diese Ausnahmeregelung zu einer Vereinfachung, die der Zielsetzung der GloBE-Regeln nicht entgegensteht. Der a priori selektive Vorteil aus der Umsatzschwelle ist demgegenüber gerechtfertigt, weil diese Regelung ebenfalls der Vereinfachung dient und nicht das Ziel verfolgt, auf die Wettbewerbssituation zwischen den durch die Umsatzschwelle ein- und ausgeschlossenen Konzernen Einfluss zu nehmen.

In Bezug auf die Vereinbarkeit der GloBE-Regeln mit den wenigen die direkten Steuern betreffenden Richtlinien der EU ist zunächst festzuhalten, dass es bei Beibehaltung der formalen Betrachtungsweise durch den EuGH zu keinem Konflikt zwischen einer deutschen IIR und Art. 4 MTRL kommen dürfte. Dies gilt ebenso für eine mögliche SOR. Auch die UTPR begründet aufgrund ihres auf abzugsfähige Zahlungen beschränkten Anwendungsbereichs in Deutschland keinen Verstoß gegen die MTRL. Demgegenüber führt die ZLRL dazu, dass für die rechtssichere Implementierung der UTPR derzeit nur die Erhebungsform der Abzugsbeschränkung in Betracht kommt. Für die Einführung der UTPR in Form einer Quellensteuer bedürfte es dagegen der Änderung der ZLRL, die allerdings gemäß Art. 115 AEUV Einstimmigkeit der Mitgliedstaaten voraussetzt. Hinsichtlich der ATAD bestehen für die Umsetzung der GloBE-Regeln in deutsches Recht keine rechtlichen Bedenken.

8.3 Zur Vereinbarkeit der GloBE-Regeln mit deutschen Doppelbesteuerungsabkommen

Die im Rahmen der GloBE-Regeln erhobenen Steuern fallen unter den Steuerbegriff deutscher Doppelbesteuerungsabkommen, sodass die GloBE-Regeln auf ihre Vereinbarkeit mit den weiteren Bestimmungen dieser Abkommen untersucht werden können. Diese Untersuchung hat in mehrerer Hinsicht Konfliktpotenzial aufgedeckt. In Bezug auf die IIR kann eine Regelungskollision mit Art. 7 Abs. 1 Satz 1 DE-VG entsprechenden Klauseln nicht sicher ausgeschlossen werden. Die Anwendung der SOR könnte deutschen DBA und den darin enthaltenen Freistellungsmethodenartikeln widersprechen, wenn die SOR nicht selbst in das jeweilige DBA aufgenommen wird. Als Quellensteuer ausgestaltet dürfte die UTPR regelmäßig mit den Art. 7 Abs. 1 Satz 1, Art. 11 Abs. 1 und Art. 12 Abs. 1 DE-VG kollidieren. Je nach Auslegung des Abkommensrechts kann eine UTPR in der Form einer Betriebsausgabenabzugsbeschränkung zudem den Bestimmungen der Art. 9 Abs. 1 und Art. 23 Abs. 4 DE-VG zuwiderlaufen. Während die bereits im Blueprint angeführte Saving Clause nicht der deutschen Abkommenspraxis entspricht und folglich keine der angeführten Konflikte zu lösen vermag, sollten Abkommensregelungen i. S. d. Art. 28 Abs. 1 DE-VG nach Dafürhalten des Autors eine Regelungskollision der GloBE-Regeln mit bestehenden deutschen DBA verhindern. Für Fälle, in denen eine solche Klausel nicht Teil des jeweiligen deutschen DBA ist, empfiehlt der Autor eine Änderung des entsprechenden Abkommens zur sicheren Vermeidung eines Völkerrechtsbruchs.

Open Access Dieses Kapitel wird unter der Creative Commons Namensnennung 4.0 International Lizenz (http://creativecommons.org/licenses/by/4.0/deed.de) veröffentlicht, welche die Nutzung, Vervielfältigung, Bearbeitung, Verbreitung und Wiedergabe in jeglichem Medium und Format erlaubt, sofern Sie den/die ursprünglichen Autor(en) und die Quelle ordnungsgemäß nennen, einen Link zur Creative Commons Lizenz beifügen und angeben, ob Änderungen vorgenommen wurden.

Die in diesem Kapitel enthaltenen Bilder und sonstiges Drittmaterial unterliegen ebenfalls der genannten Creative Commons Lizenz, sofern sich aus der Abbildungslegende nichts anderes ergibt. Sofern das betreffende Material nicht unter der genannten Creative Commons Lizenz steht und die betreffende Handlung nicht nach gesetzlichen Vorschriften erlaubt ist, ist für die oben aufgeführten Weiterverwendungen des Materials die Einwilligung des jeweiligen Rechteinhabers einzuholen.

Nachwort

Seit Einreichung dieser Arbeit ist über ein Jahr vergangen und so sollen aus diesem Grunde im Folgenden die weiteren Entwicklungen der Mindeststeuerinitiative skizziert und ihre Auswirkungen auf die in dieser Arbeit gewonnenen Ergebnisse kurz und ohne Anspruch auf Vollständigkeit umrissen werden. Insbesondere soll darauf eingegangen werden, welche Auswirkung die von der Arbeitshypothese der rein nationalen Umsetzung abweichende Harmonisierung der Mindeststeuer durch die EU hat.

Denn nach längerem Zerren zwischen den Mitgliedstaaten wurde am 15.12.2022 und damit etwa ein Jahr nach Veröffentlichung der Modellregeln die Mindestbesteuerungsrichtlinie (MinBestRL) erlassen.[1] Art. 56 MinBestRL verpflichtet die Mitgliedstaaten, die Richtlinie bis zum 31.12.2023 in nationales Recht umzusetzen. Die nationalen Vorschriften sind unter Ausnahme der erst ein Jahr später umzusetzenden und der UTPR entsprechenden Sekundärergänzungssteuerregelung (SES) auf Geschäftsjahre anzuwenden, die ab dem 31. Dezember 2023 beginnen.

Vor diesem Hintergrund hat die deutsche Bundesregierung am 16.8.2023 den Entwurf eines Gesetzes zur Umsetzung der Richtlinie (EU) 2022/2523 des Rates zur Gewährleistung einer globalen Mindestbesteuerung und weiterer Begleitmaßnahmen veröffentlicht, der in Art. 1 die Einführung des Mindeststeuergesetzes

---

[1] Richtlinie (EU) 2022/2523 des Rates vom 15. Dezember 2022 zur Gewährleistung einer globalen Mindestbesteuerung für multinationale Unternehmensgruppen und große inländische Gruppen in der Union, ABl. L 328 vom 22.12.2022, S. 1, berichtigt in ABl. L 13 vom 16.1.2023, S. 9.

(MinStG-E) und damit den Kern der Mindeststeuerimplementierung enthält. Das Gesetz soll richtlinienkonform bis zum Ende dieses Jahres verabschiedet werden. Die im MinStG-E enthaltenen Regelungen stimmen im Wesentlichen mit den Modellregeln überein, da bereits die MinBestRL stark hieran angelehnt wurde. Abweichend von den Modellregeln sieht der MinStG-E jedoch (wie auch schon die MinBestRL) im Anwendungsbereich keine Beschränkung auf multinationale Konzerne vor, sondern umfasst grundsätzlich auch jede inländische Unternehmensgruppe, welche die Umsatzschwelle überschreitet. Im Unterschied zur IIR der Modellregeln soll die in §§ 8 bis 10 MinStG-E geregelte Primärergänzungssteuer (PES) zudem auch im Falle inländischer niedrig besteuerter Geschäftseinheiten zur Anwendung kommen, wobei darauf hinzuweisen ist, dass der für diese Einheiten anfallende Ergänzungssteuerbetrag bereits über die Nationale Ergänzungssteuer (NES) erhoben werden dürfte, welche in §§ 86 ff. MinStG-E vorgesehen ist. Die in §§ 11 ff. MinStG-E geregelte SES sieht demgegenüber nun bei der Erhebung weder eine Betriebsausgabenabzugsbeschränkung noch eine Quellenbesteuerung vor. Vielmehr führt dort wie auch bei der PES schlicht die Zurechnung von Steuererhöhungsbeträgen zur Entstehung eines Ergänzungssteuerbetrags, welcher dann als Mindeststeuer (§ 2 MinStG-E) im Rahmen des Besteuerungsverfahrens nach § 90 ff. MinStG-E eigenständig zu entrichten ist.

Die Einführung eines eigenständigen Mindeststeuergesetzes lässt in verfassungsrechtlicher Hinsicht die bisherigen kompetenzrechtlichen Ausführungen der Arbeit im Wesentlichen unberührt. So ordnet auch der Regierungsentwurf die Mindeststeuer finanzverfassungsrechtlich dem Typus der Körperschaftsteuer zu und entnimmt daher die Gesetzgebungskompetenz aus Art. 105 Abs. 2 Satz 2 Alt. 1 GG.[2]

Demgegenüber ist im Hinblick auf die Vereinbarkeit mit Art. 3 Abs. 1 GG anzunehmen, dass die Besteuerung über PES, SES und nun auch NES (weiterhin) eine rechtfertigungsbedürftige Durchbrechung des Trennungsprinzips darstellen dürfte. Dass der Gesetzgeber sich bei der Implementierung der Mindeststeuer hier für die Einführung eines eigenen Steuergesetzes entschieden hat, ändert nichts daran, dass das Trennungsprinzip wegen der körperschaftsteuerlichen Prägung auch dort gilt. So erklärt der Gesetzesentwurf der Bundesregierung selbst

---

[2] Gesetzentwurf der Bundesregierung zur Umsetzung der Richtlinie (EU) 2022/2523 des Rates zur Gewährleistung einer globalen Mindestbesteuerung und weiterer Begleitmaßnahmen, Bearbeitungsstand: 11.8.2023, S. 94 ff.

das Trennungsprinzip für einschlägig.[3] Unter Heranziehung der herkömmlichen Rechtfertigungsgründe des BVerfG kann diese Durchbrechung nicht ausgeräumt werden. Eine Rechtfertigung ist jedoch über den in dieser Arbeit neu aufgestellten Rechtfertigungsgrund der Begrenzung des internationalen Steuerwettbewerbs auf ein faires Mindestmaß im Rahmen eines internationalen Konsensprozesses möglich. Ein Verstoß gegen das objektive Nettoprinzip kommt hingegen schon wegen der für die SES gewählten Erhebungsform (keine Betriebsausgabenabzugsbeschränkung) nicht mehr in Betracht. Die Verfassungsmäßigkeit der einzelnen Mindeststeuerregelungen ist vor dem Hintergrund der nunmehr in den Umsetzungsprozess von GloBE zwischengeschalteten MinBestRL ohnehin von untergeordneter Bedeutung, da dem Unionsrecht insofern selbst gegenüber nationalem Verfassungsrecht ein Anwendungsvorrang zukommt.[4]

Nach Auffassung des Autors könnte jedenfalls hinsichtlich der PES weiterhin eine versteckte bzw. mittelbare Diskriminierung i. S. d. Grundfreiheiten anzunehmen sein. Denn auch wenn die Mindeststeuer nun selbst in rein nationalen Konstellationen der Niedrigbesteuerung erhoben werden kann, wobei dies gem. §§ 86 ff. MinStG-E zusätzlich über die NES sichergestellt wird, dürften die deutschen Mindeststeuerregeln sowohl quantitativ als auch ihrem Wesen nach typischerweise grenzüberschreitende Sachverhalte betreffen.[5] Anders wäre dies zu beurteilen bei Anerkennung des Umstands, dass die deutsche PES auf die MinBestRL zurückgeht, welche für alle Mitgliedstaaten gilt und deshalb auch in Niedrigsteuerländern zur Anwendung kommt. Ohne an dieser Stelle auf die in diesem Rahmen umstrittene Frage der Immunisierungswirkung sekundären EU-Rechts eingehen zu können,[6] ist es jedenfalls auf Rechtfertigungsebene möglich, dass der EuGH dem Unionsgesetzgeber wie bereits in seiner Entscheidung in der Rechtssache *RPO* einen breiteren Ermessensspielraum einräumt als dem nationalen Gesetzgeber.[7] Eine Rechtfertigung würde in jedem Falle unter Anerkennung

---

[3] Gesetzentwurf der Bundesregierung zur Umsetzung der Richtlinie (EU) 2022/2523 des Rates zur Gewährleistung einer globalen Mindestbesteuerung und weiterer Begleitmaßnahmen, Bearbeitungsstand: 11.8.2023, S. 94.
[4] Vgl. nur *Biervert* in Schwarze, 4. Aufl. 2019, Art. 288 AEUV Rn. 6 ff.; *Nettesheim* in Grabitz/Hilf/Nettesheim, 79. EL 2023, Art. 288 AEUV Rn. 52, 57 ff. Siehe hierzu im Übrigen auch schon die einleitenden Ausführungen zur Vereinbarkeit mit EU-Recht in Kap. 6.
[5] Für die aktuelle Diskussion, ob auch die Übergangsvorschriften in Art. 49 MinBestRL bzw. § 80 MinStG-E eine Diskriminierung begründen, vgl. *Kofler/Schnitger*, European Taxation 2023, 186 ff.; *Kofler/Schnitger*, IStR 2023, 405 ff.
[6] Vgl. hierzu nur *Schönfeld*, IStR 2022, 617 (621 f.) m. w. N.
[7] Vgl. EuGH v. 7.3.2017 – C-390/15, RPO, ECLI:EU:C:2017:174, Rn. 54 zur Mehrwertsteuerrichtlinie.

der Begrenzung des internationalen Steuerwettbewerbs auf ein faires Mindestmaß im Rahmen eines internationalen Konsensprozesses als zwingenden Grund des Allgemeininteresses gelingen.

Ein Verstoß gegen das Beihilfeverbot aus Art. 107 Abs. 1 AEUV sollte nunmehr schon aufgrund der harmonisierenden Vorgaben zur Umsatzschwelle sowie zu den ausgenommenen Einheiten (Excluded Entities) in Art. 2 MinBestRL ausscheiden. Denn ein etwaiger Beihilfeeffekt ist einem Mitgliedstaat grundsätzlich dann nicht mehr zurechenbar, wenn dieser in einer EU-Richtlinie zwingend vorgegeben wird,[8] sodass in diesem Fall bereits das Tatbestandsmerkmal der staatlichen Beihilfe verneint werden kann.

In Hinblick auf die Vereinbarkeit mit MTLR, ZLRL sowie ATAD ist festzuhalten, dass selbst bei Annahme eines Konfliktes zwischen einzelnen Regelungen wegen der MinBestRL der „lex-posterior"-Grundsatz den Mindeststeuerregelungen Vorrang einräumt.[9] Ein Verstoß gegen die ZLRL ist ferner auch deshalb nicht mehr anzunehmen, weil die UTPR nunmehr im Rahmen der SES weder als Betriebsausgabenabzugsbeschränkung noch als Quellensteuer ausgestaltet wird.

Die abweichende Ausgestaltung der SES räumt zudem mit Blick auf die DBA-rechtliche Untersuchung zuvor bezüglich der UTPR vorgebrachte Bedenken zu etwaigen Regelungskollisionen mit Art. 9 Abs. 1, Art. 11 Abs. 1, Art. 12 Abs. 1 und Art. 23 Abs. 4 DE-VG aus. Demgegenüber kann ein Konflikt zwischen Art. 7 Abs. 1 Satz 1 DE-VG und der PES wie auch der SES wegen der nun auch dort vorzunehmenden Zurechnung von Steuererhöhungsbeträgen durchaus begründet werden, deren Lösung entsprechend der Ausführungen im vorletzten Kapitel zu handhaben wäre. Der Regierungsentwurf löst das Problem möglicher DBA-rechtlicher Konflikte bislang schlicht mit einem Treaty Override, denn die in Deutschland mindeststeuerpflichtigen Geschäftseinheiten unterliegen der Mindeststeuer gem. § 1 Abs. 1 Satz 1 MinStG-E ungeachtet der Vorschriften eines Abkommens zur Vermeidung der Doppelbesteuerung.

---

[8] *Englisch* in Schaumburg/Englisch, Europäisches Steuerrecht, 2. Aufl. 2020, Rn. 9.39 f.
[9] *Biervert* in Schwarze, 4. Aufl. 2019, Art. 288 AEUV Rn. 12.

Quellenverzeichnis

Literaturverzeichnis

Altenburg, Nadia; Geberth, Georg; Gebhardt, Ronald; Holle, Florian; Oerte, Eva: Pläne zur Einführung einer internationalen Mindestbesteuerung – Ein Überblick, DStR 2019, 2451.
Andrade Rodrígues, Betty; Nouel, Luis: Interaction of Pillar Two with Tax Treaties, in: Perdelwitz/Turina (Hrsg.), Global Minimum Taxation? An Analysis of the Global Anti-Base Erosion Initiative, 2021, IBFD Tax Research Series.
Arnold, Brian J.: The Evolution of Controlled Foreign Corporation Rules and Beyond, BIT 2019, 631.
Baker, Philip: International Tax in the Time of COVID-19, Intertax 2020, 805.
Baker, Philip: The BEPS 2.0 Project Over the Coming Months, Intertax 2020, 844.
Baraké, Mona; Neef, Theresa; Chouc, Paul-Emmanuel; Zucman, Gabriel: Collecting the Tax Deficit of Multinational Companies: Simulations for the European Union, EU Tax Observatory Report, Juni 2021.
Baraké, Mona; Neef, Theresa; Chouc, Paul-Emmanuel; Zucman, Gabriel: Minimizing the Minimum Tax? The Critical Effect of Substance Carve-outs, EU Tax Observatory Report, No. 1, Juli 2021.
Baraké, Mona; Neef, Theresa; Chouc, Paul-Emmanuel; Zucman, Gabriel: Revenue Effects of the Global Minimum Tax: Country-by-Country Estimates, EU Tax Observatory Report, No. 2, Oktober 2021.
Becker, Jan Dierck; Loose, Thomas: Zur geplanten Ausdehnung des materiellen Korrespondenzprinzips auf hybride Finanzierungen, IStR 2012, 758.
Becker, Jan Dierck; van der Ham, Susann: Das neue (digitale) ABC der Verlagerung von Besteuerungsrechten in die Marktstaaten – Neues OECD-Konsultationspapier für die Weiterentwicklung der internationalen Unternehmensbesteuerung, DB 2019, 2540.
Beer, Sebastian; de Mooij, Ruud; Liu, Li: International Corporate Tax Avoidance: A Review of the Channels, Magnitudes, and Blind Spots, Journal of Economic Surveys 2020, 660.

Behrens, Peter: Die Konvergenz der wirtschaftlichen Freiheiten im europäischen Gemeinschaftsrecht, EuR 1992, 145.
Behrenz, Frank: Spanien: Steuerliche Neuerungen 2021, IStR-LB 2021, 48.
Benecke, Andreas; Rieck, Jan: Pillar Two: Zwischen Oktober^{2020}-Blaupause und Oktober^{2021}-Ergebnissen, IStR 2021, 692.
Benz, Sebastian; Böhmer, Julian: Der RegE eines § 4j EStG zur Beschränkung der Abziehbarkeit von Lizenzzahlungen (Lizenzschranke), DB 2017, 206.
Bergmann, Jan (Hrsg.): Handlexikon der Europäischen Union, 6. Auflage, Baden-Baden 2022.
Bilicka, Katarzyna Anna: Comparing UK Tax Returns of Foreign Multinationals to Matched Domestic Firms, American Economic Review 2019, 2921.
Birk, Dieter: Das Leistungsfähigkeitsprinzip in der Unternehmenssteuerreform, StuW 2000, 328.
Birk, Dieter: Einkommen, Einkunftsarten und Einkünfteermittlung, in: Hey (Hrsg.), Einkünfteermittlung, DStJG Bd. 34 (2011), 11.
Birk; Dieter; Desens, Marc; Tappe, Henning (Hrsg.): Steuerrecht, 24. Aufl., Heidelberg 2021.
Blum, Daniel W.: The Proposal for a Global Minimum Tax: Tax Comeback of Residence Taxation in the Digital Era?: Comment on Can Gilti + BEAT = GloBE?, Intertax 2019, 516.
Böhmer, Julian: Das Trennungsprinzip im Körperschaftsteuerrecht – Grundsatz ohne Zukunft?, StuW 2012, 33.
Bonell, Ramon: Spain introduces minimum tax of 15% for companies, MNE Tax v. 15.11.2021, abrufbar unter: https://mnetax.com/spain-introduces-minimum-tax-of-15-for-companies-46198.
Brandis, Peter; Heuermann, Bernd (Hrsg.): Ertragsteuerrecht – Kommentar zum Einkommensteuergesetz, Körperschaftsteuergesetz, Gewerbesteuergesetz, Außensteuergesetz, Investmentsteuergesetz, Umwandlungsteuergesetz und Nebengesetze, 160. EL, München 2021.
Brandt, Jürgen: Vereinbarkeit der sog. Lizenzschranke mit dem Grundsatz der Besteuerung nach der Leistungsfähigkeit und mit den unionsrechtlichen Grundfreiheiten, DB 2017, 1483.
Brauner, Yariv: Lost in Construction: What Is the Direction of the Work on the Taxation of the Digital Economy?, Intertax 2020, 270.
Bräutigam, Rainer; Heinemann, Friedrich; Schwab, Thomas; Spengel, Christoph; Stutzenberger, Kathrin: Internationaler Steuerwettbewerb – Bewertung, aktuelle Trends und steuerpolitische Schlussfolgerungen, erstellt vom Zentrum für Europäische Wirtschaftsforschung (ZEW) Mannheim, Stiftung Familienunternehmen (Hrsg.), München 2018.
Breinersdorfer, Stefan: Abzugsverbote und objektives Nettoprinzip – Neue Tendenzen in der verfassungsgerichtlichen Kontrolle des Gesetzgebers, DStR 2010, 2492.
von Brocke, Klaus: Die Abgrenzung der Niederlassungsfreiheit und Kapitalverkehrsfreiheit in der neusten EuGH-Rechtsprechung: Mehr Verwirrung als klare Linien, in: Wachter (Hrsg.), Vertragsgestaltung im Zivil- und Steuerrecht, FS Spiegelberger, Bonn 2009, S. 1671.
Brokelind, Cécile: An Overview of Legal Issues Arising from the Implementation in the European Union of the OECD's Pillar One and Pillar Two Blueprint, BIT 2021, No. 5 (3. Mai 2021).

Calliess, Christian; Ruffert, Matthias (Hrsg.): EUV/AEUV-Kommentar, Das Verfassungsrecht der Europäischen Union mit Europäischer Grunderechtecharta, 6. Aufl., München 2022.

Carlé, Thomas: Themen – Steuerlicher "Durchgriff" bei Mitunternehmern und Körperschaften, KÖSDI 2009, 16769.

Chand, Vikram; Lembo, Giovanni: Intangible-Related Profit Allocation within MNEs based on Key DEMPE Functions: Selected Issues and Interaction with Pillar One and Pillar Two of the Digital Debate, 6 ITAXS 2020.

Chand, Vikram; Elliffe, Craif: The Interaction of Domestic Anti-Avoidance Rules with Tax Treaties in the Post-BEPS and Digitalized World, BIT 2020, 303.

Chatar, Mourad; Bahous, Sarah: UAE announces 9% corporate income tax rate, sets tone on regional corporate tax competition, MNE Tax v. 31.1.2022, abrufbar unter: https://mnetax.com/uae-announces-9-corporate-income-tax-rate-sets-tone-on-regional-corporate-tax-competition-46703.

Clausing, Kimberly: 5 Lessons on Profit Shifting From U.S. Country-by-Country Data, TNI 2020, 759.

Cobham, Alex; Jansky, Petr: Global Distribution of Revenue Loss from Corporate Tax Avoidance: Re-estimation and Country Results, Journal of International Development 2018, 206.

Connolly, Doug: US agrees to 15% global minimum tax rate, boosting odds for Pillar 2 agreement, MNE Tax v. 21.5.2021, abrufbar unter: https://mnetax.com/us-agrees-to-15-global-minimum-tax-rate-boosting-odds-for-pillar-2-agreement-44242.

Connolly, Doug: Global minimum tax negotiations focus on carve-outs, EU consensus, closing deal, MNE Tax v. 30.9.2021, abrufbar unter: https://mnetax.com/global-minimum-tax-negotiations-focus-on-carve-outs-eu-consensus-closing-deal-45828.

Connolly, Doug: Switzerland will implement global minimum tax by constitutional amendment, MNE Tax v. 13.1.2022, abrufbar unter: https://mnetax.com/switzerland-will-implement-global-minimum-tax-by-constitutional-amendment-46629.

Cordewener, Axel; Kofler, Georg; van Thiel, Servaas: The clash between European freedoms and national direct tax law: Public interest defences available to the Member States, CMLR 2009, 1951.

Crivelli, Ernesto; de Mooij, Ruud; Keen, Michael: Base Erosion, Profit Shifting and Developing Countries. FinanzArchiv/Public Finance Analysis 2016, 268.

Crivelli, Ernesto; de Mooij, Ruud; de Vrier, Erik; Hebous, Shafik; Klemm, Alexander: Taxing Multinationals in Europe, Washington, D.C. 2021, International Monetary Fund.

Dagan, Tsilly: International Tax Policy: Between Competition and Cooperation, Cambridge 2017.

Dashwood, Alan; Dougan, Michael; Rodger, Barry; Spaventa, Eleanor; Wyatt, Derrick (Hrsg.), Wyatt and Dashwood's European Union Law, 6. Aufl., Portland 2011.

De Broe, Luc: OECD´s Global Anti-Base Erosion Proposal – Pillar Two Raises Fundamental Concerns of Compatibility with EU Law, KU Leuven, 3.12.2019, abrufbar unter https://www.kuleuven.be/fisc/globe-ldb.pdf.

De Broe, Luc; Massant, Mélanie: Are the OECD/G20 Pillar Two GloBE-Rules Compliant with the Fundamental Freedoms?, EC Tax Review 2021, 86.

Desens, Marc: Der Verlust von Verlustvorträgen nach der Mindestbesteuerung, FR 2011, 745.

Desens, Marc: Die Verwirklichung des Leistungsfähigkeitsprinzips als Maßstab der Steuernormen in der Rechtsprechung des BVerfG, StuW 2016, 240.

Devereux, Michael; Bares, François; Clifford, Sarah; Freedman, Judith; Güçeri, İrem; McCarthy, Martin; Simmler, Martin; Vella, John: The OECD Global Anti-Base Erosion ("GloBE") proposal, Oxford University Centre for Business Taxation, Januar 2020.

Dharmapala, Dhammika: What Do We Know about Base Erosion and Profit Shifting? A Review of the Empirical Literature, Fiscal Studies 2014, 421.

Di Fabio, Udo: Steuern und Gerechtigkeit, JZ 2007, 749.

Directorate-General for Taxation and Customs Union: Taxation Trends in the European Union, 2021 Edition, European Commission, Publications Office of the European Union, Luxemburg 2021.

Ditz, Xaver; Pinkernell, Reimar; Quilitzsch, Carsten: BEPS-Reformvorschläge zu Lizenzgebühren und Verrechnungspreisen bei immateriellen Wirtschaftsgütern aus Sicht der Beratungspraxis, IStR 2014, 45.

Ditz, Xaver; Quilitzsch, Carsten: Gesetz gegen schädliche Steuerpraktiken im Zusammenhang mit Rechteüberlassungen – die Einführung einer Lizenzschranke in § 4j EStG, DStR 2017, 1561.

Döllefeld, Cedric; Englisch, Joachim; Harst, Simon; Schanz, Deborah; Siegel, Felix: Tax Administrative Guidance: A Proposal for Simplifying Pillar Two, erschienen auf SSRN am 15.12.2021.

Dorenkamp, Christian: Eigen- und Fremdkapitalfinanzierung im Steuerrecht, in: Hüttemann (Hrsg.), Gestaltungsfreiheit und Gestaltungsmissbrauch im Steuerrecht, DStJG 33 (2010), 301.

Dötsch, Ewald; Pung, Alexandra; Möhlenbrock, Rolf (Hrsg.): Die Körperschaftsteuer, Kommentar zum Körperschaftsteuergesetz und Umwandlungssteuergesetz, 105. EL, Stuttgart 2022.

Dourado, Ana Paula: The Global Anti-Base Erosion Proposal (GloBE) in Pillar II, Intertax 2020, 152.

Dreier, Horst (Hrsg.): Grundgesetz-Kommentar, 3. Aufl., Tübingen 2018.

Droege, Michael: Wie viel Verfassung braucht der Steuerstaat?, StuW 2011, 105.

Droege, Michael: Steuergerechtigkeit – Eine Demokratiefrage?, RW 2013, 374.

Drüen, Klaus-Dieter: Rechtsformneutralität der Unternehmensbesteuerung als verfassungsrechtlicher Imperativ?, GmbHR 2008, 393.

Drüen, Klaus-Dieter: Das Unternehmenssteuerrecht unter verfassungsgerichtlicher Kontrolle – Zur Gestaltungsfreiheit des Steuergesetzgebers zwischen Folgerichtigkeit und Systemwechsel, Ubg 2009, 23.

Drüen, Klaus-Dieter: Systembildung und Systembindung im Steuerrecht, in: Mellinghoff/Schön/Viskorf (Hrsg), Steuerrecht im Rechtsstaat, FS Spindler, Köln 2011, S. 29

Drüen, Klaus-Dieter: Verfassungsrechtliche Positionen zur Mindestbesteuerung, FR 2013, 392.

Drüen, Klaus-Dieter: Einführung in das Unternehmensteuerrecht, Ad Legendum 2015, 284.

Drüen, Klaus-Dieter: Heinrich Wilhelm Kruse zum Gedenken: Über Folgerichtigkeit im Steuerrecht, StuW 2019, 205.

Drummer, Verena: Lizenzschranke: Abzugsbeschränkung vs. Tax Credit aus EU-rechtlicher Sicht, IStR 2017, 602.

Quellenverzeichnis

Dürig, Günter; Herzog, Roman; Scholz, Rupert (Begr./Hrsg.): Grundgesetz-Kommentar, 95. EL, München 2021.

Dutt, Verena; Fischer, Leonie; Minkus, Fynn: Länderindex Familienunternehmen, 8. Auflage 2021, erstellt vom Zentrum für Europäische Wirtschaftsforschung (ZEW) Mannheim, Stiftung Familienunternehmen (Hrsg.), München 2021.

Eckhoff, Rolf: Gleichmäßigkeit der Besteuerung, in: Kube/Mellinghoff/Morgenthaler/Palm/ Puhl/Seiler (Hrsg.), Leitgedanken des Rechts, FS Kirchhof, Bd. II, Heidelberg 2013, S. 1601.

Edwards, Jeremy; Keen, Michael: Tax competition and Leviathan, European Economic Review 1996, 113.

Ehlers, Dirk (Hrsg.): Europäische Grundrechte und Grundfreiheiten, 4. Aufl., Berlin 2014.

Eichfelder, Sebastian; Vaillancourt, François: Tax compliance costs: A review of cost burdens and cost structures, arqus Discussion Paper No. 178, November 2014.

Eisendle, David: EuGH erklärt Beihilfebeschluss der Kommission zur Sanierungsklausel (§ 8c Abs. 1a KStG) für nichtig, da deren selektiver Charakter anhand eines fehlerhaft bestimmten Referenzsystems beurteilt wurde, ISR 2018, 315.

Engler, Friederike: Steuerverfassungsrecht im Mehrebenensystem – Ein Vergleich des Schutzes vor Besteuerung durch EMRK, Grundrechtecharta und die nationale Grundrechtsordnung, Dissertation, Baden-Baden 2014.

Englisch, Joachim: Dividendenbesteuerung – Europa- und Verfassungsrechtliche Vorgaben im Vergleich der Körperschaftsteuersysteme Deutschlands und Spaniens, Dissertation, Köln 2005.

Englisch, Joachim: Verfassungsrechtliche Grundlagen und Grenzen des objektiven Nettoprinzips, DStR 2009, Beihefter zu Heft 34, 92.

Englisch, Joachim: Gemeinschaftsrecht im harmonisierten Steuerrecht, in: Schön/Beck (Hrsg.), Zukunftsfragen des deutschen Steuerrechts, Heidelberg 2009, S. 39.

Englisch, Joachim: Grundfreiheiten: Vergleichbarkeit, Rechtfertigung und Verhältnismäßigkeit, in: Lang (Hrsg.), Europäisches Steuerrecht, DStJG Bd. 41 (2018), 273.

Englisch, Joachim: GloBE – Der 2020 Blueprint für eine internationale effektive Mindeststeuer, FR 2021, 1.

Englisch, Joachim: Designing a Harmonized EU-GloBE in Compliance with Fundamental Freedoms, EC Tax Review 2021, 136.

Englisch, Joachim: Implementation of the GloBE common approach on minimum taxation by individual EU Member States in compliance with EU fundamental freedoms, Steuerrechtliches Gutachten für Sven Giegold MEP, veröffentlicht am 9.7.2021 und abrufbar unter https://sven-giegold.de/steuerrechtliches-gutachten-prof-englisch-legal-study/.

Englisch, Joachim: Compatibility of a European METR Minimum Tax with EU/EEA Free Movement Guarantees, erschienen auf SSRN am 14.5.2021.

Englisch, Joachim; Becker, Johannes: International Effective Minimum Taxation – The GLOBE Proposal, WTJ 2019, 483.

Englisch, Joachim; Becker, Johannes: Implementing an International Effective Minimum Tax in the EU, Materialien aus Wirtschaft und Gesellschaft (AK Wien), Heft 224, Juli 2021.

Epping, Volker; Hillgruber, Christian (Hrsg.): BeckOK Grundgesetz, 50. Edition, München 2022.

Esakova, Nataliya; Rapp, Katharina: Stellungnahme des Inclusive Framework on BEPS bezüglich des Zwei-Säulen-Ansatzes: Inhalt und erste Würdigung, DStR 2021, 2047.

Flamant, Eloi; Godar, Sarah; Richard, Gaspard: New Forms of Tax Competition in the European Union: an Empirical Investigation, EU Tax Observatory Report, No. 3, November 2021.

Flick, Hans (Begr.); *Wassermeyer, Franz; Baumhoff, Hubertus; Schönfeld, Jens; Ditz, Xaver* (Hrsg.): Außensteuerrecht, Kommentar, 99. Lief., Köln 2021.

Frotscher, Gerrit: Treaty Override – causa finita?, IStR 2016, 561.

Frotscher, Gerrit; Drüen, Klaus-Dieter (Hrsg.), Kommentar zum Körperschaft-, Gewerbe- und Umwandlungssteuergesetz, Stand: 31.3.2022, Freiburg 2022.

Fuest, Clemens; Hugger, Felix; Wildgruber, Susanne: Why Is Corporate Tax Revenue Stable While Tax Rates Fall? Evidence from Firm-Level Data, CESifo Working Papers No. 8605, September 2020.

Fuest, Clemens; Hugger, Felix; Neumeier, Florian: Gewinnverlagerung deutscher Großunternehmen in Niedrigsteuerländer – wie hoch sind die Steueraufkommensverluste?, ifo Schnelldienst 2021, 38.

Fuest, Clemens; Hugger, Felix; Neumeier, Florian: Die Aufkommenseffekte einer globalen effektiven Mindeststeuer – Eine Analyse auf Basis von Country-by-Country-Berichten, ifo Schnelldienst 2022, 41.

Fuss, Max Robert: Die internationale Allokation von Erträgen und Verlusten aus immateriellen Werten durch Verrechnungspreise, Dissertation, Köln 2019.

Gabel, Monika: Spezielle Missbrauchsnormen und der allgemeine Gleichheitssatz, StuW 2011, 3.

Gabel, Monika: Verfassungsrechtliche Maßstäbe spezieller Missbrauchsnormen im Steuerrecht, Dissertation, Köln 2011.

Garcia-Bernardo, Javier; Jansky, Petr; Tørsløv, Thomas: Decomposing Multinational Corporations' Declining Effective Tax Rate, IES Working Paper 39/2019.

Garcia-Bernardo, Javier; Jansky, Petr; Tørsløv, Thomas: Multinational corporations and tax havens: evidence from country-by-country reporting, International Tax and Public Finance 2021, 1519.

Gebhardt, Leon: Einführung einer Mindeststeuer nach den Plänen der OECD – Darstellung und rechtliche Einordnung des sog. Pillar Two, IWB 2020, 958.

Geurts, Matthias; Staccioli, Guido: § 4j EStG-E – das neue Abzugsverbot für Lizenzaufwendungen, IStR 2017, 514.

Glaser, Andreas: Auf dem Weg zu einer sachgerechten Konzernbesteuerung – die GKKB als Leitbild?, DStR 2011, 2317.

Goldsmith, Peter: A Charter of Rights, Freedoms and Principles, CMLR 2001, 1202.

Görlitz, Niklas: Struktur und Bedeutung der Rechtsfigur der mittelbaren Diskriminierung im System der Grundfreiheiten – Zugleich der Versuch einer Abgrenzung zwischen mittelbaren Diskriminierungen und allgemeinen Beschränkungen, Dissertation, Baden-Baden 2005.

Gosch, Dietmar: Über das Treaty Overriding, Bestandsaufnahme – Verfassungsrecht – Europarecht, IStR 2008, 413.

Gosch, Dietmar: Sperrwirkungen – Nationales Recht und Abkommensrecht, allgemeines und spezielles Recht im Widerstreit, ISR 2018, 289.

Gosch, Dietmar: Von Äpfeln und Birnen – Ein steuerjuristischer Essay zum Maß des „Fremdvergleichens" im Konzern, DStR 2019, 2441.

Gosch, Dietmar (Hrsg.): Körperschaftsteuergesetz, Kommentar, 4. Aufl., München 2020.

Gosch, Dietmar; Kroppen, Heinz-Klaus; Grotherr. Siegfried; Kraft, Gerhard (Hrsg.): DBA-Kommentar, 49. EL, Herne 2022.

Grabitz, Eberhard; Hilf, Meinhard; Nettesheim, Martin (Begr./Hrsg.): Das Recht der Europäischen Union, 75. EL, München 2022.

Greive, Martin; Hildebrand, Jan: „Kolossaler Schritt zu mehr Gerechtigkeit": 130 Länder einigen sich auf globale Mindeststeuer, Handelsblatt v. 1.7.2021, abrufbar unter: https://www.handelsblatt.com/politik/international/internationale-steuerreform-kolossaler-schritt-zu-mehr-gerechtigkeit-130-laender-einigen-sich-auf-globale-mindeststeuer/27384496.html?ticket=ST-9382881-pXfCj41WibUMau3ankM4-ap6m.

Grotherr, Siegfried: Abzugsverbot für Lizenzzahlungen an nahestehende Unternehmen bei Nutzung von steuerschädlichen IP-Boxen („Lizenzschranke"), Ubg 2017, 233.

Haarmann, Wilhelm: Wirksamkeit, Rechtmäßigkeit, Bedeutung und Notwendigkeit der Hinzurechnungsbesteuerung im AStG, IStR 2011, 565.

Haarmann, Wilhelm: Ist der Treaty Override nicht doch verfassungswidrig?, BB 2016, 2755.

Haarmann, Wilhelm: Die Missbrauchsverwirrung, IStR 2018, 561.

Haase, Florian (Hrsg.): Außensteuergesetz Doppelbesteuerungsabkommen, 3. Aufl., Heidelberg 2016.

Hagemann, Tobias; Kahlenberg, Christian: Die Lizenzschranke (§ 4j EStG) aus verfassungs- und unionsrechtlicher Sicht, FR 2017, 1125.

Hebammer, Christoph: Die Sperrwirkung des Art. 9 OECD-MA, IStR 2016, 525.

Hebous, Shafik: Has Tax Competition Become Less Harmful? (Chapter 6), in: De Mooij/Klemm/Perry (Hrsg.), Corporate Income Taxes Under Pressure – Why Reform Is Needed and How It Could Be Designed, Washington, D.C. 2021, International Monetary Fund, S. 87.

Heckemeyer, Jost; Overesch, Michael: Multinationals' profit response to tax differentials: Effect size and shifting channels, Canadian Journal of Economics 2017, 965.

Heger, Karin: Körperschaft- und Gewerbesteuer und objektives Nettoprinzip, DStR 2009, Beihefter zu Heft 34, 117.

Heidecke, Björn; Holst, Rainer: Begrenzung der Abzugsfähigkeit von Lizenzaufwendungen – Zusammenfassung und Problemanzeigen zum Regierungsentwurf vom 25.1.2017, IWB 2017, 128.

Heil, Svetlana; Pupeter, Alexander: Lizenzschranke – Gesetzesentwurf eines neuen § 4j EStG, BB 2017, 795.

Heil, Svetlana; Pupeter, Alexander: Lizenzschranke – Update zum Inkrafttreten des § 4j EStG, BB 2017, 1947.

Hemmerich, Aaron: Abzugsbeschränkungen im internationalen Steuerrecht – Analyse und Wirkungsvergleich der deutschen und österreichischen Lizenzschranke, IStR 2019, 294.

Hentze, Tobias: Unfairer Steuerwettbewerb in Europa, iwd v. 9.3.2017, abrufbar unter: https://www.iwd.de/artikel/unfairer-steuerwettbewerb-in-europa-328798/.

Herrmann, Carl; Heuer, Gerhard; Raupach, Arndt (Hrsg.): Einkommensteuer- und Körperschaftsteuergesetz, Kommentar, 310. Lief., Köln 2022.

Heuermann, Bernd: Steuerinnovation im Wandel: Einige Thesen zur Zinsschranke und ihrer Verfassungsmäßigkeit, DStR 2013, 1.

Hey, Johanna: Harmonisierung der Unternehmensbesteuerung in Europa, Dissertation, Köln 1997.

Hey, Johanna: Spezialgesetzliche Missbrauchsgesetzgebung aus steuersystematischer, verfassungs- und europarechtlicher Sicht, StuW 2008, 167.

Hey, Johanna: Körperschaft- und Gewerbesteuer und objektives Nettoprinzip, DStR 2009, Beihefter zu Heft 34, 109.

Hey, Johanna: Spezialgesetzgebung und Typologie zum Gestaltungsmissbrauch, in: Hüttemann (Hrsg.), Gestaltungsfreiheit und Gestaltungsmissbrauch im Steuerrecht, DStJG Bd. 33 (2010), 139.

Hey, Johanna: Besteuerung von Unternehmen und Individualsteuerprinzip, in: Schön/Osterloh-Konrad (Hrsg.), Kernfragen des Unternehmenssteuerrechts, Berlin 2010, S. 1.

Hey, Johanna: Perspektiven der Unternehmensbesteuerung, Gewerbesteuer – Gruppenbesteuerung – Verlustverrechnung – Gewinnermittlung, StuW 2011, 131.

Hey, Johanna: Harmonisierung der Missbrauchsabwehr durch die Anti-Tax-Avoidance-Directive (ATAD) – Rechtsmethodische, kompetenzielle und verfassungsrechtliche Fragen unter besonderer Berücksichtigung der Auswirkungen auf § 42 AO, StuW 2017, 248.

Hey, Johanna: The 2020 Pillar Two Blueprint: What Can the GloBE Income Inclusion Rule Do That CFC Legislation Can't Do?, Intertax 2021, 7.

Hidien, Jürgen W.; Versin, Volker: Digitales Geschäftsmodell als steuerlicher Wettbewerbsfaktor, GmbHR 2019, 759.

Hierstetter, Felix: Pillar Two Blueprint – Eine erste Bewertung der GloBE-Vorschläge zu einer globalen Mindestbesteuerung, IStR 2020, 874.

Hiller, Tobias: Folgen des EuGH-Urteils in der Rs. Scheuten Solar – insbesondere für die Zinsschranke, BB 2011, 2715.

Hintersteininger, Margit: Binnenmarkt und Diskriminierungsverbot – Unter besonderer Berücksichtigung der Situation nicht-staatlicher Handlungseinheiten, Dissertation, Berlin 1999.

Holle, Florian; Weiss, Martin: Einschränkung des Abzugs für Aufwendungen aus einer Rechteüberlassung, FR 2017, 217.

Huber, Hans-Peter; Maiterth, Ralf: Steuerbelastung deutscher Kapitalgesellschaften von lediglich 20 % – Fakt oder Fake News?, StuW 2020, 18.

Hübschmann, Walter; Hepp, Ernst; Spitaler, Armin (Hrsg.): Abgabenordnung/Finanzgerichtsordnung, Kommentar, 267. Lief., Köln 2022.

Huesecken, Birgit; Overesch, Michael: Tax Avoidance through Advance Tax Rulings – Evidence from the LuxLeaks Firms, FinanzArchiv/Public Finance Analysis 2019, 380.

Hummel, Roland; Knebel, Andreas; Born, Alexander: Doppelbesteuerung und BEPS, IStR 2014, 832.

Isensee, Josef; Kirchhof, Paul (Hrsg.): Handbuch des Staatsrechts, Band V, 3. Aufl., Heidelberg 2007.

Jacobs, Otto H. (Begr.); *Endres, Dieter; Spengel, Christoph* (Hrsg.): Internationale Unternehmensbesteuerung – Deutsche Investitionen im Ausland, Ausländische Investitionen im Inland, 8. Aufl., München 2016.

Jarass, Hans D.; Pieroth, Bodo (Hrsg.): Grundgesetz für die Bundesrepublik Deutschland, Kommentar, 16. Aufl., München 2020.

Jarass, Hans D. (Hrsg.): Charta der Grundrechte der Europäischen Union unter Einbeziehung der sonstigen Grundrechtsregelungen des Primärrechts und der EMRK, Kommentar, 4. Aufl., München 2021.

Jarass, Lorenz: Faire und effiziente Unternehmensbesteuerung in Europa, EWS 2015, 144.
Jehlin, Alexander: Die Zinsschranke als Instrument zur Missbrauchsvermeidung und Steigerung der Eigenkapitalausstattung – Entstehung, Konzeption und verfassungsrechtliche Prüfung, Dissertation, Berlin 2013.
Jochimsen, Claus; Zinowsky, Tim; Schraud, Angélique: Die Lizenzschranke nach § 4j EStG – Ein Gesellenstück des deutschen Gesetzgebers, IStR 2017, 593.
Jochimsen, Claus: Nutzung von Intellectual Property im Lichte des DEMPE-Funktionskonzepts, IStR 2018, 670.
Johannesen, Niels: Imperfect tax competition for profits, asymmetric equilibrium and beneficial tax havens, Journal of International Economics 2010, 253.
Kempny, Simon: Steuerrecht und Verfassungsrecht, StuW 2014, 185.
Kempny, Simon: Steuerverfassungsrechtliche Sonderdogmatik zwischen Verallgemeinerung und Zurückführung – Betrachtet anhand der Beispiele der Erforderlichkeit einer erkennbaren gesetzgeberischen Entscheidung und des Gebots der Folgerichtigkeit, JöR 2016, 477.
Kempny, Simon: Gedanken zum Leistungsfähigkeitsprinzip, Rekonstruktion eines Schlüsselbegriffs als Beitrag zur Rationalisierung des Diskurses über Steuergerechtigkeit, StuW 2021, 85.
Kessler, Wolfgang; Dietrich, Marie-Louise: Die Zinsschranke nach dem WaBeschG – la dolce vita o il dolce far niente?, DB 2010, 240.
Kessler, Wolfgang; Köhler, Stefan; Knörzer, Daniel: Die Zinsschranke im Rechtsvergleich: Problemfelder und Lösungsansätze, IStR 2007, 418.
Kessler, Wolfgang; Kröner, Michael; Köhler, Stefan (Hrsg.): Konzernsteuerrecht, National – International, 3. Aufl., München 2018.
Keuschnigg, Christian; Loretz, Simon; Winner, Hannes: Tax Competition and Tax Coordination in the European Union: A Survey, Universität St. Gallen Discussion Paper no. 2014–27.
Kirchhof, Gregor; Kulosa, Egmont; Ratschow, Eckart (Hrsg.): BeckOK EStG, 12. Edition, München 2022.
Kirchhof, Paul: Der Grundrechtsschutz des Steuerpflichtigen, AöR 2003, 1.
Kirchhof, Paul; Seer, Roman (Hrsg.): Einkommensteuergesetz, 21. Aufl., Köln 2022.
Kirchhof, Paul; Söhn, Hartmut; Mellinghoff, Rudolf (Begr./Hrsg.): Einkommensteuergesetz, Kommentar, 323. Lief., Heidelberg 2022.
Kirchmayer, Sabine: Die österreichische Digitalsteuer – ein Vorbild für andere Staaten?, FR 2019, 800.
Kischel, Uwe: Systembindung des Gesetzgebers und Gleichheitssatz, AöR 1999, 174.
Klein, Franz: Zur Frage der verfassungsrechtlichen Zulässigkeit von Einschränkungen des objektiven Nettoprinzips, dargestellt an § 4 Abs. 5 Satz 1 Nr. 1 EStG, DStZ 1995, 630.
Klemm, Alexander; Liu, Li: The Impact of Profit Shifting on Economic Activity and Tax Competition (Chapter 9), in: De Mooij/Klemm/Perry (Hrsg.), Corporate Income Taxes Under Pressure – Why Reform Is Needed and How It Could Be Designed, Washington, D.C. 2021, International Monetary Fund, S. 175.
Knoll, Bodo; Riedel, Nadine; Schwab, Thomas; Todtenhaupt, Maximilian; Voget, Johannes: Cross-border effects of R&D tax incentives, Research Policy 50 (2021), 104326.
Koch, Katharina; Nguyen, Alexander: Schutz vor mittelbarer Diskriminierung – Gleiches Recht für alle?, EuR 2010, 364.

Koenig, Ulrich (Hrsg.): Abgabenordnung, Kommentar, 4. Aufl., München 2021.

Koerver Schmidt, Peter: Are the Danish CFC Rules in Conflict with the Freedom of Establishment? – An Analysis of the Danish CFC Regime for Companies in Light of ECJ Case Law, European Taxation 2014, 3.

Koerver Schmidt, Peter: A General Income Inclusion Rule as a Tool for Improving the International Tax Regime – Challenges Arising from EU Primary Law, Intertax 2020, 983.

Kofler, Georg: Europäischer Grundrechtsschutz im Steuerrecht, in: Lang (Hrsg.), Europäisches Steuerrecht, DStJG Bd. 41 (2018), 125.

Kofler, Georg; Schnitger, Arne: Die deutsche Umsetzung der Mindeststeuer – Berlin, we might have a problem, IStR 2023, 405.

Kofler, Georg; Schnitger, Arne: Does "initial phase relief" make the EU Minimum Taxation Directive (2022/2523) invalid?, European Taxation 2023, 186.

Kohlhepp, Ralf: Die Korrespondenzprinzipien der verdeckten Gewinnausschüttung, DStR 2007, 1502.

Kokott, Juliane; Dobratz, Lars: Der unionsrechtliche allgemeine Gleichheitssatz im Europäischen Steuerrecht, in: Schön/Heber (Hrsg.), Grundfragen des Europäischen Steuerrechts, Berlin 2015, S. 25.

Kokott, Juliane: Der EuGH als Garant fairen Steuerwettbewerbs, ISR 2017, 395.

Kokott, Juliane: Das Steuerrecht der Europäischen Union, München 2018.

Kokott, Juliane: Herausforderungen einer Digitalsteuer, IStR 2019, 123.

Kollruss, Thomas: Unionsrecht und Steuerumgehung: Zulässigkeit der pauschalen Annahme der Niedrigbesteuerung?, SWI 2020, 542.

Kraft, Gerhard: Der Hinzurechnungsbetrag in den Doppelbesteuerungsabkommen, in: Doppelbesteuerungsabkommen, Festgabe Wassermeyer, München 2015, S. 311.

Kraft, Gerhard (Hrsg.): Außensteuergesetz, 2. Aufl., München 2019.

Kreienbaum, Martin; Fehling, Daniel: Das Inclusive Framework on BEPS – ein neuer Akteur in der internationalen Steuerpolitik, IStR 2017, 929.

Krumm, Marcel: Legislativer Völkervertragsbruch im demokratischen Rechtsstaat, AöR 2013, 363.

Kube, Hanno: Die intertemporale Verlustverrechnung – Verfassungsrechtlicher Rahmen und legislativer Gestaltungsraum, DStR 2011, 1781.

Kußmaul, Heinz; Ditzler, Tobias: Die Lizenzschranke nach § 4j EStG – Verhältnis zu Verfassungsrecht, DBA sowie Unionsrecht, StB 2018, 126.

Lang, Joachim: Der Stellenwert des objektiven Nettoprinzips im deutschen Einkommensteuerrecht, StuW 2007, 3.

Lang, Joachim: Unternehmensbesteuerung im internationalen Wettbewerb, StuW 2011, 144.

Lang, Michael: CFC-Regelungen und Doppelbesteuerungsabkommen, IStR 2002, 717.

Lehner, Moris: Die verfassungsrechtliche Verankerung des objektiven Nettoprinzips, DStR 2009, 185.

Lehner, Moris: Die Bedeutung der Grundrechte-Charta der Europäischen Union für das Internationale Steuerrecht, IStR 2016, 265.

Lehner, Moris: Neue Regelungsebenen und Kompetenzen im Internationalen Steuerrecht, IStR 2019, 277.

Leibholz, Gerhard: Die Gleichheit vor dem Gesetz, 2. Aufl., München 1959.

Leibholz, Gerhard; Rinck, Hans-Justus (Begr.): Grundgesetz für die Bundesrepublik Deutschland, 85. Lief., Köln 2022.
Lenz, Martin; Dörfler, Oliver: Die Zinsschranke im internationalen Vergleich, DB 2010, 18.
Lepsius, Oliver: Erwerbsaufwendungen im Einkommensteuerrecht. Anmerkung zu BVerfG, Urteil v. 9.12.2008 – 2 BvL 1/07 u. a. (Pendlerpauschale), JZ 2009, 260.
Link, Cornelius: Die Lizenzschranke – Legitime Reaktion des Gesetzgebers auf schädliche Präferenzregime, DB 2017, 2372.
Linn, Alexander: Abkommensmissbrauch und Missbrauchsklauseln, in: Doppelbesteuerungsabkommen, Festgabe Wassermeyer, München 2015, S. 115.
Linnemann, Nils; Weiß, Falko: Braucht Deutschland doch (k)eine akute Unternehmensteuerreform?, IStR 2019, 692.
Loose, Thomas: Die neue gesetzliche Regelung zur sog. Lizenzschranke, RIW 2017, 655.
van Lück, Kolja: Gesetzentwurf zur Einführung einer Lizenzschranke durch § 4j EStG, IStR 2017, 388.
van Lück, Kolja; Niemeyer, Nicola: Die Lizenzschranke in § 4j EStG – Praktische Herausforderungen sowie verfassungs- und europarechtliche Zweifel, IWB 2017, 440.
Lüdicke, Jürgen: Reform der Konzernbesteuerung (I), FR 2009, 1025.
Lüdicke, Jürgen: Anmerkungen zur deutschen Verhandlungsgrundlage für Doppelbesteuerungsabkommen, IStR 2013, Beihefter zu Heft 10, 26.
Lüdicke, Jürgen: Wogegen richtet sich die Lizenzschranke?, DB 2017, 1482.
Lüdicke, Jochen; Sistermann, Christian (Hrsg.): Unternehmensteuerrecht, Gründung – Finanzierung – Umstrukturierung – Übertragung – Liquidation, 2. Aufl., München 2018.
Maciejewski, Tim: Zielgenaue Missbrauchsabwehr: Verfassungskonformität der Hinzurechnungsbesteuerung gemäß §§ 7–14 AStG, IStR 2013, 449.
Maisto, Guglielmo; Pistone, Pasquale: A European Model for Member States' Legislation on the Taxation of Controlled Foreign Subsidiaries (CFCs) – Part 1, European Taxation 2008, 503.
Mammen, Andreas: Kritische Analyse der Maßnahmen zur Erzielung einer globalen effektiven Mindestbesteuerung, Ubg 2019, 394.
von Mangoldt, Hermann; Klein, Friedrich; Starck, Christian (Begr./Hrsg.): Grundgesetz, Kommentar, 7. Aufl., München 2018.
Marquart, Christian: Die Möglichkeit der Verlustverrechnung als selektive Begünstigung sanierungsbedürftiger Unternehmen? Wider die Beihilferechtswidrigkeit der Sanierungsklausel (§ 8 Abs. 1a KStG), IStR 2011, 445.
Mattern, Oliver: BFH I R 30/12: Auswirkungen der DBA-Diskriminierungsverbote in Art. 24 Abs. 3 und 4 OECD-MA auf Zins- bzw. Lizenzabzugsbeschränkungen, IStR 2014, 558.
Max, Marcel; Thiede, Jesko: Der Gesetzesentwurf zur Einführung einer Abzugsbeschränkung für Lizenzaufwendungen – „Lizenzschranke", StB 2017, 175.
Mersmann, Louis: Die Wirksamkeit der Lizenzschranke nach § 4j EStG, ReWir Nr. 46/2018.
Micker, Lars; Pohl, Carsten (Hrsg.): BeckOK KStG, 12. Edition, München 2022.
Mitschke, Wolfgang: Treaty Override verfassungsgemäß, DStR 2016, 359.
Möhlenbrock, Rolf: Umstrukturierung und Veräußerung von Unternehmen und Beteiligungen, in: Hüttemann (Hrsg.), Gestaltungsfreiheit und Gestaltungsmissbrauch im Steuerrecht, DStJG Bd. 33 (2010), 339.

Mörwald, Frieder B.; Nreka, Kristina: Die Reichweite der Kapitalverkehrsfreiheit in Drittstaatenfällen – Bestandsaufnahme der neuen EuGH-Rechtsprechung zur Dividendenbesteuerung, EWS 2014, 76.

Mühl, Axel: Diskriminierung und Beschränkung – Grundsätze einer einheitlichen Dogmatik der wirtschaftlichen Grundfreiheiten des EG-Vertrages, Dissertation, Berlin 2004.

Müllmann, Jakob: Die Lizenzschranke als Abwehrmaßnahme im Steuerwettbewerb, Dissertation, München 2021.

Müller-Gatermann, Gert: Aktuelle deutsche Abkommenspolitik, FR 2012, 1032.

von Münch, Ingo; Kunig, Philip (Begr.): Grundgesetz-Kommentar, 7. Aufl., München 2021.

München, Markus: Die Zinsschranke – eine verfassungs-, europa- und abkommensrechtliche Würdigung, Dissertation, Frankfurt am Main 2010.

München, Markus; Mückl, Norbert: Die Vereinbarkeit der Zinsschranke mit dem Grundgesetz – Eine verfassungsrechtliche Bestandsaufnahme und Würdigung im Zuge des BFH-Beschlusses vom 18.12.2013, DStR 2014, 1469.

Musil, Andreas; Volmering, Björn: Systematische, verfassungsrechtliche und europarechtliche Probleme der Zinsschranke, DB 2008, 12.

Musil, Andreas: Treaty Override als Dauerproblem des Internationalen Steuerrechts, IStR 2014, 192.

Musil, Andreas: Die Sicht der Steuerrechtswissenschaft auf das Verfassungsrecht, in: Schön/Röder (Hrsg.), Zukunftsfragen des deutschen Steuerrechts II, Heidelberg 2014, S. 129.

Musil, Andreas; Weber-Grellet, Heinrich (Hrsg.): Europäisches Steuerrecht, 1. Aufl., München 2019.

Nogueira, João: GloBE and EU Law: Assessing the Compatibility of the OECD's Pillar II Initiative on a Minimum Effective Tax Rate with EU Law and Implementing It within the Internal Market, WTJ 2020, 465.

Nogueira, João; Turina, Alessandro: Pillar Two and EU Law (Chapter 10), in: Perdelwitz/Turina (Hrsg.), Global Minimum Taxation? An Analysis of the Global Anti-Base Erosion Initiative, 2021, IBFD Tax Research Series.

Nürnberg, Philipp: Implementierung des BEPS-Aktionsplans durch das MLI in Deutschland, IWB 2020, 566.

Obser, Ralph: § 8a KStG im Inbound-Sachverhalt – eine EG-rechtliche Beurteilung, IStR 2005, 799.

Ohlendorf, Lutz: Grundrechte als Maßstab des Steuerrechts in der Europäischen Union, Dissertation, Tübingen 2015.

Papperitz, Günther; Keller, Manfred (Hrsg.): Lexikon des Steuerrechts, 137. Lief., Bonn 2022.

Pechstein, Matthias; Nowak, Carsten; Häde, Ulrich (Hrsg.): Frankfurter Kommentar zu EUV, GRC und AEUV, 1. Aufl., Tübingen 2017.

Peine, Franz-Joseph: Systemgerechtigkeit – Die Selbstbindung des Gesetzgebers als Maßstab der Normenkontrolle, Habilitation, Baden-Baden 1985.

Pelka, Jürgen; Petersen, Karl (Hrsg.): Beck'sches Steuerberater-Handbuch 2021/2022, 18. Aufl., München 2021.

Picciotto, Sol; Faccio, Tommaso; Kadet, Jeffery M.; Jansky, Petr; Cobham, Alex; Garcia-Bernardo, Javier: For a Better GLOBE. METR: A Minimum Effective Tax Rate for Multinationals, erschienen auf SSRN am 24.3.2021.

Pinkernell, Reimar; Ditz, Xaver: Säule 2 des Arbeitsprogramms des Inclusive Framework on BEPS der OECD – kritische Anmerkungen zum GloBE-Proposal, ISR 2020, 1.

Plötscher, Stefan: Der Begriff der Diskriminierung im Europäischen Gemeinschaftsrecht, Dissertation, Berlin 2003.

Pohl, Carsten: Treaty Override im deutschen Steuerrecht – Bestandsaufnahme und Perspektive, ISR 2014, 158.

Pötsch, Marvin: § 4j EStG und das Nettoprinzip – eine grundsätzliche Verteidigung, DStR 2018, 761.

Pötsch, Marvin: § 4j EStG und die Grundfreiheiten des AEUV – Bestandsaufnahme und Verteidigung, IStR 2018, 417.

Prinz, Ulrich: Gedankensplitter zur konzeptionellen Fortentwicklung des steuerlichen Organschaftsrechts – Diskussionsbeitrag zum 2. Münchner Unternehmenssteuerforum, DStR 2010, Beihefter zu Heft 30, 67.

Prinz, Ulrich: Zinsschranke – Bestandsaufnahme zu Verfassungszweifeln, DB 2013, 1571.

Pross, Achim; Radmanesh, Sandy: Der Aktionsplan der OECD/G20 zu Base Erosion and Profit Shifting (BEPS) – Richtschnur für eine Überarbeitung der internationalen Besteuerungsregelungen, in: Doppelbesteuerungsabkommen, Festgabe Wassermeyer, München 2015, S. 535.

Puls, Michael; Haravi, Semera: DEMPE-Funktionen und wirtschaftliches Eigentum an immateriellen Werten – Plädoyer für eine differenzierte Betrachtung, IStR 2018, 721.

Rathje, Ann-Christin; Wohlrabe, Klaus: Internationaler Steuerwettbewerb und -politik aus Unternehmenssicht, IStR 2019, 1.

Reimer, Ekkehart: Stellungnahme zu dem Entwurf eines Gesetzes gegen schädliche Steuerpraktiken im Zusammenhang mit Rechteüberlassungen, Öffentliche Anhörung des Finanzausschusses des Deutschen Bundestages, 29.3.2017, abrufbar unter: https://polit-x.de/en/documents/499580/.

Reiter, Franz; Langenmayr, Dominika; Holtmann, Svea: Avoiding taxes: banks' use of internal debt, International Tax and Public Finance 2021, 717.

Rieck, Jan; Fehling, Daniel: Effektive Mindestbesteuerung in der EU – der Richtlinienentwurf zur Umsetzung der GloBE-Regelungen, IStR 2022, 51.

Riecke, Torsten: Demokraten stutzen Bidens Steuerpläne – Vermögen der Superreichen bleiben weitgehend unangetastet, Handelsblatt v. 14.9.2021, abrufbar unter: https://www handelsblatt.com/politik/international/haushaltsberatungen-in-den-usa-demokraten-stu tzen-bidens-steuerplaene-vermoegen-der-superreichen-bleiben-weitgehend-unangetas tet/27610442.html?ticket=ST-4020439-uqOdrzVWaHGhbbEFewkc-cas01.example.org.

Riedel, Nadine: Quantifying International Tax Avoidance: A Review of the Academic Literature, Review of Economics 2018, 169.

Ring, Diane: Democracy, Sovereignty and Tax Competition: The Role of Tax Sovereignty in Shaping Tax Cooperation, Florida Tax Review 2009, 555.

Ritzer, Claus; Stangl, Ingo; Karnath, Susann: Zur geplanten „Lizenzschranke", DK 2017, 68.

Rödder, Thomas; Herlinghaus, Andreas; Neumann, Ralf (Hrsg.): Körperschaftsteuergesetz, 1. Aufl., Köln 2015.

Röder, Erik: Zur Verfassungswidrigkeit der Mindestbesteuerung (§ 10d Abs. 2 EStG) und der Beschränkung des Verlustabzugs nach § 8c KStG, StuW 2012, 18.

Röder, Erik: Weltweite Mindestbesteuerung multinationaler Unternehmen? Der Global-Anti-Base-Erosion-Vorschlag der OECD und seine Relevanz für das deutsche Unternehmenssteuerrecht, StuW 2020, 35.

Roth, Hans-Peter: Ist die Verlustabzugsbeschränkungsregelung des § 8 c KStG verfassungswidrig? – Zugleich Anmerkung zu dem Vorlagebeschluss des FG Hamburg vom 04.04.2011 – 2 K 33/10, Ubg 2011, 527.

Rüdenburg, Ralf: USA: Steuerpläne der Biden-Administration, IStR-LB 2021, 3.

Rust, Alexander; Reimer, Ekkehart: Treaty Override im deutschen Internationalen Steuerrecht, IStR 2005, 843.

Sachs, Michael (Hrsg.): Grundgesetz, Kommentar, 9. Aufl., München 2021.

Saint-Amans, Pascal: The Reform of the International Tax System: State of Affairs, Intertax 2021, 309.

Sharma, Kuldeep: UN versus OECD – It's time for the UN to get going, MNE Tax v. 4.5.2021, abrufbar unter: https://mnetax.com/un-versus-oecd-its-time-for-the-un-to-get-going-43782.

Schaumburg, Harald (Hrsg.): Internationales Steuerrecht, 4. Aufl., Köln 2017.

Schaumburg, Harald; Englisch, Joachim (Hrsg.): Europäisches Steuerrecht, 2. Aufl., Köln 2020.

Schenke, Ralf: Das Leistungsfähigkeitsprinzip im Steuerrecht und die zwei Phasen des Öffentlichen Rechts, in: Appel/Hermes/Schönberger (Hrsg.), Öffentliches Recht im offenen Staat, FS Wahl, Berlin 2011, S. 803.

Schiefer, Florian: Maßnahmen zur Bekämpfung hybrider Finanzierungsinstrumente, IWB 2015, 352.

Schmehl, Arndt: Nationales Steuerrecht im internationalen Steuerwettbewerb, in: Schön/Beck (Hrsg.), Zukunftsfragen des deutschen Steuerrechts, Heidelberg 2009, S. 99.

Schmidt, Ludwig (Begr.): Einkommensteuergesetz, 41. Aufl., München 2022.

Schmidt, Thomas (Hrsg.): Außensteuergesetz, 1. Aufl., Baden-Baden 2012.

Schmittmann, Jens; Sinnig, Julia: Die Umsetzung der Digitalsteuer in der Europäischen Union (Teil II), StB 2021, 166.

Schneider, Stefan: Verfassungsrechtliche Grundlagen und Grenzen des objektiven Nettoprinzips, DStR 2009, Beihefter zu Heft 34, 87.

Schneider, Norbert; Junior, Björn: Die Lizenzschranke – Überblick über den Regierungsentwurf zu § 4j EStG; DStR 2017, 417.

Schnitger, Arne: Weitere Maßnahmen zur BEPS-Gesetzgebung in Deutschland, IStR 2017, 214.

Schnitger, Arne: Unionsrechtliche Würdigung der Lizenzschranke gem. § 4j EStG – Grundfreiheitliche Grenzen bei der Umsetzung des BEPS-Projekts, DB 2018, 147.

Schnitger, Arne: Die globale Mindeststeuer und deren unionsrechtliche Beurteilung, in: Herzig/Förster/Schnitger/Levedag (Hrsg.), Besteuerung im Wandel, FS Kessler, München 2021, S. 169.

Schnitger, Arne; Fehrenbacher, Oliver (Hrsg.), Kommentar Körperschaftsteuer KStG, 2. Aufl., Wiesbaden 2018.

Schön, Wolfgang: Taxation and State Aid Law in the European Union, CMLR 1999, 911.

Schön, Wolfgang: Zur Zukunft des Internationalen Steuerrechts, StuW 2012, 213.

Schön, Wolfgang: Taxing Multinationals in Europe, Max Planck Institute for Tax Law and Public Finance, Working Paper 2012–11.

Schön, Wolfgang: Grundrechtsschutz gegen den demokratischen Steuerstaat – Das Steuerverfassungsrecht zwischen Staatsrechtslehre und *public economics*, JöR 2016, 515.

Schön, Wolfgang: Internationale Steuerpolitik zwischen Steuerwettbewerb, Steuerkoordinierung und dem Kampf gegen Steuervermeidung, IStR 2022, 181 (189).

Schönfeld, Jens: Hinzurechnungsbesteuerung und Europäisches Gemeinschaftsrecht, Dissertation, Köln 2005.

Schönfeld, Jens: Hinzurechnungsbesteuerung zwischen Steuerwettbewerb und Grundfreiheiten, StuW 2005, 158.

Schönfeld, Jens: Grenzüberschreitende Leistungsbeziehungen im Konzern, in: Lang (Hrsg.), Europäisches Steuerrecht, DStJG Bd. 41 (2018), 493.

Schönfeld, Jens; Ditz, Xaver (Hrsg.): Doppelbesteuerungsabkommen, 2. Aufl., Köln 2019.

Schönfeld, Jens: Die Rolle der Rechtsprechung im Europäischen Steuerrecht, IStR 2022, 617.

Schratzenstaller, Margit: Vom Steuerwettbewerb zur Steuerkoordinierung in der EU?, WSI 2011, 304.

Schwarze, Jürgen (Hrsg.): EU-Kommentar, 4. Aufl., Baden-Baden 2019.

Schwenke, Michael: Treaty override und kein Ende?, FR 2012, 443.

Schwenke, Michael: DBA als Völkervertragsrecht und Treaty Override, in: Doppelbesteuerungsabkommen, Festgabe Wassermeyer, München 2015, S. 23.

Seer, Roman: Die unternehmensteuerlichen Pläne der Bundesregierung, GmbHR 2014, 505.

Seiler, Christian: Prinzipien der Einkünfteermittlung – Objektives Nettoprinzip, in: Hey (Hrsg.), Einkünfteermittlung, DStJG Bd. 34 (2011), 61.

Sendke, Thomas: Der Anwendungsbereich von unionalen und nationalen Grundrechten im Steuerrecht, StuW 2020, 219.

da Silva, Bruno: Taxing Digital Economy: A Critical View around the GloBE (Pillar Two), Frontiers of Law in China 2020, 111.

Soltész, Ulrich: Die Entwicklung des europäischen Beihilferechts in 2016, EuZW 2017, 51.

Staringer, Claus: Missbrauchsbekämpfung, Aufteilung der Besteuerungshoheit und Kohärenz in der Rechtsprechung des EuGH, in: Lang (Hrsg.), Europäisches Steuerrecht, DStJG Bd. 41 (2018), 365.

Stark, Johanna: Verteilungsgerechtigkeit als Prinzip im internationalen Steuerrecht, StuW 2019, 71.

Steindorff, Ernst: Anmerkung zum EuGH-Urteil v. 2.8.1993 – C-259/91, 331/91 und C-332/91, Allué II, JZ 1994, 94.

Streinz, Rudolf (Hrsg.): EUV/AEUV, 3. Aufl., München 2018.

Strunk, Günther; Kaminski, Bert; Köhler, Stefan (Hrsg.): Außensteuergesetz Doppelbesteuerungsabkommen, 60. Lief., Bonn 2022.

Sullivan, Martin A.: Economic Analysis: Fixing GILTI, Part 3: Substance Exception?, TNI 2019, 930.

Tipke, Klaus: Die Steuerrechtsordnung, Band 1, 2. Aufl., Köln 2000.

Tipke, Klaus (Begr.); *Lang, Joachim* (Hrsg.): Steuerrecht, 24. Aufl., Köln 2021.

Tipke, Klaus; Kruse, Wilhelm (Begr.): Abgabenordnung – Finanzgerichtsordnung, Kommentar zur AO und FGO inkl. Steuerstrafrecht, 169. Lief., Köln 2022.

Tørsløv, Thomas R.; Wier, Ludvig S.; Zucman, Gabriel: The Missing Profits of Nations, NBER Working Paper 24701 (2018).

Trautvetter, Christoph; Redeker, Steffen: Harmful tax competition – How Bayer rigs corporate taxation in Europe, 26.2.2021, in Auftrag gegeben von The Greens/EFA in the European Parliament.

Valta, Matthias: Verfassungs- und Abkommensrechtsfragen des Richtlinienentwurfs für eine Steuer auf digitale Dienstleistungen, IStR 2018, 765.

Valta, Matthias; Gerbracht, Jochen: Perspektiven eines Europäischen Leistungsfähigkeitsprinzips am Beispiel der Zinsschranke, StuW 2019, 118.

Vogel, Klaus: Völkerrechtliche Verträge und innerstaatliche Gesetzgebung – Eine neue Entscheidung des BVerfG hat Bedeutung auch für die Beurteilung des treaty override, IStR 2005, 29.

Vogel, Klaus; Lehner, Moris (Begr. und Hrsg.): Doppelbesteuerungsabkommen der Bundesrepublik Deutschland auf dem Gebiet der Steuern vom Einkommen und Vermögen – Kommentar auf der Grundlage der Musterabkommen, 7. Aufl., München 2021.

Waldhoff, Christian: Die „andere Seite" des Steuerverfassungsrechts, in: Schön/Beck (Hrsg.), Zukunftsfragen des deutschen Steuerrechts, Heidelberg 2009, S. 125.

Wassermeyer, Franz (Hrsg.): Doppelbesteuerung – Kommentar zu allen deutschen Doppelbesteuerungsabkommen, 156. EL, München 2022.

Wassermeyer, Franz; Schönfeld, Jens: Die Niedrigbesteuerung i. S. des § 8 Abs. 3 AStG vor dem Hintergrund eines inländischen KSt-Satzes von 15 %, IStR 2008, 496.

Wernsmann, Rainer: Zunehmende Europäisierung und Konstitutionalisierung als Herausforderungen für den Steuergesetzgeber, in: Schön/Beck (Hrsg.), Zukunftsfragen des deutschen Steuerrechts, Heidelberg 2009, S. 161.

Werthebach, Felix: Erste Anmerkungen zum Entwurf eines Steueroasen-Abwehrgesetzes (StAbwG), IStR 2021, 338.

Wieland, Joachim: Freiheitsrechtliche Vorgaben für die Besteuerung von Einkommen, in: Ebling (Hrsg.), Besteuerung von Einkommen, DStJG Bd. 24 (2001), 29.

Wiese, Götz T.: Korrespondierende Besteuerung im Körperschaftsteuergesetz – Höherrangiges Recht und rechtspolitische Erwägungen, in: Lüdicke/Mellinghoff/Rödder (Hrsg.), Nationale und internationale Unternehmensbesteuerung in der Rechtsordnung, FS Gosch, München 2016, S. 463.

Wilson, John Douglas; Wildasin, David E.: Capital tax competition: bane or boon, Journal of Public Economics 2004, 1065.

Wissenschaftlicher Beirat Steuern der Ernst & Young GmbH: Notwendige Reform der Verlustverrechnung, DB 2012, 1704.

Wissenschaftlicher Beirat beim BMF: US-Steuerreform 2018 – Steuerpolitische Folgerungen für Deutschland, 2019.

Witt, Carl-Heinz: Die Konzernbesteuerung – Vorschlag zur Entwicklung des Rechts der steuerlichen Organschaft, Habilitation, Köln 2006.

Wohlrabe, Klaus; Rathje, Ann-Christin: Der internationale Steuerwettbewerb aus Unternehmenssicht – Jahresmonitor der Stiftung Familienunternehmen, erstellt vom ifo Institut – Leibniz-Institut für Wirtschaftsforschung an der Universität München e.V., Stiftung Familienunternehmen (Hrsg.), München 2018.

Woitok, Niklas: Anmerkungen zum „Steueroasen-Abwehrgesetz", IStR 2021, 777.

Wünnemann, Monika: Neue Weltsteuerordnung für Unternehmensgewinne – Die Blueprints der OECD zu Pillar One und Two aus Sicht der deutschen Wirtschaft, IStR 2021, 73.

Zorn, Nikolaus; Twardosz, Benjamin: Gemeinschaftsgrundrechte und Verfassungsgrundrechte im Steuerrecht, DStR 2007, 2185.

Dokumente der OECD

OECD (1998), Harmful Tax Competition, An Emerging Global Issue.
OECD (1998), Tax Sparing: A Reconsideration.
OECD (2013), Addressing Base Erosion and Profit Shifting.
OECD (2013), Action Plan on Base Erosion and Profit Shifting.
OECD (2014), Gewinnverkürzung und Gewinnverlagerung – Situationsbeschreibung und Lösungsansätze.
OECD (2014), Aktionsplan zur Bekämpfung der Gewinnverkürzung und Gewinnverlagerung.
OECD (2015), Erläuterung, OECD/G20 Projekt Gewinnverkürzung und Gewinnverlagerung.
OECD (2015), Addressing the Tax Challenges of the Digital Economy, Action 1, Final Report.
OECD (2015), Designing Effective Controlled Foreign Company Rules – Action 3: 2015 Final Report.
OECD (2016), Explanatory Statement to the Multilateral Convention to Implement Tax Treaty Related Measures to Prevent Base Erosion and Profit Shifting.
OECD (2018), Steuerliche Herausforderungen der Digitalisierung – Zwischenbericht 2018.
OECD (2019), Addressing the Tax Challenges of the Digitalisation of the Economy – Policy Note, as approved by the Inclusive Framework on BEPS on 23 January 2019.
OECD (2019), Public Consultation Document, Addressing the Tax Challenges of the Digitalisation of the Economy, 13 February – 6 March 2019.
OECD (2019), Programme of Work to Develop a Consensus Solution to the Tax Challenges Arising from the Digitalisation of the Economy.
OECD (2019), Public Consultation Document, Global Anti-Base Erosion Proposal ("GloBE") – Pillar Two, 8 November 2019 – 2 December 2019.
OECD (2020), Tax Challenges Arising from Digitalisation – Report on Pillar Two Blueprint.
OECD (2020), Public Consultation Document, Reports on the Pillar One and Pillar Two Blueprints, 12 October 2020 – 14 December 2020.
OECD (2021), OECD Secretary-General Tax Report to G20 Finance Ministers and Central Bank Governors – April 2021.
OECD (2021), Statement on a Two-Pillar Solution to Address the Tax Challenges Arising From the Digitalisation of the Economy v. 1.7.2021.
OECD (2021), Members of the OECD/G20 Inclusive Framework on BEPS joining the *Statement on a Two–Pillar Solution to Address the Tax Challenges Arising from the Digitalisation of the Economy* as of 31 August 2021.
OECD (2021), Statement on a Two-Pillar Solution to Address the Tax Challenges Arising from the Digitalisation of the Economy v. 8.10.2021.
OECD (2021), Highlights brochure: Two-Pillar Solution to Address the Tax Challenges Arising from the Digitalisation of the Economy – October 2021.

OECD-Pressemitteilung v. 8.10.2021, Internationale Staatengemeinschaft erzielt bahnbrechende Steuervereinbarung für das digitale Zeitalter, abrufbar unter: https://www.oecd.org/berlin/presse/internationale-staatengemeinschaft-erzielt-bahnbrechende-steuervereinbarung-fuer-das-digitale-zeitalter.htm.

OECD (2021), Members of the OECD/G20 Inclusive Framework on BEPS joining the October 2021 *Statement on a Two-Pillar Solution to Address the Tax Challenges Arising from the Digitalisation of the Economy* as of 4 November 2021.

OECD (2021), Members of the OECD/G20 Inclusive Framework on BEPS, Updated: November 2021.

OECD (2021), Tax Challenges Arising from the Digitalisation of the Economy – Global Anti-Base Erosion Model Rules (Pillar Two).

OECD (2022), Tax Challenges Arising from the Digitalisation of the Economy – Commentary to the Global Anti-Base Erosion Model Rules (Pillar Two).

OECD (2022), Tax Challenges Arising from the Digitalisation of the Economy – Global Anti-Base Erosion Model Rules (Pillar Two) Examples.

Stellungnahmen zu öffentlichen Konsultationen der OECD

Öffentliche Konsultation vom 13.2. bis 6.3.2019[10]

Accountancy Europe: OECD Public consultation – Addressing the Tax Challenges of the Digitalisation of the Economy.

American Chamber of Commerce Germany: OECD Public Consultation Document – Addressing The Tax Challenges Of The Digitalisation Of The Economy.

American Chamber of Commerce in the Netherlands: OECD Public consultation – Addressing the Tax Challenges of the Digitalisation of the Economy.

American Petroleum Institute: OECD Public consultation – Addressing the Tax Challenges of the Digitalisation of the Economy.

Business at OECD (BIAC): Business at OECD Feedback on Addressing the Tax Challenges of the Digitalisation of the Economy Public Consultation Document.

Business Roundtable: Business Roundtable comments on OECD public consultation document, "Addressing the Tax Challenges of the Digitalisation of the Economy".

Deloitte: Public Consultation Document: Addressing the Tax Challenges of the Digitalisation of the Economy.

MEDEF: Addressing the Tax Challenges of the Digitalisation of the Economy, MEDEF's comments.

National Foreign Trade Council: Comment Letter on the Public Consultation Document: Addressing the Tax Challenges of the Digitalisation of the Economy.

---

[10] Stellungnahmen abrufbar unter: https://www.oecd.org/tax/beps/public-comments-received-on-the-possible-solutions-to-the-tax-challenges-of-digitalisation.htm.

Öffentliche Konsultation vom 8.11. bis 2.12.2019[11]

Bundessteuerberaterkammer: Public Consultation on the Global Anti-Base Erosion Proposal ("GloBE") – Pillar Two.

De Broe, Luc; Danon, Robert J.; Chand, Vikram (Institute for Tax Law of the Katholieke Universiteit of Leuven und Tax Policy Center of University of Lausanne): Comments to Public Consultation Document: Global Anti-Base Erosion Proposal ("GloBE") – Pillar Two, 2.12.2019.

Deloitte UK: Public Consultation Document: Global Anti-Base Erosion Proposal – Pillar Two.

European Business Initiative on Taxation (EBIT): EBIT comments on the OECD Public Consultation Document titled Global Anti- Base Erosion Proposal ("GloBE") – Pillar 2.

Federation of German Industries (BDI): Position, OECD-Consultation 8 November 2019 – 2 December 2019, Secretariat Proposal for a Global Anti- Base Erosion Proposal ("GloBE") under Pillar Two.

German Insurance Association (GDV): Public consultation on a Global Anti-Base Erosion Proposal ("GloBE") – Pillar Two.

IDW: Public consultation document – Global Anti-Base Erosion Proposal ("GloBE") – Pillar Two.

Pistone, Pasquale; Nogueira, João Félix Pinto; Andrade, Betty; Turina, Alessandro (IBFD): The OECD Public Consultation Document "GlobalAnti-Base Erosion (GloBE) Proposal – Pillar Two": An Assessment, 28.11.2019.

Öffentliche Konsultation vom 12.10. bis 14.12.2020[12]

BDI – Federation of German Industries: BDI comments regarding the public consultation regarding the public consultation on the "Reports on Pillar 1 and Pillar 2 Blueprints".

Bundesverband E-Commerce and Versandhandel Deutschland (BEVH): Contribution to the OECD Public Consultation on the Reports on the Pillar One and Pillar Two Blueprints.

Weitere Dokumente

BDI: Raus aus der Krise – BDI-Steuermodell der Zukunft, 12.1.2021.

Bekanntmachung der Kommission zum Begriff der staatlichen Beihilfe im Sinne des Artikels 107 Absatz 1 des Vertrags über die Arbeitsweise der Europäischen Union, ABl. EU 2016/ C 262/01.

---

[11] Stellungnahmen abrufbar unter: https://www.oecd.org/tax/beps/public-comments-received-on-the-global-anti-base-erosion-globe-proposal-under-pillar-two.htm.

[12] Stellungnahmen abrufbar unter: https://www.oecd.org/tax/beps/public-comments-received-on-the-reports-on-pillar-one-and-pillar-two-blueprints.htm.

Bundesministerium der Finanzen: BMF-Monatsbericht Januar 2022, abrufbar unter: https://www.bundesfinanzministerium.de/Content/DE/Downloads/Broschueren_Bestellservice/monatsbericht-januar-2022.pdf?__blob=publicationFile&v=7.

Bundesministeriums für wirtschaftliche Zusammenarbeit und Entwicklung: DAC-Liste der Entwicklungsländer und -gebiete (gültig für das Berichtsjahr 2021), abrufbar unter: https://www.bmz.de/resource/blob/71106/5dd2860984e515773365b544f6454f33/DAC_Laenderliste_Berichtsjahr_2021.pdf.

Carbis Bay G7 Summit Communiqué v. 13. Juni 2021.

DG Taxation and Customs Union: Taxation Trends in the European Union – Data for the EU Member States, Iceland, Norway and United Kingdom, 2021 Edition.

Entschließung des Rates und der im Rat vereinigten Vertreter der Regierungen der Mitgliedstaaten vom 1. Dezember 1997 über einen Verhaltenskodex für die Unternehmensbesteuerung, ABl. C 2 vom 6.1.1998, S. 2 ff.

Franco-German joint declaration on the taxation of digital companies and minumum taxation, veröffentlicht nach dem Treffen des Rats für Wirtschaft und Finanzen vom 4.12.2018, abrufbar unter: https://www.consilium.europa.eu/media/37276/fr-de-joint-declaration-on-the-taxation-of-digital-companies-final.pdf.

G7 Finance Ministers and Central Bank Governors Communiqué v. 5. Juni 2021.

G20 Finance Ministers and Central Bank Governors Communiqué v. 10. Juli 2021.

G20 Finance Ministers and Central Bank Governors Communiqué v. 13. Oktober 2021.

G20 Leaders Declaration, Los Cabos Summit v. 19.6.2012.

HM Revenue & Customs: Policy paper v. 3.3.2021: Corporation Tax charge and rates from 1 April 2022 and Small Profits Rate and Marginal Relief from 1 April 2023, abrufbar unter: https://www.gov.uk/government/publications/corporation-tax-charge-and-rates-from-1-april-2022-and-small-profits-rate-and-marginal-relief-from-1-april-2023/corporation-tax-charge-and-rates-from-1-april-2022-and-small-profits-rate-and-marginal-relief-from-1-april-2023.

HM Treasury: OECD Pillar 2 – Consultation on implementation, Januar 2022.

IMF Policy Paper No. 19/007 v. 10.3.2019. Corporate Taxation in the Global Economy.

IMF, OECD, UN und Weltbank (2015), Options for Low Income Countries' Effective and Efficient Use of Tax Incentives for Investment, A Report to the G-20 Development Working Group.

Kommissionsbeschluss v. 2.4.2019, C(2019) 2526 final.

EU-Kommission v. 22.12.2021, Proposal for a Council Directive on ensuring a global minimum level of taxation for multinational groups in the Union, COM(2021) 823 final.

tagesschau: USA verhängen Strafzölle, 3.6.2021, abrufbar unter: https://www.tagesschau.de/wirtschaft/weltwirtschaft/usa-strafzoelle-oesterreich-gb-digitalsteuer-101.html.

Printed by Printforce, the Netherlands